S. J. P. KRÜGER.
President van de Zuid-Afrikaansche Republiek.

Posthumus
Librarian
3 vols
5-16-1923

Inleiding.

De slag is gevallen — de lont in 't kruit!
 In hetzelfde jaar, dat de groote Vredes-Conferentie werd gehouden, zal de Mogendheid, die daar zoo luide sprak voor menschelijkheid en erbarming, een klein en dapper Boerenvolk, welks eenige misdaad is, dat het opkomt voor zijn recht en onafhankelijkheid, verpletteren onder haar granaten en dum-dumkogels! *)
 Onze harten kloppen sneller, want die Boeren zijn een loot uit den Oud-Nederlandschen stam; zij zijn van ons vleesch en van ons bloed, en met omfloersde oogen staart de Nederlandsche maagd naar het zonnige Zuiden. . . . .
 Het zijn onze broeders! Wij kùnnen hen niet verloochenen, en met angstige harten den bangen strijd aanschouwend, bidden wij tot den almachtigen God, dat Hij het sterke schild moge zijn van dat zwakke volk, en wij zullen het uitroepen — neen, wij zullen het *uitschreeuwen* als een kreet van toorn en zielepijn, zoodat het klinken zal van land tot land, van oceaan tot oceaan, en waar ooit de Hollandsche Driekleur met eere heeft gewapperd: „Engeland doet moordenaarswerk!"
 CHAMBERLAIN! Deze Achab hunkerde naar den wijngaard van een anderen Naboth, en tegen dezen Naboth zijn valsche getuigen opgeroepen, en Naboth moet sterven, want hij wil zijn wijngaard, zijn vaderlijk erfdeel, niet opgeven.
 Het is de oude geschiedenis; en terwijl CHAMBERLAIN en de zijnen zich in de handen wrijven, zullen de Boeren moeten vechten tegen dat beest, dat gouddorst wordt genoemd en landhonger! En als God het niet verhoedt, dan zullen de Transvaal en de Oranje-Vrijstaat worden weggewischt van de kaart; en er zal een stem des geweens opgaan in de onmetelijke velden van Zuid-Afrika van rouwdragende weduwen en achtergebleven weezen, een geween dat zal worden overstemd door het handgeklap en het gejuich aan de Theems! Maar het bloed van het wakkere Boerenvolk zal opspatten tegen den troon van koningin VICTORIA; Engeland zal zich bedekken met eeuwige schande, en tot den God der gerichten zal een geroep opgaan van den aardbodem over dit onschuldig vergoten bloed!

---

*) Eigenlijk gebruikt het Engelsche leger in Zuid-Afrika hoofdzakelijk de holle-spitskogel, bekend als model No. V. Maar aangezien die aanduiding minder bekend en de gebruikte een niet minder vreeselijke uitwerking heeft dan de dum-dum, behield ik dezen naam.

424834

Het hart der Boeren is vol bitterheid tegen Engeland. De wrok zit diep, en die wrok is oud. En sinds de rots van Slachtersnek haar sombere schaduw wierp in de zielen van het Hollandsch-Afrikaansche volk, is er van ware, oprechte verzoening tusschen de twee blanke rassen, die het Christendom en de beschaving vertegenwoordigen in Zuid-Afrika, geen sprake meer geweest.

Toch was het een vriendelijke dag, die 9de Maart 1816, toen op den platten kop van Slachtersnek (in de Kaapkolonie) het vreeselijk treurspel werd afgespeeld. De zon blonk aan den blauwen hemel; kleurige vlinders fladderden van bloem tot bloem.

Alles ademde vrede.

Slechts de opgerichte galg sprak van iets anders.

Bij die galg stonden de Engelsche rechter met den beul en zeven geboeide Boeren: sterke mannen in hun volle levenskracht.

Hun namen waren: H. Prinsloo, S. Bothma, A. Bothma, C. Faber, T. de Klerk, W. F. Krugel en F. Marais.

Wij noemen met opzet die namen, want de namen der Boeren vormen het stevig gebindte van de lijdensgeschiedenis der Hollandsche Afrikaanders.

De zes eerstgenoemde Boeren waren tot den strop veroordeeld; voor den zevende was men barmhartiger geweest. Hij behoefde den doodstrijd van zijn makkers slechts aan te zien, en zou dan voor altijd uit de Kaapkolonie verbannen worden.

Inderdaad, de barmhartigheden der goddeloozen *zijn* wreed!

Doch wat hadden die Kaapsche Boeren misdreven?

Ja, zij *hadden* een misdaad begaan. De sterke zucht naar onafhankelijkheid had eenige honderden Boeren aangespoord tot een opstand.

Het was eigenlijk geen opstand; het was een slecht georganiseerde, dwaze, kinderachtige muiterij. Er zat geen kracht in; met een onrustig geweten grepen een paar honderd Boeren naar hun geweren, en bij de eerste teleurstelling legden zij hun vuurwapens neer. Zij hadden er genoeg van, maar de zeven Boeren, die daar met kalme, treurige oogen bij de galg staan, werden door de regeering als de belhamels van den opstand beschouwd en zouden tot een afschrikwekkend voorbeeld worden gesteld van Engelsche gerechtigheid.

Er kleefde geen bloed aan de handen van die veroordeelden; zij hadden hun geweren niet afgeschoten, ja zij hadden zelfs een oprecht en diep berouw getoond over deze muiterij en verklaard, dat zij waren opgestaan tegen de door God over hen gestelde Overheid, en toch bleef de rechter onvermurwbaar. Het vonnis bleef gehandhaafd.

Hun naaste betrekkingen stonden bij hen: hun vrouwen, hun kinderkens.

Maar die vrouwen en kinderkens hoopten nog altijd op gratie; ach, de mensch hoopt lang!

Met een strak en onbewogen gelaat stond de Engelsche rechter bij de galg. Hij gaf het sein, en in het volgend oogenblik worstelden zes sterke mannen met den dood. De kinderen weeklaagden, en de vrouwen bedekten hare droge, brandende oogen met hare handen.

Waar echter de Engelsche rechter koel en strak naar die stuiptrekkende lichamen staarde, kwam een hoogere Hand tusschen beide. De galg brak, en de gehangenen stortten ter aarde.

Zij leefden nog, en kwamen weer bij!

Zij waren gered.

Dat zou men ten minste zoo denken, en als er ooit om het leven van dierbare betrekkingen is gesmeekt, dan is het toen en daar gebeurd, op Slachtersnek! De kinderen hieven hun kleine handen smeekend omhoog, en in de oogen van die vrouwen beefde de ontroering der nieuwe hoop.

Type van Transvaalsche Boerin.   Type van Transvaalschen Boer.

Het mocht niet baten. Deze Engelsche rechter was blind voor den vinger des Heeren, en zijn hart was harder dan de harde rots van Slachtersnek. De zes Boeren werden onmiddellijk opnieuw gehangen, en onder de galg zijn zij begraven.

Dat is het treurspel van Slachtersnek.

't Is waar, de opstand was niet te rechtvaardigen, maar evenzeer is het waar, dat de zonderlinge en dwaze Kafferpolitiek van Engeland, die de Kaffers vertroetelde en de Boeren verdrukte, om dan straks die verdrukte Boeren op te roepen tot den strijd tegen de weerbarstig geworden Kaffers, met kwistige hand de zaden uitstrooide van een groot en klimmend misnoegen. De Boeren moesten maar altijd het spit afbijten. Wat de Engelsche regeering bedierf, moest de Boer met zijn roer weer in orde brengen. Zes maanden achtereen stond hij soms op een eenzame wachtpost langs de grens, met het steeds dreigend vooruitzicht dat hij, thuis komende, zijn huis en erf door stroopende Kafferbenden zou zien verwoest.

Deze treurige toestand heeft geduurd tot het merkwaardige jaar 1836. Toen ontwaakte de treklust, die nooit uitsterft bij den Hollandschen Afrikaander, met nieuwe geestdrift in het hart der Boeren, en deze treklust, gepaard aan een onuitroeibare zucht naar onafhankelijkheid, dreef de Boeren met zoo'n onweerstaanbare kracht uit hun oude bezittingen, dat een vreemdeling, die in die gedenkwaardige dagen het oostelijk gedeelte der Kaapkolonie, met name de Graaf-Reinett-provincie, de wieg en bakermat der tegenwoordige Oranje-Vrijstaters en Transvalers, bezocht, allicht tot de gedachte zou zijn gekomen, dat heel een volk plotseling door een vlaag van krankzinnigheid was aangetast.

Het wilde ook wat zeggen, om te trekken! Het scheen wel, alsof de geheele wereld samenspande, om het plan der Boeren te verijdelen. Maar zij hadden nu eenmaal hun besluit genomen, en zij hielden er aan vast met de onwrikbaarheid van den Fries.

De predikanten ontraadden van den kansel in heftige bewoordingen den Trek en verklaarden dat niemand hunner mee zou gaan om de kinderen te doopen; de Engelsche regeering dreigde met de onzinnige bewering, dat de Boeren Engelsch bleven, al trokken zij ook naar het einde der aarde, en uit het geheimzinnige Noorden, waarheen de Trek zou gaan, kwamen vage geruchten van een machtig, bloeddorstig Kafferkoning, die het zwakke volk zou verdelgen tot den laatsten man.

Doch niets kon de Boeren weerhouden. Zij verkochten hun hoeven en landerijen voor een appel en een ei — een strook gronds van drieduizend morgen voor een ossenwagen, een huis voor een geweer — en trokken uit met de onweerstaanbaarheid van den jongen bijenzwerm, die den ouden moederkorf verlaat.

Zeker, het viel den Boer toch zwaar, toen de acht juk sterke ossen voor den zwaren, met levensmiddelen en kampbenoodigdheden volgeladen wagen werden gespannen. Dien boomgaard daar links van het huis had zijn vader nog geplant, en daar rechts in den tuin, onder de schaduw van een wijdgetakten cypressenboom, lagen zijn dierbaarste panden begraven. Doch het moedige Boerenhart overwon de smart, en terwijl

Boerenwoningen in Transvaal.

zijn groote kudde vee, door zwarte Hottentotten bewaakt, reeds vooruit was gedreven, riep hij met krachtige stem: „Trek!"

Zoo trok hij dan met zijn vrouw en zijn vele kinderen, onder het wakend oog van den almachtigen God der oude Patriarchen, als een andere herdersvorst het onbekende Noorden in.

Het vertrouwen op dat wakend oog had hij noodig. Een klein jaar geleden waren reeds twee kleine afdeelingen Boeren vooruitgetrokken: de ééne onder aanvoering van HANS VAN RENDSBURG, de andere onder aanvoering van KAREL TRICHARD. In Februari 1836 bereikten zij de Vaalrivier, en trokken in een grooten boog naar het noordoostelijk gedeelte van het tegenwoordige Transvaal, naar Zoutpansberg, waar zij, na vele gevaren getrotseerd te hebben, behouden aankwamen. Terwijl TRICHARD hier nog een wijle bleef vertoeven, trok VAN RENDSBURG met zijn groep in de richting van Delagoabaai. Noch hij, noch één der zijnen heeft echter die baai bereikt! Zij vielen *allen* — acht-en-veertig zielen! — onder de moordende speer der Knopneus-Kaffers, slachtoffers van een al te goed vertrouwen!

Vriendschappelijk gezinde Kaffers brachten aan TRICHARD de tijding der slachting, maar met onuitdoofbare veerkracht liet deze dappere man in Augustus (1836) de ossen weer voor de wagens spannen, en langzaam, voorzichtig, de vinger aan den trekker van het geweer, werd de tocht voortgezet, die verscheiden maanden duurde. Zonder groote ongevallen werden de lage, ongezonde streken bereikt, en met nieuwen moed bezield, werden de ossen tot de uiterste krachtsinspanning aangespoord, om er snel door heen te komen. Toch duurde de tocht langer dan men vermoed had, en met den koortsgloed in de leden, krank en afgebeuld, bereikten de zwervers in Mei 1837 de Delagoabaai.

Daar lag de Oceaan! Vol majesteit rolde hij zijn golven tegen het strand, en bespoelde hun voeten. Hoe laafde zich het oog van den moedigen TRICHARD aan dàt gezicht! Nieuwe, hoopvolle plannen makend, keerde hij terug naar zijn ossenwagens, toen zijn werk hier op aarde bleek afgeloopen. Reeds was hij door den dood geteekend, en stervend heeft hij aan zijn volk den eenigen uitweg naar zee gewezen.

Op een eenzaam kerkhof bij de Delagoabaai rust hij — als een herder tusschen zijn schapen — in het midden zijner tochtgenooten, die hier bezweken. En thans, na ruim zestig jaren, ratelt over hooge dijken en kunstige bruggen de spoortrein, die de Transvaal met de Delagoabaai verbindt, en het snuivend stoomen suist over de vlakten, waar eenmaal de vermoeide ossen van KAREL TRICHARD den wagen hebben voortgesleept!

Zoo kwamen de Trek-Boeren aan de Oranjerivier, die de grensscheiding vormt tusschen den tegenwoordigen Oranje-Vrijstaat en de Kaapkolonie.

Aan den overkant van dezen breeden stroom wenkte hun de vrijheid en de onafhankelijkheid, waarnaar hun harten uitgingen. Maar er waren ponten noch schuiten, en met een teleurgesteld gemoed staarden de Boeren op het hooggerezen water. Toch gaven zij den moed niet op, maar kapten de groote wilgenboomen, die langs den oever groeiden, en sjorden ze vast tot stevige vlotten. Op deze vlotten gingen have en goed, terwijl de vrouwen en kinderen als de kostbaarste schat het laatst werden overgebracht.

Zoo stonden de Boeren op *vrijen* grond. Zij waren van de Engelsche dwingelandij verlost, en haalden ruim adem. En terwijl op alles orde en regel werd gesteld, legden de Boeren de plechtige gelofte af, liever te sterven dan terug te keeren onder het Engelsche juk.

Hendrik Potgieter werd met algemeene stemmen tot kommandant gekozen, en zonder door de verschillende Kafferstammen, wier gebied men kruiste, verontrust te worden, naderde de Trek de Vaalrivier, die de grensscheiding vormt tusschen den Oranje-Vrijstaat en de Transvaal. Daar, ten noorden der Vaalrivier, dus in het tegenwoordige Transvaal, zwaaide de Kafferkoning Moselekatse, bijgenaamd „de Groote Olifant," zijn bloedigen schepter, en de berichten, door vooruitgezonden verspieders meegebracht, gaven wel reden tot de ernstigste bezorgdheid.

Kommandant Potgieter nam het kordate besluit, te trachten met Moselekatse tot een akkoord te komen, en begaf zich met tien man op pad. Na een tocht van drie dagen zag men een groot Kaffer-kommando naderen, en Potgieter gaf door witte vlaggen seinen, dat hij wilde onderhandelen. Doch de Kaffers sloegen er geen acht op en trokken, met speer en schild gewapend, voorwaarts, het zuiden in, de Trekboeren tegemoet. Toen begreep de dappere kommandant, dat het meenens zou worden, en met zijn manschappen het Kafferleger in een wijden boog voorbijjagend, bereikte hij nog bijtijds de zijnen.

Er moest snel worden gehandeld. In allerijl werden de ossenwagens — er waren er een vijftigtal — tot een grooten, wijden kring getrokken, de openingen met taaie, sterke doorntakken versperd, en de wagens door zware, ijzeren kettingen aan elkander vastgelegd. Midden in dit kamp of lager werd nog een soort plankendak gemaakt, waaronder de vrouwen en kinderen tenminste eenigszins beveiligd zouden zijn voor de vijandelijke speren.

't Was hoog tijd. Een rapportganger bracht de tijding, dat de Kafferkrijgers snel naderden, en in menigte aankwamen als de sprinkhanen des velds. Toen sprong Hendrik Potgieter met 25 man te paard, en reed den vijand tegemoet. Nog altijd leefde bij den kommandant de hoop, dat het vreeselijk gevaar door woorden van vrede en vriendschap kon worden gekeerd. Op een half uur afstands van het lager kreeg men de Kaffers in het gezicht, maar in plaats van op de witte seinvlaggen te letten, breidden de Kaffers

Boeren tusschen de „Kopjes."

hun vleugels als hoornen uit, *) om de Boeren te omsingelen. Nu was alle hoop op een vreedzame schikking verloren. Trouwens, MOSELEKATSE had het wachtwoord gegeven: „Roeit de Boeren uit!"

POTGIETER liet nu vuur geven, wendde daarop den teugel, en galoppeerde met zijn manschappen naar het lager terug. Maar vijf Boeren jaagden, door de Kaffervrees verbijsterd, het lager voorbij, het Zuiden in.

De lagerpoort werd nu gesloten, en daar stond ze dan, de zwakke wagenburcht, het laatste toevluchtsoord der huisvaders met hun vrouwen en kinderen, eenzaam en verlaten in de onmetelijke wildernis! De vrouwen gaven hun mannen een afscheidskus op de verweerde wangen, drukten hun weerlooze kleine kinderen met al de teederheid en al de zielepijn der moederliefde aan het schreiend hart, en riepen tot God om uitkomst. Alle harten waren bewogen; sterke mannen zag men knielen en bidden. Maar de Boeren stonden weer op, klemden de tanden op elkaar, en laadden het geweer.

Zóó verwachtte men den vijand. Men behoefde niet lang te wachten. De heuvelen en de dalen schenen plotseling levend te worden, en het gebrul der vijanden vermengde zich met het gedreun hunner schilden tot een oorlogsmuziek, die den dapperste een rilling door de leden joeg. Maar de Boeren bleven op hun post, en terwijl de Kaffers als een loeiende zee het lager omsingelden, steunden de Boeren op God en hun goed recht, en streden met onverwinnelijken moed.

Het was een vreeselijke strijd. De Kaffers deden wanhopige pogingen, om binnen het lager te komen. Zij rukten aan de harde, zware doorntakken, die de opening versperden, en trachten de ossenwagens omver te werpen. Maar aan de scherpe doornen scheurden zij zich de handen open, en de ossenwagens, die nog bovendien waren bevestigd aan zware, diep in den grond geheide palen, schenen wel schepen, die in het noodweer onbeweeglijk voor anker liggen. Toen wierpen de Kaffers hun leeren schilden op de doornversperringen, en sprongen er boven op, maar de Boeren verbrijzelden hun met den zwaren geweerkolf den hersenpan; en als de Kaffers trachtten onder de doornversperringen door te kruipen, stonden de vrouwen gereed om de vijanden met haar bijlen te dooden.

Het gevecht duurde vier uren; toen stootten de Kaffers een klagend, kermend gehuil uit, en zochten hun heil in de vlucht.

Het vuur der Boeren had een verschrikkelijke uitwerking gehad. Vóór den wagenmuur van het leger had zich een tweede muur gevormd — een donkere, van bloed druipende, maar van gewonde, stervende en gesneuvelde Kaffers.

Slechts twee Boeren verloren het leven: NICOLAAS POTGIETER, de

---

*) De vechtwijze der Kaffers bestaat hierin, dat zij in lange linie aankomende, de beide einden daarvan naar het midden ombuigen, om alzoo den vijand te omsingelen.

broeder, en PIET BOTHA, de schoonzoon van den kommandant, die als helden vielen. Het was eene groote, buitengewone zegepraal.

Helaas, niet alle Boeren waren zoo gelukkig. De kleinste, ver uiteen zwervende en niets kwaads vermoedende wagentreinen hadden het hard te verantwoorden. Zij werden door stroopende Kafferbenden overrompeld, voordat zij een lager konden vormen, en aan de wreede speer geregen. Bovendien werden de Trekboeren bijna totaal van vee ontbloot, en de roofzuchtige Kaffers joegen de kudden het hooge Noorden in. Vooral deed zich het gebrek aan trekossen pijnlijk gevoelen, want wat heeft de Boer aan zijn wagen zonder trekossen? 't Is een schip zonder zeil, een trein zonder locomotief! De paarden kunnen den zwaren wagen niet trekken, en — zonder trekossen — moet de Boer hem achterlaten als een gestrand schip.

De nood was den Boeren opgelegd; zij *moesten* met MOSELEKATSE afrekenen. Zij moesten hem aanvallen, om door hem niet verpletterd te worden; zijn macht moesten zij fnuiken, om door die macht niet vermorzeld te worden.

HENDRIK POTGIETER en PIET UIJS verzamelden 400 wakkere mannen om zich, en de Vaalrivier overtrekkend, zochten zij den leeuw op in zijn hol. Over dag verscholen zij zich in spelonken en bosschen, om des nachts in snelle marschen den verloren tijd weer in te halen, en onverwacht, als door een plotselingen donderslag, werden de Kaffers overvallen. De overrompeling was volkomen; de Kaffers werden vreeselijk gehavend, en de Boeren keerden met een grooten buit aan hoornvee terug.

MOSELEKATSE had er genoeg van. Hij vluchtte het Noorden in, naar de Limpoporivier, waar hij opnieuw, aan zijn bijnaam „de Groote Olifant" getrouw, de zwakkere stammen onder zijn ijzeren tred vermorzelde.

De Transvaal lag nu voor de Boeren open, daar de muur, waarmede MOSELEKATSE den toegang had willen versperren, was omvergehaald. Zonder aarzelen trokken de Voortrekkers dan ook de Vaalrivier over en kwamen in het land, dat door den Kafferkoning zoo goed als uitgemoord was geworden. Slechts hier en daar verspreid, in spleten en spelonken, kon men de armzalige overblijfselen terugvinden van eens machtige Kaffervolkeren, die door den Grooten Olifant waren vernietigd.

De Transvaal lag dus onbeheerd. De vroegere eigenaren van het land waren uitgeroeid, en de tegenwoordige eigenaar, MOSELEKATSE, was in den onrechtvaardigen strijd, dien hij den Boeren had opgedrongen, te kort geschoten. Zoo namen de zegevierende Voortrekkers naar het recht van den overwinnaar bezit van de Transvaal. Maar terwijl een deel der Boeren plannen maakte, om zich blijvend in de Transvaal te vestigen, was

Het Drakengebergte.

een ander deel besloten, om door de Transvaal naar het zuidelijker gelegen *Natal* te trekken.

Hendrik Potgieter bleef met zijn aanhang in de Transvaal, en de Boeren bouwden er hun eerste dorp, dat zij naar Potgieter *Potchefstroom* noemden.

Maar het hart der andere Boeren ging uit naar Natal: een land, volgens veler getuigenis vloeiende van melk en honing, doorsneden van standhoudende *) rivieren, bedekt met groote, uitnemend timmerhout leverende bosschen, en voorzien van eene diepe zeehaven.

Deze Boeren kozen Piet Retief, een man vol geestkracht en moed, tot hun aanvoerder, en de lange buffellederen zweep omklemmend, gingen de Boeren op nieuw op pad.

De tocht liep over het steile Drakengebergte. Over dat gebergte moesten de wagens heen, en de Boeren trokken vooruit, om het „pad" eenigszins berijdbaar te maken. De grootste klippen werden weggeruimd, de diepste kuilen gevuld, de steilste plekken afgestoken, de watergeulen gedempt, hinderlijk houtgewas weggekapt. Toen werden de ossenwagens nog eens nauwkeurig nagezien en de goederen stevig vastgesjord. Eén man zette zich op den wagen; ook de zwakken en zieken vonden er een plaats in, terwijl de anderen er vóór of achter liepen, de Boeren met het geweer over den schouder; de kinderen aan de hand hunner moeders.

„Trek!" riep de Boer, en daar begon de gevaarvolle tocht.

Nu eens was het „pad" zoo schuin, dat de wagen dreigde om te vallen, dan weer was het zóó steil, dat acht juk ossen den wagen nauwlijks omhoog konden tornen. Met dubbelgeremde wielen ging het de hoogte af. Maar de remketting kon losraken, de disselboom breken, de ossen schrikken, ginds, bij dien draai, en de wagen zou onvermijdelijk in een duizend voet diepen afgrond zijn neergesmakt! Soms bestond het „pad" uit trappen van klippen, trappen van een tot vier voet hoogte, en schokte de wagen over die trappen naar beneden.

Met *duizend* ossenwagens hebben de Boeren dien tocht ondernomen, en slechts één is er — en nog zonder verlies van menschenlevens — verongelukt.

De Boeren waren nu in Natal, en Piet Retief spoedde zich naar Dingaan, den Kafferkoning van Zoeloeland, aan wien Natal behoorde, om van hem land te koopen. Hij slaagde boven verwachting. Dingaan teekende een stuk, waarbij Natal voor eeuwig aan de Boeren werd afgestaan. Het dokument bestaat nòg; het ligt tusschen de archieven in Pieter-Maritzburg.

Doch Piet Retief heeft dit stuk met zijn harteblood betaald.

---
*) Rivieren, die door bronnen voldoende worden gevoed, en waarvan de waterstand dus niet afhankelijk is van regen of droogte.

Reeds was de morgen van het vertrek uit Dingaan's hoofdstad aangebroken, toen de koning Retief en zijn 70 makkers tot een afscheidsbezoek uitnoodigde. Men kon het moeilijk weigeren, al verlangde men naar huis, en argeloos vielen de Boeren in den satanisch sluw gespannen strik. Immers het wekte geen argwaan, dat zij hun wapens moesten achterlaten — zij zouden voor den koning verschijnen, voor wien niemand gewapend mocht komen.

De koning bracht hen op het exercitieveld, waar 10,000 Zoeloe-Kaffers een oorlogsdans uitvoerden. Zij sloten een wijden kring om de Boeren, die, al dansende, enger en enger werd. Ach, àl te argeloos was Piet Retief — die kring heeft hem en zijn 70 dappere Boeren geworgd.

Plotseling verduisterde zich het gelaat van den Kafferkoning. „Slaat de toovenaars dood!" brulde hij, en zich omkeerende, verdween hij in zijn woning. De Boeren schreeuwden: „Verraad!" en trokken hun zakmessen, maar zij werden verzwolgen door de overstelpende macht des vijands. Zij streden en worstelden tot het bittere einde, en vielen als helden en martelaren! Een knots verbrijzelde de hersenspan van Piet Retief; een speer scheurde zijn lichaam open, en het nog kloppende, trouwe hart werd hem uit het lijf gereten en aan Dingaan gebracht. Toen lachte de bloedhond, en de satan, die achter hem stond, lachte ook.

En aan den Engelschen zendeling Owen, die aan zijn hof verkeerde, liet Dingaan deze boodschap brengen: „Verontrust u niet, mijnheer Owen; ik laat de Boeren maar doodslaan!"

De vermoorde Boeren werden intusschen naar een heuvel gesleept, en hun lijken op een hoop geworpen. Daar bleven zij liggen: een spijs voor den aasvogel in de lucht, en voor het wild gedierte des wouds!

Met dit moordtooneel luidde de Zoeloe-koning de algemeene slachting in, en van uit zijn hoofdstad verspreidden zich zijn regimenten, om de onbezorgde Boeren te overrompelen. De Zoeloe's gedroegen zich als ware duivels; zij verbrijzelden de hersenpan van de zuigeling tegen den ijzeren wielband van den ossenwagen, en scheurden de lichamen der moeders open. Zij deden wandaden, die men niet beschrijven kan, en de Boeren hebben een kleine spruit of rivier, waar velen hunner overrompeld en vermoord werden, daarom „Moordspruit" genoemd. Ook is er later een Boerendorp aangelegd dat zij „Weenen" noemden, om der vele tranen wil, die er gestort zijn.

Zeshonderd Boerenmenschen zijn bij dezen grooten moord omgekomen, en de slachting zou nog veel vreeselijker zijn geweest, indien de noordelijke kampen nog niet bijtijds door ontkomen vluchtelingen waren gewaarschuwd. Zij versterkten in der haast hun lagers, en sloegen de aanstormende moordenaarsbenden met bebloede koppen terug.

— 14 —

Maar de Boeren vermanden zich in hun smart, en zwoeren, dat zij zouden wreken het onschuldig Boerenbloed, waarvan de Natalsche heuvels rookten. Ook snelden Hendrik Potgieter en Piet Uijs hen ter hulpe over het Drakengebergte, en terwijl de Engelsche kolonisten, die aan de kust woonden, de Zoeloe's van de zuidzijde zouden aantasten, zou het Boeren-kommando, sterk 500 man, van de westzijde oprukken.

Het plan was goed bedacht, maar leed volkomen schipbreuk. De Engelschen openden den veldtocht, doch werden door de Zoeloe's overrompeld en volkomen vernietigd, terwijl de Boeren, die in een gevaarlijke hinderlaag waren gevallen, slechts door hun goed overleg, bewonderenswaardigen moed en de vlugheid hunner paarden het gevaar ontkwamen. Op dezen terugtocht ontving Piet Uijs een doodelijke speerwond en zijn twaalfjarige zoon Dirk, die reeds in veiligheid was, dit ziende, wendde zijn paard, schoot nog drie Zoeloe's neer, en wierp zich, zelf doodelijk gekwetst, in de armen van zijn stervenden vader. Dat was het einde van Piet Uijs, dien de Boeren *den Dappere* noemen, en van zijn heldenzoon Dirk.

Een bange tijd brak nu aan voor de Boeren. Snelvoetige Zoeloes liepen het land af, en dag en nacht moest bij de lagers de wacht worden gehouden. De levensmiddelen, zelfs de ammunitie, raakte bij velen op; het nijpendste gebrek stond voor de deur. Daarbij kwamen vele en zware regens en in hun gevolg ernstige koortsen die het volk teisterden. Hendrik Potgieter liet den moed zakken en trok terug naar de Transvaal, terwijl de dappere Gert Maritz, de nieuwe kommandant, ziek werd en bezweek.

Als arme verlaten weezen bleven de moede zwervers achter, maar God, die zich over de zwakken en de ellendigen ontfermt, verwekte hun in Andries Wessel Pretorius een held, die de tanden van den Zoeloekoning zou breken.

Aan het hoofd van een keurtroep van 450 man trok hij in snelle marschen Zoeloeland in. Er werd een bededag gehouden, en een plechtig verbond gesloten met den almachtigen God. De kleine Kafferstammen, die Pretorius ontmoette, joeg hij voor zich uit, om geen vijand in den rug te houden, en aan de rookseinen op de toppen der bergen bemerkte men, dat de Zoeloe's van hun aankomst waren verwittigd.

Zaterdag 15 December 1838 zag men in de verte de voorhoede des vijands langzaam naderen. Pretorius ging haar met een sterke wacht tegemoet. Op dit gezicht maakte de slagorde der Zoeloe's halt, en bleef onbewegelijk als een dreigende stier staan. De Boeren trokken zich daarop onmiddellijk in hun lager terug. Allen waren van den diepen ernst van den toestand overtuigd, en bij de half gedoofde vuren hield men den ganschen nacht de wacht. Doch de Heere zond een zwaren mist, en de Zoeloe's konden in den nacht het lager niet vinden, daar het door den nevel werd omgolfd als door een ondoordringbaar kleed. Toen echter de eerste zonnestralen zegevierend door den nevel heenbraken, kwamen 20.000 Zoeloe's

M. T. STEYN.

President van Oranje-Vrijstaat.

als een razende, kokende, loeiende golfslag aanrollen. Die golfslag stuwde op en brak tegen het lager. Maar neen, 't was geen lager — het was een vuurspuwende, dood en verderf brakende vulkaan geworden. Vier salvo's veegden den omtrek schoon, en de voorhoede der Zoeloe's was vernietigd, weggemaaid. Het Zoeloe-leger deinsde terug. Toen werd de lagerpoort geopend, en de veldkornet BART PRETORIUS naderde met 7 man den vijand tot op een speerworp, ontplooide de bloedvlag en riep met luide stem: „Op Zoeloe's, vecht nu, als gij soldaten zijt en geen lafaards!" Toen sprongen de Zoeloe's op, en stortten zich met het geweld eener lawine op het Boerenlager. En nogmaals begon de vuurspuwende berg te werken. Neen, het was niet uit te houden. In die vreeselijke vuurlijn kon geen schepsel zich bewegen en leven. De Zoeloe's sloegen op de vlucht, en de rivier, die zij door moesten, werd rood van het bloed. Daarom hebben de Boeren die rivier „Bloedrivier" genoemd, en aan Bloedrivier is Moordspruit gewroken. Meer dan 6000 Kaffers lagen dood of stervend op het slagveld, en deze dag der verlossing, deze Dingaansdag, wordt nog elk jaar in de Transvaal godsdienstig herdacht.

In snelle marschen zette PRETORIUS den zegetocht voort. Voor hem uit ging de schrik, en achter hem het vuur. DINGAAN vluchtte naar de grenzen, zijn hoofdstad ging in vlammen op, maar over de verweerde wangen der dappere Booren biggelden groote tranen, toen zij, op den moordheuvel gekomen, op de geschonden lijken staarden van PIET RETIEF en zijn manschappen. Vrienden en bloedverwanten werden nog herkend, en de Boeren dankten God, dat zij aan deze wakkere mannen nog een christelijke begrafenis konden geven.

De zegevierende Boeren trokken in triumf terug naar Natal, en met ijver toog men nu aan het werk der kolonisatie. Dorpen werden aangelegd, vlekken uitgemeten, steden ontworpen. Aan de kust ontstond Durban, een gehucht van eenige leemen huisjes, thans een wereldhaven, en in het midden des lands, op een hoogte van 2000 voet, verrees de hoofdstad Pieter-Maritzburg, dús genoemd naar de twee aanvoerders der Boeren PIETER RETIEF en GERT MARITZ. En toen DINGAAN opnieuw onrust begon te stoken, joegen de Boeren hem over de grenzen van Zoeloeland naar Amazwaziland, waar vijandelijke Kaffers hem de doodelijke speer in de borst stootten, stelden zijn broeder PANDA aan tot Koning over Zoeloeland, onder de opperheerschappij der Boeren, en keerden in vrede huiswaarts.

In vrede? De Engelsche regeering kwam, vond Natal een schoon land, en verklaarde het voor een Engelsche bezitting. Wel was het een laaghartig stuk, want met hun bloed en hun tranen hadden de Boeren Natal gekocht van den Zoeloekoning, en zij smeekten om hun recht. Maar Engeland was doof. Toen grepen zij — eenige honderden — naar de wapens. Engeland echter stookte de Kaffers op, en de Boeren vochten totdat zij er bij neervielen.

Het mocht niet baten. Den 8sten Augustus 1843 werd Natal definitief tot een Engelsche bezitting verklaard. Maar de vrijheidlievende Trekboeren laadden hun ossenwagens opnieuw, schudden het stof van hun voeten, en trokken noordwaarts naar de Transvaal, om zich te vereenigen met de volgelingen van Hendrik Potgieter, of westwaarts naar den Oranje-Vrijstaat, waar nieuwe Trekkers uit de Kaapkolonie waren aangekomen.

De wolf volgde evenwel het spoor van het vluchtende schaap, en verklaarde ook den tegenwoordigen Oranje-Vrijstaat voor Britsch domein.

Doch nu vlamde de toorn op in het hart der vertrapte Boeren, en Pretorius vaardigde een proclamatie uit, waarbij het volk werd opgeroepen tot den strijd voor vrijheid en recht.

De Engelsche majoor Warden lag met zijn soldaten te Bloemfontein, en Pretorius, die met 400 man zijn kamp op twee mijlen afstands van die plaats opsloeg, sommeerde Warden, om onmiddellijk den Vrijstaat *) te verlaten. Hij gaf den majoor een uur bedenktijd, en deze gaf Bloemfontein zonder strijd over. Het was een zonnestraal op het pad der Boeren. Maar de lucht verduisterde zich spoedig weer, want generaal Harry Smith trok met een geduchte overmacht tegen de Boeren op. Bij Boomplaats stootten zij op elkander. De Boeren streden met groote dapperheid, maar werden geslagen, en de Vrijstaat was de prijs voor den overwinnaar.

Een dwalende Boer, op het slagveld aangetroffen, werd, ofschoon hij geen schot had gelost en in spijt van de hartroerende tranen zijner jonge vrouw, als muiter doodgeschoten. Zoo zorgden de Engelschen voor een Vrijstaatsch Slachtersnek, en op het hoofd van Pretorius werd, dood of levend, een prijs gesteld van f 24000.— Maar voor dezen Afrikaanschen *Andreas Hofer* was geen verrader te vinden; hij was bij de Transvaalsche Boeren even veilig als de zuigeling aan de borst van zijn moeder. En als een bijtende spot op den Engelschen bloedprijs, loofde Pretorius 1000 beesten en 1 bulos uit aan hem, die den Engelschen generaal Harry Smith levend in zijn handen leverde.

Zoo werd de Transvaal het laatste plechtanker der Afrikaansche vrijheid, en de onvermoeide Pretorius, die zijn stamgenooten als een andere Jozua den weg uit het Engelsche diensthuis had gewezen, gunde zich geen rust, voordat hij tenminste de staatkundige onafhankelijkheid der Transvaal of Zuid-Afrikaansche Republiek verzekerd wist.

Die dag, de 17de Januari 1852, brak eindelijk aan — het was een groote en zonnige dag in het stormachtige leven van dezen moedigen Afrikaan. Op dien gedenkwaardigen dag bevestigde de Engelsche

---

*) Wij zullen, kortheidshalve, Oranje-Vrijstaat voortaan Vrijstaat noemen.

Regeering in het historische *Zandriviertraktaat* in den volsten zin en onvoorwaardelijk de staatkundige onafhankelijkheid der Zuid-Afrikaansche Republiek, en de Boeren toonden hunne hartelijke dankbaarheid tegenover hun grooten kommandant, door het thans wereldbekende Pretoria naar hem te noemen.

Was de vreugde der Transvaalsche Boeren groot, door de in-bezitneming van den Vrijstaat had Engeland zich al heel leelijk in den vinger gesneden. De Engelsche Regeering had gemeend, er geld uit te slaan en er moest geld bij. En een groote som ook: minstens twee en een half millioen gulden per jaar, want de onrustige, op de grenzen van den Vrijstaat wonende Basuto-Kaffers konden slechts door geweld in toom worden gehouden. De Vrijstaat werd zoodoende een geduchte lastpost, en de praktische Engelschen wilden er af, hoe eerder hoe liever. Nu, de Afrikaansche Boeren in den Vrijstaat begrepen dat ook wel, maar zij hielden zich leuk, en de onderhandelingen tusschen beide partijen hadden zoo ongeveer het volgende verloop:

Engeland. Geachte Boeren, waarde vrienden! Wij weten, dat gij de vrijheid boven alles bemint, en onze geëerbiedigde Koningin heeft in hare grootmoedigheid besloten, u de staatkundige vrijheid te schenken.

Vrijstaat. Waarom toch?

Engeland. Uit enkel grootmoedigheid.

Vrijstaat. Wij smeeken u: laat ons onder de Engelsche vlag!

Engeland. Wij begrijpen u niet.

Vrijstaat. Wel, alles ging tot nog toe zoo goed! Engeland hield voor ons de Basuto-Kaffers in toom....

Engeland. Dat zal wel waar zijn, maar het kost ons een schandaligen hoop geld.

Vrijstaat. Daarvoor oogst ge ook onze waardeering.

Engeland. Ja, ja, daar kan je heel wat voor koopen.

Vrijstaat. Wij zijn nu Engelsch, en wij willen het blijven.

Engeland. Neen Vrijstaters, neen rekels, je zult het *niet* blijven. Je hebt hemel en aarde bewogen, om vrij te worden — je *zult* vrij worden! We zullen er je desnoods toe dwingen!

Zoo ongeveer was het verloop dezer merkwaardige onderhandeling. Hoe inniger de leuke Boeren zich vastklemden aan het Engelsche gezag, hoe sterker Engeland er op aandrong, om van deze onderdanen ontslagen te worden, en ten slotte werd den 23sten Februari 1854 de Conventie geteekend, waarbij de souvereiniteit van den Vrijstaat werd erkend. Een voorloopige Boerenregeering nam onmiddellijk de teugels in handen, en vaardigde de volgende proklamatie uit: „Dank zij der edele grootmoedigheid van Hare Britsche Majesteit, gisteren nog onze geëerbiedigde Koningin, 'hebben wij ongevraagd verkregen, wat wij geworden zijn. En waar andere natiën jaren strijds en stroomen bloeds geofferd hebben voor de onafhankelijkheid, verkregen wij haar door eenvoudig aan te nemen wat ons werd aangeboden."

't Was wel een eigenaardige proklamatie, maar dat bedanken der Engelsche grootmoedigheid was natuurlijk maar apenkool, en het zou werkelijk wel een belangwekkend gezicht zijn geweest, om de leuke gelaatstrekken van de Boeren te bespieden, toen zij deze zonderlinge proklamatie de wereld in zonden.

De hoofdzaak was, intusschen, dat zij onder het Engelsche juk uit waren, en staatkundig even onafhankelijk als de Engelschen zelven.

En dat de Engelschen later toch terug zijn gekomen — wien verwondert het?

Diamantvelden behooren immers niet thuis in een Boeren-Republiek! De Engelsche gelddorst scheurde Kimberley van den Vrijstaat af, en toen de Boeren vol verontwaardiging deze daad een gemeenen diefstal noemden, betaalde Engeland 90000 pond sterling als schadevergoeding uit. Was dat niet echt christelijk? Was het niet royaal? Denk eens aan, deze som was bijna even groot als de maandelijksche opbrengst der diamantvelden! En al pruttelden de Boeren — wat gaf het? Als zij naar de wapens dorsten grijpen, zou Engeland zijn legers zenden, en het Boerenvolk verpletteren.

De Zuid-Afrikaansche Republiek was intusschen een zelfstandige Staat. Zij stond daar als een vooruitgeschoven post van Christendom en beschaving te midden der wilde, onrustige Kafferstammen, en werd meer dan eens door inwendige beroeringen geducht geteisterd. Maar zij hield zich staande, zette hare landpalen uit, en werd met den Vrijstaat een Pella en toevluchtsoord voor alle Afrikaanders, die vrij wilden zijn van het Engelsche juk.

Maar in het gedenkwaardige jaar 1877 kreeg de Engelsche wolf weer honger, en de Engelsche staatsman Shepstone werd afgezonden naar de Transvaal, om den hongerigen wolf tevreden te stellen. Zoo zette hij zich neder aan den gastvrijen disch der Boeren, en de argelooze Boeren vermoedden niet, dat zij een dief en roover aan hun disch hadden genoodigd. Shepstone dan kwam spreken over een Kafferkwestie, en stuurde voorzichtig aan op het groote doel, dat hij zorgvuldig verborg onder een bloemrijke taal, evenals de vermolmde doodsbeenderen verborgen zijn onder een wit gepleisterd graf.

Toch kwam eindelijk het hooge woord er uit, en terwijl een omgekochte Engelsche kliek te Pretoria juichte, rapporteerde Shepstone aan zijn Regeering, dat de verarmde Boeren snakten naar de inlijving.

Zoo ging de Transvaalsche onafhankelijkheid onder, en het was wèl een droeve dag voor alle oprechte Hollandsche Afrikaanders, de 12de April 1877, toen de Vierkleur werd neergehaald, en de Engelsche vlag van de pui van het gouvernementsgebouw te Pretoria werd uitgestoken.

Engeland liet er geen gras over groeien. SHEPSTONE had gezegd, dat de Engelsche vlag onmiddellijk zegeningen bracht, en die zegeningen rukten nu snel het Transvaalsche gebied binnen: artillerie, cavalerie en infanterie. De voornaamste punten in het land werden bezet en versterkt, en de annexatie was een voldongen feit.

Zoo dacht ten minste de Engelsche Regeering, maar de Boeren dachten er toch nog anders over. Zij gevoelden zich diep gekrenkt in hun nationaal gevoel, verkozen uit hun voormannen een comité, dat hun heiligste belangen zou bepleiten voor den Engelschen troon, en eischten op luiden, toornigen toon hun gestolen onafhankelijkheid terug.

Te Kleinfontein zou de gladde Engelsche staatsman Sir BARTLE FRÈRE met het volkscomité, waarvan PAUL KRUGER voorzitter was, een conferentie hebben, en ofschoon het volk tot deze vergadering *niet* genoodigd was, verscheen het in een getal van ruim 4000 goed gewapende Boeren. In een groote tent nam het comité zitting, dat met bijna eenparige stemmen van oordeel was, dat men met de Zoeloe's, die pas tegen Engeland waren opgestaan, gemeene zaak moest maken, de vierkleur hijschen, Natal bezetten en de onafhankelijkheid proklameeren. Maar PAUL KRUGER zette zich schrap, schudde den stevigen kop, en bepleitte een voorloopig *lijdelijk* verzet. „Wij kunnen niet met de barbaarsche Zoeloe-Kaffers optrekken," zeide hij, „want het is onzer onwaardig, en het bloed onzer broeders, door de Zoeloe's vergoten, is nog niet gewroken."

Maar het hielp niet. „*Nu* is het tijd om te vechten!" riep het volk. „En de sympathie verliezen van de beschaafde wereld," meende PAUL KRUGER. „En de vrijheid terug krijgen," meenden zijn tegenstanders.

KRUGER vorderde geen duim; hij verdaagde de vergadering tot den volgenden morgen.

Het was nu avond geworden; een donkere avond. Een fijne motregen viel neer. Niemand was meer buiten; ze waren allen in hun tenten. Peinzend wandelde een man, in zijn regenjas gedoken, tusschen die tenten door. Nu en dan stond hij stil, en luisterde naar de gesprekken, die binnen de tenten werden gehouden. Er werden harde woorden gesproken. „Als KRUGER ons wil verhinderen, om op de Engelschen te schieten, dan zetten wij hem af, en kiezen JOUBERT tot onzen voorman." „KRUGER *wil* niet vechten; hij *moet* worden afgezet." „Och, weet ge wat? Zijn handen zijn gestopt door de Engelsche Regeering; PAUL KRUGER is een verrader!"

En de peinzende, eenzaam daar heen wandelende man hoorde die gesprekken, want zij werden luid en driftig gevoerd, en hij dook dieper in zijn regenjas, en keerde terug naar zijn tent.

Het was Paul Kruger. Geen slaap ging dien nacht over zijn oogen, maar hij kwam tot een vast besluit, en den volgenden morgen in de groote tent verschijnend, zeide hij: „Mannen, Broeders! Ik heb mijn besluit genomen. Op een pad, waar ik geen licht zie, kan ik niet vóór loopen. Nu, gaat gijlieden mij dan vóór op het pad, waarop gij licht ziet! Kiest voor mij Joubert of een anderen voorman! En waar gijlieden heengaat, daar zal ik ook heengaan, en waar gijlieden valt, daar zal ik ook vallen. Maar vóórloopen kan ik niet op een pad, waarop ik geen licht zie."

In een ademlooze stilte werd dit woord aangehoord. Niemand sprak een woord, maar het oude vertrouwen kwam plotseling met onweerstaanbare kracht weer boven. „Neen, oude President," riepen ze, zich om hem verdringend, „neen, zóó was het niet bedoeld! Loop maar weer vóór op het pad, waarop gij licht ziet, en wij zullen u volgen!"

Zoo liep Paul Kruger weer vóór en bewaarde zijn volk voor een grooten misslag, maar anderhalf jaar later, toen alle vreedzame pogingen waren mislukt, trad hij met onverschrokken moed aan de spits van zijn stamgenooten om hen als een andere Mozes uit te leiden uit het Engelsche diensthuis naar het Kanaän der vrijheid.

De vrijheidsoorlog van 1880/81 duurde drie maanden, en heeft — het klinkt haast ongeloofelijk! — aan slechts 50 Boeren het leven gekost. Toch was die oorlog voor de Boeren een zwaar stuk werk. Er lagen Engelsche garnizoenen in Pretoria, Potchefstroom, Lijdenburg en andere plaatsen, terwijl generaal Colley met 1400 man troepen, waarbij zich binnen eenige weken belangrijke versterkingen zouden voegen, uit Natal kwam aanrukken. De verschillende garnizoenen telden, de vrijwilligers meegeteld, 6000 man, die door een macht van 3000 Boeren moest worden ingesloten, terwijl de rest der Boeren, 1500 man sterk, de passen van het Drakengebergte had te verdedigen tegen een aanval uit Natal.

In militaire kringen beschouwde men de zaak der Boeren hopeloos. Daar was reden voor. Zij hadden geen reserve, geen kanonnen, en door elkander gerekend, slechts 15 scherpe patronen per man, vijftien patronen voor den ganschen veldtocht, terwijl een soldaat er 100 meeneemt voor één gevecht! Maar toen de rook van Bronkhorstspruit was opgetrokken, waar 300 Boeren binnen tien minuten een bijna even sterken troep Engelschen volkomen hadden overrompeld, en toen het gevecht van Lang-Nek werd bekend, waar de Engelschen in spijt van hun cavalerie en artillerie met een enorm verlies werden teruggeslagen, toen — zeg

Amajuba.

ik — liep er een electrische schok door Europa, en het sprong vol verbazing op.

Maar de Boeren beseften, dat de almachtige God zich hun hopelooze zaak had aangetrokken, en deze wetenschap vervulde hunne harten met een onweerstaanbaren moed.

Generaal Nikolaas Smit rukte met een keurbende van 200 ruiters Natal binnen, om de convooien van den vijand te onderscheppen en zijn militaire verbindingen te verontrusten, en stootte aan de Ingogo-rivier op den vijand. De Boeren waren afgebeuld door den langen rit, leden honger en gebrek en stonden tegenover een viervoudige overmacht. Smit had zich dus met eere kunnen terugtrekken, maar hij dacht er niet aan, en zijn Boeren evenmin. Het gezicht der roode Engelsche uniformen ontvlamde hun strijdlust, en met schitterende dapperheid tornden de jonge Boeren, die nog nooit in het gevecht waren geweest, tegen de vijandelijke kanonnen op. Er werd hevig gevochten: de Engelschen streden met een volharding, hun ouden wapenroem waardig, en eerst de invallende duisternis maakte een einde aan het gevecht, dat in den voormiddag was begonnen. In groote spanning zagen de Boeren den morgen tegemoet, om den strijd voort te zetten, doch de Engelschen waren verdwenen. Zij waren in het holle van den nacht gevlucht, en hadden hun gewonde en stervende kameraden in een onbeschrijfelijken toestand achtergelaten.

Doch het glanspunt van den oorlog blijft het laatste gevecht: de bestorming van den Amajubaberg, waarbij generaal Colley sneuvelde, en de Engelschen een even ongedachte als verpletterende nederlaag leden. Deze nederlaag heeft den Engelschen trots diep gekrenkt, en het enkele woord „Amajuba" is reeds voldoende, om de Jingo's half razend te maken.

Doch de edele Christen-staatsman Gladstone stond boven die gevoeligheden, en hij reikte den overwinnaars van den Amajuba de hand der verzoening toe. De vrede kwam tot stand, en de Conventie van 1881 regelde de verhouding tusschen Engeland en de Transvaal. 't Is waar, de Boeren kregen niet alles terug, wat hun ontnomen was. De Conventie van 1881 was geen bekrachtiging van het Zandriviertraktaat van 1852. De Boeren moesten als een soort toezienden voogd een Britschen resident dulden in hun hoofdstad, alle onderhandelingen met buitenlandsche mogendheden zouden door zijn handen loopen, en de Transvaal moest de suzereiniteit, de opperheerschappij van Engeland erkennen. Maar in het binnenlandsch bestuur was den Boeren overigens zelfstandigheid gewaarborgd, terwijl Paul Kruger in 1884 een grooten diplomatieken triumf behaalde, toen de Conventie van 1881 door de Londensche Conventie werd vervangen. In deze Conventie van 1884, die tot heden bindend is, werd het hatelijke woord „suzereiniteit" met opzet geschrapt, de „resident" te Pretoria door een „agent" vervangen en aan de Boeren in hun binnenlandsch bestuur volkomen

De slag bij Kr

onafhankelijkheid en zelfstandigheid gewaarborgd, en terwijl de Transvaalsche Regeering voortaan direct betrekkingen mocht aanknoopen met buitenlandsche mogendheden, behield de Engelsche Regeering zich slechts het recht voor, om binnen zes maanden na het sluiten van een buitenlandsch traktaat haar veto te laten gelden.

Zoo hadden de Boeren dan eindelijk rust, leefden als tevreden herdersvorsten in de onmetelijke grasvelden van hun vaderland, en lieten Oom PAUL, hun schranderen en voorzichtigen President, voor de staatkunde zorgen. Doch deze rust had nauwelijks vier jaren geduurd, toen de verrassende tijding in Europa kwam, dat het goudland van Ofir was ontdekt, en dat het lag binnen de grenzen der Transvaalsche Republiek!

Deze tijding deed de harten sneller kloppen; er ontstond, vooral in Engeland, een goudkoorts, en een heirleger van fortuinjagers en schelmen trok als een zwerm sprinkhanen het gastvrije land der Boeren binnen.

Er was werkelijk goud; véél goud; de Transvaal was het rijkste goudland der wereld, en waar eenige maanden vroeger niets anders werd gehoord dan het gekras van een eenzamen roofvogel, hoog in de lucht, en het ruischen van den wind in het lange, spichtige prairiegras, rees als met een tooverslag een stad uit den grond; een echte, groote, drukke stad — het was Johannesburg.

Wel waren de goudmijnen aan den Witwaterrand voor de Transvaalsche Regeering een aangename verrassing, in zoover zij de schraal voorziene schatkist krachtig stijfden, maar de scherpziende PAUL KRUGER verheelde zich toch niet, dat zij in de toekomst een ernstig gevaar konden opleveren voor de Transvaalsche onafhankelijkheid. Voor het oogenblik echter bestond dit gevaar nog niet, want de even brutale als sluwe CECIL RHODES, die in dien tijd in de Kaapkolonie de eerste viool speelde, onderwierp de Matabele-Kaffers, en kreeg de zonderlinge idee, dat het door hem veroverd en naar hem *Rhodesia* genoemd gebied het ware land van Ofir was. Hij liet er geen gras over groeien. Hij klopte op de geldzakken der Engelsche kapitalisten, wist zelfs prinsen van het koninklijk huis voor de onderneming warm te maken, richtte een Maatschappij *) op, waarin vele millioenen werden gestort, en ging nu de goudmijnen van het land van Ofir exploiteeren.

De Engelschen gingen aan het werk. Zij groeven en boorden, maar het goud kwam niet spoedig. Het zat diep. Daarom groeven en boorden zij nog dieper, heel diep. Maar eindelijk begrepen die verstandige menschen dan toch,

---

*) De Chartered Company.

CECIL RHODES.

dat het te diep zat, om het te kunnen krijgen. Deze ontdekking evenwel vormde het kritieke punt voor de Transvaal, en op het oogenblik, dat zij werd gemaakt, verrees de Engelsche annexatie-lust als een groot en dreigend spook boven den Transvaalschen horizont. Immers de wolf had honger, grooten honger; honger naar goud. Om dien honger te bevredigen, hadden RHODES' maximkanonnen de ongelukkige Matabele-Kaffers weggemaaid en uitgemoord, en die Kaffers hadden het dubbel en dwars verdiend, daar de mijnen van Rhodesia geen goud, maar wel verdriet en teleurstelling opleverden!

Maar de Witwaterrand bezat goud; onmetelijk veel goud, en de wolf huilde van den honger, en RHODES' Maatschappij, waarin Engelands grooten zaten, had goudmijnen, *echte* goudmijnen noodig, om niet failliet te gaan — welnu dan!

Spoedig was er een stok bij de hand. Er werd een Uitlanders-kwestie bedacht. De Uitlanders moesten bijna alle belastingen opbrengen, en mochten toch niet medestemmen voor den Volksraad, heette het. Als die verdrukte Uitlanders langs den wettigen weg hun recht zouden zoeken, dan bestond er groot gevaar, dat hun vrouwen en kinderen door de Boeren zouden worden doodgeschoten! En — zoo werd uitgebazuind — het Transvaalsche gouvernement is niets anders dan een door en door verrotte familieregeering.

Het was duidelijk, welken weg men op wilde. Het werd nog duidelijker, toen in Johannesburg een krachtige revolutionnaire beweging uitbrak, en het liet inderdaad aan duidelijkheid niets te wenschen over, toen JAMESON, de handlanger van CECIL RHODES, op Zondag den 29sten December 1895, des avonds te elf uur, aan het hoofd van 800 man bereden

Sir ALFRED MILNER.
Gouverneur van de Kaapkolonie en Hooge Commissaris van Britsch Zuid-Afrika.

Fort te Johannesburg.

infanterie (troepen van de Chartered Company), 8 maxims en 3 snelvuur-kanonnen, bij Mafeking de Transvaalsche grenzen overschreed.

Als een donderslag schudde de tijding van dezen haast ongelooflijken inval de Boeren uit hun zoete rust. Het volk greep naar de wapenen, en de Boeren snelden naar Pretoria, den zetel van het gouvernement, om het tegen een onverhoedschen aanval uit Johannesburg te dekken, naar de grenzen, waar nieuwe invallen dreigden, of naar het Zuiden, JAMESON tegemoet.

Het was hoog tijd, en den 30sten December, Maandagavond vijf uur, ontving kommandant CRONJÉ in zijn landelijke woning bij Potchefstroom het bevel, onmiddellijk uit te rukken en JAMESON'S troepen aan te vallen. Hij vermoedde dadelijk, dat de Engelschman gezocht moest worden in de richting van Krugersdorp, vertrok den volgenden morgen te vijf uur met zijn vier zonen, en bereikte, na twintig uren in het zadel te hebben gezeten, bij het krieken van den eersten dag van het nieuwe jaar aan de spits van 250 Boeren Krugersdorp.

Doch de rit van kommandant MALAN van Rustenburg gaf dien van Cronjé niets toe. Hij was met zijn 200 Boeren den vijand in een grooten boog in vollen galop omgereden, en bereikte twee uren na Cronjé Krugersdorp. Intusschen naderde Jameson, die met zijn troepen naar Johannesburg wilde, dienzelfden dag om één uur Krugersdorp, en daar hij den' doortocht versperd vond, opende hij 's middags te drie uur met zijn kanonnen het gevecht.

De strijd bij Krugersdorp heeft geduurd tot den volgenden middag 2 Januari, dus bijna een etmaal, en bestond uit een aaneenschakeling van kleine gevechten. De Engelschen streden dapper, deden in de verschillende richtingen wanhopige pogingen, om zich een doortocht te banen; maar al hun pogingen werden verijdeld, en ofschoon de Boeren zonder kanonnen waren, omsingelden zij den vijand van alle kanten. De strijd eindigde met de volkomen onderwerping van de vijandelijke troepen. Wat niet dood of gewond was, gaf zich over, waarbij Jameson, die geen woord kon spreken, beefde als een espenblad. De gevangenen werden naar Pretoria gebracht, en later grootmoedig aan de Engelsche Regeering overgedaan, om rechtvaardig gevonnist te worden.

Nu, Engeland is een zeer barmhartige rechter geweest!

De Transvaalsche Regeering schreed intusschen kalm, maar vastberaden voort op den ingeslagen weg, herstelde de rust in Johannesburg, en nam de voornaamste belhamels in hechtenis. Zij werden ter dood veroordeeld, maar Paul Kruger schonk gratie, en zij kwamen er met zware geldboeten af. Nu, dat was niet erg; geld hadden ze in overvloed en de Regeering liet voor dat geld forten bouwen bij Johannesburg. Voor de leuke Boeren lag er intusschen wel iets grappigs in, dat het geld der oproerkraaiers dienst moest doen, om latere oproeren te keeren, terwijl de Jingo's het een even hatelijken als ongepasten maatregel vonden.

Wel was het treurspel van Krugersdorp voor de Engelsche regeering een hoogst onaangename nieuwjaarsverrassing geweest, die te grooter was, nu Engeland, door de ondubbelzinnige, krasse houding der Duitsche Regeering, welke in die dagen een open oog had voor hare groote handelsbelangen in Zuid-Afrika, wel genoodzaakt was, een welwillendheid te veinzen, waarvan zij inderdaad niets meende.

Zoo werd de revolutie van Johannesburg in hare eerste beginselen gefnuikt, het land bevredigd, en terwijl de door de runderpest zoo verschrikkelijk geteisterde veestapel zich allengs begon te herstellen, ging de landbouw met langzamen, maar zekeren tred vooruit, begon de nijverheid haar vleugels uit te slaan, en ontlook de handel. Zoo was er dan gegronde hoop, dat de Zuid-Afrikaansche Republiek, die zooveel stormen had doorstaan, en die onder de voorzichtige en beleidvolle regeering van Paul Kruger langzaam ontgroeide aan de oude, patriarchale verhoudingen, zich zou ontwikkelen tot een der welvarendste staten der wereld.

De Aanleiding tot den Oorlog.

Zoo was er dan rust en vrede. De Johannesburgervulkaan rookte wel een beetje, maar dat hinderde niet. De Boeren waren het gewend. Zij wisten niet beter, of het behoorde zoo. Ook de door 21000 Uitlanders geteekende en in Mei j.l. verzonden Memorie aan Koningin Victoria, waarin dringend om hare tusschenkomst werd verzocht voor de hard verdrukte Uitlanders, had weinig verontrustends. Immers — wat waren die rumoerige Uitlanders? Vreemdelingen, die als wrakhout waren komen aanspoelen te Johannesburg, zich opwerkten tot goudkoningen, hun „whisky and soda" dronken en dapper op de Transvaalsche Regeering scholden.

De Boeren bleven betrekkelijk arm, en deze vreemdelingen werden groote sinjeurs, en dan wilden zij nog klagen over een harde verdrukking; — 't was immers te dwaas om van te spreken. Natuurlijk, die vreemdelingen verlangden het kiesrecht, maar het waren toch vreemdelingen, gasten, die zich hadden neergezet aan den gastvrijen disch van het meest gastvrije volk der wereld — kon men het dan den Boeren euvel duiden, dat zij voorzichtig waren met het uitdeelen van het kiesrecht, dat zij den huissleutel in hun eigen zak wilden houden, en dat zij de meesters wilden blijven in een land, dat zij hadden gekocht met hun bloed en hun tranen?

Trouwens, de Uitlander *kon* langs den geleidelijken weg het kiesrecht deelachtig worden, en het daarop betrekking hebbende wetsartikel luidde aldus: „Personen, van elders inkomende, kunnen tot de naturalisatie worden toegelaten, mits zij aan den veldkornet van hun wijk of aan den landdrost van hun district het bewijs overleggen, dat zij minstens twee jaren hier te lande zich metterwoon hebben gevestigd, en gedurende dien tijd getrouw en gehoorzaam zijn geweest aan de wetten des lands, alsmede met overlegging van een certificaat van een bevoegden ambtenaar, ten effecte, dat zij geen onteerend vonnis ten hunnen laste hebben gehad."

Deze naturalisatie gaf recht tot stemming voor den Tweeden Volksraad (Tweede Kamer), terwijl het recht tot stemming voor den Eersten Volksraad (Eerste Kamer) en voor den President eerst twaalf jaren daarna werd verleend. Bij de naturalisatie werd gevorderd een eed van getrouwheid aan de Republiek en afzwering der getrouwheid aan elken anderen staat.

De Boeren zagen dus niets verontrustends in dat door 21000 Uitlanders geteekend' smeekschrift, maar de Engelsche Regeering dacht er anders over. Zij trok zich dat smeekschrift met groote warmte aan, en

Dr. LEYDS.
Buitengewoon Gezant en Gevolmachtigd Minister der Zuid-Afrikaansche Republiek.

reeds den eersten keer, dat zij zich over deze zaak tot de Transvaalsche Regeering wendde, was haar toon scherp, hard en hatelijk.

De wolf had honger; hij had een onbedwingbaren honger; hij *jankte* van den honger.

De Transvaalsche Regeering, die zoo ruw op het lijf werd gevallen, antwoordde op vriendschappelijken, verzoenenden toon, was bereid om aan billijke wenschen tegemoet te komen, was evenmin ongenegen, om aan het kiesrecht eene betamelijke uitbreiding te geven, en nam het voorstel aan, om de aanhangige kwestie op een Conferentie in vriendschappelijken geest te bespreken.

Deze Conferentie kwam tot stand, vond plaats te Bloemfontein, de hoofdstad van den Vrijstaat, en duurde van 31 Mei tot en met 5 Juni daarop volgende. De Transvaalsche Regeering werd er vertegenwoordigd door PAUL KRUGER, Staatspresident, BURGER en WOLMARANS, leden van den Uitvoerenden Raad, SMUTS, Staatsprocureur, FOCKENS, secretaris, en VAN HOYTEMA, Staatsklerk. Als vertegenwoordigers der Engelsche Regeering waren verschenen MILNER, Hooge Commissaris der Britsche Regeering en Gouverneur der Kaapkolonie, en zes andere Engelschen, terwijl FISCHER, lid van den Vrijstaatschen Uitvoerenden Raad, als tolk optrad.

MILNER was ter goeder naam en faam bekend, maar de Afrikaanders zijn in hem bitter teleurgesteld geworden. Hij heeft zijn veertigjarigen goeden naam aan den schandpaal genageld der Afrikaansche geschiedenis, en hij heeft er geen veertig dagen over gedaan.

De Conferentie heeft een zeer onvruchtbaar verloop gehad, maar zij vormde den grondslag, de ziel voor de latere onderhandelingen, en werpt een helder daglicht op de zoo ingewikkelde Afrikaansche toestanden. Met het oog daarop volgt hier een zakelijk uittreksel uit de verhandelingen volgens de officiëele bescheiden.

EERSTE ZITTING.

MILNER. Wenscht U het eerst te spreken omtrent het doel dezer Conferentie, of zal ik het doen?

KRUGER. De Vrijstaat heeft ons uitgenoodigd, en het zal mij aangenaam zijn, U het eerst te hooren.

MILNER. Er bestaan een aantal open kwesties tusschen ons, en zij schijnen nog te vermeerderen. Daardoor wordt de toon, die aangeslagen wordt, min of meer scherp. U zult verstaan, dat ik daarmede niet zeggen wil, wie te laken is, doch het is in elk geval een betreurenswaardige stand van zaken. Nu is het mijne persoonlijke meening, dat de grootste oorzaak van het verschil te zoeken is in uwe staatkunde tegenover de Uitlanders, waarvan er velen Britsche onderdanen zijn. Deze staatkunde heeft bitterheid gekweekt, terwijl in het Britsche Rijk veel sympathie wordt gevoeld voor die Uitlanders. Beide Regeeringen, de Britsche en de uwe, wenschen hun verschillen op vreedzame wijze te vereffenen, en daarom zou een wijziging in uwe staatkunde, voordat de zaken erger loopen, tegemoet komen aan gematigde wenschen, een weg banen voor de oplossing van andere kwesties en de onafhankelijkheid der Zuid-Afrikaansche Republiek bekrachtigen. — Ik noem de Uitlanderskwestie het eerst, want al werden de andere kwesties geregeld, dan zou de open gebleven Uitlanderskwestie toch weer de vruchtbare bron van nieuwe kwesties worden. Vele Uitlanders zijn Britten en al woonden zij in een anderen Staat, en al was die Staat door geen Conventie aan Engeland verbonden, dan zou Harer Majesteits Regeering toch de verplichting hebben, aan dien Staat vriendschappelijke voorstellen te doen. Ik weet wel, dat uwe burgers zeer bevreesd zijn voor een Britsche inmenging in hun binnenlandsche aangelegenheden, doch juist daarom wil ik U een mildere behandeling der Uitlanders voorstellen.

Markt te Johannesburg.

Daardoor zou de Britsche inmenging niet vermeerderen, maar sterk verminderen, want indien de Britsche Uitlanders in de positie kwamen, om zich zelf te helpen, zouden zij zich niet gedurig behoeven te beroepen op ons en op de Conventie.

KRUGER. Ik zal kort zijn. Ik ben met mijne Commissie hier gekomen in de meening, dat U vatbaar zijt voor overtuiging. Ook wil ik op punten van inwendig bestuur ingaan, in zoover U ze geeft als *vriendschappelijke wenken*. Ik zal concessies geven waar dat mogelijk is, doch zij, die de laatste memorie aan Hare Majesteit hebben gezonden, zijn meest oproermakers. Zij brengen Hare Majesteit op een dwaalspoor, en wanneer wij nu in vriendschappelijken geest met elkander spreken, kan U zien wie gelijk heeft: ik of de memorialisten. Ik ben voor recht en gerechtigheid, en wensch de kwesties vriendschappelijk te bespreken.

MILNER. Er dient toch een weg te zijn.

KRUGER. U kunt een punt noemen, waarover U eerst wenscht te spreken. Ik zal gaarne een wenk van U ontvangen als vriend, zooals in zake Swazieland, met Bunu. U gaaft een wenk, die door ons in overweging werd genomen, en alles liep goed af.

MILNER. Ja, zeer bevredigend.

KRUGER. Toen is U ook niet met bevelen en orders gekomen, maar U erkendet, dat wij daar gelijk hadden, en uw wenk werd toen door ons in overweging genomen.

Marktplein te Bloemfontein.

MILNER. Wij zullen dus met uw goedvinden eerst spreken over het stemrecht; doch het gevaar bestaat, dat men mijn voorstellen bevelen of orders zou noemen.

KRUGER. Als vriend mag ik van ieder een wenk aannemen; ik beschouw het dan niet als een bevel, maar als een vriendelijke wenk, al zou het ook over punten gaan, waarover U rechtens niets te zeggen zoudt hebben. U moet trouwens wel in het oog houden, dat er menschen van allerlei nationaliteit toestroomen naar onze goudvelden, en het heeft mij wel verwonderd, dat in andere landen, zooals bijvoorbeeld in Amerika, de Uitlanders zoo lang moeten wachten voordat zij stemrecht krijgen. Het verwondert mij, zeg ik, daar er in die landen millioenen oude burgers wonen, zoodat er geen gevaar bestaat van overstemming. Bij ons is dat anders. Het getal oude burgers bij ons is gering, maar zoo spoedig als het gevaar van overstemming is geweken, zal de benoodigde tijd tot stemrechtverkrijging worden verkort. Thans kan nog geen onbeperkt stemrecht worden verleend, daar de onafhankelijkheid van den Staat er mee gemoeid zou zijn. Trouwens, U weet misschien, dat ik den tijd tot verkrijging van het stemrecht (voor den Eersten Volksraad) met vijf jaar wil inkorten, dus op *negen jaar* wil stellen, om misschien nog verder te gaan, naar mate het aantal onzer stemgerechtigde burgers toeneemt. Toch zijn er velen, die om het stemrecht niet geven, en het slechts gebruiken als een voorwendsel, om de menschen op te hitsen bij Hare Britsche Majesteit.

MILNER. U meent, dat sommigen, wien het stemrecht zou worden aangeboden, het zouden versmaden?

KRUGER. Ja, dat is van den beginne af zoo geweest. U moet wel verstaan, dat in onze Republiek de burgers de troepen zijn, die het land

Schijfschietende Boeren.

moeten beschermen, en vele Uitlanders versmaden het stemrecht, om vrij te zijn van vechten.

MILNER. Ik heb ook aanmerking op de wijze, waarop thans het stemrecht moet worden verkregen. Volgens mijn beschouwing behoort de eed een eenvoudige eed van getrouwheid te zijn, waarbij het onnoodig is, zijn vorig burgerschap af te zweren, terwijl de eed eerst behoort te worden afgelegd op het tijdstip, waarop de man het *volle stemrecht* kan verkrijgen. Ten andere ben ik van meening, dat de van buiten komende bevolking, waaraan het land zijn tegenwoordige stelling en rijkdom te danken heeft, een *werkelijk* aandeel behoort te hebben in de regeering des lands, niet om de oude burgers te overstemmen, maar om hun het voordeel van hun kennis en ondervinding te geven. Komt er tegenwoordig een kwestie van ingrijpenden aard voor den Volksraad, dan worden de Uitlanders steeds als vreemdelingen aangezien, en al maakt de Volksraad zijns inziens ook de beste wetten, het is toch de meening van een vooruitstrevend volk, dat de wetten het *best* worden gemaakt door *hen*, voor *wie* die wetten zijn. De geheele wetgeving gaat uit van mannen, die niet op den Witwaterrand thuis behooren, en door hun sympathieën er van gescheiden zijn. Dit ontstemt de Uitlanders. En terwijl het mijn doel is, hun een behoorlijk aandeel in de wetgeving te geven, wil ik de oude burgers in een positie laten, dat zij onmogelijk kunnen worden overstemd. Nu is mijn voorstel, dat de Uitlanders na een *vijfjarig* verblijf in uwen Staat het volledige stemrecht verkrijgen, met terugwerkende kracht; dat het eedsformulier gewijzigd worde; en dat aan de nieuwe bevolking een billijke vertegenwoordiging worde geschonken.

KRUGER. Ik hoop er U van te overtuigen, dat uw voorstel onze onafhankelijkheid zou vernietigen. Immers, in een Republiek maakt de meerderheid der stemgerechtigde burgers de Koningsstem*) uit. Het aantal oude burgers bedraagt wellicht 30000; dat der nieuwe inkomelingen 60000 à 70000. Geven wij hun morgen het stemrecht, dan is het overmorgen met onze Republiek gedaan. Een wijziging van het eedsformulier kan in overweging worden genomen. Wat nu de Uitlanders-memorie betreft, opgezonden aan Hare Majesteit, kan ik met beëedigde verklaringen staven, dat het eene *valsche* memorie is.

MILNER. Ik hecht niet zoo'n groot gewicht aan de memorie. De kwesties, waarover ik wensch te spreken, zijn niet gebaseerd op die memorie, maar op andere feiten.

KRUGER. Ja, maar U zult er toch rapport van doen aan den heer CHAMBERLAIN, die veel waarde hecht aan deze memorie. Trouwens, ik weet niet, hoe men aan die 21000 handteekeningen is gekomen, daar ik een *tegen-memorie* heb van 22000 à 23000 handteekeningen.

MILNER. 22000 handteekeningen, die zich voor uwe Regeering verklaren?

KRUGER. Ja, en alle door vreemdelingen geteekend, verklarende met de wetten tevreden te zijn. De handteekeningen zijn bovendien gestaafd door beëedigde verklaringen.

TWEEDE ZITTING.

MILNER. Heeft U nog iets in 't midden te brengen omtrent de memorie?

KRUGER. Ja, doch eerst iets anders. Mij is bericht, dat de troepen in de Kaapkolonie en in Natal aanzegging hebben ontvangen, om zich gereed te houden, terwijl Engelsche troepen zich verzamelen in Zambaansland en bij de Limpopo — hoe moet ik dat verstaan? Moet ik dat

---

*) Koningsstem = beslissende stem.

Kruger prekende te Pretoria.

opvatten als verraad, als een bedreiging met het zwaard, in plaats van een vriendschappelijke bespreking?

MILNER. *Die rapporten zijn onwaar.* Zoo wordt *mij* gemeld, dat de Boeren zich wapenen, doch ik hecht geen waarde aan die geruchten. Ik verwacht van U hetzelfde. Er is opwinding aan *beide* zijden — laten wij die opwinding doen bedaren! Ons geheele leger is onder de volstrekte contrôle van Hare Majesteit, en er is niet de geringste ongeoorloofde aanval te duchten. Ik wil dit onderwerp niet verder aanroeren, want het belemmert den voortgang van ons onderhoud. Toch is het een feit, dat uwe Regeering het in den laatsten tijd heeft noodig geacht, om wapens en ammunitie ver boven het vereischte in te voeren. Het heeft op Groot-Brittanje een slechten indruk gemaakt, maar ik geef er de verzekering bij, dat wij niet de minste idee hebben om te dreigen.

KRUGER. Ik ben blijde, zulks te hooren, doch ik wensch toch nog iets over die wapens en ammunitie te zeggen. Sedert onze Staat is gevestigd, zijn onze Afrikaanders steeds gewapend geweest, doch allengs is die wapening verwaarloosd. Vele burgers raakten zonder wapens, terwijl andere verouderde geweren hadden. Wij moeten onze burgers voorzien van goede geweren; dat kan men ons toch niet kwalijk nemen. Zelfs bij JAMESON's inval waren nog vele burgers zonder wapens. Tevens verzeker ik U, en U kunt mij op mijn woord gelooven, dat wij sedert onzen Trek in 1836 uit de Kaapkolonie *nooit* de aanvallers zijn geweest, maar *altoos* de verdedigers. Wij hebben zelfs de *zwakste* barbaren niet aangevallen, tenzij ze eerst onder ons hadden gemoord, want het is ons *vaste* geloof, dat God zegt: „Gij zult uws naasten landpale niet verrukken in uw erfdeel."

MILNER. U wildet in de vorige zitting nog iets zeggen omtrent de memorie.

KRUGER. Deze memorie is even leugenachtig en misleidend als de memorie van 1877, waarin verklaard werd, dat alle burgers tevreden waren met de inlijving bij Engeland. Onder die toenmalige 7000 handteekeningen waren er 6400 valsche, en ook *deze* memorie is bijeengeschraapt door bedrog en leugen; zij is geteekend door vrouwen, kinderen en bastaards. Ik heb de beëedigde verklaringen daarvan in mijn zak. Trouwens, zooals reeds gezegd, er is eene tegen-memorie loopende, geteekend door Uitlanders, die hunne tevredenheid betuigen met de wetten van ons land.

MILNER. Hoevelen hebben er op geteekend?

KRUGER. Tot nu toe hebben er geteekend 22500.

MILNER. Het zou voor mij van groot belang zijn, om te weten, of er niet vele Peruvianen of Russische Joden op geteekend hebben.

KRUGER. Het zijn allen Uitlanders.

MILNER. U moet niet uit het oog verliezen, dat die 21000 personen, die de memorie aan Hare Majesteit hebben geteekend, *Britsche* onderdanen zijn.

Inspectie van een Co

ando door den Commandant.

KRUGER. U meent, dat die 21000 personen allen Britsche onderdanen zijn?

MILNER. Zij behooren dat allen te zijn.

KRUGER. Indien geen vrouwen, kinderen, koelies en bastaards geteekend hebben, dan weet ik niet, waar die 21000 namen van daan moeten komen!

MILNER. 't Is niet de vraag, of de memorie door 21000 of door 5000 Britsche onderdanen is geteekend, maar of de inhoud van dien aard is, dat hij in overweging moet worden genomen.

KRUGER. De onderteekenaren der tegen-memorie verklaren, dat de inhoud der eerste memorie niet naar waarheid is.

MILNER. Ik wil U geen aanstoot geven, maar ik heb diep gevoeld, dat de Uitlanders, die vaste inwoners der Republiek willen worden, zeer groote grieven hebben, en ik wensch U te overtuigen van de rechtvaardigheid, de noodzakelijkheid en de wijsheid, om toe te geven.

KRUGER. Ik hoop U geen aanstoot te geven door te verklaren, dat uw voorstel, zooals het daar ligt, de onafhankelijkheid der Republiek, waarvoor mijn volk aan barbaren en tartaren goed en bloed heeft betaald, zou vernietigen, doch ik ben bereid vriendschappelijke wenken te ontvangen.

MILNER. Ik ben er ten volle van overtuigd, dat de aanneming van mijn voorstel die onafhankelijkheid zal *versterken*. Ik *protesteer* daarom ook ernstig tegen uwe zienswijze, alsof *U* de onafhankelijkheid van uw land moet verdedigen, en *ik* die wil rooven. Wat de onderhandelingen zoo bemoeilijkt, is het erge vooroordeel uwer burgers, alsof mijne Regeering uw land wil nemen. Maar uwe Republiek is door de Uitlanders krachtiger en rijker geworden; het is betamelijk, dat de oude burgers, in ruil voor die voorrechten, aan de inkomelingen politieke rechten schenken.

KRUGER. Ik wensch het volgende onder uwe aandacht te brengen. Er bestaat, zoover ik weet, in de geheele wereld niet zoo'n vrijgevige goudwet als bij ons. £ 12.— 's jaars voor een claim te betalen, is toch niet veel, wanneer er, zooals U weet, voor millioenen ponden goud uit den grond worden gehaald. Nu gun ik den vreemdelingen van harte, dat zij rijk worden, doch de burgers moeten de lasten dragen van den Staat.

MILNER. Ik ben hier gekomen, om tot overeenstemming te geraken, doch wijst U mijne voorstellen af, dan zal ik aan Hare Majesteit rapporteeren, dat U onze vriendschappelijke voorstellen van de hand wijst.

KRUGER. U kunt toch een voorstel doen, dat mijn onafhankelijkheid niet raakt!

MILNER. Laten wij toch niet elk oogenblik over die onafhankelijkheid spreken. Ik geef U de verzekering, dat ik haar niet zal aantasten.

KRUGER. Ik zeg dit alleen, omdat volgens uwe bewering uw voorstel die onafhankelijkheid zou *versterken*.

MILNER. Mijn voorstel is billijk. Het komt eenigermate tegemoet aan de redelijke eischen der nieuwe bevolking, en houdt aan den anderen kant voeling met de wenschen en de begrippen der oude burgers.

KRUGER. Wanneer die 60000 à 70000 inkomelingen het stemrecht kregen, dan zouden zij den Volksraad overstemmen.

MILNER. Hoe bedoelt U dat?

KRUGER. De Volksraad moet gehoor geven aan de meerderheid der geheele bevolking.

MILNER. De Volksraad wordt gekozen door de kiesdistricten, en wat de Volksraad beslist, is toch wet.

KRUGER. Maar de meerderheid der stemgerechtigde burgers kan zoo'n wet afkeuren, en wanneer de meerderheid zich in dien geest laat hooren, dan *moet* de Volksraad daaraan gehoorzamen.

MILNER. Uw grondwet zegt toch, dat de Volksraad de wetten maakt naar zijn verkiezing.

KRUGER. Maar ik ken toch mijn eigen wetten! Mijn grondwet zegt, dat het volk het recht heeft, om wetten goed of af te keuren, en de meerderheid maakt de Koningsstem uit!

MILNER. Ik geloof ten volle, dat dit uwe opvatting is der zaak, maar ik zie de juistheid er van nog niet in. Ik wensch er echter op te wijzen, dat er niet zooveel nieuwe kiezers zullen komen volgens mijn voorstel.

KRUGER. Ik heb er de proef van weg.

MILNER. Van de 60000 à 70000 nieuwe inkomelingen is er een enorm getal, bijvoorbeeld de mijnwerkers, die over eenige jaren weer vertrekken.

KRUGER. Die hier tijdelijk zijn, razen het hardste, en ruien de anderen op.

Op verzoek wordt het voorstel, door den Hoogen Commissaris MILNER schriftelijk uitgewerkt, voorgelezen.

MILNER. De inwoning in het verleden telt natuurlijk mee.

KRUGER. Ja, zoo heb ik U verstaan. Het gevolg zal zijn, dat er dadelijk een menigte, die meer dan vijf jaar hier zijn, het volle stemrecht zullen krijgen.

DERDE ZITTING.

De Hooge Commissaris opent de zitting met een lange reeks vragen omtrent de Transvaalsche dynamietfabriek en gaat dan voort:

MILNER. Heeft U nog eenige punten, waarover U wenscht te spreken?

KRUGER. Ja, ik heb vele grieven.

MILNER. Ik ben zeer verlangend, ze te vernemen.

KRUGER. Ten eerste zou ik gaarne zien, dat Swazieland thans een deel werd van mijn land. Sir HENRY LOCH heeft te zijner tijd voorgesteld, den termijn op zeven jaar te stellen, doch het is een open kwestie gebleven. Ten tweede wensch ik de schadevergoeding van den Jameson's inval te bespreken. Chamberlain zeide, dat hij tegen het millioen' pond sterling was, maar verklaarde zich bereid, de gemaakte onkosten te vergoeden. Ten derde zou ik een scheidsgerecht wenschen, om alle bestaande geschillen tusschen ons te beslechten. Dan zou er geen oorlog of twist kunnen ontstaan. Wij kunnen het bijvoorbeeld maar niet eens worden over die ongelukkige Conventie, en evenmin over Swazieland, of die kleine koeliewet, die niets waard was.

Milner. Zijn dit uw voornaamste punten?

Kruger. Er zijn er nog meer, onder anderen Zambaansland, waarover wij een protest indienden.

Milner. Het is doelloos, over het laatste punt te spreken.

Kruger. Wij hadden oude traktaten met de Kaffers, die er op aandrongen, onder ons gezag te komen.

Milner. Hare Majesteit zal op deze zaak niet terugkomen. Zulke kwesties te opperen, doet geen goed; het veroorzaakt slechts moeilijkheid.

Kruger. U zoudt er over kunnen denken.

Milner. De zaak is afgedaan; ik zal er *niet* over denken.

Kruger. Indien Swazieland een deel wordt mijner Republiek, wij het over de schadevergoeding wegens Jameson's inval eens worden, uwe Regeering verklaart, zich in het vervolg niet meer te zullen bemoeien met ons inwendig bestuur, en toekomstige geschillen door scheidsgerechten zullen worden uitgemaakt, krijgen wij een goede baan voor de vereffening van de stemrechtkwestie.

Milner. Het schijnt zoodoende een handelszaak te zullen worden. Ik houd het er voor, dat de oorzaken van geschillen tusschen ons buitengewoon zullen verminderen, indien de Uitlanderskwestie in het algemeen en de stemrechtkwestie in het bijzonder maar eerst naar genoegen zijn geregeld.

Kruger. Volgens de bestaande Conventie (van 1884) is het voor uwe Regeering onmogelijk, om U op deugdelijke gronden met ons inwendig bestuur af te geven. En niets zal baten, indien de geschillen niet door een scheidsgerecht worden uit den weg geruimd.

Milner. Er zijn kwesties, die niet door een scheidsgerecht kunnen worden beslist.

Kruger. Maar indien wij in bepaalde punten niet overeenstemmen, wie moet dan beslissen, indien het geen scheidsrechters doen?

Milner. Ik denk, dat U mij niet begrijpt. U meent, dat wij na de vereffening der stemrechtkwestie met andere voorstellen zullen komen, die uw inwendig bestuur raken, maar wij denken er geen oogenblik aan, om na een voldoende uitbreiding van het stemrecht ons verder met uw binnenlandsche zaken te bemoeien. Wordt echter geen voldoende uitbreiding van kiesrecht toegestaan, dan zullen de Uitlanders blijven roepen om hulp van buiten.

A. Wolmarans. F. W. Reitz. (Staats-Secretaris). S. M. Burger. J. H. M. Kock.
P. J. Joubert. (Com. Gen.) S. J. P. Kruger. (President). P. A. Cronjé.
De leden van den Uitvoerenden Raad der Zuid-Afrikaansche Republiek.

Kruger. Indien de vreemdelingen niet telkens hadden geschreeuwd om hulp van buiten, dan hadden zij misschien reeds allen het stemrecht gehad. De inval van Rhodes heeft het echter zeer belemmerd.

Milner. Reeds vóór vier à vijf jaar is de beweging om stemrecht begonnen. Er waren personen, die het stemrecht begeerden, maar de samenzweerders zijn tusschenbeide gekomen, en bedierven de kans, om een wettig stemrecht te krijgen.

Kruger. De verstandigen zijn nog zoo, maar niet de samenzweerders, die van buiten gesteund worden. Ik wil U trouwens in het stemrecht tegemoet komen, indien wij daarvoor iets in de plaats krijgen, namelijk Swazieland, schadevergoeding en arbitrage.

Milner. Over Zambaansland heb ik reeds mijn meening geuit.

Kruger. Die kwestie zullen we daar laten.

Milner. Dan Swazieland. Het spijt mij, dat U dit punt thans ter sprake brengt. Pas een jaar geleden hebben wij er een lange en ernstige onderhandeling over gevoerd, waarbij U veel werd toegegeven. Het is nu niet de rechte tijd, om de kwestie te bespreken. Wat de Jameson's schadevergoeding betreft, is de toestand deze: De Britsche Regeering heeft in beginsel toegestemd, dat de Chartered Company moet betalen, wat zij rechtmatig verschuldigd is wegens den inval, maar het *bedrag* van het verschuldigde is nog in bespreking, en ik hoop, dat wij tot een accoord zullen komen. Wat nu de arbitrage aangaat, besef ik, dat U, ingaande op mijn voorstel van stemrecht, eenige waarborgen wilt hebben voor een vaste regeling van andere geschillen. Doch een vroeger voorstel van U, om een zeker aantal kwesties te onderwerpen aan het oordeel van den President der Zwitsersche Republiek, moest door Hare Majesteit worden geweigerd, omdat zij geene vreemde mogendheid of eenigen vreemden invloed duldde tusschen Haar en de Zuid-Afrikaansche Republiek. Indien er echter een andere regeling zou kunnen worden getroffen, om een onpartijdige rechtbank daar te stellen, wil ik dat denkbeeld persoonlijk wel bevorderen. Doch vooraf moet de kwestie van het stemrecht zijn geregeld.

Kruger. Ik heb gesproken over Swazieland, den Jameson's inval en arbitrage. Indien U in deze punten niet nader wilt komen, zou ik, zoo ik in de stemrechtkwestie een tegemoetkomende houding aannam, er niets voor in de plaats krijgen.

Milner. Ik ben niet van plan, om het stemrecht te koopen door andere concessies, vooral niet, omdat het stemrecht voor U van grooter belang is dan voor mij. De tegenwoordige toestand is een absoluut gevaar voor de Zuid-Afrikaansche Republiek.

Kruger. Ik moet de zaak omkeeren. De toestand van Swazieland is zoowel ten nadeele van de Britsche Regeering als van ons.

VIERDE ZITTING.

Het ingediende memorandum van President KRUGER wordt voorgelezen. Het gaat uit van het beginsel, dat behoudens billijke uitzonderingen het volledige stemrecht, met beperkte terugwerkende kracht, zal worden verleend na een verblijf van *negen jaren* in de Republiek, terwijl de eed zal worden gewijzigd in den geest van het Vrijstaatsche formulier.

MILNER. Zou U aan den Witwaterrand en Johannesburg geen soort zelfbestuur kunnen verleenen?

KRUGER. Neen, *nooit!*

MILNER. In *geen* vorm?

KRUGER. Het zou gelijk staan met een andere Regeering in het land, terwijl ik het nog zelf regeeren kan, en als dat zelfbestuur geen afgeven van mijn land beteekent, dan weet ik het niet meer.

MILNER. Ik vrees, dat U misleid wordt door het woord „zelfbestuur." Ik heb op het oog een bestuur, zooals het geschetst wordt in de depeche van den minister van koloniën (CHAMBERLAIN) dato Februari 1896, waarin hij spreekt van een uitbreiding der municipaliteit.

KRUGER. De gemeenteraad van Johannesburg heeft reeds het recht om belasting te heffen, maar wij controleeren die belastingen, opdat de armen niet verdrukt worden.

MILNER. Volgens de bestaande wet moet de helft van den gemeenteraad uit staatsburgers bestaan, terwijl de overgroote meerderheid der ingezetenen van Johannesburg geen burgers zijn.

KRUGER. U wilt hebben, dat ik mijn rechten prijs-geef. Als ik een rijke plaats heb met veel water en veel grond, en ik zeg: „Kom, help mij mijn plaats bewerken, en ge behoeft maar weinig af te geven van hetgeen ge verdient," — zou het dan billijk zijn, dat die vreemdelingen ook het *bezit* van den grond eischten?

MILNER. U beschouwt de Uitlanders als huurders, terwijl zij toch een gedeelte van den Staat uitmaken.

KRUGER. De vreemdelingen komen naar mij toe, om rijk te worden, en nu gaan zij nog met mij twisten om het bezit van den grond, die mij toebehoort!

VIJFDE ZITTING.

KRUGER. Er is in mijn memorandum een punt achterwege gebleven, namelijk de vermeerdering der kiesdistricten. Wij zouden van de goudvelden vier kiesdistricten kunnen maken.

MILNER. De kwestie van het getal kiesdistricten is voor mij een der voornaamste punten. Overigens wensch ik ook een memorandum in te leveren op uw memorandum van gisteren, want ik heb groote bezwaren.

KRUGER. Ik kan geen ander voorstel inleveren, want is het voor U een gewichtige zaak, *mij* weegt ze nog veel zwaarder.

Het ingediende memorandum van den Hoogen Commissaris MILNER is een uitvoerig rapport. Het verklaart het voorstel van President KRUGER geheel onvoldoende, omdat er volgens dit voorstel een aanmerkelijk getal jaren zullen moeten verloopen, voordat een noemenswaardig aantal Uitlanders voor den Eersten Volksraad zullen kunnen stemmen, terwijl zij dan toch nog maar over een of twee zetels zullen te beschikken hebben. MILNER betoogt verder, dat de regeering des lands feitelijk berust bij den President en den Eersten Volksraad, dat President KRUGER, naar MILNER's meening, nog sterker gekant is tegen zelfbestuur dan tegen stemrechtuitbreiding, en eindigt zijn memorandum met de verklaring, dat de Conferentie deshalve geen resultaat heeft opgeleverd.

KRUGER. U schijnt onbekend met het feit, dat de belangen der vreemdelingen berusten bij den Tweeden Volksraad, welks leden door de vreemdelingen na verloop van twee jaar en na naturalisatie kunnen worden gekozen. Wat het zelfbestuur betreft, druischt het geheel tegen Gods Woord in, om aan vreemdelingen het bestuur te geven, want zij kunnen niet tegelijkertijd twee heeren dienen.

MILNER. Volgens mijn voorstel zullen de oude burgers niet worden overstemd.

KRUGER. Ik weet er alles van; er wordt zelfs met geld gewerkt, om sommige menschen in den Volksraad te brengen.

ZESDE ZITTING.

In een nieuw memorandum stelt President KRUGER voor, het aantal districten, de goudvelden vertegenwoordigende, te brengen van 2 op 5. Het ledengetal van den Eersten Volksraad zal daardoor klimmen van 28 op 31.

MILNER. Volgens uw voorstel zouden de inkomelingen van de goudvelden na verloop van jaren 5 zetels voor den Eersten Volksraad kunnen machtig worden; misschien in de andere districten ook nog 2, te zamen nog geen vierde van den geheelen Volksraad. Dit is een zeer beperkt getal, en zal eerst *na jaren* kunnen gebeuren, terwijl het mijn bedoeling is, om voor de Uitlanders *dadelijk* eenige vertegenwoordiging te verkrijgen. Het spijt mij derhalve, dat U uw stemrechtvoorstellen niet hebt uitgebreid. Ik kwam hier in de hoop, dat de President tegemoet zou komen aan de gegronde grieven der Uitlanders. Hare Majesteit zou dan ontslagen zijn van haar plicht, daarop verder aan te dringen, doch ik kan nu niet in dien zin rapporteeren.

KRUGER. Ik versta uit uw antwoord, dat bijaldien ik er niet toe overga, om mijn land over te geven aan de vreemdelingen, er niets meer aan te doen is.

MILNER. Ik moet protesteeren tegen uw herhaalde bewering, alsof door mijn voorstel uw land aan de vreemdelingen wordt overgegeven. Er zullen onpartijdige rechters opstaan om uit te maken, of zoo iets in mijn voorstel ligt.

KRUGER. Wij zouden kunnen doorgaan met de Conferentie, indien ik de overtuiging had, dat U ook de belangen van *mijn* land in het oog hadt. Maar ik zie duidelijk, dat het uwe bedoeling schijnt te zijn, om mijn land aan de vreemdelingen te geven.

BURGER (lid van den Transvaalschen Uitvoerenden Raad). Het is het beste, om te verdagen tot heden middag, en een antwoord gereed te maken.

In dit antwoord spreekt President KRUGER de meening uit, dat men van hem bezwaarlijk een grootere uitbreiding van het stemrecht kan verwachten, indien Hare Majesteit het erkend billijk verzoek, om alle geschillen door een scheidsgerecht te beslissen, niet wil aanvaarden.

MILNER. Ik heb niets voor mij, om voor te stellen aan Harer Majesteits Regeering omtrent een scheidsgerecht.

KRUGER. Het komt in onze stukken voor.

MILNER. Het is te algemeen en te vaag. Trouwens, ik beschouw hetgeen U zeidet over een scheidsgerecht niet als een voorstel aan Harer Majesteits Gouvernement.

KRUGER. Dat kan dan later gebeuren.

MILNER. U schakelt twee zaken: stemrecht en scheidsgerecht, aan elkander, die mijns bedunkens niet bij elkander behooren.

KRUGER. Ik ben van meening, dat zij wèl bij elkander behooren.

En hiermede was deze even gewichtige als onvruchtbare Conferentie afgeloopen. MILNER had volop gelegenheid gehad, om de schranderheid, de gevatheid en de voorzichtigheid van den ouden Transvaalschen Voortrekker op te merken, maar dit was ook het eenige resultaat, en met een hart vol zorgen keerde President KRUGER met zijn burgers huiswaarts.

Intusschen kwam er eenige ontspanning. De krachtige invloed van JAN HOFMEIJER, het hoofd der Afrikaansche[*]) partij in de Kaapkolonie, en

---
[*]) In Zuid-Afrika hebben de woorden „Hollandsch-Afrikaansch" en „Afrikaansch" gewoonlijk dezelfde beteekenis.

van den Vrijstaat deden zich gelden, en Paul Kruger liet zich, niet ter wille van Engeland, maar ter wille van zijn Afrikaansche vrienden, bewegen, nog een schrede verder te doen op den weg der concessies. Hij stelde den Volksraad voor, om den termijn, vastgesteld tot verkrijging van het volledig stemrecht (met uitzondering van het stemrecht voor President, dat nog voorloopig uitsluitend aan de oude kiezers zou verblijven), van negen jaar tot *zeven* jaren in te krimpen, met terugwerkende kracht, terwijl aan de goudvelden *zeven* zetels voor den Volksraad zouden worden verleend.

Het voorstel ging er door; slechts vijf leden van den Volksraad stemden tegen.

Chamberlain was echter nog niet voldaan. Wel erkende hij, dat er een belangrijke concessie was gedaan, doch hij wenschte de werking der wet te controleeren, en op zijn drijven stelde de Engelsche Regeering de benoeming voor eener gemengde Commissie van onderzoek.

Zoo'n gemengde Commissie echter is een gevaarlijk ding; Paul Kruger wist er alles van. Zij mengt zich in de zuiver binnenlandsche aangelegenheden van den Staat. Ruim twintig jaar geleden was Engeland ook met zoo'n idee voor den dag gekomen. Het heette toen, dat de Kafferkwestie moest geregeld worden. Paul Kruger, toenmaals vice-president, was er heftig tegen, maar dat baatte niet. De gemengde Commissie kwam er toch, en dat was het begin van het eind. Het duurde niet lang, of de Engelsche vlag wapperde te Pretoria, en de gemengde Commissie had uitnemende diensten gedaan, om de nationale onafhankelijkheid te vernietigen.

Het spijt mij, te moeten zeggen dat Jan Hofmeijer der Transvaalsche Regeering aanraadde, het voorstel der gemengde Commissie aan te nemen. Maar Paul Kruger luisterde niet naar den van angst getuigenden raad van den overvoorzichtigen staatsman te Kaapstad, schoof het geheele voorstel op zij, en verklaarde zich thans bereid, om het oorspronkelijk voorstel van Milner: een *vijf*jarig kiesrecht, te aanvaarden, terwijl de nieuwe kiezers eveneens zouden gerechtigd zijn, om voor het Presidentschap te stemmen, en de goudvelden in plaats van over zeven over *acht* zetels voor den Volksraad zouden te beschikken hebben. Maar de schrandere grijsaard knoopte aan deze diep-ingrijpende concessies de volgende voorwaarden vast: Engeland zou zijn aanspraken op de suzereiniteit geheel en al laten vallen; de tegenwoordige inmenging in de binnenlandsche aangelegenheden als geen voorwendsel voor latere inmenging mogen gebruiken, terwijl voor het vervolg alle geschillen door een scheidsgerecht zouden moeten worden vereffend.

Men zou zeggen, Engeland had nu zijn zin, want zijn brutale eisch: het vijfjarig kiesrecht, was ingewilligd. Terwijl de Boer *zes* jaar moet

Toebereidselen voor het verzenden van troepen naar Zuid-Afrika:
Het laden van paarden te Southampton.

wonen in Engeland, alvorens hij er het stemrecht kan verkrijgen, een stemrecht, dat onder die millioenen stemmen verdwijnt als de zandkorrel in de Sahara woestijn, werd den Uitlander in de Transvaal, om de gruwelen van een vreeselijken oorlog te voorkomen, een *vijf*jarig stemrecht toegekend, dat de zelfstandigheid van den Boerenstaat zeer ernstig bedreigde.

Natuurlijk, er waren eenige voorwaarden aan verbonden, doch waren die voorwaarden niet billijk? Neem bijvoorbeeld het hoofdpunt, dat voorstel van een scheidsgerecht of Hof van Arbitrage, dat PAUL KRUGER onverwrikt in 't oog behield — was het niet in de hoogste mate aanbevelenswaardig? KRUGER kon zich daarbij beroepen op de Britsche Regeering zelf! Op de Haagsche Vredes-conferentie van dezen zomer had Engeland een belangrijk aandeel gehad in het opstellen van artikel 9 der Conventie van Arbitrage, dat juist een internationaal scheidsgerecht voorschrijft bij geschillen, die anders tot oorlog zouden kunnen leiden. Bij zijn voorstel had PAUL KRUGER dus feitelijk zoowel Engeland op zijn zijde als alle mogendheden, die verschenen waren op de Conferentie, welker deuren voor de Transvaal en den Vrijstaat zoo onbarmhartig waren gesloten.

Toch verwierp Engeland deze voorwaarden, en het hield met ijzeren hand vast aan het minimum: het onvoorwaardelijk vijfjarig kiesrecht.

Sedert dat oogenblik begreep PAUL KRUGER, dat de rollende wagen niet meer te keeren zou zijn, en wat hij altijd had gevreesd, wat hij te Bloemfontein herhaalde malen had uitgesproken, het was hem thans helder als glas: het was Engeland niet te doen om het stemrecht, maar om het land; niet om den Uitlander, maar om het goud; en Engeland zou niet tevreden zijn, voordat de wind de banen deed golven der Britsche vlag, uitgestoken van het regeeringsgebouw te Pretoria! Maar bij die gedachte kwam de stoere, vrijheidlievende, voor geen aardsch geweld verschrikkende Voortrekker weer boven in den ouden President, en ofschoon hij zich nog bereid verklaarde, onder zekere voorwaarden het voorstel eener gemengde Commissie van onderzoek te aanvaarden, trok hij zijn voorstel van een vijfjarig kiesrecht in, nu de voorwaarden, daaraan vastgekoppeld, door de Britsche Regeering waren verworpen.

Met groote spanning zag het Transvaalsche volk het antwoord van Engeland tegemoet, dat niet lang op zich liet wachten. Het was het beruchte voorstel van 8 September, dat met deze eischen voor den dag kwam: 1. Volledig stemrecht voor Uitlanders na een vijfjarig verblijf; 2. afvaardiging door de goudvelden van minstens een vierde der leden voor den Eersten Volksraad; 3. gelijkstelling der Engelsche en Hollandsche talen in de beide Volksraden; en 4. gelijkstelling der oude en nieuwe kiezers bij de stemming voor een Staatspresident. Nam de Zuid-Afrikaansche Republiek deze vier punten aan, dan zou er een bijeenkomst van den President en den Hoogen Commissaris volgen, waarop men zou beraadslagen over een Hof van

Het commandeeren der Burgers in Transvaal:
Aanzegging van den Veldkornet om zich gereed te maken.

Arbitrage, dat echter in geen geval twistpunten nopens de Conventie van 1884 of Uitlanderskwesties zou mogen behandelen.

Binnen 48 uren — de termijn werd later nog goedgunstiglijk met eenige uren verlengd — werd een duidelijk en ondubbelzinnig antwoord geëischt: ja of neen; toegeven of oorlog.

De Transvaalsche Regeering *gaf* een duidelijk antwoord. Zij wenschte zich te houden aan de termien der Conventie van 1884, en daarmee uit. "En daarmee uit!" herhaalde het Transvaalsche volk met hartgrondigen nadruk. Het had den beker der vernedering gedronken tot op den laatsten bitteren druppel, maar Engeland zou niet de kans krijgen om dien beker nog eens te vullen. Nu was het waarlijk uit. De neergetrapte veer van het nationaal bewustzijn sprong met oud-Hollandsche kracht naar boven, en terwijl de vrijheidlievende Boer de eerste scherpe patroon schoof in het slot van zijn Mausergeweer, kwam de oude strijdkreet weer boven: "Met God voor vrijheid en recht!" En deze strijdkreet zette zich uit van het oosten naar het westen, en van het noorden naar het zuiden, en het grauwe water der Vaalrivier kon hem niet keeren; als een heldenlied klonk die strijdkreet voort, dwars door den Vrijstaat en wijd over de grenzen van den Vrijstaat heen, de harten van alle ware Afrikaanders ontvonkend en ontvlammend tot den strijd, tot den heiligen strijd: Met God voor vrijheid en recht!

De Engelsche Regeering had nog andere grieven behalve het Uitlanderskiesrecht. De Engelschman EDGAR was gedood geworden door een Transvaalschen politie-agent, en of het al bewezen kon worden, dat de agent in wettige zelfverdediging had gehandeld, en het slachtoffer van zijn ambtsplicht zou zijn geworden, indien hij zich niet had verweerd, het baatte niets. EDGAR was gedood, en dat eischte wraak.

Ook was er eene Engelsche dame vermoord, en de bedrijver van dit diep betreurenswaardig feit was niet ontdekt. De Transvaalsche Regeering had al het mogelijke gedaan om den moordenaar te ontdekken, zelfs een hooge som uitgeloofd aan den persoon, die een voldoend spoor van den dader zou kunnen aanwijzen, maar het was tevergeefs geweest. De moordenaar was niet te vinden. Ook *dat* werd der Transvaalsche Regeering als een zware grief aangerekend, en hetzelfde Gouvernement dat tot op den huidigen dag naar den geheimzinnigen *Jack the Ripper* zoekt, hetzelfde Gouvernement, dat telken jare in zijn gebied honderden moorden heeft op te teekenen, waarvan de moordenaar nooit wordt ontdekt, brak over de Regeering van PAUL KRUGER in goed gespeelde verontwaardiging den staf, omdat de moordenaar van eene Engelsche dame niet was ontdekt.

Er was niets aan te doen; het *moest* oorlog worden.

Gouverneur MILNER zeide: Het Afrikaanderdom moet er onder; CECIL RHODES beweerde: De Boeren zijn te dom, om goudmijnen te beheeren; en CHAMBERLAIN riep: Boer — buk of breek!

Maar bukken wilde hij niet.

De Vrijstaters wisten, aan welke zijde in dezen strijd op leven en dood hun plaats was, en van den edelen President STEYN af tot aan den geringsten schaapherder toe klopte bij ieder Vrijstater het hart warm en krachtig voor de benarde Transvaalsche broeders. Er was geen verschil, geen oneenigheid, geen zweem van aarzeling, en de Vrijstaat bood aan de wereld het hartverheffend schouwspel van een klein en zwak, uit den Hollandschen stam gesproten volk, dat in de ure van het dreigendst gevaar, zonder om te zien, moedig en onvervaard, een ander, uit denzelfden stam gesproten volk ter zijde sprong, om in den strijd voor vrijheid en recht met dat volk te overwinnen of onder te gaan! Maar moest het ondergaan, dan zou het zijn met de Oranjevlag in top, in glorie en eere, en wegzinkend in de wateren van het Britsch geweld, zou het zijn met den kreet: „Met God voor vrijheid en recht!"

Onder den diepen indruk van den hoog ernstigen toestand werd op Maandag 2 October de laatste zitting van de vereenigde Transvaalsche Volksraden gehouden. De President PAUL KRUGER nam het woord, terwijl alle leden van hunne zetels oprezen. Het werd doodstil; aller oogen hingen aan de lippen van den krachtigen, schranderen grijsaard, en met bewogen stem en diepe overtuiging zeide hij o. a.: „Nog nooit zijn de beide Volksraden onder zulke buitengewone omstandigheden verdaagd. Alles wijst op oorlog, en waarom? Omdat de leugengeest de overhand heeft gekregen tot in verschillende landen, en omdat dit volk zijn vrijheid wil behouden. De Heere heeft ons volk in dit land geplant en geleid. Al komen ook duizenden op ons af, zonder Gods wil zullen wij niets behoeven af te geven van wat Hij ons schonk, en wat wij alleen danken aan Hem. Laten wij dan onze gebeden tot Hem opzenden. Hij zal beslissen, en Zijn beslissing zal nooit op leugen zijn gegrond, doch op recht en waarheid. De Heere zal met ons strijden, en als Hij met ons is, wie zal dan tegen ons zijn? Wij moeten strijdend onze gebeden steeds tot Hem opzenden. Ik wil niet van den Vrijheidsoorlog spreken, doch denkt aan den JAMESON's-tocht! Duizenden kogels en bommen hebben zij op onze mannen afgezonden, en slechts drie onzer mannen zijn gevallen, en over de honderd van *hen*. Dit is het bewijs, dat God de kogels bestuurt. Toen ook heeft Hij ons

Moeielijkheden bij het vervoer in Zuid-Afrika: V

[batterij een gewassen stroom overtrekkende.

gespaard, om te toonen, dat Hij, en niemand anders, de Bestuurder is van de wereld."

Toen de President had geëindigd, werd er geen applaus vernomen, geen gejuich, geen geroep, maar zijn woorden vielen in de luisterende harten, alsof er een Richter uit het oude Israël had gesproken.

Nu nam de Voorzitter van den Eersten Volksraad het woord en zeide: „Er rust een groote verantwoordelijkheid op beide Volksraden als een lichaam, en op ieder lid in het bijzonder. Thans zullen wij deel uitmaken van den krijgsraad of van de burgermacht. Wij zullen onze burgers moeten voorgaan, en ieder onzer is gewillig, bij te dragen tot de verdediging van 's lands onafhankelijkheid, en zijn leven daarvoor te offeren. Wij zeggen met alle ware Afrikaanders: Liever geen leven dan een leven zonder een vrij land! Ik kan niet meer betwijfelen, dat de oorlog zal komen. Als wij op de geestdrift en de gewilligheid der burgers zien, om voor onze rechtvaardige zaak te vechten, dan kunnen wij niet twijfelen, of de Zuid-Afrikaansche Republiek moet eens voorgoed vrij worden, en het is mijne meening, dat een volk nooit een vrij volk kan worden zonder lijden en strijden. Misschien is de tijd thans door de Voorzienigheid beschikt, dat de Zuid-Afrikaansche Republiek een volkomen vrij en sterk volk zal worden."

De Voorzitter van den Tweeden Volksraad zeide: „Ten vorigen jare trokken wij uit, om een Kafferhoofd tot zijn plicht te brengen. Ook toen hebben wij gezien, dat er een God is, die wonderen doet aan ons volk, zooals Hij het deed van de oudste tijden af. Wij hebben nu alles gedaan, om den vrede te bewaren. Broek en baadje hebben wij weggegeven, doch onze onafhankelijkheid mochten wij niet afstaan. Wil Engeland ons brengen onder zijn juk — welnu, dat het dan triumfeere boven onze graven! Men ziet het vaak, dat God een volk door een nederlaag verhoogt, en wij moeten tot aan het einde toe schouder aan schouder staan in de verdediging van ons land! De Staatspresident zegt, dat God een volk kastijdt, doch dat de Heere Zijn volk niet zal loslaten, zoolang het in Hem blijft vertrouwen. Zij echter, die niet in God gelooven, doch in Zijn naam voorgeven te handelen, zij lasteren God, en Hij zal het wreken. Gedenkt in uw gebeden de kommandanten en aanvoerders, en laat altijd gedurige gebeden opgaan tot sterking van het geloof en van het onwrikbaar vertrouwen in den Heere!"

A. D. WOLMARANS, lid van den Uitvoerenden Raad, sprak als volgt: „Tot mijn spijt ben ik verplicht, hier te blijven. Ik heb den Staatspresident verlof gevraagd, met het kommando mee te mogen gaan, doch het is mij geweigerd, en ik hoop later mijn burgerplichten te mogen vervullen. Laten overigens de voormannen het volk voorgaan, en er voor waken, dat het volk niet zondige. Wij moeten het volk ten voorbeeld zijn, opdat de straf des Heeren nog niet zwaarder worde. God heeft Engeland dikwijls gebruikt als een tuchtmeester, om ons terug te voeren tot het geloof onzer vaderen. Denkt niet licht over dezen strijd, en vertrouwt niet op eigen kracht! Maar Engeland weigert ons een scheidsgerecht — zoo moge God de Scheidsrechter zijn!"

Nog een ander lid van den Uitvoerenden Raad, S. BURGER, nam het woord en zeide: „Wij zijn hier allen bijeen tot een laatst vaarwel. In Januari 1896 heeft hetzelfde plaats gehad. Ik heb toen gezegd, dat onze vijand is gevallen door het vertrouwen op onzen God, gelijk de muren van Jericho vielen door bazuingeschal. Ik ben door de Regeering aangewezen, om een zeker deel onzer krijgsmacht aan te voeren, en ik wijs op onzen Staatspresident, die op zijn ouden dag in plaats van rust zooveel zware zorgen krijgt. God geve Z.H.Ed. verstand en wijsheid, en wij hopen van den Heere, dat Hij ons hier, hetzij vroeger of later, weer te zamen zal brengen. Hoe lang de strijd zal duren, weet niemand, en wij berusten in Gods wijze beslissing!"

Er werden nog enkele woorden door anderen gesproken, terwijl Ds. BROEKHUIZEN deze ernstige vergadering, waarbij de Volksraden voor onbepaalden tijd werden verdaagd, met een aangrijpend gebed besloot.

Te Wapen!

ER mocht niet langer worden getalmd. Engeland haastte zich om alle beschikbare troepen naar Zuid-Afrika te brengen; elke dag bracht het verpletterend overwicht van Engelands legers naderbij, en de Transvaalsche zoowel als de Vrijstaatsche Regeeringen sloegen nu zonder om te zien vastberaden de hand aan den ploeg. Het vaderland was in gevaar, en het volk werd te wapen geroepen.

Als een verademing werd die oproep vernomen, en met een nationale bezieling, die aan de schoonste dagen onzer Nederlandsche geschiedenis herinnert, greep rijk en arm, jong en oud naar de wapenen. In Krugersdorp werden 400 man opgekommandeerd, en er kwamen 670. De veldkornet wilde de 270, die er te veel waren, voorloopig terugzenden, doch er was geen denken aan. In Maraisburg werden 150 man opgeroepen — er verschenen 800. Elkeen wilde mee. „Naar de grenzen; naar de bedreigde grenzen!" dat was de algemeene kreet, en het nationale leven hief zich op tot de kracht van den bruisenden bergstroom, die alle hindernissen breekt en alle dammen wegvaagt.

Aan de stations, zooals aan het Johannesburger, heerschte een onbeschrijfelijke drukte. De Uitlanders, die mede verantwoordelijk waren voor den dreigenden oorlog, verpantserden hun winkels en ramen, wierpen de deur op het nachtslot, en haastten zich om weg te komen. Uit Johannesburg alleen maakten 5000 Uitlanders zich op, om weg te trekken uit het gevaarlijke land, en zij waren al blij genoeg, in veewagens te kunnen vluchten. En tusschen dat angstig gedrang, gewroet en gejoel op de perrons zag men de forsche gestalten der Afrikaansche Boeren: het Mausergeweer over den rug, den breeden, van scherpe patronen voorzienen bandelier over de borst, en een trek van blijmoedigen ernst op het door de zon gebruind gelaat.

Kalm, ernstig en vastberaden was het afscheid. Er werd geen gejammer, geen gesnik vernomen. Zelfs zwakke vrouwen en meisjes hielden zich sterk, want God sterkte hen. „Mannen, doet uw plicht!" riepen ze, en dan nog een handdruk, een kus, een laatst vaarwel, — en weg stoomde de kommandotrein met de golvende Vierkleur er boven op — en weg stoomden de vaders, de broeders, de echtgenooten, de zonen — weg, naar de grenzen! — naar het slagveld! — naar de grimmige muilen van het Engelsch kanon! —

De uittocht uit Johannesburg: Eerste klasse passagiers in kolenwagens.

Er was geen geschitter van epauletten en knoopen; geen muziek, die opwindt; geen bombast, die zich groot houdt. Maar men kon het hart voelen kloppen van een vrijheidlievend volk, dat in zijn heiligste gevoelens was gegriefd en beleedigd, en zich liever wilde laten verpletteren door Engelands macht dan vrijwillig onder het juk te gaan van een vreemde natie.

Zeker, de Afrikaansche Boer is niet van dat hout, waaruit God Zijn martelaren snijdt. De Afrikaansche Boer is geen Armeniër, die zich als een willoos en weerloos schaap naar de slachtbank laat leiden. Het vrije Hollandsche bloed bruist hem te krachtig door de aderen, en al kan hij, evenals de Armeniër, sterven voor het heilig pand, hem door God toevertrouwd, hij zal niet sterven als een martelaar, maar hij zal vallen als een held, in het midden van den kruitdamp, terwijl hij met stervende hand nog eens den trekker overhaalt van zijn geladen geweer...

Als een held! — en dat heldenbloed openbaarde zich reeds bij het optrekken naar het oorlogsveld. Jongens beneden de veertien jaar smeekten even hard om mee te gaan als grijsaards boven de zestig. Er waren jongens van twaalf jaar, die zich wegmoffelden onder de banken der kommandotreinen, om toch maar mee te kunnen, en het gelaat van een armen, zes-en-zeventigjarigen grijsaard, die geen geld had om een geweer te koopen, begon te blinken van blijdschap, toen een rijker bedeelde er een voor hem kocht, en hij mee mocht naar de grenzen.

Die grijsaard en die jongens — misschien rusten zij reeds onder de harde klipsteenen van Natal, maar hun gedachtenis zal toch in weemoedige en dankbare herinnering blijven bij hun vrijheidlievend volk, en hun geestdrift blijft een gedenkteeken uit groote dagen.

Er waren Boeren, die van geen spoor gebruik maakten, maar in vollen galop door de wildernissen voortjoegen, om de grenzen te bereiken. Zij hadden niets dan hun paard, hun geweer, hun patronen en een gedroogd stuk ossevleesch — wat hadden zij anders noodig? Hadden zij dorst, dan zochten zij een spruit of beek op, en hadden zij honger, dan knauwden ze een reep van het ossevleesch, dat aan het zadel bengelde.

Het leger der Boeren bestaat uit twee bannen. De eerste ban omvat de weerbare mannen van 16 tot 34 jaar; de tweede ban gaat van 14 tot 16, en van 34 tot 60 jaar. Beide bannen werden snel na elkander opgeroepen, om de grenzen te dekken, en de mobilizatie geschiedde met bewonderenswaardigen spoed. Men zegt, dat Duitschland sneller kan mobilizeeren dan eenig ander volk, doch dan heeft men er het Boerenvolk toch niet bijgerekend. Geen volk ter wereld is zoo snel mobiel als het Afrikaansche. Het kost slechts twee uren, en binnen vier-en-twintig uur staat het aan de grenzen, terwijl de groote, van allerlei kampbenoodigdheden en proviand voorziene, door acht juk sterke ossen getrokken wagens in langzaam tempo de vooruitstuivende ruiters volgen.

Het commandeeren der Burgers in Transvaal:
Een commando op weg.

Het zou te veel plaats eischen, wanneer wij de verschillende troepenverzamelingen in de Transvaal én in den Vrijstaat volgden, doch om eenigszins een beeld te geven van het geheel, volge hier de mobilizatie van wijk Steenkampberg in het oosten der Zuid-Afrikaansche Republiek.

Zaterdag 30 September werd den burgers van deze wijk, gelegen in het district Lijdenburg, door den veldkornet aangezegd, om den volgenden Maandagnamiddag vier uur, 200 man sterk, bij Machadodorp (aan de spoorlijn Pretoria—Delagoabaai) in volle velduitrusting te verschijnen. Zij zouden zich daar vereenigen met de burgers van wijk Krokodilrivier, om met dezen onder bevel van kommandant D. J. SCHOEMAN het Lijdenburger kommando te vormen.

Dat gaf in de wijk een groote drukte; er was voor den huisvader, voordat hij wegreed met zijn sterke zonen naar het oorlogsveld, nog zooveel te doen. De meest vertrouwde van zijn Kafferbedienden moest bij afwezigheid van den baas worden belast met het toezicht over de andere Kaffers en over de landbouwwerkzaamheden; de geweren moesten nog eens goed worden nagezien; een gebroken riem aan het zadeltuig worden gerepareerd; de paarden, die voor den krijgsdienst het geschiktst waren, worden uitgezocht. Terwijl trokken trage Kafferhanden den sterken ossenwagen uit de wagenschuur, en waakte de liefde en de zorg der huismoeder er voor, dat de wagen gevuld werd met alles, wat in den veldtocht zoo al noodig is: lange rollen linnen, om tenten te spannen; warme, zware dekens; levensmiddelen; ammunitie; zelfs de gemalen koffie en de tabak werd niet vergeten. En was alles gereed, dan nam men afscheid — ach, een zwaar afscheid, want het kon het laatste zijn! Maar het ging niet anders; het *moest*; het was de heilige strijd voor vrijheid en recht! En dan sprong de vader met zijn sterke zonen in het zaäl, wuifde nog eens met de hand naar zijn dierbare panden die bleven, en voor een oogenblik verduisterden zich zijn heldere, blauwe oogen. Ach, dat deed de droefheid, de weemoed, de zielepijn! En de dauw lag op de rozen in den bloementuin voor het huis, en daar, bij het oude, verweerde hek stonden de moeder en de dochters en de jongste kinderen — ja, scheiden doet zeer! Maar er was geen tijd voor tranen. De ruiters klemden de tanden op elkander, de vlugge kleppers sloegen de slanke voorpooten uit, en snel verdwenen paard en ruiter in de grijze nevelen, die opstegen uit de vallei . . . .

Des Maandagsnamiddags om drie uur waren reeds al de Steenkampbergers op de verzamelplaats bij Machadodorp present, en voegden zich hier, op de schilderachtig gelegen plaats van JAN TAUTE, een warm vaderlander, bij de reeds aangekomen burgers der Krokodilrivier. De paarden werden ontzadeld, gedrenkt en gevoederd; verwanten, die elkander in langen tijd niet hadden ontmoet, zochten elkander op; vrienden drukten elkander de hand, en terwijl, tusschen de ernstige gesprekken door, nu en dan een gul en vroolijk schertswoord klonk, gingen vrouwen en meisjes uit het dorp met vriendelijk gelaat en gevulde handen rond, om de dorstige en hongerige ruiters te verkwikken.

Er heerschte onder de Boeren een frissche, opgewekte geest, en de opgekomen Nederlanders uit de kolonie Grootsuikerboskop waren van de

KRUGER bij het vertrek van een Commando.

echte Afrikaanders niet meer te onderscheiden. Terwijl naderden uit de verte, hotsend en krakend, de eerste ossenwagens, en het geknal der lange buffelleeren zweep vermengde zich met het geloei der ossen, het geroep der drijvers en het gehinnik der paarden.

Tot den volgenden morgen vertoefden de Boeren op TAUTE's gastvrije hoeve. Toen werden de wagens opnieuw ingespannen, de paarden getoomd en gezadeld, en te paard springend, schaarden zich de Boeren in een ruimen kring om hun veldkornet M. P. TAUTE. Hij sprak er zijn blijdschap over uit, dat de burgers met zoo groote bereidwilligheid en spoed waren opgekomen, terwijl hij er tevens zijn leedwezen over to kennen gaf, dat aan zoovele trouwe burgers voorloopig het verlof had moeten worden geweigerd om mee te gaan naar de grenzen. „Broeders," zeide hij, „wij staan gereed om de worsteling voort te zetten, door onze vaderen reeds aangevangen, tegen de natie, die zich de machtigste noemt der wereld. Broeders! deze strijd zal zware offers kosten, maar ik weet, wij zullen naast elkander staan tot het uiterste, en God de Heere moge ons helpen!"

Nu reed men naar het dorp, naar het ruime plein, waar het artilleriekamp onder bevel van majoor ERASMUS was opgeslagen. De Boeren namen de kanonnen nauwkeurig op; de oudere met een zeker wantrouwen, want zij hadden tegen de Engelschen nog altijd gestreden zonder kanonnen, maar de jongere waren vol geestdrift, dat zij dit nieuwe wapen hadden, en zij drukten den artilleristen, hun aanstaanden wapenbroeders, kameraadschappelijk en hartelijk de hand. Nu, die artilleristen zijn in hun bruine, smaakvolle uniformen, het hoofd gedekt met den breedgeranden hoed, waarvan de rechterrand is opgeslagen, kranige, echt militaire figuren. Zij voelden zich gevleid door de opmerkzaamheid, die aan hun wapen werd geschonken, en zij lieten hun groote, bruine handen liefkoozend gaan over de vuurmonden, die helder blonken in het licht der Afrikaansche zon [1]).

Intusschen waren ook de burgers uit het dorp Lijdenburg aangekomen, en kommandant D. J. SCHOEMAN verwelkomde de Steenkampbergers met de volgende eenvoudige, doch diep uit het hart opgewelde toespraak: „Veldkornet en broeders! Ik verwonder mij niet. Ik ken de Steenkampbergers; ik weet, dat de heilige zaak der vrijheid op hen kan rekenen. Gij allen beseft met mij den grooten ernst van den strijd, die ons wacht. Het zal een vreeselijke worsteling wezen, maar het gaat om de vrijheid van ons geslacht. Gij hebt mij tot uw kommandant gekozen. Rekent op *mij* — *ik* reken op u! In 's Heeren kracht wensch ik met u voor onze

---

[1]) Transvaal mag zeer zeker met voldoening wijzen op dit corps. Het zijn intelligente mannen, die ook meerendeels in lichaamsbouw uitmunten onder hunne landgenooten. Zij bezitten alle eigenschappen, noodig voor een goed artillerist: zij richten uitnemend en hebben met alle burgers van de Republieken gemeen, dat ze volmaakt bedaard en kalm hun werk doen. Hun terreinkennis stelt hen in staat steeds spoedig gunstige stellingen voor hunne kanonnen te vinden en met groote zekerheid afstanden te kunnen bepalen. Dit laatste vooral is onmisbaar voor het onderhouden van een doeltreffend vuur, en ieder Europeesch soldaat, in Z.-Afrika vechtende, staat daarin reeds om een natuurlijke oorzaak achter bij den Boer. Op het veld n.l. is de lucht ten gevolge van de groote hoogte zoo ijl, dat voorwerpen, die men op een halve mijl afstand waant, wel een mijl ver verwijderd zijn. Ieder, die dus niet in Afrika geoefend is, schiet nooit ver genoeg. Dit is zeker mede een voorname oorzaak van de weinige treffers, die de Engelschen steeds hebben in vergelijking met de Boeren.

Ook kunnen wij ons begrijpen, dat de artilleristen trotsch op hun stukken zijn. Het veldgeschut heeft een kaliber — d i. de middellijn van den vuurmond en dus tevens de grootte van het projectiel, dat er uit geworpen wordt — van 7.5 cM. Het is van de nieuwste constructie

dierbare vrijheid te staan tot het uiterste, en als het moet ben ik bereid er voor te vallen!"

De ernstige woorden van den kommandant werden met hartelijke ingenomenheid begroet, waarna de Steenkampbergers, in afwachting van nadere orders, een kamp opsloegen ten oosten van het dorp. Intusschen was ook luitenant WOLMARANS met een afdeeling rapportgangers in het dorp aangekomen, en de jonge, krachtige kerels met hun schrandere oogen schenen ten volle berekend voor de gewichtige taak, die op hun schouders zou worden gelegd. De jonge Boeren hadden met de rapportgangers al spoedig goede kameraadschap gesloten, bezichtigden met hen de gouvernementspakhuizen, waar o. a. 10000 zak meel en ander proviand ligt opgestapeld, en wandelden vervolgens naar het station. Doch daar was het minder pleizierig voor de Boeren. Telkens kwam een lange trein binnen, stopte een minuut, en ratelde dan weer kuchend voort. Deze treinen zaten tot berstens toe volgepropt met vluchtende Uitlanders, die het korte oponthoud gebruikten, om den aanwezigen Boeren toe te roepen: „Zoo, schoeljes! Ben je daar? Over een maand komen we terug, en dan zullen we je den nek breken!" Dat waren natuurlijk geschikte woorden, om de jonge Boeren razend te maken. „Jullie behoort zeker tot die 21000 onderteekenaren," riepen dezen met innige verachting, „die ons den oorlog op den hals schuiven, en nu aan den haal gaan als echte lafaards?" Doch daarbij zou het niet gebleven zijn, als de oudere Boeren de jongere niet hadden gekalmeerd; en slechts door het vroed beleid der ouden werden botsingen voorkomen. „Maar, Oom", zeiden de jongeren dan, „dezen keer moet de zaak toch haar beslag krijgen; dezen keer moet er met Engeland finaal worden afgerekend." En daarmee waren het de veteranen volkomen eens, want men begint geen strijd op leven en dood, om hem over twee jaar nog eens over te vechten.

Intusschen kwam eenige dagen later de door de Regeering tot vechtgeneraal benoemde S. W. BURGER, lid van den Uitvoerenden Raad, te

---

(stelsel SCHNEIDER CANET te Le Creusot), dat reeds bewezen heeft de beroemde KRUPP-kanonnen te overtreffen en verre staat boven het Engelsche geschut (ARMSTRONG).

Een der belangrijkste verbeteringen is volgens deskundigen wel, dat het terugloopen van het stuk, dat bij ieder schot plaats vindt, zoo goed als geheel wordt ondervangen. Het kanon, d. i. de lange ronde buis, waaruit het schot gaat, kan afzonderlijk voor- en achteruit schuiven, waardoor het bij den terugslag van ieder schot, door krachtige spiraalveeren, onmiddellijk in den vroegeren stand wordt teruggedreven. Het affuit, d. i. het onderstel met de wielen, heeft een zoogenaamden staart, die op den grond rust en zoo is gemaakt, dat hij in den grond kan vastgezet worden en bij ieder schot vaster daarin gaat. (Zie de plaat).

Affuit en kanon wegen saam 1000 K.G. Om een denkbeeld te geven van het vermogen van zulk een veldstuk, is uitgerekend, dat het projectiel op het oogenblik, dat het het kanon verlaat, de kracht heeft zulk een stuk van 1000 K.G. meer dan 100 meter hoog op te slingeren.

Met zulk een kanon kunnen 8 à 10 goedgerichte schoten in de minuut gedaan worden; men kan er 8000 meter ver mede schieten, maar boven de 4000 à 5000 M. kan van richten weinig sprake meer zijn. Er zijn drie soorten ammunitie: granaten, kartetsen en granaat-kartetsen.

Machadodorp aan, en werd door de Boeren, die uit vroegere Kafferoorlogen wisten hoe'n kranige aanvoerder hij is, met groote ingenomenheid begroet. Hij vereenigde de kommando's van Lijdenburg, Carolina, Piet Retief en Swazieland, en trok met het vereenigde leger, sterk 3000 man, snel naar de Komatipoort, om een mogelijken onverhoedschen Engelschen inval van over de Delagoabaai te keeren.

Doch wij haasten ons naar het hoofdlager of hoofdkamp der Boeren, die, 20000 man sterk, onder aanvoering van negen kommandanten en onder het opperbevel van PIET JOUBERT, door de Boeren met recht „Slim PIET" genoemd, hun tenten hadden uitgespannen langs de Natalsche grenzen, op de historische plekken van den vrijheidsoorlog van 1880/81.

Ja, die historische plekken! Hoe schitterden de oogen der oude, grijze Voortrekkers, toen zij weer die oude plekken zagen! En zij werden niet moede om er van te verhalen, als zij met hun jonge wapenbroeders neergehurkt zaten bij de vlammende kampvuren, die zich uitstrekten in den duisteren nacht als een over het veld gespannen, mijlenlange lichtketen.

Komt, schikken wij bij zoo'n kampvuur aan, want het is gezellig bij de Afrikaansche Boeren, en luisteren wij naar een dier verhalen, zooals het is opgeteekend uit den mond van veldkornet STEPHANUS ROOS [1]), „den waren held van Amajuba", en dat door vele andere ooggetuigen is bevestigd geworden.

"Toen ons di Sondag morge vroeg [2]) gewaar, dat di Engelse bo [3]) op di kop was [4]), was daar 'n grote opskudding in ons lager. Alles en almal was in rep en roer. Ek voel an myn hart: as ons di Engelse ni dadelik afhaal van di kop af ni, en ver hulle eers tyd gé om ver hulle daar te verskans en kanonne daar te breng, dan is ons verlore. Daar was gen tyd of kans, om eers 'n krygsraad te roep ni. Ek gryp so mar myn pêrd en jaag storm teen di voet van di berg uit. Hiir en daar siin ek enkele persone, van verskillende veldkornetskappe, ook te pêrd jaag. Ek skré en wenk ver hulle met myn hoed. Ons jaag toen tot onder di eerste afset [5]); want di berg maak verskillende afsette; en ons laat ons pêrde somar onder in di kloof staan. Daar onder di eerste krans of rant gaan ons toen sit; ons was mar omtrent 'n 12 man, toen ons daar kom. Mar ons siin toen nog gedurig di manne met 2 en 3 angejaag kom van verskillende kante af. Ek skré en wenk mar gedurig met myn hoed, dat hulle almal daar onder di rant moet by makaar kom.

"Toen ons omtrent tussen 40 en 50 man by makaar was, kyk ons hoeveul krygsoffisire daar was. Toen was dit net Kommadant JOAGIM

---

[1]) Gesneuveld in den oorlog tegen den Mapog-Kafferstam (Oct. 1883—Juli 1884).
[2]) 27 Februari 1881. [3]) Bo boven. [4]) Niettegenstaande den wapenstilstand.
[5]) Vooruitstekende, overhellende kliprand.

Het Veldgeschut der Boeren.

Ferreira, van Nuwe Skotland, en ek; en ek was mar assistent-veldkornet. Ek sê toen ver hulle: Ek voel an myn hart dat ons di kop *moet* neem; want as ons di kop ni dadelik neem ni, en ons gé di Engelse tyd om ver hulle te versterk, dan is ons verlore. Hulle sê, hulle denk oek so.

"Toen sê ek ver hulle: Mar hiir moet ons met makaar 'n verbond maak, om di kop te neem of om almal te val. Want as ons 'n anval maak, en di kop ni neem ni, sal Generaal Joubert baing [1]) kwaad wees ver Ferreira en ver my, dat ons teen syn orders di kop bestorm het, (want syn order was om ni di kop te bestorm ni) [2]). Hulle sê toen almal: Dis goed; hulle sal my volg en ons sal same di kop neem, of almal same val. Ek sê toen ver hulle: Onse God sal ver ons help, en ons sal di kop neem; want ons kan ni anders ni.

"Ek sê toen verder ver hulle: Ek siin net mar één plan om di kop te neem. Ons moet ver ons in 2 klompe verdeel. Di een klomp moet reg teen di kop opklim, van di een afset na di ander; en di ander klomp moet 'n koppi neem, wat eenkant van di groot kop uitsteek. Dan kan ons perbeer om o'er en weer skuins makaar los te skiit, en so al hoger op te klim. Ek vra toen ver Ferreira, watter van die twe klompe hy wil anvoer. Hy sê, hy sal di koppi neem.

"Ons deel toen di manskap, soveul molik vrywillig, tussen ons 2; hulle was toen angegroei tot tussen 70 en 80 man, vollens myn skatting. Ek sê toen ver myn manskap: Party moet met myn same opkruip tot agter di vollende afset of rant, en party moet hiir by di eerste afset agter bly, om di Engelse terug te skiit, as hulle te vêr uitkom, om ver ons te belet, om di vollende rant te neem; want di Engelse skiit toen al pylskote op ons bo van di kop af. Daar kom toen oek nog gedurig enkele persone agterna, wat party agter Ferreira an gaan, en party sig by myn manne voeg. Mar van nou af had ek amper gen tyd meer gehad om om te kyk ni. Ek was mar altyd besig om myn manne an te moedig en vort te help, sodat hulle gen tyd kry om moed te verloor ni. En ons manskap was wel min, mar ons had di dapperste kerels by ons.

"Di twede rant of afset beryk ons dan oek in tamelik korte tyd en sonder enige nadeel deur di pylskote, wat o'er ons koppe vliig, en op di maniir later een van ons manne gedood het, naamlik Johannes Bekker, en 6 gewond het [3]); ni van ons voorste mense ni, mar van ons agterste, sodat ons voorste manne ni eens daarvan geweet het ni. (En dis al ons verliis van di dag).

[1]) Baing = erg.
[2]) Volgens een andere lezing (Du Plessis· Uit de Geschiedenis der Z.-A. R., Amsterdam, J. H. De Bussy 1898) gaf generaal Joubert het bevel den kop te nemen, met de woorden: „Daar zijn de Engelschen op den kop, jullie gaat hulle nou daar afhaal." Dit schijnt *niet historisch*, met het oog op wat Roos mededeelt.
[3]) Waarvan later een is overleden.

"Toen ons agter di twede afset was, gaan ons 'n bitji rus agter di krans, dat ons agterste manne kan bykom. Ons siin toen, dat Ferreira en syn manne al an di veg was, want daar was al Engelse op di koppi, wat hy moes neem. Gelukkig kon ons di Engelse, wat op di koppi was, skuins van agter beskiit, terwyl hy hulle van voor beskiit. Hulle vlug dan oek gou, toen hulle di vuur van 2 kante kry, want daar was ni veul skuiling op di koppi ni.

Photo van Generaal Joubert.
Genomen op het oogenblik, dat hij, op weg naar de grens, uit den trein stapt.

"Terwyl ons dus ver Ferreira help, om di koppi te neem, kom myn agterste manskap by, en dit las [1] nog mar altyd agteran van di, wat nog altyd bykom. Ek gé toen weer diselfde order, dat party van mijn manskap agter di middelste rant moet bly, om di Engelse terug te skiit agter di

---

[1] Las = lasschen, zich bijvoegen.

Vertrek van Generaal Bu...

naar Zuid-Afrika.

bo'enste rant, wat ek nou moes perbeer om te neem. En ek het gesûn, dat ons daar hard sou moes veg, want daar sou ons bors [1]) an bors met di Engelse kom, en daar moes ons win of verloor.

"En so was dit oek. Toen ons agter di middelste rant uitkom, skiit di Engelse net hard op ons. Mar gelukkig kom FERREIRA en syn manskap toen net uit op di koppi, en so kon hulle weer ver ons los skiit, net soos ons ver hulle los geskiit het. So skiit ons skuins o'er en weer makaar los. Ek siin toen, dat onse God ver ons help, en sê dit ver myn manskap wat by ons was, en ons vat nuwe moed.

"Mar glo my, van toen af het dit hard gegaan. Ons moes op ons buik di berg op kruip agter di hoge polle gras, en van di een klip en kliprantji na di ander. Mar ons kruip al nader en nader, en di geveg word al harder, hoe nader ons kom. Mar ons agterste kerels van di middelste rant af en FERREIRA syn manskap hou di Engelse so warm, dat hulle ni durf uitkom om behoorlijk korl te vat op ons ni.

"Eindelik bereik ons di borant; want di kop is bo plat, met 'n rant van klippers rondom. Toen veg ons amper bors an bors met di Engelse, mar sonder dat ons amper makaar siin. Party keer [2]) is hulle eenkant van 'n klip, en van ons mense anderkant; party keer kan ons di trompe van makaar syn gewere siin; en ek weet nog ni, hoe dit is, dat *daar* ni van ons mense geval is ni. Ons liwe Here moet ver ons bewaar hê.

"Naderhand wyk di Engelse terug, en hulle skiit hou op, mar ek hoor an di skote, dat FERREIRA di kop an di ander kant bestorm en net hard veg. Ek dog: Nou is myn tyd. Ek was di voorste van myn manskap en tel myn kop op, om o'er 'n klipkoppi bo op di kop te kyk. Mar ek skrik, toen ek di mag van Engelse bo op di kop siin, hoewel 'n end van ons af was di digte trop [3]), en an di ander kant veg hulle hard met FERREIRA. Ek buk dadelik weer (hulle het my ni gewaar ni), en ek kyk om. Toen siin ek eers, hoe min manskap by my is, en hoe enkeld en uit makaar myn mense ankom.

"Ja onse liwe Here weet dit, toen sink myn moed ver 'n o'enblik weg. Ek dag: ag, di Engelse kan kom en vang ons klompi hiir met di hande, en maak ons almal vas. En dan het ek geweet, as dit tót di uiterste kom, sal di Engelse ons storm met di baionette. En ek wil ni ontken ni, toen het ek gebruik gemaak van 'n leuen. Ek hoop, onse liwe Here het my dit vergewe! Ek wenk toen met myn hoed en ek skré: "Kerels, kom nou! Kom gou! di Engelse vlug!" A ja, toen borl myn kerels agter di klippe uit, en di agterste kom an, dat dit help. Ons storm toen somar bo op di rant, ek denk, ons was daar omtrent 'n 40 of 50 man, en di Engelse was 'n 30 of 40 tré van ons af.

---

[1]) Bors = borst. [2]) Party keer = Soms. [3]) Trop = troep.

"Ons vuur toen op di Engelse so hard as ons kan, want hulle staan toen oop en bloot, en ons het tog 'n bitji skuiling agter di klippe. Di Engelse wil ons toen storm met di baionette, mar ons skiit hulle tot twemale terug. Net toen di Engelse ver ons storm, kry FERREIRA weer kans, en hy kom oek uit met syn manskap en ko'el¹) hulle vuurwarm van di ander kant af. En net op di kritike o'enblik hoor ek van 'n derde kant af oek skiit; daar kom toen STEFANUS TRICHARD en D. MALAN met 'n klompi. Utregse mense oek uit. Toen kry di Engelse dit van 3 kante af gelyk. En ek denk, dis net toen oek, dat COLLEY geval is. Dit kon di Engelse ni staan ni. Dit kom toen te hard. En hulle bars somar di berg anderkant af.

Plaats, waar COLLEY gevallen is op den Amajuba.

"Ons mense loop toen somar storm, om di Engelse wat vlug van agter af te skiit. En ek oek same. Mar 'n menigte Engelse bly somar staan, en gé ver hulle o'er. Toen ek siin, hoe baing Engelse daar nog agter ons staan, wat ver hulle o'ergegé het, werd ek bang, as hulle siin, hoe min ons is, dat hulle straks ver ons van agter kan anval, en as di voorste wat vlug dan omspring, dan is ons tussen twe vure. Ek ken gen Engels ni, mar ek kry toen gou een van ons jonge kerels, wat Engels ken, en

---
¹) Ko'el = kogel.

ek sê ver hom: "Skré nou hard ver hulle in Engels, as hulle ver hulle wil o'ergé, sal hulle niks kwaads o'erkom ni. Mar dan moet hulle almal gaan plat lê, tot di geveg verby is. Want as een syn kop optel, dan kan ek ni help, as hy 'n ko'el kry ni." Hulle gaan toen almal plat lê, en so kon ons manskap di vlugtende Engelse agterna skiit. Party spring somar di hoge kranse af, en party het in di kranse en bosse bly hang.

"Daar is di dag van di Engelse geval 4 offisire, met COLLEY [1]) daarby, en 86 man, en gewond 8 offisire en 125 man, en 6 offisire, waarby was een Luitnant-Kolonel, en 51 man het ons gevange geneem. Ons siin toen, dat COLLEY amper syn hele mag op di kop had, en dat hulle neerlaag volkome was; want di, wat gevlug het, vlug party somar verkeerde koers di Drakensberg in. En di wat halfpad na di Kamp onder by di kanonne was, vlug oek party di Kamp verby.

"Toen al ons mense by makaar was op di kop, na afloop van di slag, was ons tussen 180 en 200 man. Ons maak toen plan, om 'n kleine wag by di krygsgevangene op di kop te laat, en di Engelse kamp te gaan bestorm. Mar terwyl ons nog daaro'er planne maak, kom daar 'n digte mis op uit Natel, so skilik en so dig as ek nog ni gesiin het ni. Toen sê ons almal: Né, dis di hand van di Here, wat sê: "So vêr, mar ni verder ni!" En ons dank di Here ver syn verlossing op di Sondag aand." [2])

Dat was de groote, heerlijke Amajubadag, waarop God de Boeren, die slechts 2 man verloren, redde. En de Engelschen moesten dien dag niet vloeken, want hij is niet ongedaan te maken en de almachtige God heeft hem als met een ijzeren en onuitwischbare griffel geschreven op de geschiedrollen der Transvaalsche Boeren, opdat zij zouden leeren verstaan, dat God is een Hoorder en een Verhoorder des gebeds . . . .

En in dien geest hebben de helden van Amajuba het dan ook, neergezeten bij de flikkerende kampvuren, aan de jongere wapenbroeders verteld. Soms parelde er een traan in de blauwe oogen van die krachtige en geharde mannen, als zij verhaalden hoe de Heere in den nijpendsten nood en in de bitterste ellende steeds als een verrassend Uithelper tusschenbeide was gekomen, tranen, waarvoor zij zich niet behoefden te schamen. En zij wezen met uitgestrekte hand naar het zuiden, en daar, op den achtergrond, beschenen door het licht der maan, stond de Amajuba als een eeuwig gedenkteeken van Gods onwankelbare trouw. . . . .

---

[1]) COLLEY werd gevonden met een schotwond schuins door het hoofd, liggende op een klipsteen, waarover zijn zakdoek lag uitgespreid. Misschien heeft hij dien in het uiterste oogenblik als parlementaire vlag willen gebruiken, of getracht het bloed, dat uit de wonde golfde, er mede te stelpen. Toen men hem herkende, ontblootten de Boeren eerbiedig het hoofd, en schaarden zich in een kring om hem heen. Geen gejuich, geen triomfkreet werd daarbij gehoord.

[2]) Aand = avond.

Paardenwacht der Boeren: De paarden gekniehalsterd.

Zoo zaten de Boerenkrijgers dan om hun kampvuren, en de verhalen werden afgewisseld door het zingen van psalmverzen en boven berg en heuvel rees uit duizenden monden het roerend schoone gebed:

„Maak Uwe weldaân wonderbaar,
Gij, Die Uw kindren wilt behoeden
Voor 's vijands macht en vreeslijk woeden,
En hen beschermt in 't grootst gevaar!
Wil mij Uw bijstand niet onttrekken;
Uw zorg bewaak' mij van omhoog;
Bewaar m' als d' appel van het oog;
Wil mij met Uwe vleuglen dekken!"

Alles voorspelde den snel naderenden oorlog, en als een vreeselijke wervelstorm zou hij niet alleen over Transvaal en Vrijstaat, maar over geheel Zuid-Afrika heentrekken. Het zou een bloedbad worden, een ontzettend, gruwelijk bloedbad! De heiligste banden zouden worden verscheurd! Immers in Zuid-Afrika zijn Afrikaanders en Engelschen, en Engelschen en Afrikaanders onder elkander gehuwd, en deze door Chamberlain en Milner in wreede lichtzinnigheid opgedrongen oorlog zou voor een deel een ware burgeroorlog worden, een bittere rassenstrijd, waarin de vader zou opstaan tegen den zoon, en de zoon tegen den vader, en de heilige erve van den huiselijken vrede zou worden verwoest en vernietigd! Allen, die den vrede liefhadden, waren diep bedroefd, en men vraagde zich af, of er dan toch nog geen uitweg was om deze verschrikkingen te ontgaan. Als antwoord daarop kwam het bedriegelijke woord van den Gouverneur der Kaapkolonie Milner: „Ik wil mijn best doen."

Het is de laatste zonnestraal geweest, die tusschen de saamgepakte donderwolken is doorgekomen.

Ach, ware het een eerlijk woord geweest! Met beide handen greep President Steyn deze laatste kans aan. Hij beloofde Milner, alles te zullen doen, wat den weg tot een voor beiden eervol vergelijk zou kunnen banen. Hij wilde al het mogelijke doen, ja, hij maakte zich sterk, de Transvaalsche Regeering te bewegen, om de Engelsche suzereiniteit in *buitenlandsche* aangelegenheden te erkennen. Maar Steyn begreep de Engelsche Regeering niet. 't Was haar immers niet te doen om een eervol vergelijk; — wat gaf zij om een eervol vergelijk! De *goudmijnen* moest zij hebben, en de *Transvaal* moest worden vernietigd, en het *Afrikaanderdom* moest dood; maar men was nog niet gereed voor den oorlog, en er moest tijd worden gewonnen. De Engelsche legers waren immers nog niet aangekomen, de Engelsche kanonnen met hun lyddietbommen, de Martini-Henry's met hun dumdumkogels nog niet alle verscheept.

Zitting van het Engelsche Parlement na het Ultimatum der Boeren.

Mr. Balfour zegt: „Wij hebben den steun van het geweten van geheel de natie achter ons." — Blinde leidslieden der blinden! zeggen wij.

MILNER hield STEYN dus op het sleeptouw, en zorgde er voor, dat diens voorstellen verminkt naar Londen werden overgeseind. Het antwoord, dat het Engelsche ministerie zond, laat zich wel denken. Maar uit een zielkundig oogpunt moet men toch vragen: Waarom vervolgde Gouverneur MILNER het arme Afrikaanderdom toch met zoo'n wreeden en onmenschelijken haat? Waarom moest het worden ' verpletterd, uitgeroeid en uitgemoord? Geen woorden zijn streng genoeg om uitdrukking te geven aan de laagheid der handelingen, waarmede de Engelsch-Afrikaansche politici hun doel trachtten te bereiken.

Er was geen hoop meer; de Engelsche Regeering was vast besloten, de zelfstandigheid der Transvaalsche Republiek te vernietigen, en de ernstige stemmen van rechtschapen Engelschen, die op het ontzettend oordeel wezen, dat Engeland door zijn Afrikaansche staatkunde zich op den hals haalde, verloren het vermogen om de volksconscientie te treffen. Het Engelsche volk, waarin zooveel groote en edele krachten sluimeren, was door een Godvergeten pers op een diep betreurenswaardig dwaalspoor gebracht, en zóó dikwijls was het zwart op wit gedrukt, dat de Boeren een bende psalmzingende schurken waren, dat het is geworden de vaste overtuiging der natie.

Maar het Boerenvolk, opgesprongen van zijn haardsteden, om goed en bloed te offeren voor zijn vrijheid, voor zijn recht, voor het heilig pand, ontvangen uit Gods eigen hand, was nu het talmen moede, en zond zijn *Ultimatum*.

Het is een treffend staatsstuk, vol waardigheid, mannelijken ernst en moed. Nog tot het uiterste oogenblik strekt de vrije Republiek de hand ter verzoening uit, wijst nogmaals op het onrechtmatige van Engelands optreden, en biedt voor het laatst Minister CHAMBERLAIN de gelegenheid, het geschil tot een bevredigend einde te brengen, mits de Engelsche Regeering het bewijs levere, dat zij in goede trouw wil onderhandelen.

Het Ultimatum stelde de volgende eischen:

1ste alle wederzijdsche geschilpunten worden opgelost door vriendschappelijke arbitrage of op eenige andere vriendschappelijke wijze, zooals tusschen Engeland en de Zuid-Afrikaansche Republiek zal worden overeengekomen;

2de de Britsche troepen aan de grenzen der Republiek zullen onmiddellijk worden teruggetrokken;

3de alle troepenversterkingen, die sedert 1 Juni 1899 in Zuid-Afrika zijn aangekomen, zullen van daar worden teruggetrokken binnen een redelijken tijd, vast te stellen door Engeland en de Republiek, terwijl, wordt deze voorwaarde aangenomen, de Regeering der Republiek bereid is de gewapende burgers van de grenzen terug te trekken;

Vechtgeneraal,
Opperbevelhebber van de verbonden legers en Vice-President van de Zuid-Afr. Republiek.

4⁴ᵉ de Britsche troepen, die over zee onderweg zijn, zullen op geen punt in Zuid-Afrika aan wal worden gezet.

De Regeering der Republiek eischte met nadruk een bevestigend antwoord op deze vier punten, en verzocht de Britsche Regeering dringend, haar antwoord niet later te zenden dan Woensdagavond 11 October, 's avonds halfvier[1]), terwijl het onverhoopt niet-ontvangen van een bevredigend antwoord binnen den gestelden termijn de Regeering der Zuid-Afrikaansche Republiek tot haar groot leedwezen zou noodzaken, de oorlogsactie der Britsche Regeering te beschouwen als een formeele oorlogsverklaring.

Engeland zond een antwoord, dat aan kortheid, koelheid en hooghartigheid niets te wenschen overliet, en voor het kleine, zwakke Boerenvolk van Transvaal en Vrijstaat schoot er niets anders over, dan den strijd met het Britsche wereldrijk uit te vechten tot aan het bittere einde. Op Woensdag 11 October, des avonds halfvier, trad de oorlogstoestand in.

De Oorlog.

DE AANVOERDERS.

NOOIT heeft er bij de Boeren van Transvaal en Vrijstaat een grooter eendracht geheerscht dan bij dezen hun zoo onrechtvaardig opgedrongen oorlog. Waar was de twist, de tweedracht, de onderlinge verdeeldheid gebleven? Zij was weggewischt en verteerd als een ijle vlasdraad in het hoogopvlammende vuur der vaderlandsliefde. Slechts ééne partij was er overgebleven, die met sterken band zelfs rechtgeaarde Uitlanders: Duitschers, Ieren, Franschen, Belgen, Noren, Denen, Russen en Amerikanen omsloot, de partij van het vaderland, die gewillig was, voor de rechtvaardige en heilige zaak der vrijheid de bange worsteling te wagen. En deze eendracht, deze nationale opsteigering tegen het gruwelijkste onrecht dezer wegstervende eeuw openbaarde zich met zoo'n plotselingen en onweerstaanbaren schok, dat het oude Nederland er den terugslag van voelde. En ook binnen onze grenzen traden de geschilpunten op den achtergrond, en de twist verstomde. Men wist van geen liberaal of anti-revolutionair meer, van geen Protestant of Katholiek, en elkander de hand drukkend, kende men

---
[1]) Dat is vijf uur Amsterdamsche tijd.

slechts de ééne en ondeelbare nationale partij. Onze harten werden bewogen, want dat benarde Boerenvolk was toch een echte loot uit den Oud-Nederlandschen stam, en het stond daar, door alle mogendheden verlaten, als een zwakke herdersknaap tegen den Goliath onzer eeuw, wiens trots slechts kan vergeleken worden bij het Spanje van weleer. Er werd gegeven en er werd mild gegeven, en uit den nood des harten klom menig gebed tot den troon der Genade. Want daarvan was ieder doordrongen, dat Engeland het kleine Boerenvolk zou dorschen onder zijn ijzeren strijdwagens, als God niet tusschenbeide kwam. Maar Hij was immers de God vanouds, de Heerlijke en de Machtige, Die alleen wonderen doet! En al rustten er op het Boerenvolk groote nationale zonden, het riep thans in den nood tot Hem, en Hij, Die den herdersknaap David den moed gaf, om den reus te gemoet te treden, was machtig genoeg, om van het stukje lood, dat de Boer in het slot van zijn Mausergeweer schuift, den slingersteen te maken, waarmede Goliath wordt ter aarde geslagen.

Volgen wij thans het bloedig spoor der Afrikaansche Boeren, die wij onze broeders noemen. En dan denken wij in de eerste plaats aan hunne bevelhebbers en aanvoerders, en wij laten hen aan ons geestesoog voorbijtrekken op hun trappelende, brieschende paarden: de gevulde bandelier over de breede borst, het Mausergeweer over den schouder, de breedgerande, bruine hoed op den stoeren kop; meest mannen van rijperen leeftijd met lange, golvende baarden, maar in spijt van hun jaren nog ongebroken in hun kracht, rechtop zittend in den zadel, terwijl hun arendsoogen speurend over de heuvelen en de klippen gaan, waarachter de vijand kan verscholen zijn. En gij zult onder deze mannen — van den commandant-generaal af tot den geringsten assistent-veldkornet toe — tevergeefs een hart zoeken, dat van vrees voor Engeland klopt. *Zij vreezen God!* — En Hem dankend, dat zij uitverkoren zijn, om hun volk aan te voeren in den heiligen strijd, zijn zij, van den hoogste tot den geringste, bereid, om de vrijheid en de zelfstandigheid van hun dierbaar land met hun leven te betalen. En terwijl deze helden, met het gewapende volk achter hen, optrekken tot den strijd, gaat er een geheimzinnig ruischen en fluisteren door de oude banen onzer Nederlandsche vlag, die met glorie heeft gewapperd, en — zoo God wil! — nog eens met glorie zal wapperen in de vier winden des hemels! En onze harten brengen den Afrikaanders een eeresaluut — neen, meer dan dat! — wij vergezellen hen vol hoop en vertrouwen, ja, maar ook vol angst en zorgen op het vreeselijk pad, dat zij moeten doorwandelen, en bij het lijk van iederen Afrikaander, gevallen onder het moordend lood van den vijand, zullen onze harten schreien.....

Wij kunnen bij de aanvoerders niet lang stil staan; trouwens, de krijgsverrichtingen zelve zullen hen op den voorgrond schuiven, wat echter niet wegneemt, dat wij bij eenigen der voornaamste bevelhebbers reeds nu enkele oogenblikken langer behooren te vertoeven.

PETRUS JAKOBUS JOUBERT, gewoonlijk PIET JOUBERT genoemd, is vice-president der Zuid-Afrikaansche Republiek en commandant-generaal van haar leger. Hij is van Fransch-Friesche afkomst, en is gesproten uit Hugenotenbloed, ingeënt op den Nederlandschen stam. Hij werd geboren in 1831 in de Kaapkolonie, verdiende eenig geld met den handel en vestigde zich als boer te Wakkerstroom in de Transvaal. Al spoedig onderscheidde hij zich door een meer dan gewonen aanleg, en tot lid van

Commandant HANS BOTHA.
(Sedert gesneuveld).

den Volksraad gekozen, is hij de tweede man der Republiek geworden. Op de hoogste sport der staatkundige ladder heeft zijn voet nooit gerust, en ofschoon hij herhaalde malen PAUL KRUGER's tegenkandidaat is geweest voor het Presidentschap, behield steeds Oom PAUL een groote meerderheid.

Het spreekt vanzelf, dat bij twee karakters als PAUL KRUGER en PIET JOUBERT botsingen onvermijdelijk zijn. Een Transvaalsch Kafferspreekwoord zegt: „Indongd ziwelene", d. w. z. de muren stooten tegen elkander, waarmede de Kaffers bedoelen, dat krachtige karakters met elkander in botsing komen als hunne wegen zich kruisen. Dat neemt echter niet weg, dat JOUBERT in PAUL KRUGER huldigt den grooten Afrikaanschen staatsman met den helderen, ruimen en vèrzienden blik, die aan het vaderland groote en onwaardeerbare diensten heeft bewezen, terwijl PAUL KRUGER het nooit zal vergeten, met hoeveel beleid en omzichtigheid PIET JOUBERT den vrijheidsoorlog van 1880/81 heeft geleid. Zonder twijfel is van deze twee mannen KRUGER de grootste, maar JOUBERT vult hem aan, en de dood van dezen zou voor de Republiek een groote-, een nationale ramp kunnen worden genoemd.

„Slim Piet" noemen hem de Boeren, en slimme Piet, hoewel men hem zelden ziet lachen, glimlacht even, als hij het hoort.

Zijn gelaatstrekken zijn wel bekend; kinderen van vier, vijf jaar zullen hem u tusschen de andere portretten aanwijzen. Onder het breede, hooge, gerimpelde voorhoofd, het grijzende haar, zorgvuldig teruggekamd, ziet ge een paar heldere, krachtige, grijze oogen, die den vreemdeling onafgebroken vol in het gezicht staren. De mond verraadt koelheid en strakheid, terwijl de arendsneus aan het gelaat kracht en hoogheid bijzet.

Het gelaat geeft den indruk van soberheid, ernst, voorzichtigheid en kordaatheid, terwijl de geheele verschijning eerbied en ontzag inboezemt.

Er bestaat van REMBRANDT een schilderij, waarop eenige burgers der zestiende eeuw, rondom de eikenhouten tafel gezeten, in druk gesprek oorlogsplannen beramen. Het zijn krachtige, karakteristieke koppen, met forsche, gebiedende gelaatstrekken, en wanneer ge den blik van die schilderij laat gaan naar het portret van PIET JOUBERT, dan wordt ge getroffen door de pakkende gelijkenis. PIET JOUBERT is een zoon der negentiende eeuw, doch die stoere, kloeke kop en dat gespierde lichaam herinneren aan de zestiende, aan die krachtige, mannelijke figuren, die REMBRANDT'S penseel voor ons heeft vereeuwigd.

PIET JOUBERT hebben wij het eerst genoemd, omdat hij is de opperbevelhebber van het Transvaalsche leger. Toen hij zag, dat de oorlog niet te keeren was, heeft hij niet meer omgezien, en vastberaden de hand aan den ploeg slaande, zal hij — voor God en voor zijn volk! — de bloedige vore trekken.

En achter hem volgen zijn helden!

Die daar, vlak achter hem, dat is generaal J. H. M. KOCK, evenals PIET JOUBERT gerekend tot de edelsten van zijn volk. Daarom is hij ook lid van den Uitvoerenden Raad, waarmede de Boeren hun ministerie bedoelen. Ik wil niet zeggen, dat hij, zoo de kommandant-generaal kwam te vallen, diens plaats zou innemen; eerder zou die zwartgebaarde, daar aan zijn linkerkant, of die vorstelijke ruiter, daar aan zijn rechterzijde, voor opperbevelhebber in aanmerking komen, doch als bevelhebber heeft JAN KOCK toch in den vrijheidsoorlog zijn sporen verdiend, en onze oogen rusten met welgevallen op deze nobele figuur met dat kalm en vriendelijk gelaat, met die schrandere oogen en die grijzende lokken, zichtbaar onder den breedgeranden, bruinen hoed. Hij is reeds in de zestig; toch zit hij nog met de lenigheid van den jongeling in den zadel, en hij is de lieveling van zijn volk.

Nog klinken zij na in de harten van zijn medeburgers, die gewichtige en ernstige woorden, door hem op Dingaansdag te Paardekraal gesproken: „Vergeleken met de groote volken dezer aarde is onze natie een zeer klein huishouden. Maar in onze aderen stroomt het bloed onzer vaderen, en hun geloof behoort te leven in onze harten. Door het geloof hebben zij de Zoeloe's verslagen, en als wij hunne voetstappen drukken, behoeven wij niets en niemand te vreezen. Maar het is voor ons niet goed, om te lang te staren op de glorie van het verleden, want wij behooren onzen burgerplicht te behartigen in het heden. Gij, burgers, dient te bedenken uw plicht tegenover onzen Staat en voor het behoud van den vrede zooveel mogelijk te waken!"

Andere sprekers van dien dag hielden lange redevoeringen, maar

Op weg naar Volksrust.
Ruiters op de moeielijkste plekken, ammunitie-wagens en geschut voorthelpende.

Jan Kock sprak maar kort: beslist als een krijgsman en warm als een vaderlander, en niemand, zelfs Paul Kruger niet, werd hartelijker toegejuicht.

Hoe heeft de edele grijsaard verlangd naar den dag, waarin hij uit mocht trekken met zijn volk tot den heiligsten strijd, die ooit in de zonnige landen van Zuid-Afrika zou worden gevoerd, en terwijl de schaduwen van den avond reeds vallen op zijn pad, is hij gewillig, zijn leven af te leggen als een kleed, zoo hij daardoor de vrijheid zijns volks bevestigen kan! Ach, al te onstuimig zal zijn moed hem voorwaarts jagen, om den machtigen vijand te bereiken, en als zijn heldenbloed de klippen van Elandslaagte kleurt, zal er een stem des geklags opgaan in zijn vaderland, omdat er een groote in Israël is gevallen....

Die vorstelijke ruiter, daar rechts van generaal Kock, is Lukas Meijer. In paardrijden doet hij voor niemand onder en geen, die zekerder is van zijn schot dan hij. Maar Lukas Meijer kan meer — hij kan republieken stichten. Hij stichtte de Republiek Vrijheid, die later met de Transvaal werd vereenigd, en werd lid van den Eersten Volksraad, in welk lichaam hij behoorde tot de oppositie. Hij is een minzaam, rechtschapen man, die voor ieder een goed woord over heeft, maar tegenover de Engelsche Regeering, *die de schendende hand slaat aan de vrijheid van zijn volk, is zijn hart vol bitterheid*.

Maar wie is toch die zwartgebaarde aan Kock's linkerzijde? Hoe kunt gij dat toch vragen! Kent gij dan niet dat stoer en strak, bijna hard gelaat, en dat speurende jagersoog van generaal Pieter Andries Cronjé, gewoonlijk Piet Cronjé genoemd? [1]

De Engelschen betichten hem van drie misdaden. In de eerste plaats heeft hij in den oorlog van 1880/81 het Engelsche fort bij Potchefstroom ingenomen; in de tweede plaats heeft hij Jameson's rooversbende bij Krugersdorp gestuit, en in de derde plaats heeft hij tegen een hoogen prijs een lap woesten heidegrond verkocht aan een Engelschman, die in de vaste meening verkeerde, dat er goud in zat, terwijl er niets dan bazaltklippen waren.

Ja, die slag bij Krugersdorp — hij kan u overtuigen, welk een geweldig jager, niet van leeuwen en tijgers, maar van Rooibaadjes, die generaal Cronjé is! Hoeveel Europeesche veldheeren zouden in staat zijn geweest, om met zulk een geduld en zooveel overleg den vijand op te jagen naar de plek, die hem noodlottig moest worden? Gedurende den ganschen nacht joeg Cronjé den vijand voort als een koppel wilde eenden, en toen de dageraad aanbrak, was er geen ontkomen aan uit het slagnet

---

[1] Er zijn drie Cronjé's: Piet Cronjé Senior, Piet Cronjé Junior en Antonie Cronjé, maar Piet Cronjé Senior is de voornaamste van de drie, een man geweldig in den strijd.

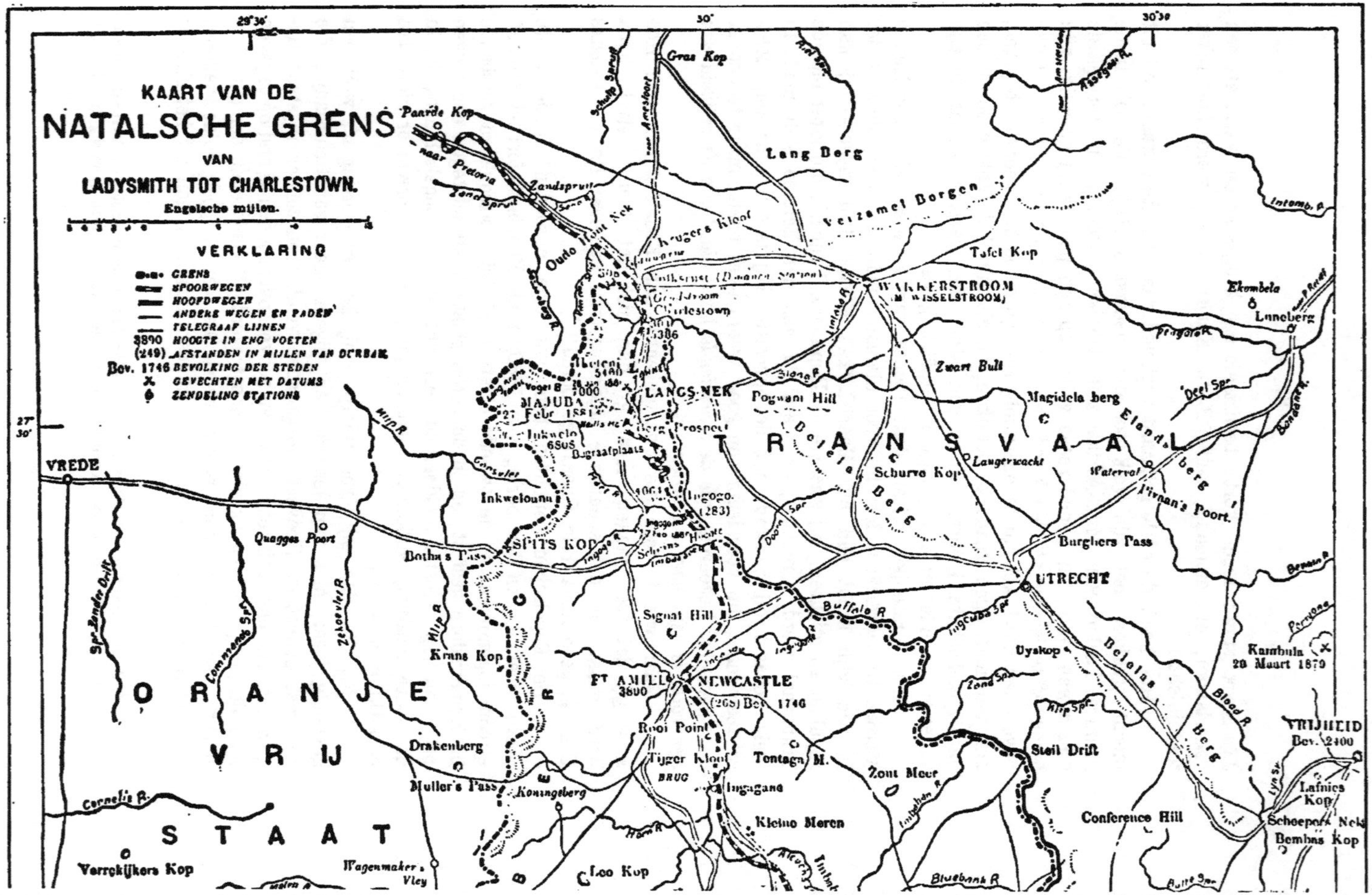
KAART VAN DE
NATALSCHE GRENS
VAN
LADYSMITH TOT CHARLESTOWN.
Engelsche mijlen.
VERKLARING
GRENS
SPOORWEGEN
HOOFDWEGEN
ANDERE WEGEN EN PADEN
TELEGRAAF LIJNEN
3890 HOOGTE IN ENG. VOETEN
(249) AFSTANDEN IN MIJLEN VAN DURBAN
Bev. 1746 BEVOLKING DER STEDEN
X GEVECHTEN MET DATUMS
ZENDELING STATIONS
29°30'
30°
30°30'
27° 30'
Paarde Kop
naar Pretoria
Zandspruit
Gras Kop
Lang Berg
Verzamel Bergen
Krugers Kloof
Oude Hout Nek
Volksrust (Dunnen Station)
Charlestown
WAKKERSTROOM
Tafel Kop
Ekombela
Luneberg
Intombi R.
Zwart Bull
LANGS NEK
Pogwani Hill
MAJUBA
27 Febr 1881
Inkwelo
6808
Prospect
Bugraafplaats
Ingogo.
(283)
Magidela berg
Elands berg
T R A N S V A A L
Scburve Kop
Langerwacht
Waterval
Piraan's Poort.
Burghers Pass
UTRECHT
VREDE
Quaggas Poort
Inkwelouna
SPITS KOP
Bothas Pass
Signal Hill
Buffalo R.
Ingcuba Spr.
Uyskop
Belelas Berg
Blood R.
Kambula
29 Maart 1879
VRIJHEID
Bev. 2400
Lafnies Kop
Schoeport Nek
Bembas Kop
FT AMIEL
3800
NEWCASTLE
(265) Bev. 1746
Krans Kop
Rooi Point
Tijger Kloof
BRUG
Tontaga M.
Zout Meer
Steil Drift
Conference Hill
Ingagane
Kleine Meren
Drakenberg
Muller's Pass
Koningsberg
Leo Kop
O R A N J E
V R IJ
S T A A T
Cornelis R.
Verrekijkers Kop
Wagenmakers Vley
Klip R.
Zekoevlei R.
Commando Spr.
Spr. Bender Drift
Bluebank R.
Zand Spr.
Klip Spr.

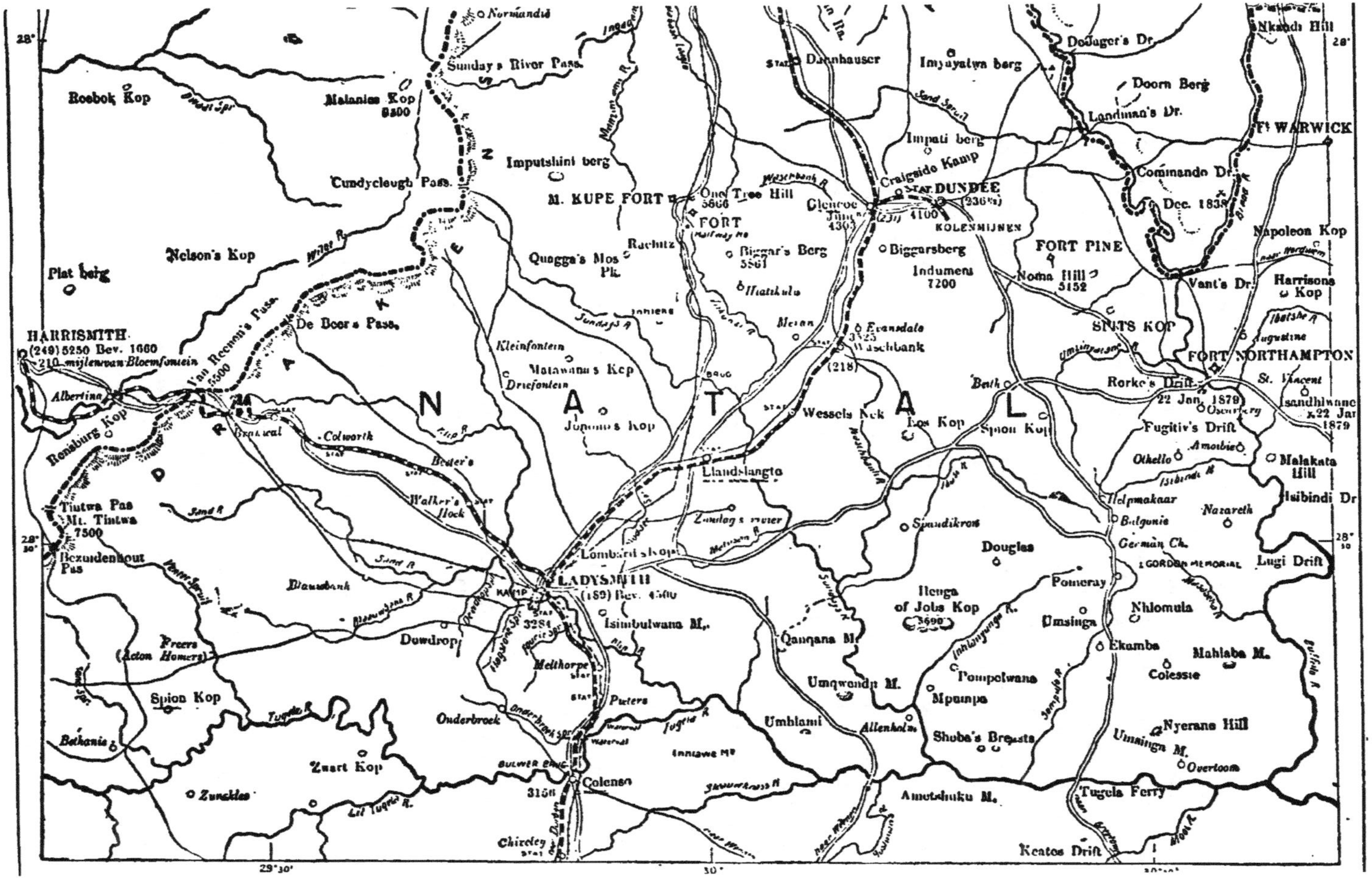

N A T A L
DRAKENSBERG
HARRISMITH
(249) 5250 Bev. 1660
210 mijlen van Bloemfontein
Albertina
Van Reenen's Pass
5500
De Beers Pass
Plat berg
Nelson's Kop
Roebok Kop
Malanies Kop
Cundycleugh Pass
Sunday's River Pass
Normandië
Imputshini berg
M. KUPE FORT
Quagga's Mos Pk.
Rachutz
One Tree Hill
5666
FORT
Biggar's Berg
Hlatikulu
Kleinfontein
Matawana's Kop
Driefontein
Jonono's Kop
Dannhauser
Imjuyalwa berg
Impati berg
Craigside Kamp
DUNDEE
(236)
Glencoe
4303
4100
KOLENMIJNEN
Biggarsberg
Indumeni
7200
Evansdale
3525
Waschbank
(218)
Wessels Nek
Meran
Landmans Dr.
Doorn Berg
Dodger's Dr.
Nkandi Hill
Ft WARWICK
Commando Dr.
Dec. 1838
Napoleon Kop
Harrisons Kop
Vant's Dr.
FORT PINE
Noma Hill
5152
SITTS KOP
FORT NORTHAMPTON
Rorke's Drift
22 Jan. 1879
St. Vincent
Isandhlwana
22 Jan 1879
Beth
Los Kop
Spion Kop
Fugitive's Drift
Othello
Malakata Hill
Helpmakaar
Nazareth
Balgonie
German Ch.
Lugi Drift
Renaburg Kop
Tintwa Pas
Mt. Tintwa
7500
Bezuidenhout Pas
Colworth
Walker's Hoek
Blaauwbank
Dewdrop
LADYSMITH
(189) Bev. 4500
Lombard's kop
Isimbulwana M.
Llandslangte
Spandikrom
Douglas
Pomeroy
Ilenga
of Jobs Kop
Umsinga
Nhlomula
Ekamba
Mahlaba M.
Colessie
Qanqana M.
Umqwandu M.
Pompolwana
Mpumpa
Shuba's Breasts
Nyerane Hill
Umsinga M.
Overtoom
Umhlami
Allenholm
Tugela Ferry
Ametshuku M.
Keatos Drift
Frere
(Acton Homers)
Spion Kop
Bethanie
Melthorpe
Onderbroek
Pieters
Zuart Kop
Zunckles
Colenso
3156
Chieveley
Tugela R.
Sand R.
Wilge R.
Buffalo R.
28°
28° 30'
29° 30'
30°

van dezen vreeselijken jager: de overwinning was feitelijk bevochten in de nachtelijke uren zonder ernstig gevecht. JAMESON kon zich den kop te pletter loopen tegen den gordel van vuur en staal, die hem omsloot, maar van doorbreken was geen sprake meer. CRONJÉ liet hem naderen tot op honderd meter afstands; toen gaf hij den vijand den genadeslag [1]).

Het was in dien triestigen, mistigen nacht, dat CRONJÉ waarlijk de held is geworden van zijn volk.

Toch laten de Boeren hun bewondering weinig blijken. Zij dwepen niet met hun helden zooals andere volken. Zij hebben hun plicht gedaan tegenover hun vaderland — dat besef moet belooning genoeg zijn. Daags na het gevecht van Krugersdorp reed een zwaargebouwde en sterkgebeende Boer op een ruigharig, wild paard door de Kerkstraat van Pretoria, en geen mensch nam den hoed af voor den man, wiens naam toen over de lippen van half Europa ging en die den dag te voren zijn vaderland had gered.

Sinds heeft hij een zetel ontvangen in den Uitvoerenden Raad, en hij geniet een vast salaris. Toch is hij dezelfde gebleven, en in tijden van vrede kan men hem gewoonlijk vinden op zijn boerderij bij Potchefstroom. De boerderij is 6000 morgen groot, terwijl het huis, door CRONJÉ bewoond, slechts één verdieping hoog is en een half dozijn vertrekken telt. Het geheele huis verraadt soberheid en eenvoud; al de meubelen samen zouden bij een publieke verkooping nog geen duizend gulden opbrengen. Hier heerscht CRONJÉ als een patriarch over zijn kinderen en zijn Kaffers, en hij houdt hen onder een strakke, maar rechtvaardige tucht.

Eigenaardig is het, dat hij onder de Boeren slechts bekend is onder den naam van „Commandant" CRONJÉ. Andere voorname mannen zijn bij de Boeren bekend bij hun voornamen; „Slim PIET" (JOUBERT), „Oom CHRISTIAAN" (SMIT), „Onze JAN" (HOFMEIJER), „Oom PAUL" (KRUGER), maar PIET CRONJÉ wordt genoemd „Commandant CRONJÉ".

Men heeft beweerd, dat hij wel eens een uitnemend candidaat voor President zou kunnen zijn, maar hij denkt er niet over. Hij kan in geen stad leven, al heet ze Pretoria; hij zou het besterven. Neen, niet tusschen de enge muren der stad, maar in de vrije, wijde wildernis, daar voelt hij zich thuis, deze ware zoon van Afrika. Gezeten op zijn vluggen klepper, en aan de spits van een Boerencommando als een wervelwind voortjagend

---

[1]) Toch had het in die nachtelijke uren weinig gescheeld, of JAMESON was door de mazen van het gespannen net nog ontsnapt. Het was in den voornacht, dat CRONJÉ, door een angstig voorgevoel aangegrepen, naar een ander gedeelte van het gevechtsterrein snelde, waar hij zijn zoon vond, zwaar gewond. Dat was hem te veel, en de vader kwam boven in den bevelhebber. Hij nam zijn jongen, droeg hem naar Krugersdorp, en stelde hem onder de hoede van dokter VILJOEN. Terwijl echter CRONJÉ, gehoor gevend aan het geheimzinnig voorgevoel, naar zijn zoon zocht, maakte een der veldkornetten een fout, en waren de Engelschen, hoewel op den tast ronddolend, bijna aan de Boeren ontkomen. Maar CRONJÉ was spoedig terug, zag onmiddellijk de gaping in de linie, die den vijand omsloten hield, en nam zijn maatregelen.

over de heuvelen en door de dalen van zijn geliefd vaderland — zie, dan gaat het hart hem open! En als hij een hoog kopje ontdekt, dan zal hij uit den zadel springen, en snel den top van het kopje beklimmen, en zijn speurend jagersoog zal den omtrek bespieden, want hij is een geboren jager, de groote jager, die de Rooinekken jaagt . . . . .

En weer rusten onze oogen op PIET JOUBERT en zijn helden, en gij wijst met den vinger naar dien breedgeschouderden ruiter met dat zwaargebaarde gelaat, daar achter CRONJÉ, en gij vraagt mij naar den naam van dien man.

Ieder Boer kent hem; en het kleinste kind zal u zeggen: „Dat is onze „Kaartenboer." Niemand, zelfs PIET JOUBERT niet, kan zich met hem meten in de terreinkennis van het Zuid-Afrikaansche land. Hij is de wandelende kaart van Zuid-Afrika; hij is waarlijk de Kaartenboer. Er is geen pas, geen bergvlakte, geen weg, waarvan hij niet precies de ligging, de lengte en de gesteldheid kan aangeven; het smalste voetpad, wegdeinend tusschen de kloven en de klippen van het gebergte, is hem bekend.

Verscheiden maanden geleden slenterde een koopman met een mandje snuisterijen aan den arm door de straten van Pieter-Maritzburg en Durban. Hij scheen een misvormd lichaam te hebben, en hij droeg een blauwen bril, om zijn zwakke oogen, zooals het scheen. Het liefst verkocht hij aan Engelsche militairen, en hij kon goed met hen opschieten, want hij verkocht goedkoop. Hij kon ook heel gezellig praten, en hij luisterde met bijzondere aandacht, als die soldaten hem vertelden van nieuwe dingen in het Engelsche krijgswezen. Maar op een goeien dag was hij plotseling verdwenen, en men heeft hem nooit meer gezien. Later is er gefluisterd geworden, dat die mismaakte gestalte met dien blauwen bril niemand anders is geweest dan de sluwe Kaartenboer uit de Transvaal. Of die fluisteraars gelijk hebben gehad, weet ik niet, maar dat weet ik wel, dat hij thans, gezeten op den steigerenden bruine, geen blauwen bril draagt, dien hij trouwens niet noodig heeft, want onder die zware, forsche wenkbrauwen flikkeren oogen, scherp als van den arend. Ook heeft hij thans geen misvormde gestalte, en alles verraadt den sterken, goed en krachtig gebouwden Boer.

Zijn volk noemt hem dus den Kaartenboer, doch in de geschiedenis van zijn vaderland zal hij bekend staan als kommandant BEN VILJOEN.

Bij de Engelschen was hij vroeger in blakende gunst en toen de oorlog tusschen Engeland en de Zoeloe-Kaffers uitbrak, sloot hij zich, in het belang van zijn land, bij de Engelschen aan, en ontving een even eervollen als verantwoordelijken post bij hun leger. Ook is hem in dien veldtocht van de hoogste autoriteiten de lof niet onthouden, dat hij een man was met buitengewone bekwaamheden, een krijgsman vol schranderheid, beleid en kordaatheid. Na den veldtocht deden de Engelsche officieren

Majoor ALBRECHT,
Commandant der Artillerie van den Oranje-Vrijstaat.

dan ook al het mogelijke, om hem te bewegen zijn militaire opleiding in Engeland te voltooien, maar VILJOEN schudde het hoofd, want hij wilde zijn vaderland niet verlaten. Twee jaren later, toen de Transvaalsche vrijheidsoorlog begon, deden de Engelschen hem schitterende aanbiedingen zoo hij hunne zijde wilde kiezen, maar de Kaartenboer wierp hun het Engelsche goud voor de voeten, zeggende: „Daar ligt het; ik raak er niet aan." Toen goten de Engelschen de fiolen van hun spot en hoon over hem uit en noemden hem den domsten en eigenzinnigsten Boer in den omtrek van vijfhonderd mijlen. Maar BEN VILJOEN, die om de speren der Zoeloe-Kaffers had gelachen, lachte om dat razen van Engeland, en wijdde zich ook verder met lichaam en ziel aan de belangen van zijn vaderland. Hij streed met moed en beleid tegen de Engelschen, beantwoordde hun laster met het nooit missende schot uit zijn Henri-Martini-geweer, en deelde in den triumf der zegepraal. Van toen af trad VILJOEN als een der voornaamste leiders op den voorgrond, en, diep overtuigd van het feit, dat de Boer in de toekomstige oorlogen met zijn geweer alleen niet meer zou kunnen volstaan, kampte hij met al de kracht, die er schuilt in dezen ijzeren man, voor een sterke, aan de nieuwste eischen beantwoordende artillerie. Ook in dezen strijd was hij overwinnaar, en de Boeren zullen er hem wel altijd dankbaar voor blijven.

Dezen oorlog heeft hij reeds lang voorzien, en hij dreef met kolonel SCHIEL het plan door, om aan den oorlog, was hij niet meer te keeren, een aanvallend karakter te geven. Hij ging daarbij uit van de gedachte, dat de grenzen het best verdedigd worden, door zoo ver mogelijk over de grenzen den vijand te gemoet te trekken. Aan de uitwerking van het Natalsche veldtochtsplan heeft hij een belangrijk aandeel gehad.

HANS BOTHA is weer een andere figuur; zijn stalen voorhoofd schijnt geschapen, om er een muur mee in te loopen. Het is een stoer gelaat met krachtige, schijnbaar harde trekken. Maar beleedig dezen man niet, als gij ten minste het geheele Boerenvolk niet tegen u in het harnas wilt jagen, want onder die ruwe schors klopt een hart vol gulden trouw, en zijn heldenbloed heeft in den vrijheidsoorlog den gelen grond van Afrika gekleurd.

Hij lag met zijn manschappen den 6den Januari 1881 in den omtrek van Pretoria, om het Engelsche kamp in het oog te houden, toen de Engelschen hem trachtten te overrompelen. BOTHA verdeelde zijn 36 manschappen, plaatste er 18 bij de 5 ossenwagens, en rukte met de overige tegen den vijand op. Hij vuurde zijn mannen aan door zijn voor niets terugdeinzenden leeuwenmoed, en streed, zonder een duimbreed te verliezen, tegen den overmachtigen vijand: 550 man met 2 kanonnen! Door drie kogels werd hij getroffen, en toch gaf hij het niet op, toen de vijand, tot op 60 pas afstands genaderd, hem den vierden kogel gaf. Toen wankelde de sterke Boer, en door bloedverlies overmand, stortte hij bewusteloos neer. Zoo vonden hem de Engelschen, en droegen hem in triumf naar hun kamp. Hun vele dooden telden zij niet — zij hadden met 550 man en 2 kanonnen 18 schaapherders verslagen; dat was immers een schitterende zegepraal?

Maar HANS BOTHA's wonden zijn genezen, en voordat deze oorlog is uitgebroken, is hij weer uit zijn tente te voorschijn gekomen. Hij is naar Pretoria gegaan, naar PAUL KRUGER, heeft de gespierde armen over elkander geslagen en gezegd: „President, wanneer beginnen we? Ik heb vier Engelsche kogels in mijn lichaam opgevangen, er kunnen er nog wel een paar bij!"

Denken wij aan de commandanten van PIET JOUBERT, wij willen de Vrijstaatsche helden niet vergeten, en van over den wijden oceaan brengen wij ook hun ons eeresaluut. Zij dragen namen, die een goeden, eerlijken klank hebben, en die, zoo God wil, met een diamanten stift zullen worden ingegrift in de geschie-

Overste SCHIEL,
Commandant van het Duitsche Vrijwilligerscorps
uit de Z.-A. Republiek.

denis van dezen oorlog. Er zijn drie hoofdcommandanten: MARTINUS PRINSLOO, CORNELIS JOHANNES WESSELS en ESAIAS RENIER GROBLER, alle drie tevens leden van den Volksraad. GROBLER is de jongste der aanvoerders; hij is pas vijfendertig jaar oud. De bezoekers van de tentoonstelling te Chicago zullen zich den jongen, slanken man nog wel herinneren, die over het Vrijstaatsche paviljoen op die tentoonstelling het toezicht had, en door zijn vriendelijkheid en innemendheid aller harten won. Toen was onze GROBLER bezig in de werken des vredes, maar nu het Afrikaansche volk wordt bedreigd, en de edele President STEIJN op het schild heeft geslagen, alle vrije mannen oproepend tot de hulp van het benarde broedervolk, is hij te hulp gesneld, om met zijn arm en met zijn gaven het vaderland te dienen. Hij, en WESSELS, en PRINSLOO.

Doch wat doet deze gardeofficier der Pruisische veldartillerie met zijn blinkenden helm onder deze Afrikaansche Boeren? Gij vergist u; bezie dat wapen op zijn helm maar eens nauwkeuriger, dan zult ge zien, dat het niet de Pruisische adelaar, maar het Vrijstaatsche wapen is, dat daarop prijkt, terwijl de afzetsels de oranjekleur dragen. 't Is waar, vroeger is deze ruiter wachtmeester geweest bij de Pruisische gardeveldartillerie, maar dat is vijfentwintig jaar geleden, en toen is hij in den Vrijstaat gekomen, om de krachtige organisator te worden der Vrijstaatsche artillerie.

Ook heeft hij, majoor ALBRECHT, eer van zijn werk gehad, en zijn manschappen, allen zonen van den Afrikaanschen grond, zijn even vaardig in het hanteeren van hun wapen als de beste Europeesche artilleristen durven denken. Trouwens, dit geldt eveneens van de Transvaalsche artillerie, die onder leiding van kolonel SCHIEL, een gewezen Pruisischen huzarenofficier, zich krachtig ontwikkelde, en met de artillerie der zusterrepubliek een edelen wedkamp zal aangaan in den heldenstrijd voor vrijheid en recht.

Zoo trekken zij aan ons geestesoog voorbij, de helden van Zuid-Afrika!

't Is waar, hun volk, dat zij zullen aanvoeren, gaat met de *vaste* overtuiging der zegepraal in den strijd, en zelf wankelen zij evenmin in die overtuiging, al beseffen zij, meer nog dan hun volk, dat die zegepraal kan liggen in een ver verschiet. Zij zijn door God niet alleen gesteld tot aanvoerders, maar tot vaders van dit volk, dat hen vol vertrouwen zal volgen in den donder van den slag, en hun heldenziel beeft bij het gezicht van die zee van bloed en tranen, die hen nog scheidt van het Kanaän der vrijheid.

Maar zij weifelen niet, en zij aarzelen niet. Hoe zouden zij kunnen weifelen, hoe zouden zij kunnen aarzelen! Al rolden de golven van het Britsche geweld over het zwakke scheepke heen, al zou de roode vlag van Engeland worden geheschen te Pretoria, al stortten zij zelf, met den

J. H. M. KOCK. (Sedert gesneuveld).
Vechtgeneraal en lid van den Uitvoerenden Raad der Z.-Afr. Republiek.

P. A. CRONJÉ.
Vechtgeneraal en lid van den Uitvoerenden Raad der Z.-Afr. Republiek.

moordenden dumdumkogel in de borst, stervend neer — stervend zouden zij hun heldenstrijd vermaken aan hun kinderen, en boven hun graven zou de heldenstrijd worden uitgevochten in glorie en zegepraal!

In zulk een vastberaden stemming geven zij hun paarden de sporen en ijlen naar de grenzen; SCHALK BURGER naar de Komati poort, om een mogelijken Engelschen inval van over de Delagoa-baai te keeren; generaal SCHOEMAN naar het noorden, naar de Limpopo-rivier, om de grenzen naar Rhodesia te dekken; generaal CRONJÉ naar het westen, om

Handteekening van Generaal KOCK.   Handteekening van Generaal CRONJÉ.

het rooversnest, dat Mafeking heet, in bedwang te houden; WESSELS eveneens naar het westen, naar Kimberley, de stad der diamanten, vroeger van den Vrijstaat geroofd; GROBLER wendt zich naar het zuiden, de Kaapkolonie in, om die stamgenooten, nu nog onder de Engelsche vlag, op te roepen tot den vrijheidsoorlog, terwijl PRINSLOO met zijn Vrijstaters van het westen, en PIET JOUBERT met zijn commando's uit het noorden en oosten Natal zal binnenrukken, om den Vrijstaters de hand te reiken.

Op Marsch naar Natal.

TEGEN vier uur in den namiddag van den gedenkwaardigen 11den October waren al de leden van den krijgsraad bijeen te Zandspruit in de tent van den commandant-generaal PIET JOUBERT. Een hevige slagregen viel neder, en druipende van het water kwamen de rijzige gestalten der commandanten in hun lange regenjassen binnen, om langs den tentwand hun plaatsen in te nemen. De commandant-generaal zat met zijn secretaris aan de tafel; ook de commandant der staatsartillerie TRICHARD, alsmede de commandant der veldtelegraphie PAFF, die aan de omstanders het sein-systeem bij nacht uitlegde, waren aanwezig. Een zonderlingen indruk maakte de zwarte vrouwenhoed, die aan een van de stijlen der tent was opgehangen. Hij behoorde aan de wakkere vrouw van den opperbevelhebber, die van plan was, al de vermoeienissen van den veldtocht met haar man te deelen.

Te kwart over vijven kwam het Regeeringstelegram, dat de voorstellen der Transvaalsche Regeering, door Engeland waren van de hand gewezen, en de ernst van dit oogenblik teekende zich af op aller gelaat. Er werden nog eenige andere telegrammen voorgelezen, waaronder een telegram van den Vrijstaatschen kommandant PRINSLOO, waarna het veldtochtsplan definitief werd vastgesteld. Generaal KOCK zou van uit Standerton over Vrede (Vrijstaat) door het Drakengebergte Natal binnendringen, en New-Castle zien te bereiken; hetzelfde stadje zou het voorloopig doel zijn van generaal ERASMUS, die zich met zijn kommando's langs de Transvaalsche grenzen zou voortbewegen, om bij Engelbrechtsdrift de Buffelrivier, de natuurlijke grensscheiding tusschen Transvaal en Natal, te overschrijden. Van New-Castle uit moest generaal ERASMUS oprukken naar Dundee, om, ondersteund door generaal LUKAS MEIJER, die van Vrijheid uit direct op Dundee zou marcheeren, den Engelschen generaal SYMONS, die met 5000 man oud-gedienden Dundee bezet hield, aan te tasten en zoo mogelijk vast te leggen. De Vrijstaters onder PRINSLOO zouden intusschen door de passen van het Drakengebergte oprukken naar Ladysmith, waar generaal WHITE met 10000 man Engelsche keurtroepen stond, terwijl generaal KOCK, na New-Castle bereikt te hebben, zou optrekken naar de Biggarsbergen, de spoorlijn tusschen Dundee en Ladysmith opbreken, en de voorloopige schakel vormen tusschen de Transvalers en de Vrijstaters.

Een ieder werd voorts op het gemoed gedrukt, zijn plicht te doen, menschelijk op te treden en roof en plundering te weren. In het vijandelijk land zou slechts het noodige worden gerequireerd, terwijl er, werd het niet betaald, een bewijs of bon, geldig bij de Boerenregeeringen, voor zou worden afgegeven. Tevens werd besloten, om den volgenden morgen in de vroegte reeds op te breken van Zandspruit naar Volksrust, waarna de krijgsraad uitéénging.

Reeds vóór zonsopgang was men druk in de weer. De Boeren wisten, dat meer dan 100000 [1]) twistzoekende Uitlanders het Transvaalsche gebied hadden verlaten, terwijl de in de mijnen werkende Kaffers bij tien duizenden over de grenzen waren gebracht. De Boeren hadden dus den rug vrij, en waren vol goeden moed. De tenten werden gestreken; de paarden, ossen en muildieren volop gevoederd; de wagens geladen, en de tocht naar Volksrust begonnen. Vooraf had JAN LOMBAARD, de kommandant der Hollandsche Vrijwilligers, zijn onderbevelhebbers bijeengeroepen, er op gewezen, dat bij het stormloopen slechts in enkele linie mocht worden aan-gevallen, ook bij de verdediging der bezette stellingen slechts van de enkele linie mocht worden gebruik gemaakt, terwijl het, om ongelukken te voorkomen, aan de manschappen werd verboden, om met geladen geweren te rijden.

In den voormiddag werd Volksrust bereikt, waar het hoofdkwartier

---

[1]) Op blz. 60 staat: 5000 Uitlanders, dit moet zijn *50000*.

werd opgeslagen. Het water was er slecht en schaarsch, en de omtrek zag er uit als een dorre woestijn. In den regen moest het kamp worden opgeslagen, en den volgenden morgen trok generaal ERASMUS met zijn kommando's dicht langs de Natalsche grenzen voorwaarts. Er hing een zware, grijze, koude mist, die in een motregen overging, om zich ten slotte in een hevigen plasregen te ontlasten, waardoor de bergwegen, die men volgde, moeilijk berijdbaar werden. Voor de te paard zittende Boeren hinderden die bezwaren weinig, maar de ammunitiewagens bleven telkens achter, zoodat er van het kommando een groep ruiters moest worden afgezonderd, om de wagens op de moeilijkste en steilste plekken door den leemachtigen bodem te helpen sleepen. Het was voor mensch en beest een inspannende, martelende tocht, en toch werden de moeilijkheden met een licht hart opgenomen. Eén vroolijk schertswoord was dikwijls voldoende, om het kommando in den lach te doen schieten, en al werden de ruiters ook tot op het hemd toe nat, en al hadden de meesten voor dekking gedurende den nacht voorloopig niets anders dan een kombaars (schapevacht) en een regenjas, er werd geen gemor gehoord.

Zaterdag 14 October was een snikheete dag, en terwijl de zon gloeide aan den wolkenloozen hemel, wendden de kommando's onder generaal ERASMUS zich naar de Engelbrechtsdrift, om die te passeeren. In de ijle, heldere lucht zag men langs den horizon duidelijk de koppen van den Amajuba, den Mount-Prospect, den Lang-Nek en den Pagwaniberg, op welks top kommandant TRICHARDT een der zwaarste Transvaalsche kanonnen had laten plaatsen: een arbeid, die door deskundigen als een meesterstuk van ingenieurskunst werd geroemd.

Vlak bij de grenzen gekomen, liet ERASMUS het kommando van Pretoria, sterk 2000 man, halt houden. Hij plaatste zich boven op een mierenhoop, en de groote, breedgeschouderde gestalte van den generaal met dat grijze haar was wijd zichtbaar. Hij wekte zijn burgers op, om goeden moed te hebben, en zich spiegelend aan hun voorvaderen, onveranderlijk hun vertrouwen op den Almachtige te stellen. In den vrijheidsoorlog hadden zij slechts het tiende aan manschappen bedragen van tegenwoordig, en ofschoon zij geen kanonnen en geen Mausers hadden gehad, waren zij toch overwinnaars geweest. Ook *nu* waren zij, ondanks hun betere bewapening, toch nog veel zwakker dan Engeland, maar de burgers moesten het ook niet van de wapenen, maar van den Heere verwachten, Die den zwakke kracht geeft.

De generaal had ook nog een goede, aangename tijding mede te deelen, namelijk het pas van de Regeering ontvangen bericht, dat de burgers aan de westelijke grenzen, bij Kraaipan in Bechuanaland, een gepantserden trein met soldaten, kanonnen en ammunitie hadden overrompeld en bemachtigd. En nu, na deze mededeeling, volgde een treffend tooneel.

Een gepantserde trein, zooals door de Boeren bij Kraaipan veroverd.

Al de 2000 ruiters sprongen van hun paarden, en met het hoofd ontbloot, het geweer over den éénen en den paardeteugel over den anderen arm, knielden zij neder, terwijl Ds. Postma een vurig dankgebed uitsprak voor den eersten voorspoed, aan de wapenen der burgers geschonken. Tevens riep hij thans, bij het overschrijden der grens, den God der heirscharen aan als getuige, dat dit volk den oorlog niet had gezocht. Toen rezen de ruiters weer op van hun knieën, en over menige door de zon verbrande wang biggelde een traan. Daarna trokken de Boeren voorwaarts, de Buffelrivier, de grensscheiding, over. Zwijgend werden de grenzen overschreden. Er werd geen schot gelost, geen hoera-kreet gehoord, maar op deze vastberaden gezichten stond te lezen, dat men wilde sterven of overwinnen.

Het leger, waarover generaal Erasmus bevel voerde, bestond, behalve uit het kommando van Pretoria, uit de kommando's van Heidelberg en Boksburg, samen 4000 man sterk, die bij New-Castle, het vereenigingspunt, hun lager opsloegen.

Zij waren niet de eersten: de Hollandsche Vrijwilligers waren hun reeds vóór geweest. Terwijl generaal Erasmus links had gehouden, en langs den noordelijken oever van de Buffelrivier was voortgetrokken, had de bereden afdeeling van het Hollander-kommando, sterk 110 man, *rechts* houdend, de Natalsche grenzen onmiddellijk onder luid gezang overschreden. Zij werd de vliegende colonne genoemd; er werd slechts voor vier dagen mondkost en één trolley [1] ammunitie medegenomen, terwijl de infanterie-afdeeling van het Hollander-kommando met de muilwagens en het kampmateriaal naar den Lang-Nek trok.

Na een korten rit bereikte de vliegende colonne het vier mijlen [2] van de grenzen gelegen eerste Natalsche dorp: Charlestown. De Hollanders vonden het dorp geheel door de blanke bevolking verlaten, terwijl de Kaffers, die tot bescherming der eigendommen waren achtergebleven, zich onledig hielden met die eigendommen te plunderen. Er werd slechts even halt gehouden, en de roovers werden uiteengejaagd, waarna de marsch direct werd hervat. In de verte zag men eenige kleurlingen hard wegloopen; de Hollanders gaven hun paarden de sporen, en de Kaffers, hun reusachtige bundels wegwerpend, vluchtten het gebergte in. De bundels werden voor goeden prijs verklaard; één dier door de Kaffers gestolen bundels bevatte nota bene veertien volledige pakken kleeren. Zonder gidsen trok men voorwaarts, — de spoorlijn wees de te volgen richting aan — en tegen den avond werd het kamp opgeslagen op de verlaten hoeve van een Natalschen boer. De woning bevatte slechts drie vertrekken en een zolder, zoodat de Vrijwilligers het, in zoover zij niet gehuisvest konden worden, met den door den regen doorweekten grond voor lief moesten

---

[1] Trolley. — Kleine, open spoorwagen.
[2] 1 Engelsche mijl = 1.609 K.M., ongeveer 20 minuten gaans.

nemen. Den volgenden morgen, Zaterdag, werd de tocht voortgezet. De paarden hadden uitnemende weide gehad, en konden er tegen. Ook had de zon de nevelwolken weggevaagd, en in de tropische hitte, die nu begon te heerschen, waren de natte kleeren spoedig opgedroogd. Een patrouille werd uitgezonden, om voeling te krijgen met het leger van generaal Kock, terwijl overal de veelvuldige sporen eener overhaaste vlucht waren waar te nemen. De Hollandsch-Afrikaansche boeren waren intusschen op hun hoeven gebleven, ontvingen de Hollanders met groote gastvrijheid en gaven bereidwillig inlichtingen. Men zag de uit de Johannesburger mijnen weggezonden Kaffers in groote troepen zuidwaarts trekken, terwijl op een heuvelrug het eerste Boeren-kommando zichtbaar werd. Het waren de Heidelbergers onder bevel van kommandant WEILBACH. New-Castle, in een dal gelegen, was nu dicht bij, en kapitein DE WITT HAMER [1]) reed met zijn adjudant om drie uur de lange, met boomen beplante straat der stad in. Hij wendde zich direct tot den burgemeester, rapporteerde dezen, dat vóór zonsondergang duizenden Transvaalsche manschappen zouden volgen, en vraagde, welke instructies hij van zijn Regeering had ontvangen. De burgemeester wist weinig te antwoorden. De telegraaflijn was afgesneden, de spoordienst gestaakt en het spoorwegpersoneel gevlucht. Hij was zonder eenige instructies achtergebleven, en hij sprak den wensch uit, dat de stad niet geplunderd mocht worden. Nu, aan dien wensch werd gaarne voldaan, en toen desondanks een gesloten winkel werd opengebroken, liet kommandant WEILBACH patrouille loopen, en herstelde de orde. Intusschen bezetten de Hollanders het door de Engelschen verlaten fort Amiel bij New-Castle, waar men een flinken voorraad tenten, voertuigen, meel en hooi ontdekte: een welkome vondst.

Maandag 16 October kwam generaal Kock te New-Castle aan, en den volgenden dag werd er het hoofdkwartier van PIET JOUBERT opgeslagen. De Hollandsche Vrijwilligers werden nu ingedeeld bij het leger van generaal KOCK, dat bestond uit het kommando van Johannesburg onder bevel van BEN VILJOEN en uit het kommando der Duitsche Vrijwilligers onder luitenant-kolonel SCHIEL.

Volgens besluit van den krijgsraad maakten de kommando's onder generaal Kock en generaal Erasmus zich intusschen gereed, om den tocht naar het zuiden voort te zetten, en te middernacht 18 op 19 October rukte generaal Kock met zijn troepen op. Het afdalen naar de vlakte werd door het onklaar worden van een Ierschen ammunitie-wagen ernstig bemoeilijkt. Verkleumd van koude stond het kommando te wachten op de hoogten, den rug gekeerd naar den ijzigen wind, die over de bergen veegde. Eerst toen de ammunitie-wagen weer in orde was, en de weg vrij werd, kon de tocht worden voortgezet, en reed men door tot zonsopgang. Nu

---
[1]) Lid van den Tweeden Volksraad en oud-officier van het Nederlandsche leger.

werd halt gehouden. De paarden werden gekniehalsterd, schildwachten uitgezet, en rust gezocht op den vochtigen grond. De zon ging nu op, en haar stralen vielen warm en koesterend op die in regenmantels gehulde gestalten, die, met het zadel als hoofdkussen, een korten, maar verfrisschenden slaap genoten.

In de nabijheid der Biggarsbergen, aan hun noordelijken voet, splitsten zich de wegen der verschillende kommando's. ERASMUS wendde zich links: naar Dundee; KOCK rechts: naar Ladysmith.

De Slag bij den Talana-heuvel.

Generaal LUKAS MEIJER had zijn leger saamgetrokken te Doornberg, aan den noordelijken oever der Buffelrivier, en hield Donderdagnamiddag 19 October een krijgsraad, bijgewoond door generaal ERASMUS van het Pretoria-kommando en HANS GROBLER en TRICHARDT van het Ermeloo-kommando. Reeds had hun de tijding bereikt, dat kommandant PRINSLOO met zijn Vrijstaters door den Van-Reenenspas Natal was binnengerukt, den vorigen dag het station Besters, ten noordwesten van Ladysmith, had bezet, terwijl 50 Vrijstaters de voorposten van den vijand, sterk 150 Natal-Karabiniers [1]), in een lange schermutseling zegevierend hadden verjaagd. Het geheele kamp dezer voorposten, bestaande uit 80 tenten en lagerbenoodigdheden, was in de handen der Vrijstaters gevallen.

LUKAS MEIJER meende nu van zijn kant ook niet langer te mogen talmen, en er werd met gemeenschappelijk goedvinden overeengekomen, tegen zonsondergang op te rukken naar het Engelsche kamp, dat zich bevond tusschen Glencoe en Dundee. Het plan was, om in drie zelfstandige colonnen voorwaarts te gaan, zich op een bepaald, nader aangegeven punt te vereenigen, en aanéengesloten den aanval op het Engelsche kamp te wagen. MEIJER zou den linkervleugel aanvoeren: de kommando's van Vrijheid en Utrecht, groot 700 man; ERASMUS zou met 600 man van het Pretoriakommando den middentocht vormen, terwijl de kommandanten HANS GROBLER en TRICHARDT met 400 man van het Ermeloo-kommando op den rechtervleugel zouden manoeuvreeren. Al de drie colonnen hadden artillerie. Vóór het oprukken werd de zegen des Heeren over de gewichtige onderneming afgesmeekt, en kort voor acht uur 's avonds sprongen de Boeren in den zadel. Bij Landmansdrift werd de Buffelrivier overgetrokken, en

---

[1]) Natal-Karabiniers — Geboren Natallers in Engelschen cavalerie-dienst.

de drie kommando's trokken zwijgend den geheelen nacht voort, elk kommando in de afgesproken richting. Doch even voor het aanbreken van den dag rolde een zware mist over de bergen, en sloot de voorwaarts rukkende colonnen in een ondoordringbaren nevel. Het Pretoria-kommando onder bevel van Erasmus raakte de goede richting kwijt, week af van de te volgen lijn, en dwaalde in een cirkel rond. Evenmin bereikte het Ermeloo-kommando zijn doel. Generaal Meijer evenwel trok, door betere plaatselijke kennis geleid, onverhinderd voort, en 's morgens te halfdrie hoorden de Engelsche voorposten, te Smithsnek geplaatst, de Mauserkogels der Boeren fluiten. Zij trokken haastig terug, den Engelschen opperbevelhebber, generaal Symons, de tijding brengend van de nadering des vijands.

Generaal Symons verwonderde zich niet. Hij was een bekwaam en verstandig veldheer, die op een aanval der Boeren had gerekend. Hij had, om niet van het zuiden en van Ladysmith te worden afgesneden, het noordelijk gedeelte van Natal prijsgegeven, en hield nu tusschen Glencoe en Dundee sterke stellingen bezet. Daarbij had hij een uitnemende artillerie; de geheele omtrek was nauwkeurig opgemeten, en hij had met een bewonderenswaardig geduld zijn troepen geoefend in de vechtwijze der Boeren, om achter elke klip en achter elken struik dekking te zoeken.

Om vijf uur in den morgen werden de slappe, breedgerande hoeden der Boeren zichtbaar op den Talana-heuvel, ten oosten van Dundee. De bondgenooten, waarnaar Lukas Meijer zoo reikhalzend uitzag, kwamen echter niet. Zoo bond hij dan met zijn 700 man alleen den strijd aan, nog altijd in de stille hoop, dat de donder van het geschut aan zijn vrienden den weg zou wijzen, of dat hij hen met den heliograaf [1]) zou kunnen bereiken.

---

[1]) De heliograaf of spiegeltelegraaf vangt de stralen der zon in een grooten hollen spiegel op, die ze terugwerpt naar een anderen, kleineren; en deze is zóó gebogen, dat hij alle opgevangen stralen in één richting verder zendt. De groote kunst bestaat nu in het stellen van deze spiegels. De stralen moeten n.l. van het eene „kantoor" in de open lucht juist op het andere aankomen, waar ze dan door een verrekijker worden waargenomen. Daar de zon haar loop vervolgt, moeten ook de spiegels langzamerhand gedraaid worden. Is dat echter in orde, dan kan elke gewone telegrafist den heliograaf bedienen. Hij gebruikt daartoe hetzelfde alphabet, dat hij gewoon is, en dat uit korte en langere strepen bestaat. Op een gewoon telegraafkantoor drukt men langer of korter op een knop; bij den heliograaf bedekt men den eenen spiegel bij kortere en langere tusschenpoozen; en zooals bij de telegraaf op het ontvangkantoor korte en lange strepen worden gezien, zoo bemerkt men op het andere openluchtkantoor korte en lange lichtflikkeringen. Het woord „vijand" bijv. komt op deze wijze over:

— — —   —— ——   — —   —   — ——
  v   ij   a   n   d

Het is duidelijk, dat wie met het telegraphische schrift bekend is, ook de lichtflikkeringen gemakkelijk „lezen" kan.

Natuurlijk moet men open terrein hebben, en kiest men liefst heuvels uit, vooreerst om over hinderlijk struikgewas en dergelijke heen te kunnen telegrapheeren, en ook om den bolvorm van de aarde. Op een afstand van eenige uren zou dat reeds hinderen, en men telegrapheert met spiegels wel tot op een afstand van twintig dertig uren. Zoodra echter de zon achter de wolken gaat, is het met heliographeeren gedaan.

Patrouille van het 18⁴
(Nu gevangenen

Steenkolenmijn.

Panorama van het Clenco
Terrein van het ge

ent Huzaren.
oria).

Glencoe.

t het Zuiden gezien.
n 20 October.

De mist trok nu op; het geheele landschap breidde zich als een duidelijke, scherp geteekende kaart voor de Boeren uit, en aan den horizon — op 4 kilometer afstands — was het Engelsche kamp met zijn in rechte en regelmatige lijnen opgestelde witte tenten duidelijk zichtbaar. Op ongeveer 1 kilometer afstands van dat kamp — in de richting der Boeren — bevond zich een droge rivierbedding. Dezelfde richting volgend, schoof zich tusschen die uitgedroogde rivierbedding en een groep struikgewas een open strook gronds in. Tusschen dat houtgewas en den Talana-heuvel begon de grond op te loopen, ruw en rotsachtig te worden, terwijl talrijke klipsteenen aan stormende troepen uitnemende dekking verleenden. Halverwege den heuvel liep een steenen muur om hem heen, den rand vormend van een breed terras. Boven dat terras steeg de heuvel tamelijk steil op tot den vlakken top. De Engelschen hebben later verklaard, dat deze stelling een tweede Amajuba, een haast onneembare positie vormde, doch er is een sterke verbeeldingskracht toe noodig, om *dat* te durven beweren. De zaak was, dat MEIJER in de hoop op ondersteuning deze niet sterke stelling bezette, en zijn manschappen hebben den heuvel tot het uiterste toe verdedigd.

Om halfzes openden de Boeren het vuur uit 4 lichte veldkanonnen, en de eerste granaat gonsde over de rivierbedding heen in de richting van het Engelsche kamp. Generaal SYMONS liet het vuur dadelijk door een 6-tal kanonnen, in zijn kamp geplaatst, beantwoorden, terwijl 12 andere kanonnen, in een vooruitgeschoven stelling gebracht, eveneens begonnen te vuren. Dat was de Engelsche morgengroet, en deze kanonnade heeft bijna onafgebroken tien uren geduurd. Het was blijkbaar SYMONS' bedoeling, om in dit eerste gevecht de harten der Boeren, die ternauwernood ooit een kanon hadden hooren bulderen, met schrik en ontzetting te vervullen, opdat zij geen tweeden slag zouden durven wagen. Nu, het vuur was ook vreeselijk, maar die ongedrilde schaapherders uit Vrijheid en Utrecht trotseerden vastberaden de granaten, ook als zij met donderend geweld in hun onmiddellijke nabijheid uitéén barstten. Toch waren hun kanonnen niet tegen de overmachtige artillerie des vijands opgewassen, en nadat er één beschadigd werd, gaf MEIJER last, om met de kanonnen achter de gevechtslinie terug te trekken. Dit geschiedde om halfacht. Zij hadden met groote nauwkeurigheid vuur gegeven, doch de granaten richtten niet veel uit. Zij smoorden voor het grootste deel in den natten, leemerigen grond, terwijl de Engelsche granaat-kartetsen prachtig ontploften vlak boven den Talana-heuvel. Generaal SYMONS bracht de 12 vooruitgeschoven kanonnen nu tot aan den rand der uitgedroogde rivierbedding, waardoor de afstand tot de stelling der Boeren niet meer bedroeg dan ruim 3 kilometer. Intusschen daalden 3000 man infanterie [1]) in de rivierbedding af, terwijl 1000 man

---

[1]) 3 bataljons: de Dublins, de Rifles en de Iersche Fuseliers.

Slag bij Dundee:
Bestorming der Engelschen van den Talana-heuvel.

infanterie met 6 kanonnen in het kamp werden achtergelaten, om het te beschermen tegen een mogelijken aanval uit het noorden. De Dublins trokken voorop, de twee andere bataljons volgden snel, en terwijl het Engelsche veldgeschut met volle kracht schoot, werd de open strook gronds doorloopen, en zette de infanterie zich vast in het struikgewas. Maar de Boeren waren op hun post, en van den Talana-heuvel vloog een hagel van lood den aanstormenden bataljons te gemoet. Zij aarzelden. Het was intusschen halftien geworden.

Toen verscheen, vergezeld door zijn ordonnans, — een lancier met een vlag — generaal SYMONS op het tooneel van den strijd. Hij beval den bataljons, onmiddellijk voorwaarts te gaan. Het is zijn laatste bevel geweest; met een Mauserkogel in de maag stortte hij zwaar gewond van zijn paard. De Engelschen kropen, achter elk rotsblok schuiling zoekend, nu langzaam voorwaarts, totdat zij den steenen muur hadden bereikt. Om twaalf uur lagen zij daar nog. Ieder soldaat, die het hoofd boven den muur ophief, liep gevaar, onmiddellijk een kogel te krijgen. De Engelschen hadden gemeend, dat de Transvaalsche scherpschutters reeds sedert lang waren uitgestorven, doch zij werden met schrik gewaar, dat die scherpschutters nog leefden.

Luit.-Generaal Sir W. P. SYMONS.

Hadden de Boeren den vijand in het front, zij kregen hem ook in den rug. In den voormiddag had een eskadron lanciers, sterk 100 man, met een Maximkanon, een omtrekkende beweging gemaakt, om den Boeren den terugtocht af te snijden. Zij hadden 15 Boeren gevangengenomen, hen aan elkander gekluisterd, en hun bevolen, op een snellen draf de lanciers te volgen. Die niet mee kon, zou worden doodgeschoten. Onder die 15 gevangenen was A. W. J. VORSTER, assistent bij den ambulancedienst. Het had hem niet gebaat, dat hij ongewapend was, en men had hem uitgejouwd, toen hij wees op het teeken van het RoodeKruis op zijn linkerarm. Er werd een riem om zijn lijf geregen, en de beklagenswaardige man werd op ruwe, onbarmhartige wijze aan de andere Boeren vastgesjord.

De Boeren op den Talana-heuvel zagen intusschen het gevaar, dat hen van de lanciers bedreigde, en IZAK BUHRMAN riep vrijwilligers op, om dezen vijand te keeren. Met 16 man trokken zij tegen de 100 lanciers op, en gaven zoo'n welgericht vuur, dat dezen het niet konden uithouden. Zij moesten in vollen galop terug, om een betere stelling te zoeken. De gevangenen werden medegesleept, en op een afschuwelijke wijze mishandeld. VORSTER was door den snellen loop geheel buiten adem geraakt,

Dood van Generaal Sir W. SYMONS.
Generaal SYMONS werd doodelijk gewond, toen hij van verre de bewegingen der troepen bij de bestorming van den Talana-heuvel gadesloeg. Hij was op dat oogenblik slechts vergezeld van zijn ordonnance, een officier van het 5de regiment Lanciers.

en do gevangenen konden niet meer. Zij bleven staan, aan elkander gebonden en weerloos. Nu legde· een officier zijn revolver op hen aan. „Hij zal ons doodschieten," klaagden de gevangenen, „wat zullen wij doen?" „Ik weet nog één ding," zeide Vorster, „wij zullen bidden," en hij strekte de gekluisterde armen omhoog. Op hetzelfde oogenblik doorboorde een Boerenkogel, afgeschoten op een afstand van 600 pas, den arm van den officier, en de revolver ontviel zijn hand. Nu werd het Maxim op de ongelukkigen gericht; het vuurde twee keer, maar het was slecht gericht. Slechts twee der gevangenen werden gekwetst *). Doch de schandelijke marteling nam nu een snel einde. De zestien Boeren, waarvan er één is gesneuveld, drongen zoo onstuimig voorwaarts, dat de lanciers door schrik werden bevangen. Zij leden zware verliezen, en hun kanon en de gevangenen in den steek latend, namen zij hals over kop de vlucht. Het ging er heet en heftig langs. Een zekere Pretorius reed een lancier-officier op zij, rukte hem uit den zadel en schoot hem dood. De gevangenen waren gered — het was een blijde ontmoeting, toen zij hun redders de hand drukten!

Intusschen ging de zon weer achter de wolken, en grauw-grijze nevels trokken over het slagveld. Vlam na vlam der zware Engelsche artillerie kleurde den mist rood, en een verschrikkelijke regen van barstende granaatkartetsen stortte zich uit boven de Boeren. Toch hielden zij, ofschoon zij nog nooit in zoo'n vuurregen waren geweest, zich met een bewonderenswaardigen moed staande. Wel konden zij voor een oogenblik met van ontzetting wijd opgesperde oogen staren op een vriend, een bloedverwant, die aan hun zijde werd in stukken gescheurd door een Engelsche granaat, maar in het volgend oogenblik hadden zij hun koelbloedigheid terug, en schoten zij met een kalmte, alsof het een schijfschieten gold. De mist werd echter al dichter, en de strijdende legers schenen op schaduwen te vuren. Generaal Meijer begreep, dat het nu tijd werd, om het gevecht af te breken. Op ondersteuning viel niet meer te hopen; de ammunitie was bijna verschoten, en zijn manschappen waren dood-op. Zij hadden — het was nu twee uur in den namiddag — tien uur lang het zware vuur der Engelsche artillerie doorstaan, en de verwonderlijke standvastigheid, waarmede zij zich zoo lang in een niet sterke stelling hadden gehandhaafd, gaf goede hoop voor de toekomst. Zoo gaf de aanvoerder dan bevel tot den terugtocht. Het geweervuur verflauwde, en onder een vèr schallend hoera sprongen de Engelschen over den steenen muur heen, om den top van den heuvel te beklauteren. Maar de Boeren ontvingen hen met een laatst, waarlijk moorddadig geweervuur, sprongen toen in den zadel, en verdwenen in de richting van hun kamp, ten oosten van Dundee. De Engelsche infanterie nam

---

*) Vorster heeft deze feiten door een beëedigde verklaring voor den vrederechter gestaafd.

Na de Engelsche „overwinning" op Talana-heuvel.
De eerste Engelsche krijgsgevangen.
Escadron van het 18de regiment Huzaren in den renbaan te Pretoria.

bezit van den Talana-heuvel, schoot op de wegjagende Boeren, zonder veel schade aan te richten, en ergerde zich, dat de vijand geen geweer en nog minder een kanon had achtergelaten. In een stortregen keerden de Engelschen naar het oude kamp terug, en een blik op de dooden, de stervenden en de gewonden was genoeg, om tot de overtuiging te komen, dat de overwinning duur, veel te duur was gekocht.

Volgens Engelsche berichten leden de Engelschen in dit gevecht een verlies van 271 dooden en gewonden, waaronder **40** officieren. Maar twee dagen later vonden de Boeren, volgens vertrouwbare officieele Transvaalsche bescheiden, 250 onbegraven lijken en 170 zwaargewonden bij Dundee: wel een bewijs, hoe onbetrouwbaar de Engelsche berichten zijn, en hoe ontzettend de Boerenkogels hebben huisgehouden. De verliezen der Boeren bedroegen 97 dooden en gewonden.[1]

Kolonel J. H. YULE.
Opvolger van Luit.-Generaal SYMONS, nadat deze doodelijk was gewond.

Inmiddels had generaal YULE, die den zwaargewonden opperbevelhebber was opgevolgd, reeds bevelen gegeven, om den terugtrekkenden vijand te vervolgen, en onder bevel van kolonel MÖLLER was een vliegende colonne, samengesteld uit huzaren en bereden infanterie, te zamen sterk ruim 250 manschappen en een Maxim, opgerukt. De kolonel leidde zijn manschappen in zuidoostelijke richting om den Talana-heuvel heen, en zag de ambulance der Boeren wegtrekken. Bij het voorwaartsrukken stootte hij echter op een vijandelijke macht, die dadelijk een heftig vuur opende, waarbij een officier werd gewond. Kolonel MÖLLER vond het nu geraden, om te zwenken, maar de Boeren — zij behoorden tot het kommando van TRICHARDT, dat door LUKAS MEIJER tevergeefs was verwacht — begonnen jacht te maken op de Engelschen. Het maxim duikelde bij deze jacht in een diepen kuil, en de Engelschen deden wanhopige, maar vergeefsche pogingen, om het te redden. Zij lieten het kanon in den steek, terwijl 3 hunner werden doodgeschoten. Tot overmaat van ramp raakten zij de goede richting kwijt, en trachtten zich tevergeefs op een heuvelrij ten noorden van de Zandspruit te handhaven. Zij moesten opnieuw de vlucht nemen, en verschansten zich in een veekraal, op 50 pas afstands van een boerenhuis, waarvan de bewoners nog aanwezig waren. De Boeren brachten nu hun kanon in stelling, en bij het derde schot werd de witte vlag geheschen. Er waren 243 gevangenen, waaronder 9 officieren.

Zoo eindigde de slag bij den Talana-heuvel op Vrijdag 20 October.

[1] Namelijk 26 dooden en 71 gewonden.

De Aanval op Dundee.

Generaal YULE was zeer tevreden. Immers, de Boeren waren gisteren verslagen. Het eerste belangrijke gevecht in dezen oorlog had de geweldige meerderheid der Engelsche artillerie en de onweerstaanbaarheid der Engelsche infanterie duidelijk in het licht gesteld. Dat meende ten minste generaal YULE, en hij zorgde er voor, dat de schitterende overwinning bekend werd. Met een uitbundig gejuich werd de blijde tijding in Londen vernomen, en CHAMBERLAIN wreef zich vergenoegd de handen. Nog één of hoogstens twee zulke slagen, en de Boeren zouden naar huis hollen, sneller dan zij gekomen waren. Ook de gelukwenschen bleven niet uit. Generaal SYMONS, de overwinnaar van Glencoe, werd in rang verhoogd, en het telegram van Hare Majesteit de Koningin, dat de rangsverhooging bevatte, werd hem voorgelezen. Maar deze rangsverhooging beteekent niet veel, als men ligt voor de poorten des doods, en generaal SYMONS was reeds door den dood geteekend.

Maar generaal YULE was zeer tevreden. De Boeren zouden er voorloopig genoeg van hebben; zij zouden het hart niet hebben, hem opnieuw aan te vallen. Met belangstelling zag hij nu uit naar zijn huzaren, die den vorigen dag waren uitgezonden, om de vluchtende Boeren te vervolgen, hun kanonnen te nemen, en hen over de Buffelrivier terug te jagen naar het land, van waar zij gekomen waren. Generaal YULE wachtte dus op zijn huzaren, en hij wachtte lang, maar zij kwamen niet, en de buitgemaakte kanonnen nog minder. Het was wel verdrietig, dat de huzaren zoo lang uitbleven, doch aan den anderen kant gaf dit reden tot de veronderstelling, dat de buit te grooter zou zijn. En generaal YULE keek op zijn horloge, zond patrouilles uit, en bleef wachten.

Zijn huzaren waren toen reeds op reis naar Pretoria.

Generaal MEIJER was gelukkiger. De bondgenooten, waarnaar hij zoo reikhalzend had uitgezien, waren eindelijk gekomen, en de kommando's van generaal MEIJER, die den vorigen dag zoo'n vreeselijk vuur hadden te trotseeren gehad, verlangden al weer naar het oogenblik, dat het er opnieuw op los zou gaan. Zoo weinig waren zij geschrokken van de Engelsche granaat-kartetsen. Trouwens, zij waren nu rijk opgewassen tegen die bommen, want ERASMUS had eenige Creuzot-kanonnen meegebracht, die uit een voor de Engelsche kanonnen onbereikbaren afstand hun granaten konden werpen.

De aanvoerders der Boeren namen intusschen den Impatiberg op, die ten noordoosten van Dundee ligt, en zij haastten zich, om van zijn top den omtrek te bespieden. Maar zij verwonderden zich, toen zij, boven op den berg gekomen, door hun uitstekende veldkijkers het kamp der

Engelschen opnamen. Er was reden voor die verwondering; er was reden voor dien kleinen, haast onmerkbaren glimlach, die op hun strakke, verweerde gelaatstrekken begon te spelen. Daar lag dan dat kamp met Dundee midden in de vlakte, omringd door heuvelen en bergen, die door de Engelschen *niet* waren bezet. Hoe was het mogelijk! Men had de omringende heuvelketen verwaarloosd, maar de passen, de toegangswegen, die de vlakte, waarin het kamp en Dundee liggen, verbinden met andere dalen, waren versterkt. De versterking bestond in een muur van zandzakken, bewapend met kanonnen, maar deze verschansingen maakten een bijna kinderachtigen indruk. Immers, niet uit deze versperde passen, maar van den hoogen · Impatiberg dreigde het gevaar. Als de Boeren hun zware kanonnen maar op dien berg konden brengen, dan zou het kamp zijn overgeleverd aan de genade der Boeren, en de Engelschen zouden moeten vluchten als een vlucht opgeschrikte patrijzen, waar een schot hagel doorheen jaagt. En op dien berg zouden de Boeren hun kanonnen wel krijgen; daar was geen twijfel aan. Zij zijn over het algemeen krachtige, gespierde kerels, en zij grepen met hun grove, sterke handen reeds in de wielspaken van het affuit, en sjorden hun vuurmonden naar boven.

Tegen den middag, Zaterdag 21 October, terwijl er een zware regen viel, schrikte de knal van een zwaar kanon de Engelschen op. Het kanon werd goed bediend; de eerste bom van den Veertigponder viel midden in het Engelsche kamp. Met steeds kortere tusschenpauzen volgden andere bommen, en ofschoon de Engelsche artillerie terugvuurde, was zij tegen de zware kanonnen der Boeren niet opgewassen. Het kamp werd snel ontruimd; de natte tenten werden gestreken, en de soldaten haastten zich, om buiten het bereik der gevaarlijke Veertigponders te komen. Midden in dezen arbeid viel een bom tusschen een groep cavaleristen; een luitenant, een soldaat en verscheidene paarden werden gedood. De volgende bom kwam bij de veldtelegraphie terecht; de telegrafist koos in groote sprongen het hazenpad. De bommen vielen tot in de nabijheid van het veldhospitaal, doch dit was natuurlijk onopzettelijk. De Boeren wisten niet, dat er gewonden waren, maar vreeselijk was het toch om te zien, hoe die arme menschen, allen gekwetst in den slag bij Talana-heuvel, gillend en schreiend trachtten te ontkomen. Toen echter de Engelsche opperbevelhebber door een parlementair generaal ERASMUS er van verwittigde, dat het hospitaal gevaar liep bestreken te worden door de Boeren-artillerie, liet ERASMUS het vuren in die richting onmiddellijk staken. De Boeren waren niet gekomen, om tegen gewonden te vechten.

In groote opwinding en ontsteltenis namen vele bewoners van Dundee, waaronder de stadswacht, de vlucht. Zij stormden het open veld in, en bibberend van de koude, verschuilden zij zich onder de bagagewagens der troepen, die buiten het bereik der Transvaalsche artillerie waren gebracht. Maar nu zweeg het gevreesde kanon, en men begon hoop te koesteren, dat de dag van morgen rustig zou voorbijgaan. Het was een ijdele hoop. Met den donder van het geschut werd de Zondagmorgen ingeluid, en het vuur der Boeren werd met onregelmatige tusschenpauzen tot den middag voortgezet. Den Engelschen werd geen oogenblik rust geschonken; zij werden onophoudelijk gedwongen, verkenningstochten te doen en schermutselingen te leveren; hun cavaleriepaarden waren in geen vier dagen uit het tuig geweest. Maar de aanval der Boeren was niet te keeren; door hun overmachtige artillerie beheerschten zij de Engelsche stellingen. De Engelschen moesten opnieuw terug, om niet van hun verbindingslijnen afgesneden en omsingeld te worden, en tot dezen terugtocht werd door den krijgsraad besloten. Alles zou moeten worden achtergelaten: het kamp; de proviand, die het geheele Boerenleger wel voor een paar maanden zou kunnen onderhouden; zelfs de gewonden .... En als de Engelschen aan hun gewonden dachten, dan hadden zij reden, om bezorgd te zijn. Immers, wat hadden zij verleden Vrijdag, den 20[sten] October, gedaan, toen de Boeren waren teruggetrokken? De gewonde Boeren, een 40-tal, waren in een woning bij Dundee onder dak gebracht. Er kwam een patrouille Engelsche infanterie, die het geheele huis doorzocht, en alles medenam, wat van haar gading was. Den gewonden Boeren werden de kombaarzen en regenjassen afgenomen, de schoenen gestolen, de zadels van onder het hoofd weggerukt. Niet het medelijden met een gewonden, weerloozen vijand, maar het ruw en onbarmhartig geweld was hier aan het woord geweest. Den gewonden werd aangezegd, dat zij nu gevangen waren, en een wacht van 50 infanteristen werd om het huis geplaatst. Maar de Creuzot-kanonnen op den Impatiberg spraken zoo'n krachtig en nadrukkelijk woord, dat de wacht den volgenden dag verdween, terwijl een Boeren-ambulance de gewonden opnam, en naar Jagersdrift vervoerde, waar hun een uitmuntende verpleging ten deel viel.

Waren de Engelsche officieren bezorgd, hun gewonden waren nog veel angstiger. Zij beefden voor het oogenblik, dat zij, zwak en hulpeloos, in de handen zouden vallen van een verbitterden vijand, en het gebulder van het Boerenkanon vervulde hunne harten met schrik en ontzetting. Zij smeekten, dat men hen niet hulpeloos zou achterlaten, maar nood breekt wet, en YULE durfde niet langer talmen. Hij gaf zijn bevelen voor den terugtocht, die Zondagavond laat in de duisternis, en terwijl een koude, hevige regen neerkletterde, werd begonnen. De lichtgewonden waren in staat mee te gaan, doch de anderen moesten achterblijven. Vele ingezetenen van Dundee vluchtten naar de boerenhoeven in den omtrek, maar er kwam bericht van den Engelschen opperbevelhebber, dat daar gevaar dreigde, en hun werd aangeraden naar Ladysmith te vluchten.

"Vrije Boer, houd u stoer; stuit de Britsche scharen."
Uit den „Strijdzang."

Generaal Sir REDVERS HENRY BULLER.
Opperbevelhebber van de Britsche Troepen in Natal.

Zoo vluchtten zij dan verder, in een langen optocht, door modder en regen — een beklagenswaardige stoet.

Den volgenden morgen, Maandagmorgen, zag Dundee een vreemd schouwspel. Zoo iets had het nog nooit gezien. Een kommando Boeren, op hun kleine, taaie, vlugge paarden, kwam van de heuvelen af, en reed in prachtige orde de hoofdstraat van Dundee in. De achtergebleven bewoners holden bij hun nadering in grooten angst de straten door, om nog een goed heenkomen te zoeken, maar de Boeren riepen hun toe, dat hun geen leed zou geschieden. Dat gaf den ingezetenen weer moed, en toen zij in de goedhartige gelaatstrekken staarden van die als moordenaars uitgekreten overwinnaars, begonnen zij ruim adem te scheppen. In goede orde trokken de Boeren nu naar het raadhuis en heschen er de Transvaalsche vierkleur.

't Zag er intusschen in Dundee en in het kamp, in spijt van zijn weelderige inrichting, zijn waterleiding en prachtige stallen, vreeselijk uit. Tweehonderdvijftig Engelsche dooden lagen nog onbegraven. Op de plaats van Smith, in een buitenkamer, vond men nog 39 onbegraven lijken, waaronder twee kolonels. Vele lijken waren reeds tot ontbinding overgegaan, en de Boeren bevalen den koelies, de dooden onmiddellijk te begraven. Alles verraadde een overhaaste, gejaagde vlucht. Het telegraaftoestel was nog in volkomen orde, ja, de kopijen der telegrammen waren niet eens vernietigd. Meer nog. Het bleek nu, dat generaal YULE bij zijn aftocht zoo overspannen was, dat hij niet eens de geheime stukken had vernietigd of medegenomen, die voor de Boeren in de toekomst van onberekenbare waarde kunnen zijn. Deze documenten vielen ongeschonden den Boerenkommandanten in handen, die ze een voor een nakeken, en met klimmende verbazing en verontwaardiging lazen. Men vond er speciaal uitgevoerde oorlogskaarten onder van de Transvaal en den Vrijstaat; verkenningsrapporten eener voorwaartsche troepenbeweging door den Vrijstaat, vergezeld van een bijzonder memorandum, geteekend door generaal BULLER, met de bijvoeging van zijne hand: „geheim houden;" voorts een geheim rapport met betrekking tot den weg, die de stelling van den Langnek beheerscht, alsmede een geheime portefeuille, behelzende militaire schetsen van verschillende routes voor een inval in de Transvaal en in den Vrijstaat. Deze laatste portefeuille met haar inhoud dagteekende van 1896, en werd onmiddellijk na den JAMESON-inval opgemaakt. De Vrijstaters en de Transvalers konden uit deze merkwaardige stukken zien, hoe reeds drie jaar geleden tot den ondergang der *beide* Republieken was besloten, en zoo er nog iets was noodig geweest, om het verbond tusschen beide Staten vast en onverbreekbaar saam te klinken, dan zouden het deze Engelsche documenten hebben gedaan.

't Is geen wonder, dat generaal YULE er oud van geworden is.

Terugtocht van Generaal YULE's colonne naar Ladysmith, van
Zondag- op Maandagnacht, 22/23 October 1899.

Had hij al zijn kanonnen aan de Boeren kunnen inruilen tegen deze achtergelaten documenten, dan had hij aan zijn Regeering heel wat verdriet bespaard.

Intusschen namen de Boeren met groote oogen de officierstenten op. Zij stonden verstomd van al die weelde. Zelfs de vingerkommetjes waren niet vergeten. Ook vonden zij in het kamp nog een aantal soldatenbrieven, die bij de vlucht achter waren gebleven, en een uittreksel uit één dezer brieven vinde hier als een staaltje van Engelsche opvattingen zijn plaats: „Wij zijn tweemaal door de Boeren onder vuur genomen, en wij vielen hen tweemaal aan, en dreven hen terug, waarbij wij er een grooten hoop afmaakten. Wij hadden vanmorgen een mooie toespraak van onzen generaal, waarin hij ons zeide, niet één van de Boeren te moeten sparen, en hen te behandelen als onbeschaamde rebellen. Ofschoon zij blanken zijn, zweren zij, dat zij op het Roode Kruis zullen vuren, dat, zooals gij weet, het hospitaal is. Zij zweren de vrouwen en de kinderen te zullen dooden, wat geen beschaafde natie in een oorlog zou doen. Stuur op de troepen van Engeland — stuur op! Wij zullen ze met vreugde begroeten. Ik ben blijde, dat de oorlog verklaard is, daar dit weer een land aan Engeland zal geven, en onder het bereik der beschaving zal worden gebracht. Er wordt ons zooeven rum uitgedeeld, wat al onze jongens erg waardeerden, en wat ons opwarmde. Natuurlijk zijn wij daardoor allen gelukkig, want wat is het soldatenleven zonder rum!"

Er waren echter onder die rum- en brandewijndrinkende soldaten nog wel eenige nuchtere lui, die zich over de bloeddorstigheid der Boeren niet erg bezorgd maakten. Zoo was er bij Dundee een soldaat, die zich gevangen gaf. Hij strekte heel joviaal zijn hand uit, en zeide tot zijn overwinnaar: „Geef mij de hand, baas — God zij dank, dat ik uit de knoei ben!"

De buit was groot, maar toch nog grooter dan men vermoedde. Zoo ontdekten de Boeren versch gedolven graven, die hun argwaan wekten, daar al de opschriften blijkbaar door dezelfde hand waren geschreven. Zij openden de graven. „Staat op uit uw graven!" riepen zij lachend, terwijl zij de weggemoffelde ammunitie in bezit namen.

In de nabijheid van Dundee bevinden zich de rijkste steenkolenmijnen van Afrika, die Zuid-Afrika en de Engelsche oorlogsschepen, in de Afrikaansche wateren kruisend, voor een groot deel van brandstoffen voorzien. Bij de nadering der Transvalers gingen de honderden mijnwerkers aan den haal, en zonder dat het hun een druppel bloed had gekost, legden de Boeren beslag op de mijnen.

De Engelsche gewonden, in Dundee achtergebleven, zagen intusschen met grooten angst de nadering van den vijand te gemoet. Het was den soldaten zoo dikwijls en zoo krachtig op het gemoed gedrukt, dat de Boeren domme en wreede barbaren waren, dat zij het op weinige uitzonderingen na ook geloofden. De gewonden durfden dan ook in het begin niets van hun vijanden aannemen: spijs noch drank. Het water was immers besmet, en het voedsel vergiftigd! Slechts van lieverlede is dat wantrouwen geweken, toen de gewonden en zieken met verbazing ontdekten, dat de Boeren geen kwaad met kwaad wilden vergelden. Neen, de Engelschen zijn het wel anders gewaar geworden, en dezelfde Boeren, die, achter hun kopjes en heuvelen verscholen, met al de grimmigheid van hun toorn de Rooineks neerschoten, gingen later als barmhartige Samaritanen over het slagveld rond, de gewonden helpend en de dorstigen lavend. . . .

Bij zijn gewonde soldaten vonden de Boeren generaal SYMONS. Een telegram van zijn vrouw lag naast hem. Zij wenschte hem geluk met zijn bevordering en zijn overwinning. Hij was immers de overwinnaar van Talana-heuvel! Maar het klonk dan toch als een harde en bittere spot, dat zijn zegevierend leger op de vlucht was geslagen, en hij, de opperbevelhebber, hulpeloos was achtergelaten. Generaal SYMONS lag te luisteren, en op dat ingezonken gelaat was duidelijk het hartzeer te lezen en de zielepijn. Want wat hij hoorde, was niet de regelmatige pas van zijn zegevierende bataljons, maar de hoefslag van het snelle Boerenpaard, en in plaats van het Engelsche volkslied klonk het Transvaalsche vlaggelied luid en krachtig door de verlaten straten van Dundee.

Maar zijn dagen, zijn uren waren geteld, en op den stillen doodenakker bij de kerk van Dundeé heeft deze Engelsche generaal een laatste rustplaats gevonden. Hij bereikte den ouderdom van 56 jaar en had zich in verschillende veldtochten met roem onderscheiden. 't Was wel opmerkelijk: de *laatste* slag van den vrijheidsoorlog van 1880/81 kostte aan een Engelschen generaal (generaal COLLEY) het leven, en de *eerste* slag van dezen nieuwen oorlog, die den smaad van den vrijheidsoorlog moest uitwisschen, kostte aan een anderen Engelschen generaal het leven.

Slechts eenige dokters van het Roode Kruis vormden den lijkstoet. Geen eeresaluut werd gelost; geen trom heeft geroffeld.

In de verlaten woningen te Dundee zag het er treurig uit. Alles getuigde van een overhaaste vlucht. Kleeren, boeken, borstels, schoenen lagen in hopelooze wanorde over den grond geworpen. Glasruiten waren gebroken; deuren verwrongen. In een kamer vonden de Boeren een geopende kast; de scherven bedekten den grond, en een paar stoelen lagen het onderst boven. Bloedsporen liepen door het vertrek, en op het bed lag de helm van een Engelschen infanterist. Er was een klein gaatje in; om den rand dezer opening liepen zware bloedvlekken. De Mauserkogel had hier zijn vreeselijk werk verricht. Aan de zoldering hing een kooi, waarin een zangvogel zat. Hij zong onbezorgd zijn vroolijkste deuntjes, maar de omringende ellende kwam er te schriller door uit.

Ik zal niet beweren, dat alle Boeren heiligen zijn. Er waren er, die in de gesloten winkels doordrongen, en medenamen, wat van hun gading was. „Hullie hed den oorlog begon," zeiden deze Boeren, „hullie zal daarvoor ook betaal, en ons zal daarom nie wach nie, om te neem, wat ons noodig hed." Maar de aanvoerders der Boeren hielden er toch een andere zienswijze op na, en zij duldden geen plundering. Eenige betreurenswaardige, nooit te voorkomen uitspattingen uitgezonderd, is de tucht dan ook voorbeeldig gehandhaafd. Trouwens, den inwoners van Dundee is geen haar gekrenkt, zooals zij later zelven met dankbaarheid hebben erkend.

Zoo was dan YULE met zijn leger gevlucht, en een rijke voorraad in de handen der overwinnaars gevallen. Daarmede was echter het hoofddoel, YULE „op te keeren" en in te sluiten, toch nog niet bereikt. Maar generaal KOCK was immers in de passen van de Biggarsbergen? Hij behoefde immers maar een flankbeweging uit te voeren, om YULE's afgebeulde bataljons op te vangen en terug te jagen? Zoo waren de overwinnaars van Dundee vol goeden moed, doch zij stonden wel wat vreemd te kijken bij de tijding, dat generaal KOCK de passen der Biggarsbergen had verlaten, en met een snelle beweging was doorgetrokken naar Elandslaagte. Later op den dag kwamen er vage, onbestemde geruchten, dat generaal KOCK op de geheele strijdmacht van generaal WHITE was gestooten en een ongeluk had gekregen. Er kwamen nieuwe berichten; zij werden al ernstiger; zij werden onrustbarend. Generaal KOCK was zwaar gewond in de handen van den vijand gevallen, zijn onderbevelhebbers gesneuveld, zijn geheele leger in de pan gehakt. Het overschot was naar New-Castle gevlucht. De overwinningsvreugde der Boeren werd door deze onheilspellende berichten zeer getemperd, en met groote spanning werden nadere tijdingen te gemoet gezien.

Wat was er dan toch gebeurd?

De Slag van Elandslaagte.

WAT was er gebeurd?

In de nabijheid der Biggarsbergen, aan hun noordelijken voet, hebben wij de kommando's achtergelaten van generaal KOCK. De manschappen hadden een korte, maar verfrisschende rust genoten, toen het sein tot opzadelen werd geblazen, en te zes uur in den morgen werd de marsch hervat. Drie en een half uur werd nu doorgereden, waarna bij Alcocksspruit, waar de wagenweg de

Begraafplaats te Dundee, waar Generaal SYMONS begraven ligt.

spoorbaan kruist, werd halt gehouden. Men stond nu aan den ingang van de passen der Biggarsbergen, en generaal Kock zond eenige patrouilles uit, om ze te verkennen. Er werd niets verdachts ontdekt, en om twee uur 's namiddags werd de tocht voortgezet tot zonsondergang. Er zou nu rust worden gehouden tot den volgenden morgen, en het kamp werd opgeslagen op een plek, die wel van water, doch schaarsch van gras was voorzien. Den volgenden morgen zag de opkomende zon de colonne opnieuw op marsch, en na een tocht van drie uren werd er afgezadeld aan de zuidelijke zijde der Biggarsbergen. Het Johannesburger kommando trok nu als voorhoede spoedig verder en bereikte vroeg in den namiddag op eenigen afstand van het station van Elandslaagte de spoorbaan. Deze spoorbaan verbindt Ladysmith met Dundee, en vormde dus de verbindingslijn tusschen het leger van generaal White en dat van generaal Symons. Het was zaak, om deze lijn ten spoedigste op te breken, doch juist reed een trein, bestemd voor Dundee, het station binnen. Op dezen trein maakten de Johannesburgers jacht, maar het gelukte hun niet hem te bemachtigen. Er werden eenige schoten gewisseld, waarbij een Boer een vleeschwond opliep in zijn been, en een paard der Boeren werd doodgeschoten, terwijl de trein snel wegstoomde en verdween achter de heuvelen. De spoorbaan werd nu snel opgebroken, en de Boeren waren verlangend naar een volgenden trein. Het liep hun mee. De witte stoompluim eener locomotief werd zichtbaar in de verte, en van de Johannesburgers legden zich 50 manschappen, na het spoorsein op „onveilig" te hebben gezet, met den vinger aan den trekker van hun Mausergeweer, aan weerszijden der baan in hinderlaag. Zij behoefden niet lang te wachten; de trein stopte en was spoedig genomen. Het was een mooie vangst. De trein bestond uit vijf goederenwagons, geladen met slachtvee, kleeren, schoeisels, zadels, whiskey, rum, paardenvoer en meel. Ook vier Engelsche reizigers, namelijk een photograaf, een oorlogscorrespondent en twee kooplui, in den trein aanwezig, werden gevangengenomen. Van de buitgemaakte goederen werd een inventaris opgemaakt, terwijl de whiskey en de rum werden vernietigd.

Het was de trein, die om halféén uit Ladysmith was vertrokken, en de goederen waren voor het leger van generaal Symons bestemd geweest. Het bericht van de aanhouding van den trein werd in Ladysmith het eerst bekend door een telegram van den stationschef te Elandslaagte. Hij seinde: „Ik hoor, dat de Boeren de lijn dicht genaderd zijn — wat moet ik doen?" „Laat den trein met volle kracht doorstoomen," was het antwoord. Dat gebeurde, maar kort daarop kwam er weer een telegram van den stationschef: „De trein stopt .... de Boeren geven vuur — wat moet ik doen? Moet ik heengaan?" Het antwoord luidde bevestigend.

Het ging er dien avond, Donderdagavond, vroolijk langs bij de Johannesburgers. De veldkornet had zijn tent opgeslagen in een verlaten

Veldkornet.
Johannesburger Commando op weg naar Elandslaagte.

woning, die nog getuigde van de welvaart der gevluchte bewoners, en een groep ruwe, doch goedhartige kerels, manschappen van het Johannesburger-kommando, liepen af en aan. Velen hunner waren slechts gekleed in broek en hemd met bonte dassen, maar zij hadden zich naar hartelust opgesierd met buitgemaakte Engelsche uniformen. De een had zich een officierspet opgezet, de ander een helm, terwijl een derde een lange cavalerie-sabel aan zijn zijde voortsleepte. Intusschen zat de veldkornet, met het geweer over den schouder het orgel te bespelen, en vroolijk en krachtig klonk uit vele kelen het Transvaalsche volkslied.

Rapportgangers brachten aan generaal KOCK de tijding van den bemachtigden trein, en hem werd dringend verzocht, met het overige van zijn leger onmiddellijk op te rukken. Men vreesde, dat van uit Ladysmith een krachtige poging zou worden gedaan, om den trein te heroveren, en om dit te voorkomen, hadden de Johannesburgers versterking noodig. KOCK was een man, die verstand had van den oorlog, en hij aarzelde, om aan het verzoek te voldoen. Hij had hier, aan den zuidelijken voet der Biggarsbergen, een uitnemende stelling, en een goed krijgsmansbeleid eischte, om eerst te wachten op de nadering van andere kommando's, die uit de richting van Dundee spoedig genoeg zouden komen, alvorens één stap voorwaarts te doen. Generaal KOCK had dus een goede reden voor zijn aarzeling, en rukte hij thans op, dan had hij bij een mogelijken tegenspoed geen kommando in den rug, dat hem steunen kon. Maar het verzoek was zoo dringend, en men schilderde hem de stellingen, die door de Boeren bij Elandslaagte konden worden bezet, als zoo prachtig, dat hij zijn huivering overwon, en bevel gaf tot een tocht, die wel stoutmoedig, maar niet verstandig bleek.

Er werd met het gros van het leger onmiddellijk opgerukt en doorgetrokken tot lang na zonsondergang, totdat duisternis en regen tot stilstand dwongen. De nacht van Donderdag op Vrijdag was treurig. Er waren geen tenten; de regen viel koud en kletterend neder, en brandhout tot het maken van wachtvuren was moeilijk te vinden. De manschappen wierpen zich neder op den natten grond en bedekten zich met hun lange regenjassen, maar al bleven zij van boven droog, het water liep langs de jassen af, en maakte de plekken, waar de Boeren zich hadden neergelegd, tot ware modderpoelen. Het duurde dan ook niet lang, of de sliknatte mannen stonden op uit hun vochtige slaapplaatsen en drentelden op en neder, om zich te verwarmen. Te één uur in den morgen werd in alle stilte opgezadeld, en voort ging het in den regen. Om zeven uur werd het station van Elandslaagte bereikt, en de Hollandsche Vrijwilligers werden ingekwartierd in twee woningen, in gebruik geweest bij het stationspersoneel. Dat was een verademing voor de afgebeulde manschappen!

Het inladen van paarden door de Boeren te Johannesburg.

Groote vuren werden aangelegd, aardappelen gekookt, schapevleesch gebraden, en spoedig zaten de verkleumde Hollanders als koningen te smullen aan een rijkvoorzienen disch. De geleden ontberingen waren nu spoedig vergeten en menig schertswoord kruidde den disch.

Aan Dr. Coster[1]) wèrd opgedragen, om met 10 manschappen de spoorlijn verder op te breken, en des middags van den tocht teruggekeerd, rapporteerde hij, de rails op drie plekken verwijderd te hebben. Maar het verblijf bij het station stond den generaal niet aan; het terrein was hem te vlak, en het Hollandsche kommando verplaatste zich naar een kop of berg, die ongeveer 3 kilometers van het station was verwijderd. Aan den voet van dezen berg sloegen de Hollanders hun bivak op, terwijl een tent, in het station gevonden, werd opgeslagen tegen den muur eener veekraal. Deze tent was bestemd voor Jan Lombaard, kommandant der Hollanders.

C. G. DE JONGE[2]) betrok gedurende den nacht met eenige manschappen de brandwacht[3]), die op den gebruikelijken afstand, een half uur gaans van het kommando, boven op den top van een heuvel werd geposteerd, terwijl met het licht van seinlantaarnen, dat geheimzinnig kwam en verdween, de verbinding werd onderhouden met de brandwachten der andere kommando's. Tegen den morgen rukte DE JONGE met zijn brandwacht in, rapporteerende, dat alles rustig was. Hij huiverde van de koude; het was een gure, sombere morgen, deze laatste morgen van zijn leven.

Er was weinig voedsel te vinden voor de paarden; het veld was dor en kaal. Zoo besloten de Hollandsche vrijwilligers, een wagen naar Elandslaagte te zenden, naar het station, om havergarven op te laden uit den buitgemaakten trein. Het dorp Elandslaagte was niet ver af; de blauwe daken der huizen waren duidelijk zichtbaar, en tusschen het frissche, groene zomerloover stond het station. Er werden zes sterke ossen voor den wagen gespannen, en het station was spoedig bereikt. Men dacht aan geen vijand, maar in de verte, in de richting van Ladysmith, zag men met verwondering de grijze rookpluimen van een naderenden trein. Het was een gepantserde trein, bezet door een afdeeling scherpschutters; de locomotief en de wagens waren door leikleurige

---

[1]) Gewezen Staatsprocureur der Zuid-Afrikaansche Republiek.

[2]) C. G. DE JONGE, een Nederlander, was kortgeleden ontslagen door den Eersten Volksraad der Zuid-Afrikaansche Republiek als Secretaris bij het Departement van Onderwijs, omdat hij volgens de meening van de meerderheid van dien Raad — tot het ontslag was met 13 tegen 12 stemmen besloten — te krachtig tegen het gebruik der Engelsche taal was opgetreden. Men meende, dat hij als beambte van den staat zich buiten zulke zaken behoorde te houden. De Regeering echter, die den hoogst bekwamen ambtenaar slechts noode wilde missen, had aan het besluit van den Eersten Volksraad nog geen gevolg gegeven.

[3]) Veldwacht.

staalplaten voor vijandelijk geweervuur beschut. De trein telde drie goederenwagens; de locomotief stond tusschen den voorsten en den middelsten in, terwijl de achterste wagen, een open wagen, bewapend was met een Maximkanon. Aan den linkerkant van dezen trein bewogen zich, op den gewonen weg van Ladysmith naar Elandslaagte, (een afstand van 17 mijlen), colonnen cavalerie en artillerie onder aanvoering van den cavalerie-generaal FRENCH. Hij was in den nacht op pad gegaan, om de stellingen der Boeren te verkennen, en onbemerkt tot op 1000 meter afstands van het station genaderd liet hij halt houden, om onmiddellijk de kanonnen in stelling te brengen.

Generaal FRENCH.

Bijna op hetzelfde oogenblik, dat de Hollanders den stoom van den gepantserden trein zagen, viel het eerste Engelsche kanonschot. Toen was het 's morgens halfacht. Dat eerste schot trof doel; het boorde door de goederenloods heen, en kwam in den ambulance-wagen terecht. Doch dit scheen niet opzettelijk te zijn geschied, want er werd niet meer in die richting gevuurd. Het tweede schot werd gevuurd op het open veld, in de richting van het Hollandsche kamp. Waarschijnlijk trok de tent van kommandant LOMBAARD de aandacht, en 25 meter vóór die tent sloeg de granaat in den grond. Doch deze granaat ontplofte evenmin als de eerste, terwijl de derde granaat, op eenigen afstand achter LOMBAARD's tent terecht gekomen, wel ontplofte, doch niemand raakte.

De Engelsche artillerie, die zoo plotseling haar krachtige stem liet hooren, veroorzaakte natuurlijk een geduchte opschudding. De kar met de havergarven werd in den steek gelaten; de trolleys gingen in gestrekten draf door naar het hoofdlager van generaal KOCK, en zij, die paarden hadden, zadelden op, en zochten verdekte stellingen. Zij konden echter met hun Mausergeweren de vijandelijke batterij niet bereiken, en zij verwachtten, dat de twee kanonnen, die in het Boerenlager waren [1]), hun taak zouden overnemen.

Zij behoefden niet lang te wachten. Een korte lichtstraal — een luide, daverende knal — en daar ging de eerste granaat uit het Boerengeschut. Het was een meesterlijk schot; het viel, een grooten boog beschrijvende, met bewonderenswaardige nauwkeurigheid in het midden der Engelsche

---

[1]) Deze twee vuurmonden waren drie jaar geleden op JAMESON buit gemaakt.

9

batterij, en dat deze granaat niet ontplofte, konden de artilleristen niet helpen. Bom op bom viel nu in de Engelsche batterij; de disselboom van een ammunitiewagen werd verbrijzeld en een paard stortte dood tegen den grond. Generaal FRENCH begreep, dat zijn zevenponders tegen dat vuur niet bestand waren; hij moest retireeren, en ook de gepantserde trein, waarop nu het vuur der Boeren begon te spelen, stoomde snel terug. De Engelschen verdwenen achter de heuvelen, om drie mijlen verder, bij het station Modderspruit, voorloopig halt te houden.

De Johannesburgers onder veldkornet PIENAAR en de Hollanders kregen nu in last, om voeling te zoeken met den vijand, en spoedig zag men onze ruiters in kleine, vèr uitgespreide groepen over de heuvels zwerven. Van kop tot kop trekkende, bereikten zij ten slotte een hoogen bergrand, van waar zij een uitstekend gezicht kregen op den vijand. Men zag op de spoorbaan drie treinen, en de ontsnappende stoom gaf een goed mikpunt. Maar de afstand was voor de Boerenkanonnen te groot; er werden eenige schoten gelost, die zonder uitwerking bleven. Ten overvloede sloten de Engelschen den stoom af, en men zag infanterie-afdeelingen naast de spoorbaan zich ontplooien. De verkenningstroepen keerden terug, en terwijl de Johannesburgers onder veldkornet PIENAAR als voorposten achterbleven, haastten de Hollanders zich, om weer in het kamp te komen. Het was nu twaalf uur, en men hoopte op de komst van de twee wagens met kampbenoodigdheden, die van uit Volksrust zouden worden nagezonden. Eigenlijk hadden er die transportwagens reeds moeten zijn, en er was reden tot ongerustheid, daar de bedekking slechts uit 12 manschappen bestond: 6 ruiters en 6 voetgangers. Te aangenamer was voor de terugkeerende ruiters de tijding, dat de wagens waren aangekomen. Zij waren volgeladen met levensmiddelen, tenten, ververschingen enzoovoorts, doch alvorens men aan het uitpakken kon gaan, moesten de noodige voorzorgsmaatregelen worden genomen. Het kamp werd verplaatst naar den anderen kant eener hoogte, om het meer aan het gezicht te onttrekken, en hier werden de meegekomen tenten gespannen. Het nieuwe kamp was spoedig gereed, en nu ging men aan het uitpakken van kisten, koffers en zakken. Er was van alles: koffie, meel, suiker, rijst, en de post had de laatste mailbrieven meegegeven. Ieder ontving zijn deel. Dr. COSTER had van zijn vrouw een grooten koffer met allerlei levensmiddelen ontvangen, en terwijl hij met gulle hand uitdeelde van den grooten voorraad, was hij wàt in zijn schik. Er werd koffie en thee gezet, een maal van verduurzaamd vleesch genuttigd, en verscheiden Hollanders zochten een stil plekje op, om, met den rug geleund tegen een klipsteen, de laatste brieven van huis te lezen. Er heerschte een prettige, gezellige, opgewekte stemming, maar voordat het avond was, zouden deze moedig kloppende harten al de verschrikkingen eener nederlaag hebben geproefd.

Na Elandslaagte.
Het vervoeren van Engelsche gewonden naar Ladysmith

Generaal WHITE.

Indien de Boerenaanvoerders in den waan mochten verkeeren, dat zij op dezen dag geen Engelschen aanval meer te duchten zouden hebben, dan vergisten zij zich schromelijk. Er was generaal FRENCH zeer veel aan gelegen, om de verbroken gemeenschap met Dundee te herstellen, en daar hij vermoedde, dat de Vrijstaters, van uit het zuidwesten voortrukkend, zich spoedig met het leger van generaal KOCK zouden vereenigen, wilde hij dit leger slaan, terwijl het nog zwak en zonder steun was. Het telde niet meer dan 700 [1] manschappen. Hij seinde daarom onverwijld om versterkingen, en de opperbevelhebber, generaal WHITE, haastte zich, aan dat verzoek te voldoen. Te twee uur 's middags werden in eenige gepantserde treinen 2 bataljons infanterie, alsmede 2 batterijen veldstukken [2] en het 5de regiment lanciers aangevoerd. Generaal FRENCH kon nu, zijn troepen van hedenmorgen medegeteld, beschikken over 3000 man infanterie met 18 kanonnen, ongerekend de cavalerie. Hij voelde zich thans sterk genoeg, om den slag te wagen, al hadden eenige aangekomen vluchtelingen in hun gejaagdheid de macht der Boeren ook op minstens 1100 man geschat. Trouwens, er waren nog nieuwe versterkingen onderweg, zoodat, toen de strijd in zijn volle hevigheid woedde, minsten 6000 Engelschen in het gevecht waren gewikkeld.

Een mijl ten noorden van het station Modderspruit stapte de infanterie uit de spoorwagens, rangschikte zich, en rukte in drie zwakke, ver uiteen getrokken gelederen voorwaarts. Zij waren gekleed in bruinachtige uniformen: de kleur der Afrikaansche rotsen en klippen, en voortrukkend, zou men hebben gewaand, dat drie grijs-bruine strepen langzaam voortgleden over het groene, golvende veld. Maar zonder twijfel, het waren soldaten; er zou gevochten worden, voordat het avond was.

---
[1] Waaronder 98 Hollanders, 60 Duitschers, 300 Johannesburgers en 85 Vrijstaters.
[2] Eén batterij telt 6 kanonnen.

Kommandant LOMBAARD was op een hoogte geklommen en had nauwelijks den top bereikt, toen hij reeds het bevel gaf, om op te zadelen en de gevechtsstelling in te nemen. De Hollanders wierpen zich snel in het zaâl, en joegen links uit, halt houdend achter een hoogen berg. De paarden werden achter dien berg gelaten, onder de hoede van eenige Hollanders en Kaffers, terwijl de anderen snel tegen den kop opklauterden. Zijn top leverde een goede dekking; hij was als bezaaid met zware klippen. Achter die klippen vlijden zich de Hollanders neêr; de scherpe patroon werd in het slot van het Mausergeweer geschoven, en de harten der strijders klopten sneller. Zij zouden heden den vuurdoop ontvangen in den heiligen strijd voor vrijheid en recht.

Men kon door de veldkijkers nu duidelijk de bewegingen van den vijand waarnemen. Ten oosten van die voortglijdende, grijs-bruine lijnen werd een donkere colonne zichtbaar, die zich snel voortbewoog. Het was de Engelsche Lichte Ruiterij, waarbij vele ontevreden Uitlanders uit Johannesburg hadden dienst genomen. Zij joegen over het veld, om de voorste heuvelen om te trekken. Achter deze lagen de voorposten der Boeren, de Johannesburgers, die in de steenovens van Johannesburg werkten, en niet tot de eigenlijke Boeren kunnen worden gerekend. Met de Boerenmanier van vechten waren zij dan ook niet op de hoogte, en zij trokken zich terug tusschen de rotsen ten oosten van de hoofdstelling der Boeren. Deze hoofdstelling bestond uit een reeks hooge kopjes, gekroond met tallooze roodbruine rotsblokken, die er in de verte uitzagen als de tanden eener reusachtige zaag. Hier stond generaal KOCK, en hier heeft hij het met een klein getal getrouwen onversaagd en onverschrokken uitgehouden onder het vreeselijk vuur van den vijand, den eerenaam verdienende, dien men hem later heeft gegeven: „De leeuw van Elandslaagte."

De Engelsche artillerie opende het gevecht, maar de twee kanonnen der Boeren gaven wakker antwoord en schoten met verderfbrengende kracht. Twintig minuten hielden zij het uit; toen werd een der kanonnen door het vuur van den vijand vernield. Het ontzettend vijandelijk granaatvuur joeg de Boerenartilleristen van hun kanonnen, maar nauwelijks had het artillerievuur der Engelschen een andere richting genomen, of zij sprongen met doodsverachting opnieuw achter het nog gave stuk [1]). Driemaal werd het tot zwijgen gebracht, en driemaal opende het op nieuw het vuur. Toen verstomde het.

Het artillerievuur der Engelschen overstelpte intusschen de door de Boeren bezette heuvelen met een hagel van kartetsen en bommen. Het was een vreeselijke, overweldigende, helsche muziek. Op een afstand van

---

[1]) Een der Engelsche bladen deelde later mede, dat acht Boerenartilleristen in edele zelfopoffering uit hun veiligen schuilhoek te voorschijn sprongen, en hun kanon opnieuw bedienden, om het vijandelijk vuur tot zich te trekken. De eerste Engelsche bom doodde zeven hunner...

1300 meter begonnen de Engelsche Maxims te werken, en tusschen het geknetter der Maxims dreunden de harde slagen van het zwaar geschut, sisten de kartetsen en gonsden de Lee-Metford [1])-kogels. De Boerenkommando's lagen intusschen stil achter hun klippen, die door het Engelsche vuur werden gebeukt, terwijl de Boeren met afspringende steen en gruizel werden bedekt. Maar nu was het oogenblik eindelijk gekomen, dat zij hun wapens konden gebruiken, en van achter de klippen kwam de zweepslagachtige knal van het Mausergeweer.

Het was vier uur; in het oosten, boven de Biggarsbergen, hingen zware wolken. De Engelsche artillerie beschoot met ontzettende kracht de stellingen der Boeren, en de infanterie ging nu over tot de bestorming der eerste verschansingen. Zij spreidden zich wijd uit, om aan de Mauserkogels te ontsnappen, en namen den eersten heuvelrug. Snel daalden zij van de kopjes neer, om een volgenden heuvel te nemen, de leliën vertrappend, die vriendelijk schitterden tusschen het frissche groen van het veld.

Nog altijd hoopte generaal Kock den schok van den vijand te kunnen weerstaan, maar onder een deel der Johannesburgers ontstond een paniek. Zij twijfelden aan de overwinning, en tevergeefs smeekten hun veldkornetten, om stand te houden. De schrik zat er in; zij zochten hun paarden op en vluchtten. Nu was de hoop op overwinning vervlogen, en de achterblijvenden kregen het volle vuur van den vijand. De donkere wolken der Biggarsbergen dreven nader en vormden den dreigenden achtergrond, waartegen het matte licht der berstende granaten telkens uitkwam.

Plotseling verscheen een witte vlag boven de stelling der Boeren, maar Dr. Coster rukte ze omlaag. „Liever sterven!" riep hij, en het heldenlied van Leonidas en zijn leeuwen werd hier uitgestreden tot aan het bittere einde. Achter de klippen wegduikend, lagen de Hollandsche vrijwilligers, met grimmige hardnekkigheid tot het laatste standhoudend. Ach, er stroomde edel bloed! Kolonel Schiel galoppeerde aan de spits van zijn ruiters naar den linkervleugel der Boerenstelling, die vreeselijk benard werd door het Engelsche vuur, en stortte zwaar gewond van zijn paard, voordat zijn mannen een schot hadden gelost. Graaf Zeppelin [2]) had niets in zijn hand dan een rijzweep, waarmee hij, om zijn kameraden tijd tot vluchten te geven, de aanstormende infanterie in het gezicht sloeg. Door vier, zes bajonetsteken te gelijk getroffen, zeeg hij stervend neer. Generaal Kock, de edele, moedige grijsaard, stond niet meer op het kopje, maar was neergevallen, den rotsgrond kleurend met zijn heldenbloed.

---

[1]) De Engelsche infanterie is bewapend met Lee-Metford-geweren, die in verschillende opzichten onderdoen voor de Mausergeweren der Boeren.

[2]) Hij was de broederszoon van dien graaf Zeppelin, die zich bij het begin van den Fransch-Duitschen oorlog door zijn stouten verkenningstocht naar de Vogezen een historischen naam verwierf.

De strijd bereikte nu zijn hoogtepunt, maar het scheen, dat de hemel de woede en de razernij der menschenkinderen wilde blusschen in een stroom van regen. De wolken openden haar sluizen en het stortregende. Maar die woede en die razernij waren niet uit te blusschen, en onweerstaanbaar drongen de Engelschen voorwaarts: heuvel op, heuvel af. Doch tweemaal aarzelden zij onder het moorddadig geweervuur der Boeren, en terwijl de officieren werden weggeschoten als boschduiven, lieten de Engelschen een ontzettend spoor van bloed en ellende achter zich.

Zoo kwam de laatste stormloop, maar Dr. Coster heeft hem niet meer beleefd. „Liever sterven!" had hij immers gezegd, en hij is gestorven, gevallen als een held in den strijd voor vrijheid, waarheid en recht! In hem sprak de nationale geest, die De Ruyter naar de Theems dreef, en het hart der Trompen sneller deed kloppen. Een kogel doorboorde zijn hoofd, en maakte een einde aan een leven, dat nog zooveel beloofde. Ach, *vele* kostbare levens werden afgesneden. Maar in dit door Nederlanders en Boeren bij Elandslaagte gemeenschappelijk vergoten bloed is de band sterk en onverbreekbaar gelegd, die het jonge Afrika bindt aan het oude Holland.

De schemering begon te vallen, terwijl de Engelschen hun laatsten stormloop deden: de Gordon Hooglanders en de Manchesters op de flanken, de Devons in het midden. De Engelsche hoorns bliezen tot den aanval, en de eene hoornblazer nam het sein over van den ander. Juichend, gillend, schreeuwend, sprong de infanterie over de klippen. In het schemerlicht glansden tusschen de rotsblokken de opgestoken bajonetten, maar met groote vastberadenheid hielden de Boeren in hun laatste schansen stand. De dood hield een rijken oogst. Hier sprong een soldaat recht omhoog als een steigerend hert, dat het doodelijk schot voelt, midden in de borst; ginds greep een ander met de handen boven zijn hoofd, tastend naar een onzichtbaren steun, waaraan hij zich zou kunnen vasthouden, terwijl een derde, als door den bliksem getroffen, achterover sloeg, met het hoofd tegen de harde klippen. „Denkt aan den Amajuba!" riep een officier, zijn bataljon vooruitstormend. Hij viel. Bijna al de officieren vielen. Maar boven het gekerm en de stervenskreten uit klonk het signaal tot den aanval nog eens en nog eens, totdat plotseling het gejuich der Hooglanders weerklonk, en de pijpers speelden. De stelling was genomen. Het was nu halfzeven. Wat vluchten kon, vluchtte, en de twee kanonnen werden achtergelaten.

't Was een ontzettende, vreeselijke vlucht. De dragonders en de lanciers reden driemaal door de vluchtelingen heen en er werden vele gruwelen bedreven. „Roeit het ongedierte uit!", riepen de lanciers lachend, terwijl zij de vluchtelingen, waaronder vele huisvaders, aan hun lansen regen. Een jongen van veertien jaar (trompetter) doodde drie vluchtende Boeren en was de held van den dag. De jongen is later krankzinnig geworden — 't is geen wonder!

Uit den slag
De slachting door het 3de eskadron 5de

Elandslaagte.
heut Lanciers onder de Boeren gehouden.

Een jonge Nederlander [1]) werd door een lancier gewond. Hij wierp zijn geweer weg, stak zijn handen omhoog en gaf zich over. Hem werd bevolen, vooruit te loopen en naar links te draaien. Hij deed dit niet vlug genoeg naar het oordeel van den officier, die den revolver op hem richtte en hem doodelijk trof. Hij overleed dienzelfden avond in het hospitaal. Ook de reeds vroeger genoemde DE JONGE smeekte om zijn leven. Het mocht niet baten. Men vond aan het lijk vier doodelijke wonden: een sabelhouw, die den schedel had gekloofd, een schot door het hoofd, een ander schot door de borst en een lanssteek ter hoogte van de borst dwars door het lichaam. Een andere persoon [2]) verklaarde later, dat hij, gewond neergezegen zijnde, een lanssteek ontving met den toeroep: „Sterf, smeerlap!" De gewonden werden beroofd; de dooden geplunderd. De lanciers hebben getoond, dat zij helden waren in rooven en moorden — de Boeren noemen hen na dien noodlottigen Zaterdag de moordenaren van Elandslaagte. Het 5de regiment lanciers heeft dien naam verdiend. [3])

Maar God gedoogde niet de vernietiging van het Boerenleger. Hij zond een zwaren mist, en de meesten ontkwamen.

Om echter een beeld te geven van den avontuurlijken en gevaarlijken tocht, dien vele vluchtelingen moesten maken, voordat zij behouden waren, deelen wij aan de hand van een schrijven van een Hollandschen vrijwilliger, Dr. J. C. KAKEBEEKE, diens belangwekkenden tocht mede. Hij hield zich tusschen de klippen schuil, totdat het volslagen duister was. De zware opkomende mist was hem daarbij zeer welkom, en hij was zoo voorspoedig, een gezadeld paard te vinden, terwijl zijn eigen paard was doodgeschoten. Doch nauwelijks zat hij in het zaal, toen een Boer om het paard verzocht voor een zwaargewonde in de nabijheid. Dr. KAKEBEEKE gaf het paard, maar de Engelschen waren in aantocht. Zoo vluchtte hij in een modderpoel, alwaar nog vier Boeren zich schuil hielden. Het gevaar ging voorbij, en

---

[1]) I. A. LEPELTAK KIEFT.   [2]) OTTO.

[3]) Wij geven hier eenige bijzonderheden, medegedeeld door den heer STEAD, den bekenden redacteur van de *Review of Reviews*.

a. Geen kwartier gegeven. De soldaat THOMAS DOLAN, van het vijfde regiment Lanciers, schreef uit het kamp bij Ladysmith in een brief, gedateerd 23 October, aan zijn moeder te St.-Helens (Engeland) .... „Zoodra zij (de Boeren) de lansen zagen, wierpen zij hunne geweren en ammunitie weg, roepende „Friends" (vrienden). Maar het was doelloos, zij hadden op het Roode Kruis geschoten (iets, dat niet waar was) en er werd geen kwartier gegeven!"

De soldaat F. WOLESEROP (no. 626) van het 2de bataljon Koninklijken, beschrijft dezen eersten slag aldus: „Toen wij de Boeren met onze bajonetten chargeerden, vielen zij, die niet weg konden komen, op hunne knieën, om genade smeekende. Ik kan zeggen, dat ze die kregen in den vorm van een genadeslag. (Uit de *Times* van 13 November).

b. Een Engelsch officier, wiens brief zonder een enkel woord van verwijt in de *Times* van 13 Nov. is opgenomen, beschrijft het vermoorden der Boeren als „pig-sticking" („pig-sticking" is jacht op wilde zwijnen, die te paard met een lans worden vervolgd om ze aldus te dooden). Ik geef hierbij het gedeelte uit zijn brief, waarin deze uitdrukking voorkomt en die jacht wordt beschreven:

Het aan land brengen te Durban van een gewonde, onder de bij Elandslaagte gevangen genomen Boeren.

de vluchteling sloeg den weg naar het noorden in. Tot vijfmaal toe was de vijand hem op het spoor, maar de duisternis was te dicht voor de vervolgers. Het was echter een bezwaarlijke vlucht, en elk oogenblik struikelde hij over de rondliggende klipstukken. Afgetobd van het snelle loopen kwam hij te middernacht bij een Kafferkraal aan; hij zocht een schuilplaats tusschen twee mieliezakken, en wachtte, blootgesteld aan regen en wind, den morgen af. De morgen kwam, terwijl Dr. KAKEBEEKE vier Zoeloe-kaffers zag naderen. Zij hadden oogenschijnlijk vijandige bedoelingen en maakten dreigende gebaren. Maar het Mausergeweer bracht hen tot rede, en de vluchteling nam een hunner tot gids aan. 't Was echter een verraderlijke gids, en toen Dr. KAKEBEEKE ontdekte, dat de Kaffer hem den weg naar het Engelsche kamp wilde opsturen, maakte hij bijtijds rechtsomkeert.

Na een tocht van twee uur ontmoette hij een gedeelte van het Duitsche Roode Kruis, dat hem een hartig maal verstrekte, waarop hij de reis naar het noorden voortzette, totdat hij twee Duitschers ontmoette. De eene was een ontsnapte krijgsgevangene en de andere had een karretje brieven bij zich uit Johannesburg. De brieven waren bestemd voor de manschappen van generaal KOCK, doch daar dit kommando was uiteen gespat, was de postiljon maar omgekeerd. Dr. KAKEBEEKE mocht medeijden onder voorwaarde, dat hij mee zou helpen de kar tegen de heuvelen op te duwen, en doodmoe kwam men 's avonds aan bij een Engelschen hotelhouder, die gelukkig geen familie was van de lanciers. Hij was inderdaad een barmhartig en medelijdend man, die den afgetobden vluchtelingen een uitstekend nachtverblijf verschafte. De heerlijke rust werd echter 's Maandagsmorgens 5 uur plotseling op ruwe wijze gestoord door vier Boeren, die binnenstoven met den uitroep: „Maak gauw, die Engelsman kom."
Dr. KAKEBEEKE vluchtte hals over kop met zijn kameraden, maar later bleek, dat het een valsch alarm was geweest. Het waren geen Engelschen,

---

...... Nadat wij de Boeren uit hunne stelling gedreven hadden, werd een van onze eskadrons afgezonden om ze te vervolgen. Zij slaagden er in, de Boeren tegen donker te achterhalen, en toen begon een heerlijke zwijnenjacht (pig-sticking), die ongeveer 10 minuten duurde. De vangst beliep ongeveer 60 stuks. Een van onze mannen, die twee Boeren op één paard zag wegrijden, joeg hen na, en doorboorde met één lansstoot beiden te gelijk. Ongelukkigerwijze viel de nacht in; anders zouden we er zeker veel meer gedood hebben.

De heer H. W NEVENSIN, oorlogscorrespondent van de *Daily Chronicle*, schrijft aan genoemd blad: „Een korporaal van de Dragonders, die de charge medemaakte, vertelde mij, dat de Boeren van hunne paarden gleden, en hunne hoofden met de armen bedekkende, om genade smeekten, vragende liever te worden doodgeschoten, dan te worden doorboord met de ontzettende lansen. Tevergeefs. Weinigen ontsnapten. „Wij maakten ze, zonder genade, af, terwijl ze aldus lagen." Dit waren de eigen woorden van den korporaal. Den volgenden morgen waren bijna alle lansen rood van het bloed.

Luitenant-kolonel DICK CUNNINGHAM van de Gordon Hooglanders — die, beter dan hij verdiende, op 6 Januari nabij Ladysmith den heldendood vond — toonde bij Elandslaagte denzelfden haat en dezelfde wraakzucht. Hoewel niet in staat zelf aan de slachting deel te nemen, vuurde hij zijn mannen aan, schreeuwende: „Valt aan! Roeit *dat ongedierte* uit!" bedoelende daarmede degenen, die om genade smeekten!

Na Elandslaagte.
Gevangen genomen Boeren op weg naar Pietermaritzburg.

maar vluchtende Boeren geweest. Dien avond bereikte de vluchteling doodvermoeid het station te Dannhauser, waar zijn lijden een einde nam. Hij werd uitstekend verzorgd en vertrok met den spoortrein naar New-Castle. Sommige Boeren hadden een bijna wonderbaarlijke ontsnapping. Zij wierpen zich bij de nadering der lanciers plat tegen den grond, zich liever bloot gevend aan de hoeven der paarden dan aan de lansen der moordenaren. De cavalerie ging over en naast hen als een dreunend onweer heen, en de vluchtelingen vonden later gelegenheid om weg te komen. Ja, er waren zelfs gevangenen, die nog wisten te ontkomen; speculatieve koppen, die van alles partij wisten te trekken. Zij trakteerden hun bewakers zoolang, totdat dezen totaal beschonken waren, en gingen dan aan den haal. Naar aanleiding van dit feit moet PAUL KRUGER eenige dagen later schertsend hebben gezegd: „Als de Hollanders er met het geweer niet meer door kunnen komen, dan doen zij het met de whiskeyflesch." De meeste gelukkig ontvluchtten trachtten Alcocksspruit te bereiken, van waar zij met den spoortrein werden vervoerd naar New-Castle. Telkens kwamen daar nieuwe vluchtelingen aan, die door de reeds aangekomenen met gejuich werden begroet en na al de doorgestane vermoeienissen en ontberingen op het beste werden onthaald.

Doch wij keeren terug naar het slagveld met zijn jammer en ellende. Een Boerenjongen lag daar; zijn ééne hand was tot flarden geschoten. Hij was stil; men hoorde hem zelfs niet klagen. Hij vroeg slechts om een doek, om zijn hand te verbinden. Een zwaar gewonde Boer, die, uitgeput door bloedverlies, zich niet van zijn plaats kon bewegen, verzocht een voorbijganger, om naar zijn zoon te zoeken. Onder een stapel dooden werd het lijk gevonden. Het was nog een kind. De stervende nam den jongen in zijn armen, drukte hem vast aan zijn hart en gaf den laatsten snik. Generaal KOCK lag zwaar gewond en eenzaam in het veld. Een Engelsche soldaat vond hem, ontnam hem zijn geld, zijn kostbaarheden, zijn kleeren en ging voldaan verder.[1]) Hij had het niet anders geleerd. Hij had dikwijls tegen de zwarten gevochten, en altijd de gewonden en de dooden beroofd — wat tegenover de zwarten niet verboden was, zou tegenover Boeren, barbaren, toch *zeker* geoorloofd zijn! Bijna naakt, slechts bedekt door een dunne deken, moest de generaal, liggende op een harde, natte matras, den kouden, regenachtigen nacht doorbrengen. *Niet* zijn wonden, maar de ergerlijke mishandelingen in dezen nacht hebben zijn dood veroorzaakt.

Stead deelt, onder het opschrift: *Hyena's van het slagveld*, ook nog het volgende mede: Aan boord van de „Sumatra", die Zaterdag l.l. Natal verliet voor de Kaap, zegt de *Natal Advertiser*, bevond zich de soldaat, die generaal KOCK te Elandslaagte gevangen nam, en hem 105 Pond Sterling (ƒ 1260.—) ontroofde, welke som hij naar zijn ouders in Engeland zond. Een ander soldaat is er trotsch op, een gouden horloge te bezitten, dat aan kolonel SCHIEL toebehoort, maar heeft de 500 Pond Sterling (ƒ 6000.—), die de kolonel bij zich had, niet gevonden.

Ook de *Cape Times*, verre van deze feiten af te keuren, deelt ze met een zekeren ophef mede. Kolonel SCHIEL was ernstig, generaal KOCK doodelijk gewond.

Aankomst van Engelsche krijgsgevangenen te Pretoria. (Even vóór de afmarsch.)

Aankomst van Engelsche krijgsgevangenen te Pretoria. (Opgesteld om af te marscheeren).

De Engelschen waren intusschen meester van het terrein, en de lanciers en dragonders keerden terug van de vreeselijke menschenjacht. De lansen en de sabels dropen van bloed; de paarden lieten de moede koppen hangen. Het was nu duister op het slagveld; ook werd het er stil, en de stilte had iets aangrijpends na de vreeselijke oorlogsmuziek, die gedurende de afgeloopen uren over het slagveld had geloeid. Niets verbrak de stilte dan het gekerm van een gewonde, het gebed van een stervende en de ruwe vloek van een beschonken overwinnaar. Even later werd het geroep vernomen van verspreide soldaten, die in de hitte van het gevecht het verband met hun troep waren kwijtgeraakt, en nu naar hun corpsen zochten, bij welke zij behoorden.

„Devons?" „Devons hier!" „Lichte Ruiterij?" „Aan dezen kant!" „Aan welken kant?" „Aan *welken* kant?" riep dezelfde stem nog eens, voorwaarts stommelend in de duisternis. Hij zocht naar de Lichte Ruiterij, en kwam bij een afdeeling Gordon Hooglanders terecht. „Wat zoek je hier?" riep een zware stem; „hier ben je bij de Hooglanders, man; ten minste bij hetgeen er van overgeschoten is." „Waar is de dokter?" schreeuwde een ander; „ik zit hier bij een gewonden officier — smeerlappen, waar is de dokter?"

Gedurende een uur was het slagveld een doolhof voor de dwalende soldaten, die hun corpsen zochten zonder ze te kunnen vinden, telkens terugkeerden op hun schreden en in de tastbare duisternis in een kring rondliepen. Zij gleden uit op de door bloed en regen gladgeworden rotsen, schrijnden hun enkels tegen de scherpe klipsteenen, en hun met spijkers beslagen schoenen gingen onbarmhartig over dooden en gewonden heen. Maar eindelijk kwam er meer orde. Het schijnsel van lantaarnen gleed over het slagveld en een krachtige stem riep in de verwarring: „Al de gewonden naar het Boerenkamp tusschen de twee heuvels!" Het kamp was gauw gevonden; de lantaarnen wezen de richting. Er stonden zes tenten en een twaalftal ossenwagens, terwijl de opgehangen lantaarnen hun sober licht verspreidden. Dat was nu de ambulance. Van den naasten heuvel kwam dringend hulpgeroep. „Hier zijn drie zwaargewonden! Laat een dokter komen! Om Gods wil, zendt toch een draagbaar!" Maar er was niet één draagbaar te vinden.

Het was nu acht uur; reeds werd de eerste gewonde gebracht. Hij was een kapitein, dien men in een groot laken droeg. Het licht der lantaarn viel op zijn doodsbleek gelaat. Het vochtige haar kleefde op zijn voorhoofd en zijn lippen beefden, toen men hem op den grond neerlegde. Maar hij hield zich kloek; nauwelijks hoorde men hem kreunen. Hij trachtte nog te glimlachen, toen een der verplegers zijn verbrijzelden arm onderzocht, maar hij bleef toch in den glimlach steken. „Zou hij er af moeten, verpleger — heelemaal?" De verpleger boog zich over den gewonde heen, maar plotseling werd het donker. Een der andere verplegers had de lantaarn

Na Elandslaagte.
Het zoeken naar gewonden in de duisternis.

genomen en klauterde er mee tegen den naasten heuvel op. „Een kaars!" riep de verpleger. Men bracht een kaars; nu had men toch weer licht. „Ik krijg het zoo koud," klaagde de kapitein; „dek mij toe!" Dat was de koorts, de wondkoorts. De kapitein deed geen poging meer om te lachen. „Dek mij toe!" klaagde hij opnieuw, maar hij lag nu alleen, op een matras, in den kouden nacht; de verpleger was reeds bij een anderen gewonde. Zij werden nu bij geheele groepen aangedragen — tien — twintig — vijftig — zou die vreeselijke stoet dan nimmer eindigen? De verplegers stonden radeloos — er kwamen er meer dan tweehonderd . . . .

Maar CHAMBERLAIN wreef zich vergenoegd de handen. De Boeren waren geslagen — dat was de hoofdzaak. En dat onschuldig vergoten bloed, dat bloed van Boeren en Engelschen? Dat bloed doet niets! — een dwaas, die aan een bloedschuld gelooft! — het kome over ons en over onze kinderen! —

Dat was de slag van Elandslaagte op Zaterdag 21 October. De Boeren verloren in dezen strijd 40 dooden en 190 gewonden, te zamen 230 manschappen, behalve 185 gevangenen [1]). De Engelschen geven hun verliezen op als gesneuveld: 9 officieren, 9 onderofficieren en 33 minderen; gewond: 37 officieren, 36 onderofficieren en 147 minderen, te zamen 271 manschappen. De Boeren leden hun zwaarste verliezen op de vlucht; onder de gesneuvelde Engelsche officieren was CHRISHOLME, kolonel der Lichte Ruiterij. Voor zijn troepen aan galoppeerend, wees hij hun met een rooden doek, dien hij zwaaide, den weg. Die doek gaf een uitnemend mikpunt. Zijn kapitein SAMPSON werd zwaar gewond. Hij was een van de hoofden der muitende Uitlanders van Johannesburg, en was op zijn eerewoord, niets tegen de Transvaalsche Republiek te zullen ondernemen, voorwaardelijk ontslagen. Maar hij brak zijn plechtige belofte, en een Boerenkogel heeft zijn misdaad gewroken.

In Pretoria.

ER heerschte een heele drukte aan het station te Pretoria op Zondagmorgen 22 October. Het deed denken aan de dagen in het begin der maand, toen de verschillende kommando's uittrokken. Toch was er onderscheid. Toen waren de mannen in de meerderheid; nu de vrouwen en de kinderen. Voorts waren er een honderdtal politie-agenten, die tegen negen uur begonnen het terrein af te zetten,

----

[1]) De gevangenen werden over Durban naar de Simonsbaai getransporteerd en kregen daar een voorloopig verblijf in de „Penelope," een transportschip der Engelsche marine.

terwijl om halftien de trein binnenreed, die de krijgsgevangenen van Talana-heuvel moest medebrengen. De trein was mooi op tijd, en eenige opgeschoten jongens, die vrijwillig den dienst der conducteurs wilden overnemen, liepen naar de wagens, door de ruiten roepend: „Transvaalhotel!" Maar in plaats van de krijgsgevangenen stapten er dertien passagiers uit: tien blanken en drie Kaffers, die even verbluft stonden te kijken als de toeschouwers. Zij hadden zoo'n indrukwekkende ontvangst niet verwacht.

Aan de toeschouwers werd intusschen beduid, dat zij nog een uur geduld moesten hebben, want het spoorpersoneel had geen kans gezien, om de wagens met de gevangenen aan dezen trein vast te haken. Er zat dus niets anders op dan te wachten, wat het ergste was voor de photografen, die met hun toestellen en met ware doodsverachting zich in evenwicht trachtten te houden op een paar kleine, smalle daken in den naasten omtrek.

Prompt om halfelf kwam de lang verbeide trein aan, en uit gewone spoorrijtuigen stapten de negen officieren. Daarna kwamen eenige gewonden, terwijl uit de ontsloten goederenwagens 179 minderen te voorschijn kwamen. De bekende roode baadjes van vroeger werden niet meer gezien; allen droegen een grijs-bruin veldpak. Twee gevangen Engelsche spionnen, die door een politie-agent stevig bij den arm werden gegrepen, sloten den stoet. De officieren zagen er moede en lusteloos uit; de minderen trokken zich hun lot blijkbaar minder aan. Zij staken een pijp of sigaret op en schenen goed geluimd. Sommigen lachten, maar een der officieren riep hun toe: „Lacht niet; anders worden ze hier nog wilder."

Toch was er van die gevreesde wildheid geen spoor te ontdekken, en de kalmte en de waardigheid, waarmede de burgers van Pretoria de krijgsgevangenen ontvingen, stak sterk af bij de beestachtige manier, waarmede de beklagenswaardige gevangenen van Elandslaagte op dienzelfden morgen in Ladysmith werden ontvangen. Zij werden uitgejouwd en uitgefloten. Kaffers stonden hen aan te grijnzen en spotten: „Baas, waar is je pas?" Vooral die beleedigingen van de zijde der zwarten waren grievend, en desondanks lieten de autoriteiten ze toe. Doch in Pretoria was van die ruwheid geen spoor te ontdekken, en de burgers waren op hun hoede, dat hun heilige strijd voor vrijheid en recht niet werd bezoedeld door een noodelooze kwelling van weerlooze vijanden.

De gevangenen werden intusschen gerangschikt in rijen van vier, maar de straatjongens gaven hun oogen den kost, en verwonderden zich. Zij telden maar 44 rijen van vier, terwijl 3 minderen achteraan liepen. De toekomstige verdedigers der Republiek werden echter gerustgesteld door de plechtige verzekering, dat de rest voorloopig te Volksrust onder goede bewaking was. De minderen werden nu naar de renbaan, de officieren naar een andere verblijfplaats gebracht.

Als de vorst op den bloesem, zoo viel in den loop van den dag de tijding van de ramp bij Elandslaagte op de blijde stemming der burgers. De eerste, sterk overdreven berichten schokten de moedigsten, en men kon niet anders vermoeden dan dat het geheele leger van generaal Kock vernietigd was. Het was een droeve, treurige namiddag, en er werden vele tranen in het verborgen geschreid. Dat was geen moedeloosheid, maar droefheid, smart, angst om het lot van een teerbeminden echtgenoot, een liefhebbenden vader, een trouwen broeder.... Neen, moedeloos was men niet; reeds boden zich een aantal nieuwe Vrijwilligers aan, om de gedunde rijen aan te vullen. Tegen den avond en tegen den volgenden morgen luidden de tijdingen trouwens ook heel wat gunstiger, en toen van uit New-Castle door vele reeds dood-gewaanden het telegram kwam, dat zij met groote opgewektheid een maal van bruineboonen met spek zaten te nuttigen, kwam op menig bedrukt gelaat in Pretoria een heldere zonnestraal.

Men begon eveneens te begrijpen, dat de nederlaag van Elandslaagte, hoe betreurenswaardig ook, een op zichzelf staand feit was, dat zonder verdere noodlottige gevolgen was gebleven. Wat was eigenlijk het geval geweest? Een afdeeling burgers, voor een groot gedeelte samengesteld uit ongeoefende manschappen, die nog niets begrepen van de vechtwijze der Boeren, hadden zich een vollen dag staande gehouden tegenover een overstelpende overmacht, die van uit Ladysmith voortdurend werd versterkt. Eerst toen zij volkomen omsingeld waren, dachten zij aan staking van den strijd, en kommandant JAN LOMBAARD, een ijzervreter, die zelf op wonderbare wijze aan de gevangenschap ontsnapte, verklaarde later, dat de Hollandsche vrijwilligers met grooten heldenmoed hadden gestreden. Dat zal waar zijn! Doch de Hollanders, de Duitschers en de andere Uitlanders, die in hun stellingen stand hielden, begrepen niet, dat retireeren en vluchten niet hetzelfde is, en de zonen van den Nederlandschen bodem verdedigden zich, gedachtig aan den wapenroem hunner voorvaderen, met grimmige hardnekkigheid, totdat het net was gesteld, dat deze helden vangen moest.

Yule's Terugtocht.
Het Gevecht bij Rietfontein.

DE tijding, dat de Boeren bij Elandslaagte waren teruggeworpen, was voor generaal Yule een hartversterking, en hij kon, ofschoon hij zelf op den terugtocht was, de verzoeking niet weerstaan, om een afdeeling huzaren uit te zenden, om den vluchtenden vijand op te vangen. Nu, dat was een kolfje naar de hand der huzaren! Maar van dat opvangen kwam niet veel. Zij verkeerden nog in den zoeten waan, dat zij het spoor der vluchtende vijanden volgden, toen zij reeds werden achtervolgd door een klomp [1]) Boeren. De zaak kreeg zoodoende een bepaald grappigen kant, want terwijl de huzaren de vluchtende Boeren van Elandslaagte nazetten, werden die huzaren op hun beurt door Boeren van andere kommando's achterna gezet. De huzaren konden dan ook hun plezier wel op, toen zij het ware van de zaak in den neus kregen, en zij haastten zich, om weg te komen. Uren lang hadden zij de Boeren in de bergengte van Waschbank op hun hielen, en het scheelde weinig, of zij waren van de hoofdmacht van generaal Yule afgesneden geworden. Met het verlies van verscheiden paarden en afgejakkerd door den langen rit, kwamen zij eindelijk terug.

De bergengte van Waschbank viel dus in de handen der Boeren, en de zegevierende kommando's van Lukas Meijer zetten zich in beweging, om den Engelschman te vervolgen. Deze was evenwel spoorloos verdwenen. Het scheen, dat de aarde hem had opgeslokt: hij was nergens te vinden. Aangenaam was deze ontdekking voor onze Boeren

Generaal Lucas Meijer.

[1]) Klomp = afdeeling.

niet; zij hadden zoo stellig gehoopt, hem vast te keeren [1]) en te omsingelen, maar hij was ontsnapt als een rat uit een niet goed gestelde val. Lukas Meijer, de held van Talana-heuvel, troostte intusschen zijn manschappen. „'t Isniets", zeide hij, „heelemaal niets. Yule vindt het ongezellig, dat hij met zijn soldaten alleen in de val moet zitten. De man heeft gelijk; generaal White en zijn leger moeten er bij." Dat vonden de Boeren dan ook, lachten smakelijk, en klopten hun paardjes vriendelijk op den hals. Wat is een Boer in het oorlogsveld ook zonder zijn paard!

Het Afrikaansche paard is niet hooger dan 13 tot 14 decimeter, en op het eerste gezicht stelt het teleur. De rug buigt letterlijk door, als zoo'n zwaargebouwde Boer in het zadel springt; het paard staat te rillen op zijn pooten. Maar nauwelijks heeft de ruiter zich goed gezet, of de spieren van het paard trekken zich samen en schijnen van staal te worden. Het valt onmiddellijk in zijn gewonen draf, en loopt, met een korte tusschenpauze, waarbij het tevreden is met een handvol lang, schraal gras, dat in den omtrek groeit, van zonsopgang tot zonsondergang onverpoosd door. Het klimt daarbij de heuvels op en af; ja, geen bergen, zelfs geen rivieren kunnen het keeren in zijn loop. Het klautert de bergen op als een klipgeit, en laat zich op de achterpooten van de hoogten afglijden, de voorpooten strak vooruit. Komt de Boer, de *echte* Boer der wildernissen, voor een stroom, dan ontkleedt hij zich, bindt de kleeren op het zaal, den bandelier met de patronen tusschen de paardenooren en houdt zich vast aan den staart van zijn paard, dat hem zwemmend veilig aan den overkant brengt.

Het Basuto-paard behoort tot de beste der inheemsche Zuid-Afrikaansche paarden, is niet hooger dan 13 decimeter, kort van beenen en lang van romp, taai als esschenhout, en brengt zijn ruiter, zonder buitengewoon vermoeid te zijn, binnen 12 uur meer dan 120 kilometer verder.

Maar in spijt van de vlugheid hunner paarden was generaal Yule den Boeren ontsnapt, en terwijl zij nog gisten en zochten waar hij mocht zijn, was zijn leger in een colonne, die drie kilometer lang was, langs een grooten omweg, over Beith en Helpmakaar, langs de grenzen van Zoeloeland, voortgeslopen. De soldaten marcheerden van Zondag op Maandag den ganschen nacht door, om eerst Maandagmiddag (23 October) halt te houden. De afgebeulde bataljons mochten nu uitrusten tot 's avonds tien uur, toen de terugtocht werd voortgezet door de rivierdalen der Waschbank- en Zondagsrivier. Tweemaal stelde zich het leger in slagorde, denkende, aangevallen te zullen worden, doch beide keeren bleek het een loos alarm te zijn geweest. De schrik zat er nu eenmaal in bij Yule's leger, en de soldaten schenen wel geboren hardloopers te zijn. Lukas Meijer zag geen

---

[1]) In een plaats drijven, waar ze heen noch weer kunnen.

Gezicht op Ladysmith.

kans, om voeling te krijgen met den vijand, en toen zijn verkenners, die als bijen wijd voor zijn kommando's uit zwermden, eindelijk den vijand in het gezicht kregen, was deze reeds in verbinding met de hoofdmacht van generaal WHITE. Toch kregen die verkenners een belangwekkend kijkje. Dicht bij een heuvelrug, door dezen beschut, stond het kamp van YULE. De hoorns gaven vredige signalen, en weerbarstige muildieren, in troepen van vijf stuks saamgekoppeld, werden naar het water gedreven. De Iersche fuseliers hadden hun gordels losgemaakt, blijde, dat zij mochten uitrusten van den vreeselijken marsch, en wat er van het 18de regiment huzaren was overgeschoten had zich neergevlijd in het groene, sappige gras, naast hun doodvermoeide paarden. Ten oosten van het kamp was een bergpas; hier lagen een afdeeling Gordon Hooglanders en Manchesters; naast hen stond een batterij artillerie, en hun kampvuren waren duidelijk zichtbaar. De verkenners van MEIJER's kommando konden, verscholen achter de kopjes, dit alles duidelijk zien, en zij stieten elkander aan. Het zou voor de Engelschen een mooi ding geweest zijn, als de Boeren die bergengte eens in den stormpas hadden willen nemen, terwijl de Engelsche artillerie uit verdekte stellingen plotseling een moorddadig vuur had kunnen openen. Het was, om er van te watertanden. Maar zoo dom waren de Boeren niet. De verkenners stieten elkander aan en glimlachten.

Vlak bij een riviertje stonden een aantal ossenwagens en waterkarren, terwijl een aantal oude, versleten muildieren, door sluwe Italianen voor een hoogen prijs aan de Engelsche Regeering verkocht, een zonderlingen indruk maakten in hun splinternieuwe tuigen. Op een kleinen afstand bevonden zich eenige eskadrons lanciers; zij hadden afgezadeld; een lange rij paarden stond achter hen. Ook was er een batterij artillerie, terwijl een half bataljon groengekleede Hooglanders hun naakte knieën koesterden in den zonneschijn.

Een eind verder, aan den wegkant, lag de Natalsche Bereden Infanterie: boeren en transportrijders van de noordelijke grenzen. Zij strekten hun lenige, gespierde leden lang uit in het gras, terwijl hun gekniehalsterde paarden in het naburige veld liepen te grazen. Hun gelaat was verbrand door de zon, en zij toonden een opmerkelijke gelijkenis met de Transvaalsche Boeren. Trouwens, zij zijn even als dezen op Afrikaanschen bodem, doch uit Engelsche ouders, geboren, en zijn door hun groote terreinkennis en de vlugheid hunner bewegingen de ware voelhorens van het Engelsche leger. Eenige uren geleden zijn zij uitgereden, de verbinding herstellende tusschen het leger van generaal WHITE en dat van generaal YULE. Toch worden hun verdiensten niet altijd naar waarde geschat. Het zijn ongeregelde troepen, die door de officieren van het Engelsche leger dikwijls worden achteruit gezet en met minachting behandeld. Ook worden zij niet altijd vertrouwd, en verscheiden manschappen van de Natalsche Bereden Infanterie zijn door den krijgsraad beticht geworden van heulen

Troep bereden verkenners.
De „voelhorens" van het Engelsche leger.

met den vijand, kregen den kogel en werden onder de harde klippen begraven, zonder dat er verder een haan naar kraaide.

Achter de hooge kopjes schuilend, in de eene hand het geweer, in de andere den toom hunner paarden, die achter hen stonden, konden onze verkenners door sterke verrekijkers de Engelsche troepen waarnemen, en verder zagen zij, in de richting van Ladysmith, een open, golvend land, bedekt met het eerste teedere lentegroen en versierd met uitbottenden mimosa-doorn. Hier en daar kronkelde er de diepe bedding eener spruit doorheen, terwijl lange lijnen van prikkeldraad de verschillende bezittingen scheidden. Ook stonden er, wijd uiteen gespreid, eenige boerenhuizen met veranda's, waarlangs bloeiende kamperfoelies zich heen slingerden, terwijl heggen van cactus de erven insloten. Het geheele landschap gaf een beeld van wonderbaren vrede, en wijd, wijd in de verte versmolten de toppen der blauwe bergen met het azuur van den horizon.

Tegen den avond verduisterde zich de lucht, en een zware donderstorm was in aantocht. De regen kletterde op de zinken daken in Ladysmith; het kamp was niets meer dan moeras en slijk, in de straten van het stadje ging men tot aan de enkels door de modder. In dien stortregen kwamen de manschappen van Dundee binnen. De burgers in hun huizen hoorden den moeden stap der afgejakkerde bataljons; zij plasten door de waterpoelen heen naar hun barakken aan de zuidwestelijke zijde der stad. Zij zagen er hongerig, afgebeuld en vermagerd uit; de oogen lagen diep in hun kassen, en de jukbeenderen staken sterk vooruit. De uniformen waren van onder tot boven met modder bespat, en de gezwollen voeten knelden in de hard geworden, en zwaar met slijk aangeladen laarzen.

Op de infanterie volgde de artillerie. De raderen der kanonwagens rolden zwaar door de modder heen, en de paarden liepen lusteloos in het gareel. Zij waren broodmager; men kon hun ribben tellen; zij verlangden naar rust. Over menschen en dieren lag diezelfde wolk van moedeloosheid en neerslachtigheid, en de burgers van Ladysmith hadden zich toch een andere voorstelling gemaakt van Yule's intocht. Zijn legerscharen waren immers de overwinnaars van Talana-heuvel — ach, men kon hen moeilijk herkennen in deze door de Boeren als een kudde schapen voortgedreven troepen.....

De opperbevelhebber, generaal White, had wel den terugtocht van generaal Yule goedgekeurd, maar was toch niet op zijn gemak. Hij vreesde, dat de Vrijstaters, die gedurende den slag van Elandslaagte tot op vijftien mijlen afstands van het slagveld waren voortgerukt, Yule's terugtocht ernstig konden bedreigen. Deze vrees en daarbij de hoop, de afzonderlijke Boeren-kommando's te kunnen slaan en vernietigen, alvorens zij zich

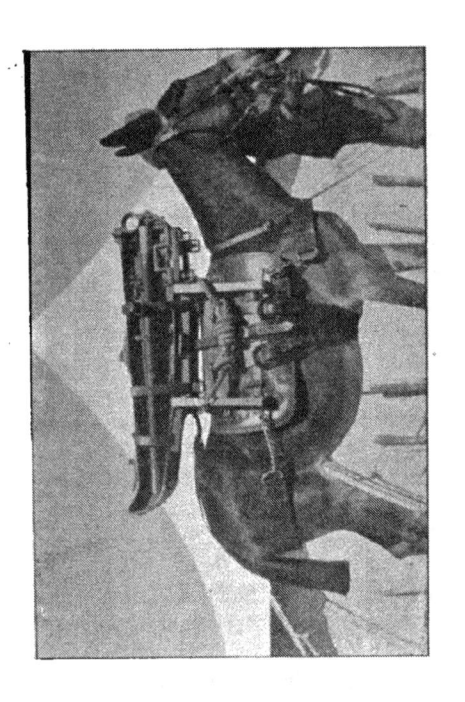

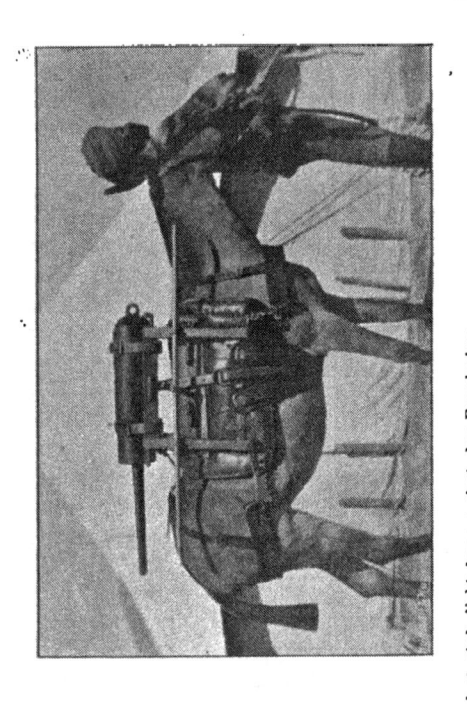

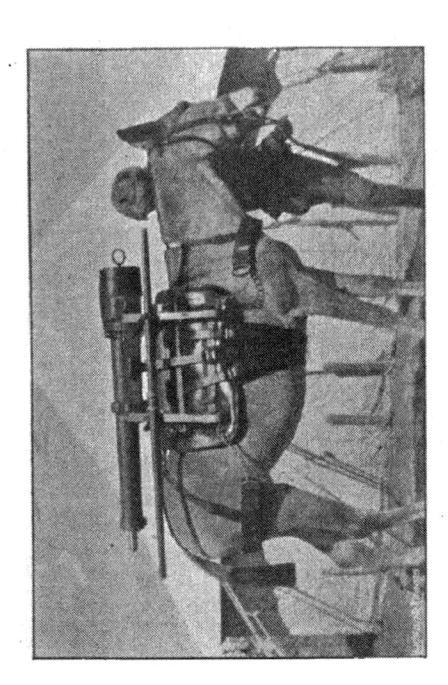

De verschillende onderdeelen van een compleet stuk licht berggeschut der Engelschen, zooals het door muilezels wordt gedragen.

hadden vereenigd, deden hem besluiten niet lang te dralen. Reeds Dinsdag 24 October werd tot den aanval overgegaan.

's Morgens te vier uur ratelden de zware kanonwagens door de slijkerige straten van Ladysmith naar buiten, terwijl om zes uur de geheele noordelijke route dicht bezet was door een staf van dragers, het veldhospitaal, de ammunitie-colonne, de aanvullings-colonne — heel die stijve, lastige, zich moeilijk voortbewegende nasleep van een leger. Kafferjongens menden spannen van vier tot zes muildieren, die de ambulance-wagens trokken, of liepen ter zijde van de ossenwagens, terwijl hun lange zweepen de flanken striemden van sterke ossen met breed uitgegroeide horens. Deze nasleep van het leger, deze voortsluipende karavaan was zeker drie mijlen lang. In het front van dezen stoet werden twee veldbatterijen zichtbaar, alsmede secties lichte bergkanonnen, die vastgesjord waren langs de ruggen van muildieren, en bij elken stap schuurden en rinkinkten in hun riemen. Voor deze batterijen uit zag men lange grijs-bruine lijnen; dat was infanterie. Daarnaast galoppeerde een groep officieren: generaal WHITE met zijn staf. Voor deze lijnen uit zwermden tirailleurs, met verspreide ruiters op de flanken, terwijl voor allen uit langs den gewonen weg een sergeant met zes minderen, den omtrek verkennend, langzaam voortslopen. Men zou dezen sergeant met zijn manschappen den speurneus kunnen noemen van het leger. De colonne telde in het geheel 4000 man infanterie, 1100 man Engelsche cavalerie (huzaren en lanciers) en 3 batterijen, behalve de ongeregelde troepen: de uit Uitlanders bestaande Lichte Ruiterij en de Natalsche bereden Vrijwilligers.

De Engelschen wilden vechten; dat begrepen de Vrijstaters ook, die, 1000 man sterk met één kanon onder kommandant A. P. CRONJÉ, (gewoonlijk ANDRIES CRONJÉ genoemd en niet te verwarren met den Transvaalschen P. A. CRONJÉ) de overstelpende macht van den vijand zagen aanrukken. Maar zij waren niet vanzins, terug te trekken. Het naburige Elandslaagte prikkelde hun geestdrift, om de geleden nederlaag hunner bondgenooten door Vrijstaatsche schoten weer goed te maken, en zij wilden toonen, dat Vrijstaatsche trouw geen ijdele klank is.

Het was nu halfnegen — een liefelijke zomermorgen. Heldere zonneschijn lag op het landschap; geen blad bewoog zich; boven de heuvelen uit blonken aan den horizon de blauwe pieken van het Drakengebergte. De Vrijstaatsche kanonniers stonden bij hun groot kanon; het was geplaatst op den linker-top of schouder van den Matawana-berg. „Vuur!" riep de kaptein. Op 4000 meter was het schot gericht; „bom!" de granaat viel te midden van een afdeeling lanciers. Jammer, dat de Vrijstaters voor hun kanon slechts zwart buskruit hadden; de donkergrijze rook verraadde de positie, en drie Engelsche batterijen stortten haar vuur uit

Uit het gevecht bij Rietfontein.
Bom van de Vrijstaters barstende te midden van de Lanciers.

over dat ééne kanon. Dat was niet uit te houden; de kanonniers sleepten hun stuk weg.

De Vrijstaters hadden twee heuvels of bergen bezet, elk ongeveer 850 meter hoog, terwijl de onderlinge afstand 900 meter bedroeg. De nek, die beide heuvels verbond, stak niet meer dan 200 meter boven de vlakte uit. Hier, achter de klippen van deze heuvels, lagen onze Vrijstaters lang uitgestrekt, de hand aan den trekker van het geweer, terwijl hun paarden onder de hoede van Kaffers achter de heuvels stonden. Nu en dan gluurden zij voorzichtig over de klipjes heen naar den vijand, die thans, onder de bescherming zijner artillerie, naderde, om een heuvelrug te nemen, die evenwijdig liep met dien, door de Vrijstaters bezet. Rechts van de oprukkende infanterie waren de huzaren en de lanciers, links de Lichte Ruiterij en de Natalsche Bereden Vrijwilligers geplaatst. Terwijl de infanterie langzaam vooruitdrong, kwam zij in de vuurlinie, en de Vrijstaters, die uitstekende dekking hadden, openden het geweervuur. De poging der Engelschen, om hen om te trekken, mislukte, en al werd de evenwijdig loopende heuvelrug bezet, de vijandelijke kanonnen deden weinig kwaad, daar de Vrijstaters wijd verspreid lagen. Het was trouwens opmerkelijk, hoe voorzichtig de Engelschen vooruit rukten; de overwinning van Elandslaagte scheen een bitteren nasmaak gehad te hebben. Toch waren zij nog niet voorzichtig genoeg: toen te ruim elf uur de Gloucesters zich tusschen de twee door de Boeren bezette heuvelen waagden, kregen zij van beide kanten een moorddadig snelvuur; de kolonel stortte tegen den grond en 50 infanteristen deelden zijn lot. De kolonel leefde maar eenige oogenblikken meer. 't Was alles binnen een minuut besteld.

De Vrijstaatsche scherpschutters kregen een nieuw mikpunt, toen de drievoet van een automatisch Maximkanon werd beschadigd, en een troep soldaten aangewezen werden, om het buiten het bereik der Vrijstaters te brengen. Verscheidenen van die soldaten hebben het met hun leven moeten bekoopen. Van toen af werd het een staand gevecht. De lanciers, die al weer op roof en plundering hadden gevlast, begrepen, dat er vandaag niets meer van komen zou, en de Engelsche kanonniers bedienden lusteloos hun stukken. De rookvrije Mauserpatroon der Vrijstaters bood hun geen mikpunt. Tegen halftwee brak generaal WHITE het gevecht af, maar de Vrijstaters staken lachend hun pijpen op, sprongen te paard en zeiden: „Wij zullen hen thuis brengen!" En zoo geschiedde het. De Engelsche cavalerie had het daarbij het zwaarste te verantwoorden. Zoo lang zij, afgestegen, van de lagere bergketen vuurden, waren zij betrekkelijk veilig, maar toen zij het voor dekking gunstige terrein moesten verlaten en in de vlakte kwamen, openden de Boeren op de aftrekkende ruiterij een hevig vuur, waarbij aanmerkelijke verliezen werden geleden. Tamelijk neergedrukt keerden de Engelschen naar Ladysmith terug; slechts de plechtige verzekering

Het vullen van een ballon captif in het Engelsche kamp

hunner officieren, dat de Boeren ontzettende verliezen hadden geleden, troostte hen.

De Vrijstaters verloren in dit gevecht, dat naar een in de nabijheid staande hoeve het gevecht bij Rietfontein wordt genoemd, aan dooden en gewonden te zamen 30 man; namelijk 8 dooden, 6 zwaar en 16 licht gewonden; de Engelschen 116 man, terwijl de Vrijstaters bovendien, hoewel de Engelschen meenden, dat al hun dooden en gewonden waren weggevoerd, nog 90 Engelsche lijken verspreid in het veld vonden liggen. De Vrijstaters keerden intusschen van de vervolging terug, en de blauwe, schemerende pieken van het Drakengebergte schenen den dapperen mannen een welkomstgroet te brengen uit het vaderland.

De Slag bij Modderspruit.

Ik hoor een vreemde historie,
Van ezels met menschenvernuft,
En schrandere menschen worden
Tot domme ezels versuft.

ONZE Transvaalsche kommando's verlangden naar het oogenblik, dat zij zich met de Vrijstaatsche bondgenooten zouden kunnen vereenigen, en zetten van uit het oosten hun tocht met bekwamen spoed voort. Zonder dat generaal WHITE het kon keeren, werd de vereeniging tot stand gebracht, en zes kommando's Boeren: Transvalers en Vrijstaters, te zamen ongeveer 6000 man sterk, waren Zondag 29 October in den vorm van een hoefijzer ten noordwesten, noorden en oosten van Ladysmith gelegerd. In den avond verlichtten hun kampvuren den omtrek, en terwijl de Duitschers hun nationale liederen zongen, weerklonken de omringende heuvelen van de Hollandsche psalmen der Afrikaanders.

De Engelsche opperbevelhebber had gedurende den Zondag verscheiden luchtballons opgelaten, om den omtrek te verkennen. Het waren ballons captif, die evenals een vlieger kunnen worden opgelaten en neergehaald. In het schuitje, onder aan den ballon bevestigd, zitten gewoonlijk eenige officieren, die door sterke verrekijkers den omtrek bespieden, terwijl zij telephonisch met het hoofdkwartier zijn aangesloten, om hun waarnemingen onmiddellijk over te brengen. Deze ballons hebben betrekkelijk weinig gasontwikkeling, en kunnen tegen een stootje. Eenige geweerkogels zullen hun weinig schaden, en voor gewone artillerie is het zeer moeilijk, hen te raken. KRUPP, de Duitsche kanonnenkoning, fabriceert bijzondere vuurmonden tot het beschieten van luchtballons, doch de Boeren bezitten deze soort kanonnen niet.

Generaal WHITE, wien het volkomen mislukt was, om het Vrijstaatsche kommando onder den bekwamen kommandant ANDRIES P. CRONJÉ uiteen te jagen, besloot, in overleg met zijn staf, reeds den volgenden morgen tot een algemeenen aanval over te gaan, voordat de Boeren zich hadden verschanst en nieuwe versterkingen gekregen.

Zondagavond om 8.30 reeds, werden 2 bataljons van het 1ste regiment Iersche fuseliers met een bergbatterij van de Gloucesters uitgezonden om den volgenden morgen de rechterflank der Boeren aan te tasten, terwijl generaal WHITE met de hoofdmacht een frontaanval zou beproeven. De twee bataljons marcheerden tot iets over middernacht door, zonder dat er iets bijzonders voorviel. Men ging toen door een soort vallei; het was pikdonker en niemand kon een hand voor oogen zien. Aan ééne zijde, waar de heuvelen duizend voet hoog rezen, lagen eenige brandwachten der Boeren. Zij konden de Engelschen niet zien, maar hoorden hun stap, het kraken der wielen van de ammunitiewagens en het schuren der bergkanonnen in de riemen der muilezels. Op de heuvels lagen de klippen wijd en zijd verspreid, en de Boeren konden maar niet begrijpen, waarvoor die klipsteenen daar zouden liggen, als het niet was, om er muilezels mee op hol te jagen. Zoo lieten zij dan die klipsteenen naar beneden ploffen [1]). Het had een merkwaardige uitwerking. De Engelsche officieren, niet wetende wat er gebeurde, en een overval duchtende, riepen hun manschappen toe, om plat op den grond te gaan liggen. De muilezels, voor de ammunitiewagens gespannen, begonnen wild te worden, en de soldaten begonnen te vloeken. Het werd er niet beter op; de paniek deelde zich mede aan de muilezels, die de bergkanonnen droegen, en in hollende vaart gingen er de muilezels van door. Er was geen keeren aan; de dieren waren razend. De manschappen, die niet durfden opstaan, konden in hun liggende houding de dieren niet meester blijven, werden een eind meegesleurd en lieten de teugels al heel spoedig glippen. De ammunitiewagens bonsden achter hen aan, en de kanonnen klepperden in de tuigen. Eerst toen de stomme beesten in de nabijheid der Boerenkommando's kwamen, schenen zij tot rust te komen, en de Boeren namen kanonnen en ammunitie in dankbare ontvangst. Zoo waren de Engelschen al op een heel vreemde manier van hun kanonnen afgekomen, en dit begin voorspelde weinig goeds. Misschien ware het verstandig geweest, om nu maar: rechtsomkeert! te kommandeeren, maar er is toch meer te zeggen voor de handeling van den bevelvoerenden officier, die meende zich in spijt van het ernstig verlies

---

[1]) Volgens een andere lezing waren er geen Boeren op den heuvel, maar rolden er onwillekeurig eenige klippen naar beneden, die de muilezels schrikachtig maakten.

toch zooveel mogelijk aan zijn orders te moeten houden, en den naasten heuvel liet bezetten, welke later bleek Nicholsonsnek te zijn [1]). Het was nog altijd nacht, en de manschappen besteedden hun tijd, om onverwijld verschansingen en steenen borstweringen op te werpen. Zoo wachtten zij den morgen af.

Intusschen — het was Maandagmorgen halfvier — rukten de Engelschen met hun hoofdmacht uit tegen de Boeren, en de grootste slag, die nog ooit tusschen blanken in Zuid-Afrika geleverd is, zou beginnen. Het centrum der Boerenstelling bestond uit een langwerpigen tafelberg, waarop de artillerie was geposteerd. Bij het schemeren van den dag zagen de Boeren duidelijk, hoe een lange lijn Engelsche artillerie zich oostwaarts uitstrekte tot voorbij Lombardskop, en om halfvijf 's morgens openden de Boeren met groote vastberadenheid hun vuur uit een groot Creusot-kanon. Reeds de tweede granaat sprong met verwoestende kracht in het midden der Engelsche gelederen, maar WHITE had vier batterijen verdekt opgesteld, en van 6 tot 12 uur was de heuvel, waar de „Long-Tom" van luitenant-kolonel TRICHARDT stond, aan een hel gelijk. Stukken van granaten vlogen en sisten in alle richtingen. Het vuur van 24 zijner beste kanonnen liet generaal WHITE met onverzwakte kracht spelen op de 5 kanonnen van TRICHARDT, en de grond rondom „Long-Tom" werd letterlijk door de vijandelijke bommen geploegd. Het was er haast niet uit te houden, en toch werd het er uitgehouden. Artillerist na artillerist werd gewond of verpletterd, maar slechts de dood scheen hen van hun stukken te kunnen scheuren. Dr. HOHLS, van het Roode Kruis, een Duitscher, sneuvelde hier bij het verbinden van een gewonde als het slachtoffer zijner menschlievendheid. Luitenant DU TOIT werd zwaar gewond; hij liet zich verbinden, en deed nog 21 prachtige schoten, maar toen was het met zijn kracht gedaan. Er waren artilleristen, wien een hand of arm werd verbrijzeld; zij lieten zich verbinden, en zetten den strijd met den ongekwetsten arm voort. Den een na den ander moest TRICHARDT den heuvel laten afdragen, maar hij zelf bleef gespaard. Hij scheen onkwetsbaar te zijn; de kogels floten hem om de ooren, de granaten barstten voor zijn voeten, maar hij stond steeds rechtop, de oogen strak open, links en rechts zijn kommando's gevend, met het vaste voornemen het hier uit te houden tot het einde toe. En wat zeide deze edele held na den slag? Verhief hij zich op zijn moed, op zijn dapperheid? Toch niet; slechts wilde hij, dat men zijn kanonniers de eere zou geven, die hun toekwam. „De getrouwe God," zeide hij, „heeft mij geholpen; mijn artilleristen luisterden braaf naar hun orders, en voerden

---

[1]) Immers rekende WHITE met zijn bewegingen er op, dat de rechtervleugel van de Boeren werd beziggehouden; en gelukkig voor hem, dat dit geschiedde. Waren de twee bataljons teruggekeerd, dan had WHITE misschien èn aan een front- èn aan een flank-aanval blootgestaan.

ze flink uit. Het zijn *mannen*, en andere kanonniers mogen beter schieten, vaster trapt [1]) geen mensch ter wereld." Ook de andere artillerie-officieren, zooals DE JAGER en WOLMARANS, gedroegen zich met groote kloekmoedigheid, en de artillerie heeft aan de Boeren in den slag bij Modderspruit onwaardeerbare diensten bewezen.

Luit.-Kolonel TRICHARDT.

De strijd woedde nu op alle punten te gelijk. De grijze opperbevelhebber PIET JOUBERT was in het zadel gesprongen en galoppeerde naar het leger van generaal SCHALK BURGER, orders gevend, om bepaalde punten

---

[1]) trappen = vast, krachtig optreden.

onmiddellijk te bezetten. De wakkere Lijdenburgers werden voor deze taak bestemd, en het behoefde hun niet gezegd te worden, dat zij deze stelling tot den laatsten man moesten houden. Maar zij waren te weinig in aantal, en daarom werden zij versterkt door veldkornet BUIJS, van Rooikoppen, district Heidelberg, en diens manschappen. Generaal SCHALK BURGER sprak nog een kort, krachtig woord, waarna de aangewezen stellingen werden ingenomen. Bijna onmiddellijk daarop begonnen de Engelsche kanonnen te bulderen en rukten de Engelschen met een geduchte overmacht op de Boerenstelling aan. Er was een oogenblik, dat het scheen, alsof de Engelschen werkelijk zouden doorbreken. Zij kwamen uit een nek te voorschijn, en waren geen 800 pas meer verwijderd. Maar in dit hachelijk oogenblik sprong veldkornet BUIJS in het zaâl, gaf zijn paard de sporen en riep: „Op burgers! Daar is de Engelschman!" Niet één van zijn burgers bleef achter; in vollen galop ging het tegen den vijand in. Naast veldkornet BUIJS reed zijn zoon; een kogel doorboorde diens sleutelbeen en hij viel stervend van het paard. Maar er mocht vallen wat er viel — en al was het de liefste zoon: voorwaarts! Daar is de Engelschman!

De stoutmoedige aanval van veldkornet BUYS werd krachtig ondersteund door de artillerie, en de Engelschen sloegen op de vlucht, dichte stofwolken opjagend, die hun spoor wezen. Maar ook de andere kommando's weerden zich met mannenmoed. De strijdlust vlamde hoog op en sloeg over van kommando op kommando. Er was een edele wedstrijd tusschen Heidelbergers en Lijdenburgers, tusschen Vrijstaters en Transvalers, tusschen Duitschers en Ieren in den heiligen strijd voor vrijheid en recht. DANIE PRETORIUS kreeg een kogel achter het schouderblad in en bij den schouder uit, jaagde nog een mijl ver, en ging toen eerst naar het hospitaal. EDDIE MIJNHARDT kreeg drie kogels door zijn jas, vocht door en liep geen schram op. KOOS DE JAGER, van Loskop (Vrijstaat), kreeg een kogel door de kuit van zijn been, sprong toen op en vuurde in staande stelling, totdat een tweede kogel hem het schouderblad doorboorde. CHRISTIAAN DE WET en PIET DE WIT, vroeger leden van den Vrijstaatschen Volksraad, streden beiden met doodsverachting.

De Winburgers (Vrijstaters) weigerden dekking te zoeken en stonden gedurende den geheelen slag rechtop in slagorde. Zij lieten [1]) de Engelsche cavalerie naderen tot op 300 meter. Toen eerst gaven zij vuur. De geheele afdeeling werd neergemaaid op drie man na. Een tweede afdeeling rukte vooruit; zij werd op één man na vernietigd. Daarna kwam een geheel eskadron, maar toen het waarlijk moorddadig vuur der Vrijstaters een wal van doode en stervende ruiters had opgeworpen, wendde het overschot den teugel, geen nieuwen aanval meer wagend.

---

[1]) Volgens bericht van den belastinggaarder MEIRING.

Zoo werd er gestreden. De heldengeest der voorvaderen, der moedige Voortrekkers, werd vaardig over dit strijdende volk, en de heuvelen en de bergen van Natal dreunden en donderden van het slaggewoel.

In een tent, bij de Hollandsche kerk te Ladysmith, lag de held van Elandslaagte, generaal KOCK, en zijn luisterend oor ving het sissen op der zware granaten, door Transvaalsche Creusot-kanonnen tot in Ladysmith geworpen. „Doet dat ons kanon?" vraagde hij aan zijn neef, die hem oppaste. De jonge man bevestigde het. „Dat is mooi, kind," zeide de zwaargewonde. Het waren zijn laatste woorden, en uit die stervende oogen sprong nog een vonk van het oude heldenvuur.

Maar een deel der dappere Heidelbergers onder VAN RENDSBURG werd door de Engelschen omsingeld; tevens raakte veldkornet ORG MEIJER in nood. Generaal LUKAS MEIJER had echter hun benarden toestand reeds gezien, en de Boerenartillerie onder de luitenants OELOFSE en VAN WIECHMANN bracht redding. De Heidelbergers moesten door een open vlakte jagen, om een heuvelrug te bezetten, maar boven die gevaarlijke vlakte barstten de granaatkartetsen der Engelsche kanonnen. De Heidelbergers joegen er doorheen, zonder ernstige verliezen, en zij werden versterkt in het vertrouwen, dat de almachtige God Zijn hand als een onzichtbaar schild over hen had uitgestrekt. Intusschen brachten de Boeren hun houwitsers verder vooruit, en op den uitersten linkervleugel deed LUKAS MEIJER's batterij doodelijk werk. De Engelschen waren niet in staat hun voorste stelling te houden; zij werden teruggeworpen op hun tweede stelling. Engelsche cavalerie reed langs het front der Boeren, om hen tot een dwaasheid te verlokken, maar zij lieten zich niet verschalken, en vergenoegden er zich mede, de ruiterij eenige granaten achterna te werpen. Telkens moest generaal WHITE nieuwe versterkingen naar het slagveld zenden, totdat de infanterie van kolonel GRIMWOOD, haar positie verlatend, plotseling terugviel op de artillerie. Twee Engelsche kanonnen werden bij dezen terugtocht vernield en er ontstond een algemeen terugtrekken. De vluchtelingen stroomden Ladysmith binnen, wierpen zich languit in de straten neder, terwijl de granaten der Transvaalsche zware Creusot-kanonnen tot in het kamp ontploften. Drie zware marine-kanonnen [1]) dekten den terugtocht.

Wij lieten de Gloucesters en de Iersche fuseliers achter bij het aanbreken van den dag in de buurt van Nicholsonsnek. Zij hadden een hoogen heuvel bezet, die, aan drie kanten hellend, aan den vierden kant steil afliep. Eenige afdeelingen Boeren in de nabijheid hadden de Engelschen opgemerkt en onderhielden een levendig geweervuur, terwijl een andere

---

[1]) Pas aangevoerd van het Engelsche oorlogsschip „Powerful".

„Long-Tom" in stelling vóór Ladysmith.

klomp Boeren, niet grooter dan 240 man, door de op hol geslagen muildieren was gewaarschuwd, dat er iets bijzonders aan de hand was. Zij beslopen den vijand van achter en klauterden de hoogte op langs denzelfden weg, dien de Engelschen voor hen hadden genomen. De Engelschen waren zoo dom, den naderenden vijand met geweersalvo's te begroeten, en tusschen de salvo's in deden de Boeren telkens sprongen voorwaarts. Het scheen, alsof het gevecht van den Amajuba hier nog eens werd overgestreden, maar het gevecht bij Nicholsonsnek had grootere afmetingen, en de glorie van den Amajuba zou verbleeken bij den roem van dezen dag. De Engelschen zaten tusschen afdeelingen van drie verschillende kommando's beklemd: Vrijstaters onder kommandant ANDRIES CRONJÉ, reeds met eere bekend sedert den slag van Rietfontein, Pretoria-menschen onder kommandant ERASMUS en Johannesburger bereden Politie onder kommandant VAN DAM. De Johannesburgers, 600 man sterk, waren eerst den avond te voren, een donkeren Zondagavond, op het oorlogsveld aangekomen, en hadden zelfs geen tijd gehad, om koffie te drinken. Onmiddellijk moesten zij voortrukken, om in het front een kopje te bezetten, en terwijl de brandwachten werden uitgezet, wierpen de anderen zich tegen den grond, om hun vermoeiden leden wat rust te gunnen. Nauwelijks echter waren zij in slaap, toen een ordonnans van den opperbevelhebber de order bracht, om zich onmiddellijk gereed te maken voor den strijd. Zij, met Vrijstaters en Pretoria-menschen, bestookten nu de twee bataljons, lieten hun geen oogenblik rust, en telkens, als de witte helm van een infanterist boven de verschansingen zichtbaar werd, floot de kogel van een scherpschutter, die den helm doorboorde. Hoe verder de dag voortschreed, hoe hachelijker de toestand werd. Slechts restte de hoop, dat generaal WHITE versterking zou zenden, maar die hoop was ijdel, daar de Engelsche opperbevelhebber niet in staat was, het opdringen der andere kommando's in te keeren. Angstig staarden de officieren in het rond. Eenige boomen stonden in den omtrek en wierpen hun stille, breede schaduwen, terwijl uit de verte het gejuich klonk der Boeren, die op alle punten van het slagveld overwinnaars waren geweest. Zij waren nu van drie zijden omsingeld, en de laatste, de vierde kant, schoot steil naar beneden. Er was geen mogelijkheid op, om langs dezen vierden kant te ontsnappen, en de gedachte, zich te moeten overgeven aan een schaar ongedrilde landbouwers en schaapherders, was bovenmate pijnigend en martelend voor deze trotsche en hoogmoedige harten. Maar er mocht niet langer worden getalmd; reeds lag de zevende man dood of gewond achter de verschansingen, en de Boeren begonnen hun kanonnen te richten. Zoo ging dan de witte vlag omhoog en gaven zich 1200 man van de beste Engelsche troepen met hun officieren over. De rest — 200 man — lag dood of gewond op het gevechtsveld, en als klipgeiten sprongen de Boeren nu voorwaarts, om den welkomen buit in ontvangst te nemen. Maar geen woord van hoon of spot kwam over

Uit den Slag b
Terugtocht der Engelschen onde

Modderspruit.
het vuur der Boerenkanonnen.

hun lippen, en zij eerden zichzelven door den weerloozen, maar dapperen vijand te eeren. Zij hielpen de gewonden en laafden de dorstigen, zonder daarvoor eenige belooning te willen aanvaarden. Ja, men heeft Boeren gezien, die, in spijt van hun vermoeidheid, den gewonden vijand op hun eigen paard zetten, zelf er naast loopend. De leeuwen van den slag waren plotseling veranderd in barmhartige Samaritanen, en in stomme verbazing zagen het de Engelschen aan. [1])

Het verlies van die twee bataljons is een harde slag geweest voor Engeland. Verplaatsen wij ons den volgenden morgen in Ladysmith, in het Engelsche kamp. De doorweekte tenten zien er somber, zwart-grijs uit in den onaangenamen, regenachtigen morgen. Aan den ingang van het kamp bevinden zich de schildwachten, een zestal soldaten, die regelmatig op en neder wandelen. Zij hebben meegemaakt YULE's terugtocht van Dundee, en hun uniformen waren van boven tot beneden bespat met modder, toen zij Ladysmith bereikten. Zij waren ter neer gedrukt, omdat de terugtocht zoo sprekend geleek op een vlucht, en vluchten hebben zij vroeger nooit gekend. Maar *nu* zijn zij nog gedrukter; er zit geen vuur in hun oogen, geen staal in hun spieren. Het kamp is voor hen koud en leeg geworden, en het is geen wonder, want het is het kamp der Iersche fuseliers.

Er komt een luitenant uit de officierstent — bleek en moedeloos. Toen hij van Dundee terugkwam, had hij in geen vier nachten geslapen, maar hedenmorgen ziet hij er lijdender uit dan toen. In de tent bevinden zich nog een officier, een dokter en de kwartiermeester. Meer officieren zijn er niet; ja toch, er is ook nog een tweede luitenant, een piepjong ventje, pas uit Engeland gekomen. Hij draait aan zijn magere snor, roept: „Wat een ezelachtigheid met die muilezels!" en draait dan weer aan zijn magere snor. Verder komt hij voorloopig niet. Hij zou nu zijn eersten veldtocht medemaken, en dit is zijn eerste bataljon!

Men is een halven nacht bezig geweest, om de eigendommen der gevangengenomen officieren in te pakken en op te zenden naar Durban, en men zal nu beginnen, om het kamp wat in te krimpen. 't Is veel te groot geworden. Het tafelgereedschap staat in groote bakken bij de tent, maar de kleine en aangename geriefelijkheden, die de kwartiermeester zoo zorgvuldig had bewaard voor een langen veldtocht, zijn te Dundee achtergelaten. En nu is het bataljon bij Nicholsonsnek gebleven, en wie zal nu al die ingemaakte vleezen en vruchten eten? Op de kisten staat met

---

[1]) Mr. SMITH correspondent van het Engelsche blad *The Morning Leader* — voor ditmaal een onverdacht getuige — deelt mede, dat hij met ontroering zag, hoe de Boeren, bij het begraven der gesneuvelde Engelschen, zich rond de groeve schaarden, een gebed opzonden tot God om toch het einde van dezen oorlog te verhaasten, en plechtig een Psalm zongen. „En dat zijn de menschen, die men ons heeft afgeschilderd als halve wilden" voegt de correspondent er eerlijk aan toe.

Na den slag bij Modderspruit.
Begrafenis van gesneuvelde Engelschen op het door Boeren bezette slagveld.

groote letters: „Natalsch Veldleger." 't Is alsof die letters messen worden, die diep en wreed insnijden in het vleesch.

In het midden der officierstent staat de tafel; zij is zoo laag, dat ge, om ze goed te kunnen bereiken, u moet bukken, en op den grond moet gaan zitten. Op de tafel staan Japaneesche tinnen borden en bekers voor een ontbijt van vijf personen — eergisteren' waren er vijf en twintig. Ook ligt er een zak, van waterproef gemaakt, op de tafel. In dien zak liggen de brieven van moeders en huisvrouwen; de brieven zijn gericht aan zonen en aan echtgenooten, en zijn pas hedenmorgen na een tocht van zeven duizend mijlen aangekomen. Maar die zonen en echtgenooten zijn nu op reis, om opgesloten te worden in de renbaan te Pretoria. . . .

In den slag bij Modderspruit had PIET JOUBERT het opperbevel over de geheele Boerenmacht van Transvalers en Vrijstaters. Op den linkervleugel stonden de generaals SCHALK BURGER en LUKAS MEIJER en kommandant WEILBACH; in het centrum generaal ERASMUS, terwijl de rechtervleugel werd gekommandeerd door de kommandanten VAN DAM en ERASMUS en ANDRIES CRONJÉ, kommandant der Vrijstaters. Door afdeelingen van dezen rechtervleugel waren de twee Engelsche bataljons bij Nicholsonsnek gevangengenomen.

Het totale verlies der Boeren bedroeg 66 man aan dooden en gewonden [1]; dat der Engelschen omtrent 600 man, ongerekend de 1400 man, die bij Nicholsonsnek verloren gingen. Ook vielen den Boeren 6 onbeschadigde bergkanonnen en 1 Maximkanon in handen, terwijl zich onder de 42 krijgsgevangen officieren een luitenant-kolonel en een stafofficier bevonden. Met van den kruitdamp nog geblaakte gezichten ontmoetten elkander de kommandanten, en in meer dan één oog schemerde een traan van blijde en dankbare ontroering. Elandslaagte was nu gewroken, generaal WHITE teruggeslagen. Reeds waren sterke Boeren-patrouilles op weg, om zijn verbindingslijnen naar het zuiden af te snijden, en het beste leger, dat Engeland had, op te sluiten in Ladysmith. En de schrandere kop van den kommandant-generaal spon voort aan den draad; hij zou, als Ladysmith omsingeld was, voorttrekken over de Tugela-rivier; hij zou met een kommando scherpschutters tusschen de bij Estcourt staande legers heenbreken, onrust en verslagenheid brengen in de Engelsche harten en voor de poorten van Pieter-Maritzburg verschijnen. BULLER, die vandaag, op den dag van Modderspruit, te Kaapstad was aangekomen, zou, met het oog op dien vermetelen Boerentocht, misschien de dwaasheid begaan, om een groot

---

[1] De gespecificeerde opgaaf luidt als volgt: LUKAS MEIJER'S kommando's: 3 dooden en 4 gewonden; Pretoria: 1 doode; Heidelberg: 3 dooden en 13 gewonden; Johannesburger Politie: 2 dooden en 12 gewonden; artillerie: 3 dooden en 8 gewonden; Vrijstaat: 2 dooden en 8 gewonden; Iersche Vrijwilligers: 2 dooden en 5 gewonden.

Aankomst te Pretoria der bij Nicholsensnek gevangen genomen Engelschen.

deel van de 50.000 man, die over zee in aantocht waren, tot verdediging van Natal en tot ontzet van Ladysmith te bestemmen, en zoo zou Ladysmith de sterke magneet worden, die de Engelsche strijdmacht hopeloos versnipperde. Zoo dacht en peinsde „Slim Piet," terwijl de avond begon te dalen, en de kampvuren der Burgers van de heuvelen opvlamden. Maar boven de heuvelen en de bergen rees uit duizenden kelen de psalm van lof en dank, omdat de Heere op dezen dag in genade aan Zijn volk had gedacht.

Het Einde van Generaal Jan Kock.

*Hoe waren onze harten
Aan dezen man gehecht!
Hij stierf den dood der helden,
Voor vrijheid en voor recht!*

WIJ moeten terug naar het treurspel van Elandslaagte. In den nacht na den slag, te ongeveer 2 uur 's nachts, vond de adjudant [1]) van generaal Kock zijn bevelhebber in een klein tentje, en bijna naakt op het slagveld. Hij was zwaar gewond, en beklaagde zich, dat hij door een Engelschen soldaat was beroofd en geplunderd. Met de hulp van eenige dragers werd hij naar den ambulance-wagen gebracht, die zeker vier mijlen ver weg was. De grijsaard had veel geleden op het slagveld. De adjudant ontving een schriftelijk verlof, om den generaal te mogen oppassen, en zij werden samen met den trein naar Ladysmith vervoerd, waar de zwaargewonde een vol uur in de open lucht werd gelaten, voordat hij naar de operatiekamer werd gebracht. Vervolgens werd hij in een naburige tent vervoerd, en voelde zich den geheelen nacht zeer ziek. Den geheelen dag en nacht bleef hij zonder eenig voedsel. Maandagmorgen kwam een Engelsche verpleegster met een bord biscuits, maar zij waren te hard voor den gewonde. Hij verklaarde ze niet te kunnen eten. De jonge Kock verzocht de verpleegster toen om melk, maar voor geen leugen terugdeinzende, verklaarde zij, dat er geen melk was. Tenslotte bracht zij echter een half bekertje melk, maar zij weigerde, om de melk te laten koken. De jonge Kock kreeg om 12 uur gelegenheid iets te eten, maar de vernedering werd hem niet bespaard, om gemeenschappelijk met de koelies te moeten aanzitten.

Drie Engelsche officieren traden de tent binnen, en vraagden, op den jongen Kock wijzende, aan den dokter: „Wie is dat daar?" „Een neef van generaal Kock," antwoordde de dokter. „Gij zijt te toegeeflijk voor

[1]) P. R. Kock.

Begrafenisstoet van Generaal KOCK.
De lijkwagen (Maximkanon) getrokken door acht paarden.

hem geweest," was hun bescheid; „hij behoorde in de gevangenis te zitten."
Een majoor wendde zich nu tot den adjudant. „Geef op je pas!" „Welke
pas?" „Uw pas, uw verlof, dat gij bij uw oom moogt blijven." De jonge
Kock reikte het schriftelijk verlof over. De majoor keek het in en zeide:
„Indien ik je buiten deze plaats vind, dan schiet ik je dood als een hond."
„Dank u, mijnheer!" zeide de jonge Kock.

De generaal bleef twee volle dagen in die tent, terwijl generaal
White hem Maandagavond bezocht en naar zijn toestand vraagde. De
gewonde verzocht, om in de Hollandsche kerk van Ladysmith gebracht te
worden bij zijn andere gewonde broeders, en generaal White was zoo
menschlievend daarin toe te stemmen. Maar de kerk was vol gewonden,
en de generaal werd overgebracht in een tent naast de kerk. Het was er
echter niet uit te houden van de hitte, zoodat Kock een kamer kreeg,
doch een eigen verpleegster werd hem geweigerd. Eere aan die oude
Hollandsche vrouw, Mevrouw De Haas, die den gewonden held uit haar
eigen huishouding van alles voorzag! Den 27sten October verzocht de jonge
Kock aan generaal White, om zijn oom, daar deze nu sterk genoeg scheen
om de reis te maken, naar Pretoria te laten vervoeren. Het was eenige
dagen vroeger uitdrukkelijk beloofd, doch Engelsche officieren schijnen
hun beloften al heel gauw te vergeten. Het antwoord van generaal White
luidde als volgt: „Mijnheer, ik heb de eer de ontvangst te erkennen van
uw schrijven van heden, en betreur het zeer, dat ik nòch u, nòch uw
staf morgen naar Pretoria kan laten gaan, daar de aanhouding van een
bevelhebber van uw rang en beteekenis als krijgsgevangene aanmerkelijke
waarde heeft voor den Staat, dien ik vertegenwoordig. Persoonlijk betreur
ik het zeer, niet in staat te zijn, uw wenschen in deze aangelegenheid
te gemoet te komen.

Ik heb de eer te zijn, Mijnheer, uw gehoorzame dienaar
George S. White,
Bevelvoerend Luitenant-Generaal der Britsche troepen in Natal."

Bij al de hardheid, waarmede de edele, gewonde grijsaard werd
behandeld, is het voor het menschelijk gemoed een verkwikking, eens
eene edelmoedige daad te kunnen mededeelen. Karri-Davis (een der
Uitlanders-hervormers uit Johannesburg) kwam met kolonel Francis
Rhodes (broeder van Cecil Rhodes) de kamer van den gewonde binnen,
hem vragend, wat hij voòr den gewonde kon doen. Hij was zeer begeerig
om iets voor hem te mogen doen, bood hem geld aan en stelde zijn eigen
huis voor den gewonde bereidvaardig open, als hij wat beteren mocht.

Kolonel F. Rhodes scheen den jongen Kock niet te herkennen.
Deze vroeg: „Zijt gij niet mijnheer Rhodes?" „Ik ben kolonel Rhodes,"
bevestigde de ander. „Dus gij zijt een der hervormers," meende de jonge
Kock. „Herinnert gij u nog," ging hij met verwonderlijke vrijmoedigheid

voort, „dat ik u als gevangene naar Pretoria bracht?" RHODES antwoordde niets, keerde zich om en ging heen.

De gehoopte beterschap, waarvan KARRI-DAVIS sprak, kwam echter niet. De grijsaard had te veel geleden op het slagveld en in Ladysmith. Zijn laatste woorden heeft hij gesproken op den dag van Modderspruit, toen hij zich verblijdde, het knallen der Transvaalsche artillerie te hooren. Daarna heeft hij met den jongen KOCK niet meer gesproken. Hij ging nu snel achteruit, en terwijl geen vrienden hem konden verlossen uit de Engelsche gevangenschap, verloste de Heere zijn God hem er uit. Reeds ging de wolke des doods over dat vriendelijk, edel gelaat, en hij overleed in den vroegen morgen van Dinsdag 31 October, in zijn 64ste levensjaar.

Drie leden der familie KOCK, waaronder de adjudant van generaal KOCK, vergezelden het lijk op den treurigen tocht naar Pretoria. De vergunning daartoe was van de zijde van generaal WHITE een daad van ridderlijkheid, terwijl tegen de drie vrijgekomenen drie Engelsche officieren zouden worden ingewisseld. Dit is ook geschied.

Donderdagnamiddag 2 November vond op staatskosten de plechtige begrafenis van den overledene te Pretoria plaats. Te drie uur reed het galarijtuig van den staatspresident PAUL KRUGER voor het huis van wijlen generaal KOCK voor, terwijl reeds vele familieleden, vrienden en hooggeplaatste ambtenaren aanwezig waren. Vóór het huis stond een Maximkanon, bespannen met acht zwarte paarden, aan den toom geleid door vier stukrijders, onder bevel van den stuk-kommandant. Verder in de straat stond het vierkleurcorps onder kommandant JORDAAN, en daarnaast — met de omfloerste banier — Holland's mannenkoor, terwijl achter het mannenkoor afdeelingen stonden van elke wijk der speciale politie. Vóór het stuk geschut stond het vuurpeloton, veertien man sterk, onder aanvoering van den wachtmeester; voorop was het fanfarecorps van de Centrale Werkplaats der Zuid-Afrikaansche Spoorwegmaatschappij.

De leden van het corps diplomatique waren uit persoonlijke hoogachting voor den overledene, die Lid van den Uitvoerenden Raad was geweest, in uniform verschenen, en betuigden aan- de diepbedroefde weduwe hun hartelijke deelneming. Nu nam Ds. POSTMA het woord, plaatste zich in de nabijheid der doodkist, die met de Transvaalsche vlag was gedekt, en sprak naar aanleiding van den tekst: „Kostelijk is in het oog des Heeren de dood Zijner gunstgenooten" ernstige en aangrijpende woorden. Daarna werd gemeenschappelijk gezongen Psalm 89 : 19: „Wie leeft er, die den slaap des doods niet eens zal slapen?" waarna de dragers de kist opnamen en op het voorstuk van het kanon plaatsten. De dragers waren: staatssecretaris REITZ, staatsprocureur SMUTS, thesaurier-generaal

Malherbe, postmeester-generaal Van Alphen, mijncommissaris Van Heidelberg en onderstaatssecretaris Grobler. Terwijl de stoet het huis verliet, dreunde het eerste doffe kanonschot van het artilleriekamp, dat om de minuut werd herhaald, en de plechtige lijkstoet bewoog zich langzaam voorwaarts onder de statige tonen van een treurmarsch. Juist werden de krijgsgevangen Engelsche officieren uit de renbaan overgebracht naar een andere verblijfplaats. — Wat zij wel gedacht mogen hebben?

Zoo werd de doodenakker bereikt, en de kist door de dragers van den kanonwagen genomen. Nu trad het vuurpeloton aan en gaf een eeresalvo, terwijl de dragers de kist naar de open groeve droegen. Ze was gedolven in de nabijheid der graven van andere Voortrekkers, die eveneens gevallen waren in den heiligen strijd voor vrijheid en recht, en aan den held van Elandslaagte kwam deze eereplaats toe.

„Presenteert het geweer!" riep de wachtmeester, en langzaam daalde de kist in de groeve neer. Ach, het was toch een droevig gezicht! Aller harten waren bewogen; sterke mannen zag men schreien. Nu rustte de kist op den bodem van het graf, en nadat Ds. Postma een toepasselijke lijkrede had uitgesproken, trad Paul Kruger naar voren. Hij was zichtbaar ontroerd, maar hij had zich gesterkt in den Heere zijnen God, en zijne krachtige figuur drukte meer dan ooit zijn vast vertrouwen uit op de eindelijke zegepraal. Hij sprak, verkort, het volgende: „Mijne broeders, ik herinner u er aan, dat de thans ontslapene reeds op twaalfjarigen leeftijd met zijn vader bij Boomplaats [1]) tegen Engeland streed, later weer bij Zwartkop, en in den Vrijheidsoorlog van 1880/81 is hij onze vechtgeneraal geweest te Potchefstroom. Ik heb hem van zijn jeugd af gekend; hij schroomde nooit, zijn leven te wagen voor de onafhankelijkheid van zijn volk. Van het begin der wereld aan is er strijd geweest: Strijd van den boozen geest tegen het rijk van Christus. En velen zijn gevallen in dien strijd, maar Christus' rijk zal nooit vergaan. Generaal Kock heeft dien strijd voor het rijk van Christus gestreden, en niet alleen voor zichzelf, maar ook voor het nageslacht is hij gevallen. Er is een leven hiernamaals; dat zal allen geworden, die in Christus hebben geleefd. Dat is de troost. De Heere zal beslissen in den strijd; Hij *alleen*. Hij is de bevelhebber over hemel en aarde. Vraagt Hem dan om wijsheid en kracht, en wij zullen overwinnen, zoodat de duivel en de geheele wereld zullen moeten erkennen, dat God het zwaard in handen heeft!"

Nu volgde nog een kort gebed van Ds. Postma — twee salvo's over het graf — en allen keerden huiswaarts, diep geroerd door de zoo aangrijpende plechtigheid.

En generaal Kock is alleen achtergebleven; alleen bij de dooden.

---

¹) Gelegen in den Vrijstaat, tusschen de Oranjerivier en Bloemfontein.

Begrafenisstoet van Generaal Kock.
Het Vierkleurcorps onder Kommandant Jordaan en Holland's mannenkoor met banier.

Ach, hij behoort bij de dooden! En de zomerwind heeft geruischt boven zijn graf, maar hij is niet wakker geworden. En de stap van vele honderden nieuwe krijgsgevangenen is gehoord in de straten van Pretoria, maar hij sliep door. Doch wat klagen wij? Laat hem slapen! Hij heeft immers gewerkt en gestreden voor zijn volk, totdat hij er bij neerviel? Hij heeft den goeden strijd gestreden — laat hem dan slapen! Hij was moede, doodmoede; hij moet uitrusten. Eens wordt hij wakker; er is geen twijfel aan. Als de dageraad der opstanding over de graven weerlicht, dan wordt hij wakker; dan worden allen wakker; ook zij, die nu nog leven, maar over een korte spanne tijds zullen vergaderd worden bij hun vaderen. De CHAMBERLAINS en de MILNERS en de RHODESEN — zij zullen allen eens opstaan! En er zullen er zijn, die de handen zullen opheffen in wanhoop, en zullen uitroepen: „Heuvelen, bedekt ons, en bergen, valt op ons!" Dat zijn zij, op wier conscientie onverzoende bloedschulden branden . . . . .

Slaap dan zacht, generaal Kock! Onze harten zijn bewogen, want wij hadden u lief — zoo slaap dan zacht! Met tranen hebt gij gezaaid — gij zult eens maaien met gejuich!

De Insluiting van Ladysmith.
(1—11 Nov.).

GA op dezen heuvel staan. Zie nu recht vooruit, het dal in. Ziet gij die blauwende, onregelmatig daarheen geworpen daken? Dat is Ladysmith.

Het is de derde stad van Natal. De havenstad Durban en de hoofdstad Pietermaritzburg zijn veel grooter. Ladysmith is maar een klein, stil landstadje; het telt niet meer dan 4000 inwoners. Het ligt 3000 voet boven de zee, en de fronsende koppen der Drakenbergen, die zich op dertig mijlen afstands bevinden, beschutten de bewoners in den winter voor erge koude. Anders zou het er in den winter, vooral in de maanden Juni en Juli, zeer koud zijn; in den zomer, vooral in December, Januari en Februari, is het er trouwens heet. De lucht is buitengewoon droog en sterkend; geen beter oord voor den teringlijder dan deze streek.

Slanke torens rijzen tusschen de blauwende daken op; het is een bewijs, dat er verscheiden kerken zijn. Iedere gezindte heeft er haast haar kerk of kapel, en de Hollandsche Gereformeerde kerk maakt een zeer bescheiden indruk tegenover het statige kerkgebouw der Wesleyanen.

Ook het Heilsleger kunt ge vinden in Ladysmith. De publieke gebouwen maken een aangenamen indruk; het stadhuis kan met eere worden genoemd; de scholen, de rechtbank, de stadsbibliotheek zijn flinke gebouwen. De markt is een ruim plein, ingesloten door lage winkels van gegalvaniseerd ijzer, en vele van die winkels dragen wonderlijke namen. Die namen zijn hun gegeven door Arabische kooplieden uit Durban, die hier hun depots hebben. Eenige stoffige, wijde straten doorkruisen het stadje. Het zijn eigenlijk geen straten; slechts zandwegen, bij stortregens in modderpoelen herschapen. In een donkeren, bewolkten avond, als de maan niet schijnt, is het voor een vreemdeling hoogst bezwaarlijk op die wegen, en als hij niet het onderste boven duikelt in de diepe wagensporen, loopt hij gevaar in een der greppels of slooten langs den weg zijn beenen te breken.

Ladysmith heeft een gouden tijd gehad, toen deze stad het eindpunt vormde van de spoorlijn, die van Durban loopt, een afstand van 190 mijlen. Toen de stroom van goudzoekers naar de Transvaal begon, reden van hier dagelijks wagens, karren en rijtuigen in de vreemdste fatsoenen naar de grenzen, naar het noordelijk Dorado, en de pakhuizen waren opgevuld met goederen, voor de snel aangroeiende bevolking van Transvaal bestemd. Het waren rijke dagen voor de hotelhouders van Ladysmith, wier hotels van vreemdelingen wemelden, die zich van hier uit gereed maakten voor den tocht naar het goudland. Maar dit alles is veranderd; de spoorlijn naar Pretoria is doorgetrokken, en de drukte van het maatschappelijk leven stormt rusteloos het kleine stadje voorbij, zonder het in zijn rust te storen.

't Is zoo recht een stadje, om er een stil, beschouwend leven te leiden, en wandelende in de schaduw der Mimosa's, Yuca's, Aloë's en gomboomen, of zich verlustigende in de wonderbare pracht der bloementuinen, zich uitstrekkende voor de als villa's gebouwde huizen van Ladysmith, komt men tot de overtuiging, hier op een der liefelijkste plekjes van Zuid-Afrika te zijn.

Doch in 1897 werd die idyllische rust toch verstoord, toen Engelsche officieren kwamen, en ten westen der stad, op een afstand van twee mijlen en dicht bij de waterwerken, met groote zorgvuldigheid de plek uitzochten, waar een vast militair kamp zou worden opgericht. Toen reeds bestond het plan bij de Engelsche Regeering, om de twee kleine Boeren-Republieken te annexeeren, en spoedig zagen de burgers van Ladysmith de lange, regelmatige rijen tenten van 2000 Engelsche soldaten. Drie batterijen veldartillerie werden er aan toegevoegd, en de ruime beurs der Engelsche Regeering zorgde er voor, dat het kamp aan alle eischen beantwoordde. Naast de tenten werden groote barakken opgericht, gedekt met gegolfd ijzeren platen, die bij droogte en stormen toch een betere verblijfplaats aanboden tegen de opdwarrelende zandwolken dan de lichte tenten, die alles doorlieten. Ja, die zandstormen waren een ware plaag voor de militairen. Het fijne, roode zand kwam overal vandaan, en stond nergens voor. Het verstopte den neus, verschroeide de keel en verblindde de oogen. Het drong tot het mechanisme door van het horloge; het lag, met vliegen vermengd, als een laag geraspte kaas op het rantsoen. Ook de witte mieren waren een kwelling voor den soldaat; zij knaagden aan de tenten, en bij het ontwaken was het Roodbaadje met een laag stof bedekt als een kind, dat uit den hooiberg kruipt. De geduldige muildieren schenen er de stuipen van te krijgen.

Zwaartillende inwoners waren met deze verandering niet bijzonder ingenomen; zij vreesden, dat er in de toekomst voor hun stad nog een onheil uit zou geboren worden, maar anderen lachten er om, waren zelfs in hun schik, daar zoo'n garnizoen toch altijd vertier en winst oplevert, en ook de zwaarst tillende had wel niet kunnen vermoeden, dat de oorlogswolken met zoo'n vreeselijke kracht en zoo snel boven het stille stadje zouden losbarsten.

Er werd aan generaal WHITE niet veel tijd gegund, om zich over de Tugela-rivier terug te trekken, en terwijl hij aarzelde, en met hartzeer dacht aan den enormen voorraad proviand, dien hij bij een terugtocht in de handen der Boeren zou moeten achterlaten, rekten de Boeren het hoefijzer, waarin zij Ladysmith omringden, uit tot een ring, en in dezen ring raakte het Engelsche leger bekneld. Maar het ging niet zonder strijd. Den 2den November werd het grootste gedeelte van den dag aan beide zijden met grof geschut geschoten, en de Boeren drongen langzaam voorwaarts. Zij hadden slechts eenige licht gewonden.

Den 3den November merkte generaal WHITE, dat een sterk kommando Vrijstaters (onder ANDRIES CRONJÉ) naar het westen trok. Hij kreeg den zonderlingen inval, dat deze Boeren naar hun hoeven teruggingen, en trachtte hen af te snijden voordat zij de passen van het Drakengebergte hadden bereikt. De Vrijstaters bemerkten echter bijtijds onraad, verscholen zich achter de kopjes, en wachtten de dingen af, die komen zouden. Nu, die lieten niet op zich wachten, en anderhalf uur lang werden de Boerenstellingen door een hagel van granaatkartetsen overstroomd. De stomme klippen werden door het overstelpende vuur blauw en grijs geschoten, en de Engelschen waren van meening, dat het Boerenkommando nu òf verjaagd òf vernietigd moest zijn. De Natalsche vrijwilligers, zeker de meest geschikte troepen van generaal WHITE, ontvingen bevel, af te stijgen en de stelling te nemen. Maar die Natallers waren er nog niet zoo zeker van, dat de Boeren dood of gevlucht waren, en langs den grond kruipend, voorzichtig van den eenen mierenhoop naar den anderen sluipend, naderden zij die gevaarlijke kopjes. Ja, zij waren gevaarlijk! De Natallers hadden het wel aan den generaal gezegd, maar hij wist het natuurlijk beter. En

nu zaten zij plotseling in de hinderlaag, en de Mauserkogels floten zoo dicht, dat de stofwolken opvlogen. De Engelsche oorlogscorrespondenten zagen het van verre aan, en vonden het een vreeselijk, jammerlijk gezicht. De Natallers trachtten zich te verschuilen achter een cactusheg, achter de pas verlaten mierenhoopen of andere kleine hoogten, om van daar het gevecht verder voort te zetten, maar de strijd was te ongelijk, en de oorlogscorrespondenten zagen door hun veldkijkers, hoe de onrust bij de manschappen snel toenam. Enkelen zetten het op een loopen; anderen volgden. Spoedig waren al de kleine hoogten verlaten, en op hun eentje of in groepjes trachtten zij te ontkomen. De stfowolken volgden hen op hun hielen. Soms was er geen stofwolk, en dan zag men een man in de lucht springen of ronddraaien of voorover vallen met uitgespreide armen; een grijsbruine hoop, nauwelijks van een mierenhoop te onderscheiden. Sommigen van die arme kerels verdwaalden, wisten geen heg of steg meer, en altijd floten maar die vinnige, onbarmhartige kogels.... Een man liep zijwaarts, keerde terug op zijn schreden, staarde zoekend rond en viel. Een andere vluchteling naderde hem; blijkbaar had de eerste om hulp geroepen. De geroepene reikte hem de hand; zoo strompelden zij beiden, door een stofwolk omhuld, voort. Maar beiden vielen, en toen de stofwolk was verdwenen, lagen zij er nog. Zij hielden elkanders handen vast; zoo overschreden zij den geheimzinnigen drempel der eeuwigheid...
De Vrijstaters verloren slechts 1 doode, 9 gewonden en eenige paarden, en ropten zich nu, om het ten zuiden van Ladysmith gelegen Colenso te bemachtigen. Er was vrees, dat dit veel bloed zou kosten. Immers, de speciale correspondent van REUTER had dato 1 November uit Colenso geseind: „Wij beloven den Boeren een warme ontvangst, als zij onder het bereik onzer geweren komen. In het flinke vrijwilligerscorps zijn een groot aantal uitmuntende schutters, die reeds bij verschillende gelegenheden met succes in het strijdperk zijn getreden tegen de Vrijstaatsche burgers." Maar deze stoute taal was niet in staat, om de Vrijstaatsche kanonkogels te keeren, en met het leger van LOUIS BOTHA samen den vijand verjagend, bezetten zij Colenso en veroverden een flinken oorlogsbuit. Aan de oevers van de Tugela-rivier plantten zij de Oranjevlag, en de vlag wapperde zoo lustig in den zomerwind, alsof zij hier altijd had thuis behoord.

Zoo sloot zich de ring van vuur en staal.

Donkere dagen waren nu aanstaande voor de ongelukkige bewoners van Ladysmith, maar toen generaal WHITE aan PIET JOUBERT voor de gewonden en de inwoners een veilige schuilplaats verzocht, heeft de edelmoedige Boerenaanvoerder niet gezegd: „Nu is de tijd der afrekening gekomen, en ik zal den burgers van Ladysmith betaald zetten den hoon, waarmede zij de ongelukkige gevangenen van Elandslaagte hebben ontvangen," maar hij was als een vergevensgezind Christen onmiddellijk

Het ophijschen v

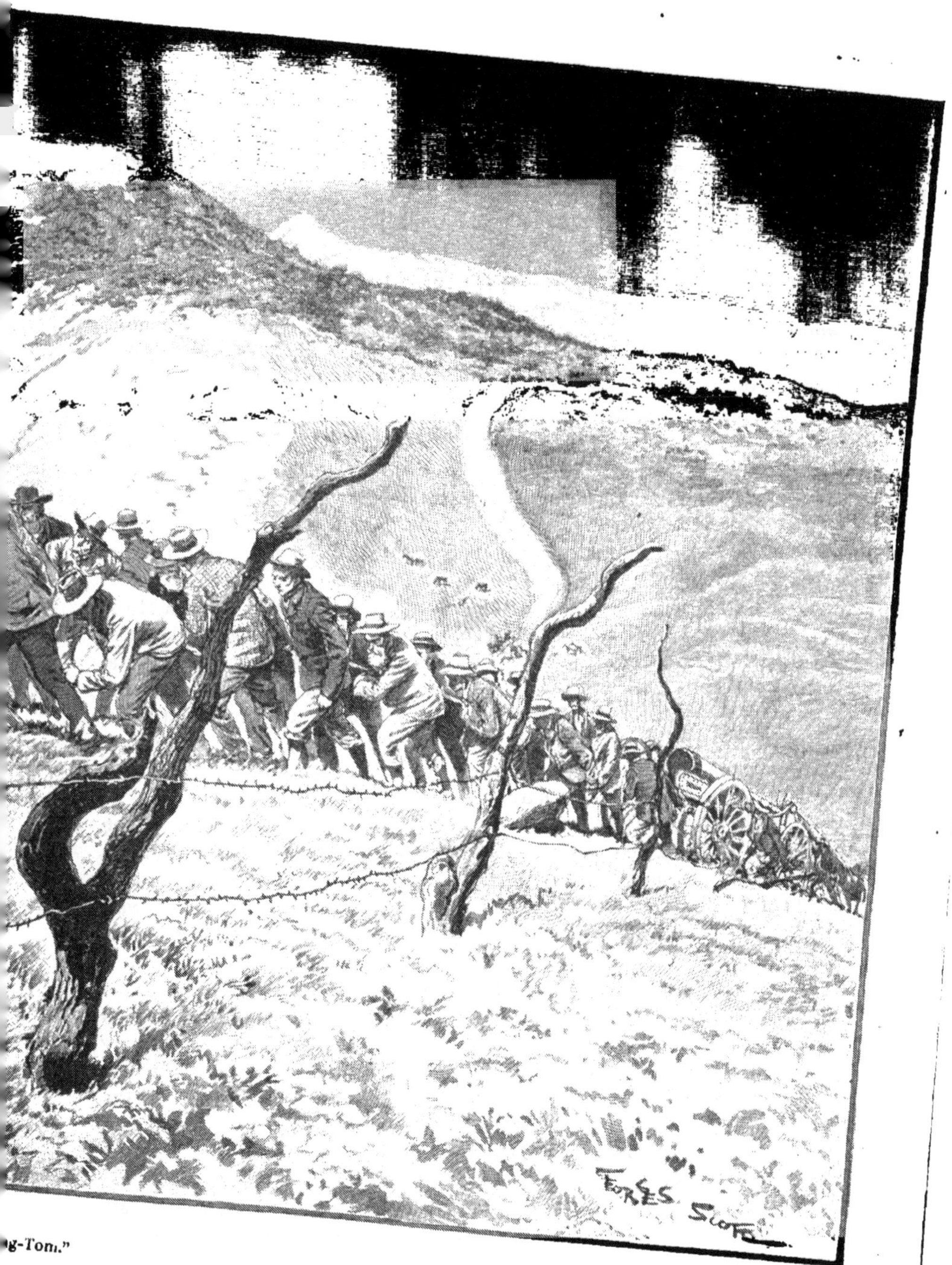

g-Tom."

bereid, aan WHITE's verzoek te voldoen. Zoo werden dan de gewonden en de ingezetenen overgebracht naar een punt, een mijl ten oosten der Kliprivierbrug, onder de bescherming van het Boerenkanon, maar eenige domme schepsels ergerden er zich aan, en wilden er niet heen, daar *niet* generaal WHITE, maar generaal PIET JOUBERT die plek had aangewezen. Zulk slag menschen was natuurlijk niet te helpen, en zij zouden later tot hun schrik gewaarworden, dat de bommen van Lange-Tom niet kunnen worden bezworen door het zingen van het Engelsche volkslied.

De ambtenaren van den Nederlandsch-Zuid-Afrikaanschen spoorweg volgden de Boerenkommando's op hun hielen, herstelden de beschadigde bruggen, legden nieuwe rails, regelden het spoorwegverkeer in het veroverde gebied, verzorgden de stations, waar de Engelsche spoorambtenaren waren weggeloopen, van nieuw personeel, dreven hun ijzeren paarden dwars door de verwoestingen van den oorlog tot vlak aan het hoofdlager bij Ladysmith en hebben de belangen der Boeren dag en nacht en met hart en ziel gediend. Een woord van lof, van grooten lof, mag hun niet worden onthouden.

Het departement der telegrafie werkte niet minder vlug, maakte de telegraafgemeenschap, die door de Boeren dikwijls op zeer onoordeelkundige wijze was vernield, weer in orde, en het was een lust, om den onvermoeiden staf bezig te zien in zijn voorloopige woning, het bescheiden verlaten huisje van een ploegbaas der Natalsche spoor, te Modderspruit. Het was er druk, aan dit geïmproviseerde kantoor, als bij een bijenkorf op een zomermorgen. Onophoudelijk galoppeerden ruiters af en aan, en de telegraaf tikte en tikte rusteloos voort als het hart van een mensch.

Luitenant PAFF kende geen vermoeidheid. Hij richtte zeven heliograafposten op, door welke de bewegingen der verschillende kommando's van minuut tot 'minuut aan den kommandant-generaal werden geseind, zoodat deze in staat was, naar gelang van omstandigheden naar de verschillende stellingen zijn bevelen te geven. Ook werden de verschillende lagers met bekwamen spoed telefonisch aan elkander verbonden.

Ook de gebrekkige postdienst werd nu beter geregeld, en op één dag werden 8000 vertraagde brieven aan de geadresseerden in het Boerenlager afgeleverd. Ach, dat was toch een zonnig, maar ook een weemoedig oogenblik, als zoo'n huisvader, nu midden in de verschrikkingen van den oorlog, een brief van zijn betrekkingen ontving! De Boer heeft sterke zenuwen, en hij schreit niet gauw, maar als hij daar de woorden las, door liefde en teedere bezorgdheid in de pen gegeven; die woorden van een liefhebbende huisvrouw, dat pengekras van zijn liefste panden, die hij bij het afscheid zoo hartstochtelijk en zoo diep, diep bedroefd aan zijn vaderhart had gedrukt, ach, dan had hij toch een eenzaam plekje noodig, een stil, eenzaam plekje, om uit te schreien...

Intusschen was er bij de Boeren een gevoel van bitterheid ontstaan, daar zij meenden, dat generaal White den hem verleenden wapenstilstand van 48 uren voor het vervoer van gewonden en ingezetenen misbruikte tot het versterken van zijn verschansingen, en zij waren van harte blijde, toen den 6den November het zware Creusot-kanon van Pretoria aankwam. Het werd onmiddellijk in stelling gebracht op den Lombardskop, ten noordoosten der Engelsche posities bij het kommando van generaal Lukas Meijer, terwijl bij zijn aankomst juist 240 Engelsche burgers en 300 koelies passeerden op hun tocht naar Ladysmith. Met het oog op hun eigen veiligheid konden de Boeren deze menschen niet achter hun rug houden, en daarom werden zij opgezonden naar generaal White met de complimenten van Piet Joubert. Welnu, deze menschen stonden het met open monden aan te gapen, toen zij dat reuzenkanon zagen. 't Was ook geen wonder: „Lange Tom" is een kerel; een Saul onder zijn broeders. Hij werpt zijn bommen tot 8000 à 10000 meter met verwoestende kracht, en in verhouding tot ander kanonvuur klinkt zijn stem als een zware, toornige mannenstem tusschen het gekibbel van kinderen. „Lange Tom" is een verwonderlijk wapen. De Engelschen hebben hem vierkant van zijn affuit geschoten, en toch kwam hij er goed af; zij hebben hem met hun lyddietbommen (altijd volgens hun telegrammen) drie keeren in één etmaal vernield, en toch heeft hij telkens zijn mond weer opengedaan; net als een vermetele straatslungel, die na elke aframmeling zijn mond te brutaler opent.

Het kaliber van den vuurmond, dat is de middellijn der ziel, bedraagt 15½ centimeter; de geheele lengte 4.20 meter; het gewicht 2530 kilo, waarvan voor het sluitstuk 74 kilo. De affuit weegt 3940 kilo; de spoorbreedte bedraagt 1.48 meter; de as der tappen bevindt zich ongeveer 2 meter boven den grond De grootste buskruitlading weegt ongeveer 10 kilo. Deze lading geeft de meest gestrekte baan; kleinere ladingen geven meer gekromde banen, waardoor de granaat korter achter de vijandelijke dekking kan worden gebracht Deze ladingen zijn opgesloten in zakken, zoogenaamde kardoeszakken, en worden ontstoken door middel van een met sas gevuld pijpje. dat in een centraalkanaal aan het sluitstuk wordt geplaatst. Uit de „Lange Toms" kunnen voorts worden geschoten: granaten van ongeveer 40 kilo gewicht, granaatkartetsen van 41 kilo gewicht, gevuld met 480 hardlooden kogeltjes, en kartetsen van 40 kilo gewicht, gevuld met 1220 hardlooden kogeltjes, wegende elk ongeveer 24½ gram. Deze projectielen verlaten de monding met een snelheid van ongeveer 480 meter, hetgeen beteekent, dat zij zonder de tegenwerking van luchtweerstand en zwaartekracht in één seconde een afstand van 480 meter zouden afleggen. Bij het verlaten der monding ontwikkelt het projectiel natuurlijk zijn grootste snelheid, en die snelheid zal verminderen, naarmate het projectiel zich verder verwijdert van de monding. Hoe beter vuurmond en projectiel echter gemaakt zijn, des te minder zullen zich de tegenwerkende krachten doen gelden, en op een afstand van 4500 meter hebben de zware Creusot-kanonnen zeer bevredigende uitkomsten opgeleverd.

De *granaat* is voorzien van een schokbuis, die de bom bij den aanslag op weerstandbiedende voorwerpen doet springen; de *granaatkartets* bezit een tijdbuis, die de bom na een bepaalde tijdruimte doet barsten in

Automatische Maxim-Kanon der Boeren.
Door de Engelsche soldaten bijgenaamd „Pom-pom".

Maxim-Kanon der Boeren. (Caliber 37 milimeter).

een punt der genomen baan; de *kartets* is zonder buis en ontploft vlak bij de monding, de kleine kogels trechtervormig uitspreidend. De granaat is het meest geschikt voor onbeweeglijke, vaste doelen; de granaatkartets voor beweeglijke doelen, terwijl de kartets wordt gebruikt bij groot dreigend gevaar, als de vijand reeds tot op 400 à 500 meter is genaderd.

De Creusot-fabriek, die de kanonnen leverde, zond tevens twee hoogst bekwame ingenieurs: GRUNBERG en LÉON. Onder hun leiding werd het nieuwste en grootste der vier Pretoria beschermende forten gebouwd, terwijl de andere drie onder toezicht van Duitsche ingenieurs werden gemaakt. Léon zorgde voor het vervoer der reuzenkanonnen naar het oorlogsterrein; het was een zwaar werk, dat de hoogste eischen stelde aan zijn ingenieurskunst, maar Fransche vindingrijkheid volvoerde de taak. Twintig juk ossen sleepten den vuurmond tegen de steilten en hoogten op, en waar de ossen het lieten steken, daar namen honderden en nog eens honderden gespierde Boerenarmen het werk over. Vele nachten heeft Léon slapeloos doorgebracht, en hij heeft niet gerust voordat de grimmige muilen van zijn kanonnen op Ladysmith waren gericht.

Veldstuk der Boeren. (Creusot). Caliber 75 milimeter.

Snelvuur-Kanon met ammunitiewagen der Boeren. (Creusot). Caliber 75 milimeter.

Ook Grunberg mag genoemd worden. Hij heeft het toezicht op een projectielenfabriek in Johannesburg, die op verrassende wijze een der meest onrustbarende kwesties van den oorlog oploste — de aanvoer van ammunitie. Ook werden hem de royaal ingerichte werkplaatsen der Nederlandsch-Zuid-Afrikaansche Spoorwegmaatschappij bereidvaardig afgestaan voor de herstelling van beschadigd materieel.

Een geheel ander kanon dan de „Lange Tom" is het Maxim, waarvan de Transvalers en Vrijstaters een behoorlijk aantal bezitten. Het is een licht veldkanon, dat onder een onheilspellend dof geknetter 600 kogels in de minuut slingert. Het is een automatisch, zelfwerkend kanon. Wanneer namelijk de patroonband, die gewoonlijk 300 geweerpatronen opneemt, aan de juiste plaats is aangebracht, en de patroon voor het eerste schot is ingeschoven in de kamer van den loop, behoeft de artillerist niets anders te doen dan dit eerste schot te laten afgaan, terwijl de vuurmond door zijn vernuftige constructie er voor zorgt, dat de volgende 299 patronen zonder behulp worden afgeschoten. Het Maxim heeft slechts één loop, die uit den aard der zaak al zeer spoedig sterk verhit is, en om aan dit bezwaar te gemoet te komen, is de loop omgeven door een wijden mantel, die met water wordt gevuld. De met patronen gevulde banden liggen in regelmatige slagen opgevouwen in een kist onder het kanon, terwijl het mechanisme van het kanon den band vooruitschuift, totdat de laatste patroon is verschoten. De affuit laat toe, dat aan het kanon tijdens het vuren een zekere verplaatsing naar rechts en links wordt gegeven, waardoor de kogels kunnen worden uitgespreid, en dus een grootere terreinstrook onder vuur wordt genomen, terwijl aan de affuit meestal stalen schilden zijn aangebracht, die den artillerist beschermen. Eén man is voldoende ter bediening van dit kanon. [1])

Het voornaamste wapen van den Boer blijft intusschen zijn geweer. In vorige oorlogen gebruikten de Transvalers veeltijds Henri-Martini-geweren, en het is thans voor den eersten keer, dat zij met *Mausergeweren* zijn gewapend. Het is een repeteergeweer van klein kaliber (6.7 millimeter), en vereischt dus slechts lichte ammunitie. Vijf patronen worden te gelijk in het magazijn geschoven, en het laden gaat zeer snel. Het geladen geweer kan gemakkelijk in rust worden gezet; het levert dus weinig gevaar op, al is het geladen. Daarbij is de loop ook aan den bovenkant, zoover de linkerhand reikt, met hout bekleed. Dit heeft een groot nut, want de loop kan door het veelvuldig schieten zoo heet worden, dat men de handen zou schroeien. Daarbij zijn de patronen van rookvrij buskruit, terwijl het geweer bij het aftrekken een schok geeft, die nauwelijks merkbaar is. De aanvangssnelheid van den kogel is zoo groot, dat voor de eerste viziersafstanden geen verandering in den stand van het vizier noodig is. Bij eenige vertrouwdheid met het Mausergeweer is binnen 450 meter het doel met onveranderde vizierklep te raken, terwijl de deugdelijkheid van dit wapen den Boer reeds herhaalde malen is gebleken.

Onder aanhoudende schermutselingen trachtten de Boeren betere stellingen in te nemen, en met onregelmatige pauzen weerkaatsten de heuvelen en bergen van Natal den donder der Engelsche en Afrikaansche kanonnen. BEN VILJOEN, de kaartenboer, nam bezit van het Boskopje, ten oosten der stad, en de „Lange Tom" wierp twee granaten, die in de hoofdstraat van

---

[1]) Volgens C. J. M. COLLETTE in „Eigen Haard" en „Avondpost."

Generaal Schalk Burger in zijn kantoortent.

Ladysmith barstten. Maar ook de kanonnen der Engelschen waren goed gericht en beschoten zoo nauwkeurig de batterij der Middelburgers, dat het stuk ijlings door een wal van zandzakken beschut moest worden. Ook de kommando's van Vrijheid, Utrecht en Standerton, onder generaal Louis Botha, die den uitersten linkervleugel der Boeren vormden, raakten met den vijand slaags, doch wierpen hem zegevierend terug. Slechts eenige burgers werden gewond, en een Maxim- en een Kruppkanon licht beschadigd, die weer spoedig in orde waren gebracht. De Engelschen leden zware verliezen, terwijl een hunner kanonnen werd vernield.

In den nacht van 8 op 9 November, 's morgens halftwee, trok een afdeeling van het Pretoria-kommando uit, om een in het noordoosten gelegen, door de Engelschen sterk bevestigden rand, te bestormen [1]. De paarden werden achtergelaten, en de manschappen waren zonder proviand en zonder water. De afdeeling was verdeeld in vier secties van 25 man; zij zouden een met Maximkanonnen versterkte Engelsche positie nemen, terwijl de vijand achter een vier voet hoogen, van schietgaten voorzienen klipmuur lag.

Wegduikend in een droge sloot, kwamen de Boeren aan een punt, waar zij over een vlak terrein, slechts bedekt door een paar mierenhoopen, moesten heensluipen, om nieuwe schuiling te zoeken. De wakkere Boeren bereikten ook die mierenhoopen, maar de Engelschen hadden hen reeds opgemerkt, en de vijandelijke kogels floten hun om de ooren en joegen het stof hoog op. Het was nu zeven uur in den morgen; terugtrekken was onmogelijk, en voorwaarts rukken krankzinnigenwerk. De kogels kletterden als een hagelstorm tegen de hooge mierenhoopen, en de vijand was onzichtbaar. Er kon geen geweer worden afgeschoten; de manschappen lagen weerloos achter de zwakke bedekking. Intusschen gloeide de zon aan den wolkeloozen hemel, en de Boeren versmachtten van dorst. Tevergeefs werd er naar hulp uitgezien, en te elf uur namen sommigen het besluit, terug te loopen naar de verlaten sloot. Het was een wanhopig besluit, maar de onderneming liep, wonderlijk genoeg, gelukkig af, al gonsden de kogels ook als zwermende bijen om hen heen. Doch de dorst verschroeide nu de keel, en met handen en messen werden in de sloot kuilen gemaakt, om water te vinden. Hoe heerlijk smaakte het drabbige vocht!

De verliezen der Boeren waren opmerkelijk gering. Niemand was gesneuveld; slechts twee werden gewond: Anderson en Muller. De kogel, die Anderson trof, nam een zonderlinge richting. De man lag met de beenen over elkander geslagen, weggedoken achter een mierenhoop, toen hij werd gekwetst. De kogel drong in de kuit van het rechterbeen, verliet bij den enkel den voet, drong vervolgens bij den anderen enkel den

---

[1] Wat de Boeren „stormen" noemen, beteekent, daar zij geen bajonetten hebben, een krachtige voorwaartsche beweging met geweervuur tegen eene vijandelijke stelling.

linkervoet in, om bij den kleinen teen den voet te verlaten [1]). MULLER kreeg een kogel, die zijn rechterduim en het been boven zijn knie wondde. ROBBY REINECKE nam den gewonden MULLER op den rug en droeg hem 200 pas door den kogelregen heen naar de sloot. God beschermde hem bij deze even moedige als menschlievende daad, en beiden kwamen zonder verder letsel buiten de Engelsche vuurlinie.

Beide gewonden zijn spoedig hersteld.

Zoo eindigde deze bestorming, die niet slaagde, maar twee dagen later hebben de Engelschen uit eigen beweging de positie opgegeven. Bij de verschillende schermutselingen en gevechten, die tot de insluiting van Ladysmith leidden, gaf de Engelsche artillerie krachtig vuur, zonder intusschen over het algemeen veel onheil te veroorzaken. Het groote Creusot-kanon op den Bulwana-heuvel werd door een Engelsche granaat getroffen, zonder ernstige schade te berokkenen, en binnen de hoofdstelling der Boeren-artillerie vielen acht lyddietbommen, die met hun achten nog niet in staat waren, om het houten platform, waarop de kanonnen stonden, te beschadigen.

De Boeren waren intusschen zoo gelukkig, om weer eens krijgsgevangenen te maken, doch het waren dezen keer geen twee bataljons, maar slechts twee man. Aan den eenen kwamen zij al heel gemakkelijk. Hij was — een opmerkelijk verschijnsel, dat zich in dezen oorlog bij de Engelsche soldaten telkens herhaalde — verdwaald, en had tot een Kaffer de toevlucht genomen, die hem den weg naar Ladysmith zou wijzen. Maar deze Kaffer was geen vriend van Albion, en toen de Engelschman dit begon te begrijpen, was het reeds te laat. „Hier, baas," zeide de Kaffer tot een naderenden Boer, „hier breng ik je een Rooies." En de Rooies werd opgebracht. De andere „Rooies", die opgepikt werd, was een beschonken Engelsche soldaat, die in spijt van zijn dronkenschap de Boeren toch nog om den tuin trachtte te leiden. Hij vertelde namelijk met grooten ophef, dat generaal WHITE naar Pietermaritzburg was vertrokken, en generaal FRENCH thans het opperbevel voerde. Maar de Boeren wisten wel beter en lachten er om.

De krijgswet werd nu over het bezette gebied geproclameerd. Aan ieder, die zich behoorlijk gedroeg, werd bescherming beloofd, terwijl gevangenisstraf, zelfs doodstraf, stond op elke handeling, die berekend was, om de maatregelen der Boeren te benadeelen.

Te Elandslaagte vestigde zich het kommissariaat [2]), dat, in den beginne tamelijk gebrekkig, met den dag beter beantwoordde aan de gestelde eischen. Ook schikten zich de Boeren in de tijdelijke ontberingen, gedachtig aan

---

[1]) Volgens een particuliere correspondentie, opgenomen in „De Volksstem."
[2]) Kommissariaat — intendance; inrichting, die voor de voeding der troepen zorgt.

Gen. Schalk Burger.

het groote werk, dat zij in handen hadden genomen. Zoo moesten de Lijdenburgers het voorloopig nog zonder tenten stellen, en DAVID SCHOEMAN, hun kommandant, gaf zijn burgers een loffelijk voorbeeld in het verdragen van ontberingen. Hij wist dan ook onder zijn als niet al te mak bekend staande manschappen de orde uitstekend te bewáren, terwijl generaal SCHALK BURGER, de man van korte woorden en krachtige daden, door allen geacht en gehoorzaamd werd.

Intusschen waren de Boeren vol goeden moed want het doel, Ladysmith met generaal WHITE's keurtroepen in te sluiten, was bereikt, en het kampleven met zijn bonte afwisselingen begon. Sommigen verfrischten zich aan de rivier, sprongen ontkleed in het water en beproefden hun zwemkunst; anderen besloegen hun paarden, of verdeelden de vleeschrantsoenen, en gingen op de jacht, terwijl men andere groepen Boeren kon vinden, lang uitgestrekt in de stille schaduw van een lommerrijken boom, in de beste stemming der wereld. Zelfs de luchtballon, hoog in de lucht, nauwelijks zichtbaar als een nietig stipje, ergerde hun thans niet. Zij hadden het voorloopige doel bereikt. De ring van vuur en staal had zich gesloten om Ladysmith.

Op naar Estcourt!

DE Engelschen hadden zich vóór den oorlog bijzonder vroolijk gemaakt over de domheid en de bekrompenheid der Boeren. De verwonderlijkste verhalen over hun onwetendheid deden de ronde, doch een der Engelschgezinde Natalsche bladen spande in het opdisschen van die verhalen de kroon, door aan zijn lezers het volgende mede te deelen:

Een Boer vertelde aan een Engelschen reiziger, dat er in zijn land een zonderlinge wonderbare granaat groeide. Zij groeide als de appel aan een boom. De reiziger vond dit vreemd en haalde zijn schouders op, doch de Boer, die zijn twijfel wilde overwinnen, bracht onzen reiziger aan den oever eener rivier, waar een bijzondere boomsoort groeide met reuzenbladeren, donkerzwart van kleur met lichtgroene lijnen er door heen. De vruchten deden denken aan croquetballen, lichtrood gekleurd. Op den grond lagen vele van die ballen, maar zij waren hard, zonder sap, en donkerblauw „Zij zijn uitgedroogd," meende de Boer gemoedelijk, raapte een van

Het Militaire Hospitaal der Engelschen te Mooirivier.

die groote „vruchten" op, sprong op zijn pony en reed vier mijl ver langs 'den oever der rivier, totdat hij tegenover een rots kwam, die uit het midden der rivier uitstak. Onze reiziger was met klimmende belangstelling den Boer gevolgd, die nu door het ondiepe water waadde, de „vrucht" op de rots voorzichtig neerlegde, en zich vervolgens in een kloof verborg. De reiziger begreep er niets van, maar ons Boertje lachte genoegelijk, legde zijn geweer aan en schoot op de „vrucht." Het schot had een verrassend effect. Het scheen, alsof er een salvo artillerievuur losbrak. Het water spatte woest op; de rots splinterde af en de boomen aan den oever der rivier werden ontworteld. „Dat is nu ons „Donderbolleke,"" zeide de Boer met groote voldaanheid; „het groeit nergens dan in de vallei. Wij hebben honderden van deze donderbollekes in Pretoria gebracht, en wij zullen ze gebruiken ook. „Zie," fluisterde hij met geheimzinnige stem, „wij zullen ze binnen de vijandelijke kampen smokkelen, en ze onder de Engelsche ammunitie verstoppen; zij zullen er eene ontzettende verwoesting aanrichten. En als dàt niet gaat, dan zullen wij ze als mijlpalen neerleggen langs den weg, dien de Engelschen moeten nemen, en onze Mausers zullen het overige doen."

Zulke verhalen geloofden de Engelschen, doch de slag bij Modderspruit gaf hun toch te denken, en de volgende schrandere operaties der Boeren ten zuiden der Tugela-rivier, die ten doel hadden, om generaal BULLER's plannen te wijzigen, en hem naar Natal te lokken, hebben hen volkomen genezen van hun waan.

„Op, kereltjes, in 't zaâl!" riep PIET JOUBERT, en dat was een uitkomst voor de Boeren, die mee mochten het zuiden in. De Boer toch wil liever rijden, jagen en op den vijand loeren, dan vast liggen voor een Engelsch kamp. Maar allen konden niet mee, en de achterblijvenden staarden met zekere jaloerschheid de 3000 man uitgezochte manschappen na, wien het veroorloofd werd, de Engelsche kolonie wat beter te bekijken.

De tocht eischte echter groote behoedzaamheid. Te Estcourt stond een Engelsch leger van 5000 man, en ten zuiden daarvan aan de Mooi-rivier een ander leger, dat licht 3000 man telde. Met de voorzichtigheid der slang moest JOUBERT tusschen de versterkte vijandelijke kampen zien heen te sluipen; zijn verkenners laten uitzwermen in de richting van Pieter-Maritzburg; door omzichtige operaties, waarbij zijn krijgsmacht in verschillende afdeelingen moest worden gesplitst, den vijand in de meening brengen, dat er minstens het vierdubbele getal Boeren over de Tugela-rivier was getrokken; voor de kommando's bij Ladysmith een flinken voorraad beesten requireeren en bij de nadering van generaal BULLER snel terugjagen achter de bevestigde oevers der Tugela-rivier.

. Ziehier nu Engelsche telegrammen, die op dezen tocht betrekking hebben:

Estcourt, 17 November. Volgens gerucht hebben de Boeren Weenen, op 25 mijlen afstands van Estcourt, bezet.

Estcourt, 18 November. De Boeren deden heden een aanval op Estcourt van uit het noordwesten. Generaal HILDYARD voert thans het bevel over de troepen.

Londen, 20 November. 10000 Boeren wachten op het uitrukken van generaal BULLER uit Pieter-Maritzburg. Generaal PIET JOUBERT en generaal LOUIS BOTHA rukken op, om BULLER tegen te houden.

Estcourt, 20 November. De Boeren zijn thans tot op 10 mijl ten noordwesten van Estcourt genaderd.

Durban, 21 November. De verbinding met Estcourt is verbroken.

Durban, 22 November. De Boeren rukken op van het westen, via fort Nottingham. Zij hebben het vuur geopend op het kamp van Mooi-rivier. De Boeren rukken op naar Pieter-Maritzburg.

Berlijn, 23 November. Het kamp van Mooi-rivier wordt door de Boeren gebombardeerd; generaal JOUBERT beheerscht alle hoogten tusschen Pieter-Maritzburg en Ladysmith.

Londen, 24 November. Officieel wordt medegedeeld, dat de Boeren van Helpmakaar de Tugela-drift hebben aangevallen.

Berlijn, 24 November. Volgens particuliere berichten heeft generaal JOUBERT Pieter-Maritzburg omsingeld met zware artillerie.

Het Natalsche blad „Natal Mercury" was zichzelve niet meer, en schreef in haar verbouwereerdheid het volgende: „Hoe ook het militaire oog den huidigen toestand moge opnemen, voor het oog van den gewonen man was de toestand gisteren zoo ernstig mogelijk. Niet alleen was een groote macht van den vijand van uit het noorden achter Estcourt omgetrokken, en die macht had dit zoo krachtdadig gedaan, dat de gemeenschap met Estcourt was afgesneden, maar ook was een sterk kommando, naar schatting 6000 man groot, en een lengte van zes mijlen beslaande, met geforceerde marschen langs een westelijke route over Ulindi naar een punt nabij fort Nottingham getrokken. Deze twee troepen hebben het geheele land langs de marschlijn geplunderd. De stoutmoedigheid en de snelheid, waarmede de laatste beweging is uitgevoerd, wijzen op een durf, vertrouwen en vastberadenheid der Boeren, die niet minder verwondering wekken dan het feit, dat die marsch is volbracht kunnen worden zonder dat onze militaire autoriteiten het wisten. Wij nemen aan, dat zij niet bekend waren met deze voorwaartsche beweging, want anders zouden onze veebezitters zeker wel kennis hebben gekregen van wat er ophanden was, en zou hun tijd zijn gegeven, om hun eigendom in veiligheid te brengen. Wij kunnen alleen hopen, terwijl wij dit schrijven, dat de omvang en beteekenis dezer bewegingen vergroot zijn, maar het is blijkbaar noodig, om sterke pogingen in het werk te stellen, om het voortrukken van den vijand te stuiten."

De vermeestering van den gepantserden trein, door de Boeren, bij Estcourt

Weinige dagen later was er bij Estcourt geen Boer meer te vinden, al had men hem ook tegen goud willen opwegen. Zij waren gekomen als een zwerm sprinkhanen, die plotseling neerstrijkt op het veld, om even plotseling te verdwijnen.

De eerste ontmoeting hadden de voortrukkende Boeren op Woensdag 15 November met een gepantserden trein, die van uit Estcourt een verkenning deed in de richting van Colenso.

Van die gepantserde treinen hadden de Engelschen zich al wonderlijk overdreven voorstellingen gemaakt bij het begin van den oorlog, terwijl die treinen, sinds de oorlog feitelijk begon, voor hen een bron zijn geworden van dagelijksche ergernissen. 't Is geen wonder, dat de soldaten huiverig werden, om er in te stappen; zij noemden ze gepantserde doodkisten. De gepantserde trein, dien de Boeren ontmoetten, had intusschen reeds verscheidene keeren de spoorbaan tot in de nabijheid van Colenso veilig afgereden, zonder averij te krijgen, en dit gaf hoop, dat het ook dezen keer goed zou afloopen. 't Is waar, er was gerapporteerd, dat een Boerenkrijgsmacht in de nabijheid van de spoorlijn tusschen Colenso en Estcourt zwermde, maar voor alle gebeurlijkheden werd daarom de trein met een flink aantal Dublin Fusiliers bemand, terwijl er voor den eersten keer een kanon werd medegevoerd. De manschappen werden aangevoerd door kapitein HALDANE, een schitterend stafofficier, met roem bekend uit Indische expedities, en licht gewond in den slag bij Elandslaagte. Kapitein WYLIE kommandeerde het kanon.

Twee uur te paard ten zuiden van Colenso, bij de Blauwkransrivier, werd aan de Wakkerstroomers onder BAREND VAN DER MERWE gerapporteerd, dat de trein in aantocht was. Nu, de Boeren begonnen er al slag van te krijgen, hoe zij die jongens moesten behandelen. Zij verscholen zich achter de kopjes, en lieten hem ongehinderd doorstoomen. Maar zij legden, toen hij voorbij was, klippen op de rails, en stelden hun kanon in positie.

De Engelschen hadden deze Boeren niet opgemerkt en reden door totdat zij op een afdeeling Boeren stootten, groot ongeveer 200 man, die als dekking dienden voor een groot transport beesten. Nu had er echter iets merkwaardigs plaats. De Engelschen namelijk maakten zich bezorgd over hun trein, en de Boeren maakten zich bezorgd over hun beesten, en beide partijen wenschten zich geluk, toen de andere hen ongemoeid liet. Zoo stoomde de trein terug, het zuiden in, terwijl de Boeren voorttrokken naar het noorden, naar het hoofdlager bij Ladysmith, waarvoor de gerequireerde beesten waren bestemd.

Zoo ver was dus alles goed gegaan, maar van achter de kopjes dreigde een groot gevaar. De Wakkerstroomers, een klein getal, hadden

Het laten springen van de spoorwegbrug bij Fr

, ten zuiden van Ladysmith, door de Boeren.

namelijk in allerijl versterking gevraagd en verkregen van afdeelingen Heidelbergers en Krugersdorpers, en wachtten met ongeduld de dingen, die komen zouden. Zij behoefden niet lang te wachten. De voorste wagen, ontspoorde door een grooten klipsteen die op de rails was gelegd, terwijl de Boeren tegelijkertijd uit hun kanon en hun geweren het vuur op den achtersten wagen openden. Het kanon schoot er drie keeren doorheen, terwijl de Engelsche zevenponder, voordat hij drie schoten had gelost, door een granaat werd verbrijzeld. De Boeren bevonden zich op een afstand van 1500 à 2000 meter; zij konden vanwege het weinig dekking biedende terrein den vijand niet dichter naderen, en terwijl eenige Engelschen er in slaagden, met de zwaar beschadigde locomotief te ontsnappen, klommen de anderen uit den ontspoorden trein om zich te verdedigen. Zij verkeerden in de stellige meening, dat de Boeren niet durfden naderen, en terwijl zij op die Boeren vuur gaven, werden zij uit de onmiddellijke nabijheid door 50 andere Boeren beschoten. Toen was het uit met hun moed, en gaven zij zich over. CHURCHILL, een Engelsche oorlogscorrespondent, gedroeg zich tijdens het onheil met groote koelbloedigheid, en werd mede krijgsgevangen genomen. Gaarne zou de veldkornet hem hebben vrijgelaten, maar hij mocht het niet doen, daar men CHURCHILL had gevonden met een revolver in zijn hand. De Engelschen hadden 4 dooden en 14 gewonden, terwijl 58 ongekwetste soldaten, waaronder de kapiteins HALDANE en WYLIE, en het Engelsche kanon, in de handen der Boeren vielen. Zelf hadden zij slechts 4 lichtgekwetsten.

In een Kafferhut ontdekten de Boeren een Engelschen rapportganger met een mand, waarin zich 15 postduiven bevonden, bestemd voor generaal WHITE, en verzonden van Pieter-Maritzburg. In den bijgevoegden brief werd medegedeeld, dat het garnizoen van Ladysmith moest geduld oefenen, totdat er van uit Durban versterkingen zouden worden gezonden.

Langs een geduchten omweg trok generaal LOUIS BOTHA ten westen van Estcourt heen, om vervolgens de spoorlijn te bereiken, die Estcourt met Durban verbindt, terwijl kommandant DAVID JOUBERT Zaterdag 18 November het dorp Weenen, een lief landelijk plaatsje, bezette, zonder dat er een schot werd gelost. De geheele macht van Engeland hier bestond slechts uit drie politie-agenten, die bij de nadering der Boeren aan den haal gingen.

Het was een aandoenlijk plekje voor de Boeren, dit Weenen, dat niet naar de vroolijke keizerstad aan den blauwen Donau was genoemd, maar naar de vele tranen, die hier waren geschreid. Hier waren de argelooze Boerenlagers, terwijl de mannen op de jacht waren, overrompeld door de grimmige speren der Zoeloe-Kaffers; hier waren ze vermoord en geschonden: vrouwen en kinderen, grijsaards en knapen; de zuigeling gespiest aan de borst der moeder, het kind met het hoofd vermorzeld tegen de ijzeren wielbanden van den ossenwagen. . . . Hier, op een hoogen heuvel bij de Blauwkransrivier, verrijst de gedenknaald als een droeve herinnering aan dien vreeselijken moord, en hier stonden nu de kinderen en de kleinkinderen van die lijders en martelaren in volle krijgsuitrusting, terwijl Ds. POSTMA en de kommandant-generaal hun woorden van hoop, moed en geloof toespraken.

Donderdag 23 November werd aan de Tugela-drift bij Helpmakaar zwaar gevochten, maar de Engelschen werden verdreven, terwijl zij nog 9 gevangenen achterlieten in de handen der Boeren. Dezen hadden 2 dooden en 2 lichtgewonden, terwijl de Engelschen ernstige verliezen hadden geleden.

Intusschen trachtte generaal HILDYARD in verbinding te komen met het Engelsche kamp te Mooi-rivier, en den halven cirkel te breken, dien de Boeren over het spoorwegstation Willow Grange hadden bezet; in den namiddag van 21 November liet hij uitrukken, en de Engelschen kampeerden onder een geweldig onweer in het open veld. Tegen den volgenden morgen werd een der Boerenstellingen met de bajonet bestormd, maar verschanste Boeren wierpen de aanvallers met glans terug. Het gevecht ging over in een artillerieduel, en tegen den middag gelastte HILDYARD den algemeenen terugtocht naar Estcourt.

De Boeren werden ook uit het zuiden, uit het Engelsche kamp bij Mooi-rivier, bestookt. De Engelschen vatten post in een bosch in de nabijheid van het station Mooi-rivier, terwijl hun artillerie onder bedekking van een paar ruige kopjes werd opgesteld. Met grooten spoed namen de Boeren nu zelf ook nieuwe posities in, terwijl hun kanon in vollen galop een bult opreed, achter een groep boomen verdwijnend. Het gaf een ongewone drukte, en een talrijke stoet paarden met hun veulens, die blijkbaar achter dezen heuvel hadden geweid, holden angstig weg. De Engelschen begonnen reeds vuur te geven, terwijl het gedreun van het kanon zich vermengde met het rommelen van een naderend onweer. In groepen of op hun eentje kwamen vrienden de Boeren versterken, terwijl andere Boeren een nieuwen heuvel bezetten. De paarden werden achter de gevechtslinie gebracht, en toevertrouwd aan het opzicht van eenige Kaffers, terwijl de manschappen zich doodbedaard neervlijden in het lange, hooge gras. Er was een gevecht in het vooruitzicht, en toch heerschte er de grootste kalmte. Men stak de pijp aan, verhaalde elkander allerlei geschiedenissen uit het familie- of boerenleven, en tuurde, kleine rookwolken uitblazend, bedachtzaam naar den nevelachtigen horizon, die geheimzinnig werd verlicht door het opvlammen van kleine lichtpunten. Eenige oogenblikken later werd dan de doffe, harde slag gehoord.

Met aandacht volgden de Boeren de bewegingen van den vijand; nu en dan verschenen op de omringende koppen gewapende mannen. Maar het onweer naderde, en de atmosfeer werd vochtig en kil. De veldkornet gaf order, om voorwaarts te gaan. Dicht bij een Boerenkanon werd halt gehouden; iedereen dook weg in het gras, maar de vijand scheen vandaag geen trek te hebben om te vechten. Het kanonvuur verminderde, en een zachte mistregen daalde neer. Toen verscheen de generaal met het bevel, om terug te keeren naar het kamp. Het was een moeilijke tocht, want het onweer barstte nu los met tropische hevigheid en de duisternis begon te vallen. De bodem werd glad en glibberig, en de paarden verlangden naar rust. In een zware stortbui werd het Boerenlager bereikt.

Den volgenden dag, 23 November, kwam het tot een ernstig gevecht. De Engelschen hadden op een kopje dicht bij Estcourt een zwaar bergkanon geplaatst, terwijl links van dat kopje een complete batterij tegen de Boeren in actie werd gebracht. De voet van het Engelsche kopje was door een klipmuur verbonden met den voet van een tweede kopje, waar 50 Vrijstaters en 15 Johannesburger politie-mannen stelling hadden genomen.

De posities der Boeren waren niet mooi. Zij zaten tusschen twee Engelsche legers als tusschen twee vuren in, en het is onbegrijpelijk, dat van uit het kamp bij Mooi-rivier geen krachtiger pogingen werden gedaan, om de Boeren vast te keeren. Slechts éénmaal deden zij, van uit een boschje te voorschijn komend, een zwakke poging, maar eenige schoten uit het Boerenkanon waren voldoende, om hen terug te jagen, zonder dat zij zich dien dag weer vertoonden.

De Boeren namen een uitgestrekte stelling in op met gras begroeide heuvels zonder klippen, en ook deze dag maakte geen uitzondering op de meeste dagen, die de Boeren op hun verkenningstocht hier in 't zuiden beleefden: regen, mist en zwaar onweer. De vijand viel intusschen met groote vastberadenheid het tweede kopje aan, waarop de Vrijstaters en de Johannesburgers stonden. Tijdens dit gevecht doodde de bliksem een Boer en zes paarden, terwijl twee Boeren bedwelmd werden; ook een Engelschman werd getroffen. De vijand nam het kopje met de bajonet onder den wilden kreet: „Hoera! Gewroken is Amajuba!" Maar de Boeren wisten hun Creusot-kanon te redden, brachten het opnieuw, rechts van Estcourt, op een ander kopje in stelling, en openden op een afstand van 4500 meter op het door de Engelschen zoo pas genomen tweede kopje hun vuur. De vijand trachtte wel door zijn artillerie dit vuur tot zwijgen te brengen, maar het mislukte hem volkomen: zijn bommen vielen onschadelijk neer aan den voet van het Boerenkopje.

Het Creusot-kanon deed prachtig werk. Granaat op granaat viel met verwoestende kracht in de vijandelijke stelling, terwijl een groot Maxim-kanon der Boeren eveneens op hetzelfde doel ging schieten. Terwijl trokken de Krugersdorpers onder veldkornet OOSTHUIZEN den vijand in de

Gezicht op Estcourt, veertig kilometer ten Zuiden van Ladysmith.

flank, hem krachtig bestokend. Maar hoeveel Engelschen er ook mochten vallen op dat door hen veroverde tweede kopje, zij ontvingen aanhoudend versterkingen van het eerste kopje, welke versterkingen onder dekking van den reeds genoemden klipmuur telkens voorwaarts rukten, om eerst zichtbaar te worden, als zij het tweede kopje beklommen. De artillerie der Boeren liet nu haar vuur op dien klipmuur spelen, en schoot hem stuk. Toen werd den Engelschen te machtig, en zij ontruimden het kopje, na het twee uur in bezit te hebben gehad. Het was geen oogenblik te vroeg; majoor Hobbs en 7 minderen vielen den Boeren nog in handen. De majoor was zeer verdrietig, maar de soldaten droegen hun lot met verwonderlijke gelatenheid; één hunner verklaarde later met groote openhartigheid aan een Transvaalschen oorlogscorrespondent, dat de man nog moest geboren worden, die hem nog eens den berg opkreeg, om er de Boeren af te halen.

Op het kopje vonden de Boeren 8 dooden; ook lagen er bij den klipmuur nog verscheiden gesneuvelde soldaten, terwijl de Boeren 49 gewonden zagen. Maar de meeste Engelsche gewonden en dooden waren reeds vervoerd. Het geheele verlies der Boeren bedroeg slechts 2 dooden en 2 gewonden, en de Engelschen werden met geweld op Estcourt teruggeworpen.

Intusschen kwamen er de volgende dagen al meer versche troepen te Durban aan, en Piet Joubert gaf weer een blijk van even groote zelfbeheersching als voorzichtigheid, toen hij aan zijn manschappen het bevel gaf tot den terugtocht. Zoo werd de victorieuze opmarsch gestaakt, en generaal Buller's stille hoop, de Boerenmacht ten zuiden der Tugelarivier te kunnen omsingelen en te vernietigen, vervloog in rook.

Maar gevaarlijk was de terugtocht toch, want hij ging langs een lange, smalle kloof met hooge, loodrechte wanden. Indien de vijand zich boven op den top van die rotswanden had verschanst, dan waren de gevolgen niet te berekenen geweest, maar er was geen Engelschman te zien, en de Boeren haalden ruim adem, toen zij die gevaarlijke kloof achter den rug hadden. Doodvermoeid, maar behouden kwam de hoofdmacht der verkenningstroepen te Colenso terug, waar zij tijd hadden, om van de doorgestane vermoeienissen uit te rusten. Piet Joubert echter moest zijn geliefd volk voor eenige weken verlaten, daar hij een ernstige ongesteldheid had opgeloopen; hij vertrok per spoor naar Volksrust, waar hij in het hospitaal werd opgenomen.

Voor een afdeeling Vrijstaters, die met 1000 stuks gerequireerd vee en 80 ossenwagens langs het pad van Oliviershoek Colenso trachtten te bereiken, werd de tocht, waarbij men slechts langzaam vooruit kon komen, een zeer gewaagde onderneming. Schutte was de aanvoerder van het

Boeren en wagens, deel uitmakende van een convooi.

zwakke escorte. In het begin ging alles naar wensch, maar gedurende de tweede helft van den tocht begonnen de Engelsche patrouilles zeer opdringerig te worden, zoodat de Vrijstaters telkens moesten aanvallen, om zich den vijand van het lijf te houden. Zoo geraakte men tusschen de bergen uit, doch nauwelijks was er voor den invallenden nacht een lager getrokken, om den afgebeulden paarden en beesten eenige rust te geven, toen Schutte van eenige uitgezonden verkenners het ernstig bericht ontving, dat een groote macht vijanden in snellen aantocht was. De Engelschen hadden er de lucht van gekregen, dat het vee slechts een zwakke bedekking had, en waren zeer verlangend om den vetten buit weg te kapen. Maar de wakkere Vrijstaters waren niet minder verlangend, om hem in veiligheid te brengen, en Schutte gaf bevel, onmiddellijk in te spannen en op te zadelen. Vóór middernacht had zich de mijlenlange stoet alweer in beweging gesteld, en in de duisternis van den nacht kroop hij langzaam, spookachtig voort langs den kronkelenden weg. Er werd de grootste stilte in acht genomen, maar het geloei der ossen kon men toch niet keeren; de wagenassen kraakten over den hobbeligen weg; de slaapdronken drijvers stommelden naast de moede ossen voort, en de in hun kombaarzen gedoken Kaffer-achterrijders waren op hun voortstappende paarden ingedommeld. Tevens was het zóó donker, dat men slechts aan de bewegingen der paarden gewaar kon worden, welken bodem men onder de voeten had. Zes uren duurde de nachtelijke tocht, terwijl bij het aanbreken van den dageraad werd stilgehouden en uitgespannen bij een boerenhoeve. De Engelschen bereikten des morgens de plek, waar de Vrijstaters den vorigen avond hadden willen uitspannen, en keerden teleurgesteld terug. Na een behoorlijke rust zetten de Boeren des middags hun tocht voort, de ruiters aan weerszijden van den langen trein, terwijl een nieuw gevaar dreigde, daar op de flank Engelschen werden gerapporteerd. Gelukkig echter kregen de Vrijstaters nu versterking van andere Vrijstaters onder veldkornet Derksen. Zoo bereikten zij veilig den noordelijken oever der Tugela-rivier, zonder dat ze ook maar één stuk vee hadden verloren, en onze Hollandsche admiralen konden in de Engelsche oorlogen, als zij de rijkbeladen Oostindiënvaarders in de vaderlandsche havens brachten, zeker geen grooter schik hebben dan kommandant Schutte, toen hij met zijn 1000 gehoornde viervoeters in het lager bij Ladysmith verscheen.

Van meer waarde waren intusschen nog de 300 volbloed paarden, die de Boeren, natuurlijk tegen behoorlijk bewijs, hadden meegebracht uit de beroemde paardenfokkerij te Mooi-rivier.

Ook de andere afdeelingen Boeren kwamen nu allengs opdagen, en op eenige gewichtige punten na aan den zuidelijken oever der Tugela-rivier, die bezet bleven, werd het geheele land ten zuiden dezer rivier ontruimd.

Zoo werd de tocht, die evenveel stoutmoedigheid als voorzichtigheid vereischte, om niet in een groote ramp te eindigen, volbracht, en Piet Joubert had weer bewezen, dat God aan dezen man een groote mate van oorlogsbeleid had geschonken. De tocht had zich onderscheiden door een aaneenschakeling van kleine gevechten en schermutselingen, terwijl Joubert, wegens de ongunstige gesteldheid van het terrein voor de vechtwijze der Boeren, ernstiger slagen had vermeden. Toch hadden de Boeren meer dan eens getoond, dat zij de zonen waren van die oude Voortrekkers, die voor geen Zoeloes, geen wild gedierte en geen Engelschen waren teruggetrokken, en van de bijzondere wapenfeiten willen wij er ten minste twee, die van vijandelijke zijde werden genoemd, en daarom zonder twijfel niet overdreven zijn, mededeelen. Het eene feit betreft de bestorming van een heuvel bij Estcourt. Een Boer, kenbaar aan zijn witte jas, verliet zijn veilige dekking, kroop langs den heuvel onder een hevig vuur van den vijand naar boven, knielde neer en bond den strijd aan tegen de geheele rechterflank van den vijand. Hij toonde een verwonderlijke koelbloedigheid, en vuurde zoo kalm en bedaard, alsof hij op de patrijzenjacht was. Hij scheen echter nog niet dicht genoeg bij den vijand te zijn, want hij kroop al verder den heuvel op, om dan opnieuw vuur te geven. Zijn bewonderenswaardige moed scheen aanstekelijk te werken op zijn makkers beneden hem, en een twaalftal voegde zich bij hem, om gezamenlijk de rechterflank van den vijand aan te tasten. Tegen de kogels dezer scherpschutters was de Engelschman niet bestand, en hij trok terug. De naam van dezen held was Botman, uit den Vrijstaat.

Het andere geval was niet minder treffend. Een Boer, een echte scherpschutter, had een mooi punt gevonden, dat hij omringde met een muurtje van klippen. Van hier uit schoot hij de Engelsche officieren weg. Daarbij rookte hij zijn oud, steenen pijpje zoo bedaard, alsof hij bij een buurman op de koffie was. De Engelschen begonnen hem echter op te merken en richtten een hunner kanonnen op hem. Maar ook dit vervaarde hem niet. Telkens als er zoo'n bom aankwam, zocht hij kalm dekking, om opnieuw zijn man uit te kiezen. Slechts één keer had een der barstende bommen uitwerking, in zoover zij zijn steenen pijpje vlak voor zijn mond wegsloeg, wat hij zeer betreurde. Maar zelf kwam deze dappere ongeschonden uit den strijd; zelfs zonder een enkele schram.

Nu er zekerheid was verkregen, dat generaal Buller inderdaad zijn krijgsplan had gewijzigd en Ladysmith zou ontzetten, lag het op den weg der Boeren, aan dat ontzet alle mogelijke hinderpalen in den weg te leggen. In de eerste plaats was het dus zaak, om de spoorbruggen tusschen Colenso en Estcourt te vernielen. De eerste brug, die onderhanden werd genomen, verbond de oevers der Blauwkransrivier bij station Frere, ongeveer halverwege tusschen Colenso en Estcourt. De brug had een lengte van 45 meter, en bestond uit twee spanningen. Met een wacht van 36 Boeren begaf de ingenieur er zich heen. Hij moest haast maken, want uit de richting van Estcourt werden vijandelijke patrouilles gerapporteerd; binnen 2½ uur waren de ontstekingspatronen in elke lading aangebracht, beide spanningen vlogen hoog op en vielen op den bodem der rivier.

Nu lag de prachtige spoorbrug bij Colenso over de Tugela-rivier aan de beurt. Deze brug was 164 meter lang, verdeeld in vijf vakken van gelijke lengte, terwijl de pijlers 10 à 12 meter hoog waren. Het was wel een hard ding, om zoo'n mooie brug te vernielen, maar PIET JOUBERT was doof voor de bezwaren van den ingenieur, en eischte de onmiddellijke vernieling. Zoo begaf dan de ingenieur er zich heen met zijn wagen, die gevuld was met de noodige werktuigen en begon den 28sten November zijn arbeid. Eerst moest de Boerenartillerie schoon schip maken en een opdringenden verkenningstroep der Engelschen verjagen. Direct nadat dit geschied was, begon de ingenieur aan zijn arbeid en binnen twee uur was alles gereed voor de ontploffing. Menschen en dieren werden uit de gevaarlijke nabijheid verwijderd, en nadat de ingenieur zich op 100 meter afstands van de brug in een kleinen duiker had geplaatst, liet hij het aangebrachte toestel ontploffen. Het werkte prachtig: de veertig ladingen ontploften te gelijk en de brug werd, op vijf plaatsen middendoor brekend, onder een regen van uitspattende stukken ijzer, geheel uit elkander geslagen. De vernieling was volkomen. Op den hoeksteen stond nog het volgende te lezen: „Deze brug werd gebouwd voor £ 19000 en genoemd de Bulwerbrug, op den 17den October 1879."

De Boeren lieten een goeden indruk achter bij de Zuid-Natallers, die zij hadden bezocht. 't Is waar: beesten moesten zij hebben, om hun kommando's te kunnen proviandeeren, doch van ruw geweld is nooit sprake geweest. Engelschgezinde Natalsche landbouwers hebben later zelf moeten verklaren, dat zij aangenaam verrast waren door de beleefdheid en de inschikkelijkheid der Boeren. Weduwen liet men ongemoeid; armen werden ontzien; van de gegoeden werd genomen naardat de draagkracht was, en steeds tegen een deugdelijk bewijs. Wèl hadden die Engelsche Afrikaanders dom gehandeld, die bij de nadering der Boeren hals over kop waren gevlucht, hun bezittingen onbeheerd achterlatend. Zij, die, op het woord der Boerenkommandanten bouwend, in hun woningen waren gebleven, waren er het beste aan toe, en hebben later de minzaamheid en beleefdheid der vijanden geroemd. Natuurlijk, betreurenswaardige uitzonderingen zijn er steeds, doch daarvan is het Boerenvolk geen verwijt te maken, en roof en plundering werden, als het bevoegde gezag er

De brug over de Tugela bij Colenso door de Boeren verwoest.

kennis van kreeg, zwaar gestraft, zelfs tot een gevangenisstraf van vijf à zes maanden.

Als een onverdacht getuige omtrent het gedrag der Boeren in het vijandelijk land willen wij een Engelschen Afrikaander [1]) laten spreken, die aan een familielid te Pieter-Maritzburg het volgende schreef: „Zaterdagnamiddag den 18^{den} dezer (November 1899) te ongeveer vijf uur hoorden wij omtrent een mijl onderkant ons huis schoten vallen. Ik had gehoord van „den zweepslagachtigen knal" der Mausergeweren, en was bang, dat de inval, zoover hij ons betrof, een voldongen feit was geworden. Ik zond een mijner Kaffers met den verrekijker naar den top van den berg, en hij kwam terug met de tijding, dat de Boeren in lager waren gegaan en slachtossen hadden doodgeschoten, naar hij veronderstelde. Zooals ge weet, dacht ik er niet aan, om weg te gaan. Er was nog tijd om weg te trekken, maar mijne vrouw zeide: „Jack, we zullen te zamen zien hoe het afloopt." Mijn plicht was duidelijk om te blijven, om te vertrouwen op de proklamaties der Boeren en op hun eerlijkheid, en het slot bewees, dat ik gelijk had door te blijven.

Wij gingen naar buiten, om het binnenrukken te zien. Onze Kaffers en koelies gedroegen zich goed; wij zeiden hun, dat wij bij hen zouden blijven.

Cliffdale is, zooals ge weet, een plek, waar 50 man met een Maxim best 1000 man van zich af konden houden, en het was een lust, om te zien, hoe de Boeren er bezit van namen. Ik zou dat gezicht voor niets hebben willen missen. De wijze, waarop die bereden manschappen de steile, klipachtige kanten der kopjes aan elke zijde van den weg opkwamen, terwijl anderen langs den berg reden, was een les in het gebruiken van bereden infanterie, die ik gewild had, dat onze staf eens gezien had. Het was een genot te zien hoe zij op verwonderlijke wijze partij trokken van elk plekje schuiling, en hoe zij hun paarden leidden over een terrein, zoo ruw als men zich slechts denken kan.

Toen wij omsingeld waren, zonden zij zes man naar ons huis. Mijne vrouw en ik kwamen naar buiten, hun te gemoet. Zij namen allen hun hoeden af, en toen begon de aanvoerder te vragen naar mijn naam enzoovoort. Ik zeide hem, dat ik hier was gebleven in vertrouwen op hunne proklamatie, en dat ik bescherming eischte voor ons en voor ons eigendom. Hij antwoordde: „Er zal niets van u worden genomen zonder betaling. Onze orders zijn, dat het eigendom van iedereen, die op zijn hoeve blijft, geëerbiedigd en de inwoners beschermd moeten worden."

De Boeren zeiden vervolgens, dat wij in huis moesten gaan, terwijl

---

[1]) John H. Wallace, Cliffdale, Hooglands (Natal).

zij met hun generaal zouden spreken. Zij kregen melk te drinken, en hierop kwam de verzekering van den generaal, dat wij met onzen gewonen arbeid konden voortgaan, doch dat ik den volgenden dag bij den generaal moest komen.

Den volgenden morgen nu sprak ik kommandant TRICHARDT. Hij verklaarde, dat hij ossen noodig had, doch hij wilde ze betalen. Ik antwoordde, nog slechts 21 ossen over te hebben, waarmede ik ploegde, en als hij ze nam, zou ik in een heel slechten toestand zijn. Hij nam 4 stuks, en gaf er mij een order voor op Pretoria. Ik vraagde hem, wat er zou gebeuren met mijn vee, dat in vier kralen stond. Hij antwoordde: „Ge zult beschermd worden."

Er werden voorposten geplaatst bij ons huis, en de Boeren trokken op drie mijlen afstands een lager. Te elf uur voormiddags was er alarm, en in minder dan een half uur tijds waren alle manschappen weg, op een uitmuntende stelling in mijn schut een kamp vormend. Er kwam bericht, dat zij aan deze zijde der Mooi-rivier slaags waren met Engelsche voorposten. Dit kommando — laat ik dit er bijvoegen — was slechts 650 man sterk en had geen kanonnen. Hun generaal heette JOUBERT en was de zoon van den opperbevelhebber [1]. Hij is een dapper man.

Zondagmiddag te vijf uur (19 November) kwam hun ambulance onder dr. MOORHEAD en dr. WATT, en nooit in mijn leven heb ik trouwhartiger, meer kinderlijk vertrouwende en meer hartelijke menschen gezien. Zij vreesden een dadelijk treffen, en vraagden, of zij de schuur konden krijgen voor de gewonden. Mijne vrouw zeide: „Als gij onze Engelsche gewonden zoowel als de Afrikaansche hier brengt, om door mij verpleegd te worden, dan zal ik doen, wat ik kan." Zij antwoordden, dat dit altijd gebeurde. Den volgenden morgen bracht de ambulance JOUBERT's stiefzoon, die door de maag was geschoten. Wij legden hem in een slaapkamer; deze gewonde en twee zieken waren de eenige gevallen, die in die week bij het kommando zijn voorgekomen, behoudens een persoon, die door den bliksem werd gedood.

Deze 650 Boeren waren hier gekomen na het vernielen van den gepantserden trein, en zij spraken met den grootsten lof over CHURCHILL's dapperheid. Mijn beste wenschen voor hem, waar hij ook moge zijn!

De Boeren lagen hier dagen achtereen en ik zag maar steeds verlangend uit naar onze manschappen, die gemakkelijk hadden kunnen doorkomen. Maar, helaas, zij hadden niet de minste terreinkennis, en de Boeren verplichtten mij, om in huis te blijven. Zij namen mij later mee naar het Boerenlager op den berg, om den generaal te bezoeken, maar hij was juist uit op patrouille. Later echter kwam hij met veldkornet

---

[1] Met dezen generaal werd bedoeld kommandant DAVID JOUBERT van het Karolina-district.

Het dooden van slachtossen in een Boerenkamp.

Kock, om zijn zoon te bezoeken, en dankte ons hartelijk voor onze vriendelijkheid."

Tot zoover deze belangrijke brief. Vergelijk daarmede nu eens het gedrag der Engelsche soldaten! De vluchtende troepen van generaal Yule behandelden de bewoners van Natal, de onderdanen hunner eigen Koningin, erger dan onbeschaafde wilden. Alle licht vervoerbare voorwerpen van waarde werden gestolen; geld werd afgeperst, en wat niet vervoerd kon worden, werd op ruwe wijze vernield. De soldaten drongen de koffiehuizen binnen, dronken zich onbekwaam, om dan den boel kort en klein te slaan. Bij horden braken zij de gesloten huizen binnen, geweld plegend aan de vrouwen, zelfs aan nauwelijks volwassen meisjes. De officieren stonden er machteloos tegenover. Die tusschenbeide wilde komen, liep gevaar, door zijn eigen soldaten te worden doodgeschoten. De Natalsche Boeren, die hun vrouwen en hun eigendom wilden beschermen, liepen nog grooter gevaar. Zij werden neergeslagen, en hun hoeven, waaraan zooveel dierbare herinneringen waren verbonden, gingen in vlammen op. Vooral moesten het de ongelukkigen ontgelden, die aan de Transvaalsche en Vrijstaatsche Boeren gastvrijheid hadden bewezen. Zij werden als rebellen behandeld, en meer dan één werd door den Krijgsraad tot den kogel veroordeeld. De Engelschen waren dan echter nog wel zoo vriendelijk, om kleine wenschen in te willigen. Zoo verzocht een Natalsche boer, dat men zijn lijk zou neerleggen in de doodkist, die hij reeds jaren geleden als zijn laatste rustplaats had laten maken. Zijn verzoek werd ingewilligd, ofschoon daardoor het feit niet werd weggenomen, dat zijn bewezen gastvrijheid aan de Boeren, zijn eigen vleesch en bloed, hem het leven kostte.

De andere Engelsche legers waren geen haar beter dan dat van generaal Yule, en generaal White vond het maar het verstandigst, aan de bewoners van Ladysmith schadevergoeding te beloven voor hetgeen hun door zijn soldaten werd ontnomen. Zelfs de nieuwe versterkingen, die te Durban aankwamen, openbaarden dezelfde tuchteloosheid. Bij dozijnen werden de soldaten in de ijzers geslagen, maar weer losgelaten, toen hun kameraden een dreigende houding aannamen. Na zonsondergang kon zich geen fatsoenlijk man en nog minder eene fatsoenlijke vrouw te Durban op straat vertoonen zonder gevaar te loopen door dronken soldaten overvallen en mishandeld te worden. Een man uit München werd als Duitscher herkend, en door een troep Engelsche mariniers zóó geslagen, dat hij met drie gebroken ribben en een dubbele onderarmbreuk naar het gasthuis moest worden vervoerd. Gelukkig, dat er juist een officierspatrouille naderde; dat redde hem het leven [1]. Is het dan wonder, dat

---

[1] De „Frankfurter General-Anzeiger" bevatte over deze toestanden een hoogst lezenswaardigen brief van een Duitsch koopman in Durban, dato 19 November 1899.

Opzaal

! Opzaal!

de landbouwers van Natal, in zoover zij met de Engelsche ruwheden in aanraking kwamen, diep verontwaardigd waren? Dat zij met hoopen overliepen tot de Boeren en in hun voorste rijen streden tegen het Britsch geweld?

Maar zijn deze berichten niet overdreven en gekleurd? Ze zijn niet overdreven en niet gekleurd. Rechtschapen mannen hebben voor kommandant-generaal PIET JOUBERT *beëedigde verklaringen* afgelegd aangaande het vernielen van boerenhofsteden, aan stille Natalsche burgers toebehoorende. F. S. PARSONS verklaarde onder eede, dat op de plaats Kaalvaatje, waar zijn dochter woonde, de mannen waren in hechtenis genomen, de graanzakken stuk gesneden, het graan uitgestort, het vee geroofd, de huizen geplunderd, en alles, wat waarde had, vernield.

Dit vandalisme had de Boeren diep verbitterd, en het is te verstaan, dat F. S. PARSONS, toen hij den 6^{den} December met vijf andere gewapende burgers [1]) op honderd Natalsche karabiniers stiet, niet terugdeinsde, maar den strijd aanbond. Toch was het een hachelijke onderneming, want de Engelschen hadden behalve over een meer dan zestienvoudige overmacht nog over twee kleine Maxim-kanonnen te beschikken. De zes Boeren waren op weg naar de plaats Kaalvaatje, onder het Drakengebergte bij de Groote Tugela-rivier, om de zich aldaar bevindende dochter van F. S. PARSONS af te halen. Op de werf van COENRAAD OOSTHUIZEN (nabij den Wacht-Een-Bietje-Kop) gekomen, werden zij door de Engelschen ontdekt en uitgedaagd tot den strijd. Zonder aarzeling namen de Boeren de uitdaging aan en er ontstond een hevig gevecht, dat van halftwee 's middags tot zes uur 's avonds duurde. Al de paarden der zes Boeren werden gedood en RENDSBURG kreeg een schot in zijn voet. Maar onze burgers vochten met bewonderenswaardigen moed, wisten van geen aarzelen of wankelen en joegen de Engelschen met zware verliezen op de vlucht. Op OOSTHUIZEN's werf stond nog de ossenwagen met de acht juk ossen, door de Engelschen ingespannen. De ossenwagen was beladen met OOSTHUIZEN's beste huisraad, en onze wakkere burgers genoten de voldoening, dezen buit nog bijtijds uit de klauwen der Engelsche roovers te redden. Nog grooter was hun blijdschap, toen zij in den wagen twee gevangenen ontdekten: MEIJER en diens zoon (beiden ziek), die door de Engelschen in spijt van hun ongesteldheid waren in hechtenis genomen en hierheen gebracht. Hoe verblijd waren de ongelukkigen, toen zij hun bevrijders de hand mochten drukken!

De vijf ongekwetste Boeren zetten nu, daar hun paarden waren doodgeschoten, te voet hun verderen tocht voort, en brachten PARSONS'

---

[1]) De namen der 5 andere helden waren: J. H. STEENEKAMP, T. RENDSBURG, D. J. J. VAN VUUREN, S. J. PARSONS en C. J. VAN VUUREN. De twee eerstgenoemden en F. S. PARSONS waren Vrijstaters; de drie laatstgenoemden Transvalers (Wakkerstroom-kommando, wijk No. 2).

dochter mede. Op hun verzoek ontvingen zij nog een versterking van tien wakkere Vrijstaters, waardoor zij in staat werden gesteld, om de overige in de omstreken zich bevindende vrouwen en kinderen uit hun benarden toestand te redden en veilig weg te brengen. Den 11den December kwamen de dappere burgers behouden aan bij het lager van Johannesburg, terwijl hun een hartelijke, welverdiende hulde werd gebracht voor hun manmoedig gedrag.

Bij de Boeren voor Ladysmith.

VAN Glencoe per spoor naar het belegerde Ladysmith reizend, is het eerste belangrijke station Elandslaagte, dat een historische beteekenis heeft verkregen door den noodlottigen slag van 21 October. Een zwarte turfweg slingert van het station naar het slagveld, terwijl de stellingen der Boeren door de verspreid liggende bomscherven, kartetssplinters en Mauserhulzen nog zeer goed te onderscheiden zijn.

Het slagveld is als bezaaid met verloren brieven, weggeworpen kleedingstukken, beschimmeld proviand, gebroken muilentuigen, geplunderde valiezen, gescheurde tenten en platgetrapte bussen. Een paar gebroken Schotsche karren en een doorschoten ossenwagen dienen tot zitplaats voor de aasvogels, die met scheeve koppen ongeduldig zitten te loeren, of er kans komt, om hun maaltijd voort te zetten, terwijl een zestigtal doode paarden met strak uitgestrekte pooten een verschrikkelijke lijklucht verbreiden.

Op de plek, waar het vroolijke Hollanderkamp in den morgen van den 21sten October onder scherts en gezang werd geplaatst, is het stil geworden, want daar rusten nu, onder de harde klippen, de dooden: vrienden en vijanden bij elkander. Het graf van den dapperen graaf ZEPPELIN is evenals dat van Dr. COSTER apart gebleven, doch men zegt, dat het officiëele graf van Dr. COSTER niet zijn ware graf is. Hij werd na den slag uit zijn voorloopige rustplaats opgedolven, en bij het schijnsel der lantaarnen en onder militaire eer hebben de Boeren aan hun gewezen staatsprocureur een nieuw graf gegeven. Doch later zijn er ernstige bedenkingen gerezen, of men wel het echte lijk had overgebracht, ja er is met stelligheid beweerd geworden, dat er een vergissing heeft plaats gehad.[1] Het zij zoo! Zijn gedachtenis zal er niet te minder om zijn. Dr. Coster is toch bedoeld; hij staat met onuitwischbare letteren ingegrift in de lijdensgeschiedenis onzer Transvaalsche broeders, en wij hebben hem in onze harten een monument opgericht, niet van marmer of brons, maar van eerbied en liefde!

In de gevechten, om Ladysmith geleverd, bleven verscheiden Engelsche gewonden achter. Zij waren door hun grijsbruine uniform moeilijk herkenbaar op het heuvelachtig terrein, en niet opgemerkt door de dragers van het Roode Kruis, bleven zij weerloos en hulpeloos liggen. Arme soldaten, wien dit lot ten deel viel! Uitgeput door bloedverlies, waren zij niet meer in staat om weg te komen, en bij hun volle zinnen zagen zij den dood in een zijner afgrijselijkste gedaanten langzaam, langzaam naderen. Boven hun hoofden zweefden, door den reuk van het bloed gelokt, de gieren, en daar zij honger hadden, gunden zij den ongelukkige dikwijls geen tijd om te sterven. Zij pikten hem de oogen uit en vochten dan onder elkander om het vleesch van den zieltogende. Patrouilleerende Boeren, die later de door aasvogels en wilde dieren geschonden lijken vonden, zagen met stomme ontzetting aan de houding der lijken, welke afschuwelijke tooneelen hier in de eenzaamheid van het veld waren afgespeeld.

Zulk een vreeselijk lijden hadden de soldaten dan toch niet gehad, die, in den slag onmiddellijk gedood, den volgenden dag bij tientallen en honderdtallen in groote kuilen werden neergelegd. Maar die breede, wijde kuilen werden dikwijls slechts met een voet of een halven voet aarde bedekt, en als er dan de Engelsche bommen doorheen ploegden, of een zware stortbui viel neer, dan werden de lijken ontbloot, en de voeten kwamen boven .... de doodshoofden met hun uitgebluschte oogen.... en saamgenepen en reeds door de ontbinding aangetaste handen strekten zich uit naar boven, naar den hemel, als stomme aanklagers van die misdadigers, die dezen oorlog op hun geweten hebben ....

---

[1] In een brief, van den specialen oorlogscorrespondent van het Utr. Dagblad over Elandslaagte, staat daaromtrent het volgende:

In de onmiddellijke nabijheid van dit weelig levendig tooneel, slechts een 20 treden verwijderd van het station lag, door een hegje van ijzerdraad omheind een versch graf, met steenen bedekt en versierd met een ruwhouten kruis, waarop te lezen stond de naam van Dr. H. J. Coster. Met het oog op de latere overbrenging van het stoffelijk overschot naar Pretoria en dewijl men twijfel koesterde of het wel inderdaad Coster was, die hier rustte, heeft men het graf geopend. Ik was tegenwoordig toen dit gebeurde en schoon door de geweldige zomerhitte het onbindingsproces reeds zoover gevorderd was, dat het lijk geheel onherkenbaar was geworden, hadden wij toch de stellige bewijzen, dat het niet Coster was, die hier begraven lag. Waarschijnlijk rust hij aan den voet van den berg, waar hij gevallen is, in het gemeenschappelijk graf dat daar ligt.

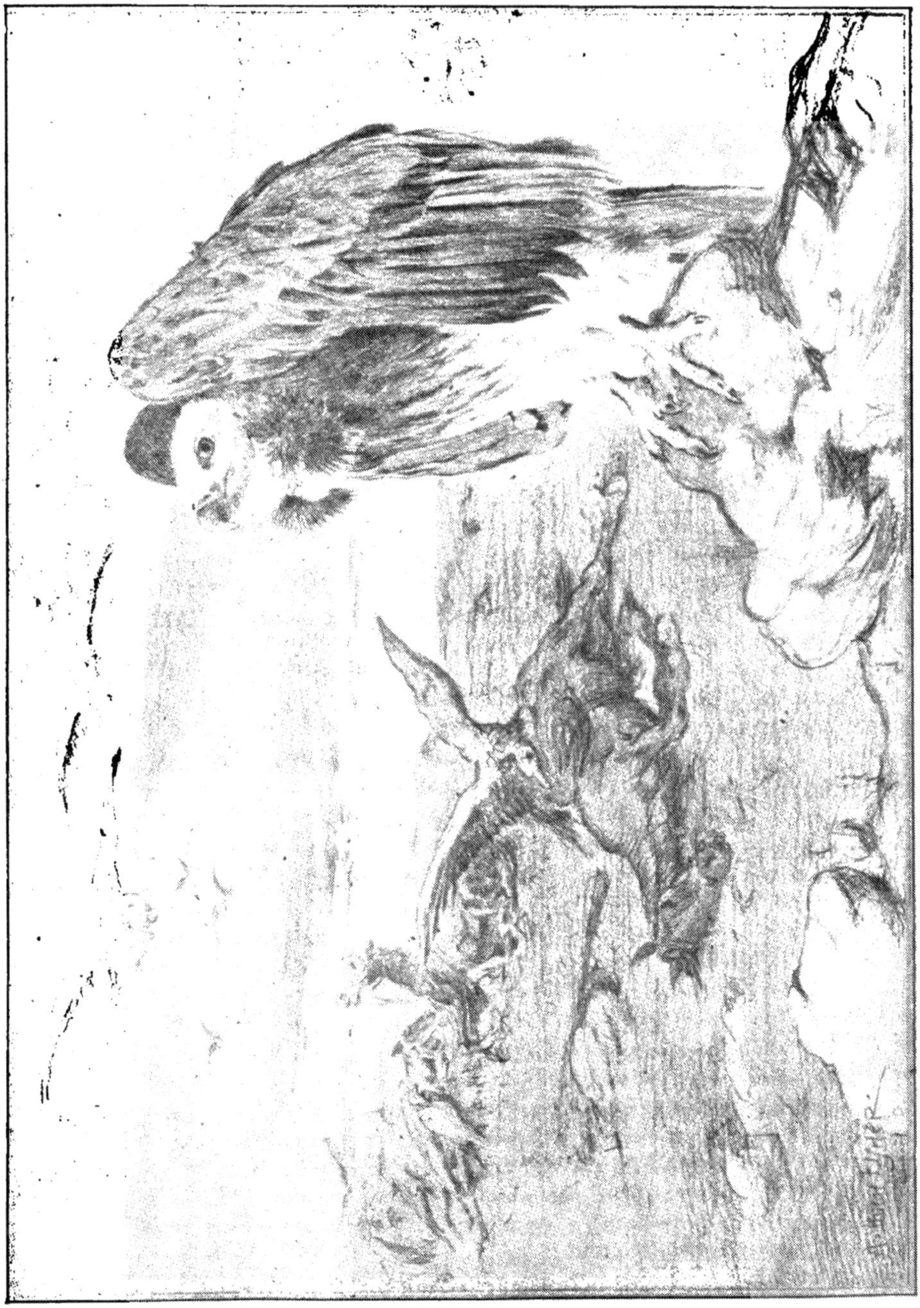

Te Elandslaagte was een postkantoor. Een klein gebouwtje van het spoorstation was er voor afgestaan. Een brievenbus was er natuurlijk niet, maar de nieuw benoemde postmeester wist raad en sloeg maar een ruit in. Nu was er een opening voor de brieven, die klonk als een klok. De wanden van het geïmproviseerde postkantoor waren op vier plaatsen door de vijandelijke bommen doorboord; de postmeester betimmerde de gaten met sigarenplankjes en begon welgemoed zijn uiterst moeilijke taak.

Bij het station van Elandslaagte vond men eveneens het commissariaat. Een goed commissariaat is onmisbaar; het is de provisiekast van het leger. In het begin was het een warboel; er heerschte groote wanorde, totdat in dien chaos onder de leiding van bekwame en doortastende handen orde en regelmaat werd gebracht. Aan het commissariaat werden alle goederen, voor het lager bestemd, in ontvangst genomen, terwijl de krijgscommissaris daarvoor een bewijs van ontvangst gaf. Elke week zond hij bovendien naar Pretoria, waar het hoofdcomité was gevestigd, een algemeen overzicht van hetgeen was ontvangen, van hetgeen aan de kommando's was afgeleverd en van den voorraad, die nog aanwezig was.

De grootste moeilijkheid leverde in het begin het proviandeeren van Colenso. Het brood, dat te Glencoe werd gebakken, kwam er door het lastig transport oud aan, en als de Kliprivier na een plotseling onweer aanmerkelijk gestegen was, werd het vervoer zelfs tijdelijk gestremd. Maar de ambtenaren der Zuid-Afrikaansche Spoorweg-Maatschappij wisten alweer raad, en met groote inspanning werd een locomotief met eenige spoorwagens naar Pieters, tusschen Ladysmith en Colenso, getransporteerd. Het spoorlijntje Pieters-Colenso werd nu, onder het bestuur van den heer M. MIDDELBERG, geopend, terwijl de bakkerij van Glencoe naar Pieters werd verplaatst. Ook het bureau van het commissariaat is dichter bij Ladysmith gebracht, namelijk te Modderspruit, terwijl de rustelooze veldtelegrafie haar kamp tusschen het commissariaat en de generaalstent heeft opgeslagen.

Vóór die tent kan men des voormiddags gewoonlijk de vrouw van den opperbevelhebber zien: tante JOUBERT, met een reusachtige klepmuts op het hoofd; druk in de weer, om met een paar Kaffermeisjes het middagmaal gereed te maken. Zij doet alles met de grootste nauwkeurigheid en huiselijkheid, en kijkt even op, als een vijandelijke bom door de lucht giert, zonder echter een oogenblik te vergeten, om de juiste hoeveelheid zout bij de aardappelen te doen. Zij is in spijt van haar leeftijd nog een wakkere, kordate huisvrouw, waarop oom PIET met recht trotsch mag zijn.

Tegen etenstijd komt JOUBERT, omstuwd door een groep hongerige adjudanten en volgelingen, te paard opdagen. Zooveel mogelijk is hij op tijd, maar hij heeft het natuurlijk niet altijd in zijn hand, want hij kan op zijn inspectiereis, die hij elken morgen doet, worden opgehouden door het kanonvuur van den vijand, door een brutalen uitval der Engelsche

Generaal JOUBERT aan zijn ontbijt in het Laager.

cavalerie of door een nieuwen maatregel, die met het oog op den toestand genomen moet worden. Niet de geringste onderscheiding verraadt zijn hoogen rang; hij is in zijn kleeding een welgestelde Nederlandsche landbouwer zonder meer: de jas van lichtbruine stof met panden; op het hoofd een bruine fantasiehoed.

De generaalstent heeft zich, als PIET JOUBERT binnentreedt, snel gevuld met Boeren, die aanschikken aan den gastvrijen disch. Maar tevergeefs zult ge hier de weelderige officierstafel van het Engelsche leger vinden. Hier geen vingerdoekjes en vingerkommetjes, zooals in het Engelsche kamp te Dundee waren achtergelaten: hier niets dan strenge eenvoud; republikeinsche, puriteinsche soberheid.

Terwijl PIET JOUBERT thuis is, dat wil zeggen in zijn tent, wordt hij overstelpt met verzoeken, opmerkingen en aanmerkingen over het commissariaat, de kleeding der manschappen, en veldkornetten en kommandanten zijn niet zuinig met hun bezwaren. Slim PIET moet voor alles raad schaffen, en hij schijnt in zijn tent geen opperbevelhebber te zijn, maar een vader, wien bij de thuiskomst geen rust wordt gelaten door zijn opdringerige kinderen. Zooals JOUBERT, zoo zijn ook de andere generaals en kommandanten: doodgewoon, van geen andere Boeren te onderscheiden. SCHALK BURGER, bij de laatste verkiezing candidaat voor het presidentschap; generaal SCHOEMAN, een stoere kerel, reeds bejaard; LOUIS BOTHA, in spijt van zijn jeugdigen leeftijd (hij is pas 36 jaar) in dezen oorlog reeds een man geworden van Europeesche vermaardheid, zij verraden in alles den eenvoudigen Afrikaanschen Boer.

Elke tent bevat ongeveer 10 man, die „maats" zijn, en den arbeid onder elkander verdeelen. De een haalt hout, de ander maakt vuur, de derde schrobt potten en pannen uit en de vierde braadt vleesch. Om de twee dagen wordt geslacht: een os voor ongeveer 100 man. De ossen krijgen een kogel door den kop; vervolgens wordt hun de keel afgesneden en het slachten begint. Het vleesch wordt op de gis in stukken gesneden of gehakt, waarna het vleesch wordt verdeeld. Een der maats gaat met zijn rug naar de rantsoenen staan en een ander leest de namen af. Voor wien dit stuk? Voor wien dat? En de man, die met zijn rug naar de rantsoenen gekeerd staat, noemt willekeurige namen. Zoo krijgt ieder zijn bescheiden deel. Het vleesch wordt gekookt, gebraden, gezouten of in lange reepen opgehangen, om in de zon te drogen. Dat heet dan biltong. Behalve vleesch ontvangen de manschappen meel, waarvan pap wordt gekookt, en stormjagers, die van meel en olie worden gebakken, terwijl een uitgeholde mierenhoop als bakoven dienst doet. Ook rijst, aardappelen en tabak worden uitgedeeld, terwijl ieder burger in gewone gevallen kan rekenen op ongeveer twee pond vleesch per dag, en een pond koffie met drie pond suiker per maand.

De manschappen lossen elkander af bij de wacht. De eerste wacht duurt van 8 tot 12 uur middernacht; de tweede van middernacht tot 4 uur 's morgens. Met twee patroonbanden om, elk bevattende 200 patronen, met een reservezak, die 180 patronen inhoudt en het geladen geweer onder den arm, liggen de manschappen dan achter de klippen en rondom de kanonnen. Maar ook overdag wordt de rust dikwijls gestoord door den alarmroep: „Opzaal! Opzaal! De Engelschen trekken uit!" De Kafferbedienden worden dan snel gewaarschuwd om de paarden te halen, en men zoekt stelling, doch in den regel is het een loos alarm.

De groote lagers der Boeren worden getrokken in cirkels, driehoeken of vierhoeken, en bestaan uit 200 tot 300 ossenwagens, die de muren vormen der geïmproviseerde vesting.

Een gedeelte der binnenruimte wordt beslagen door de tenten, terwijl het andere gedeelte gedurende den nacht wordt gebruikt voor stalling van paarden en trekossen.

Het lager staat onder het bestuur van een hoofdlagerkommandant, die weer zijn lagerkommandanten, veldkornetten en korporaals onder zich heeft. Moeten er rantsoenen worden uitgedeeld, dan roept de korporaal uit al zijn macht: „Uitdeeling!" en ieder snelt naar de korporaalstent, om zijn part te ontvangen. De lagerkommandant heeft vooral toe te zien, dat er geen beest verloren gaat, dat de ossen 's avonds goed vastgebonden worden, de paarden vastgekoppeld aan de lijn, en dat het lager wordt schoon gehouden. 's Avonds om negen uur schreeuwt hij met een vervaarlijke stem: „Vuren dooven! Lichten uit!" en de Kaffers, die als knechts dienst doen, gaan dan slapen. Zijn zij onrustig, of hebben ze ossen of paarden laten wegloopen, dan krijgen ze met de zweep, en zijn ze 's morgens niet bijtijds op, dan wacht hun hetzelfde rantsoen. De veldkornet staat aan het hoofd eener afdeeling en houdt boek van hetgeen hij ten behoeve der burgers van het krijgscommissariaat ontvangt.

Tucht en discipline in de militaire beteekenis van het woord zijn den Boer totaal onbekend, en in het vruchtbaar samenwerken der verschillende kommando's tot bereiking van een groot doel zullen de Afrikaanders zich nog moeten oefenen [1]. De Boer zal niet gehoorzamen, zoolang hij ernstigen twijfel koestert omtrent het nut van het bevel, en hij zal geen schot lossen, of het moet strooken met zijn meening, dat het tijd is. Maar daartegenover staat, dat hij gehoorzaamt en stipt gehoorzaamt, als het bevel hem noodzakelijk voorkomt. Zoodoende kan er

---

[1] Ik heb hier voor mij liggen particuliere brieven, uit het Boerenlager bij Ladysmith aan mij gericht, waarin gewezen wordt op de verzuimen, in dit opzicht gepleegd. Doch die briefschrijvers troosten zich — het is een gevaarlijke troost! — met de gedachte, dat de Engelschen nog veel grootere flaters begaan.

van orde en regelmaat in de lagers even goed sprake zijn als bij de godsdienstoefeningen, daar de Boer uit plichtsbesef gehoorzaamt. Als de veldkornet te halfvier des morgens al de manschappen wekt met den kreet: „Opzaal, opzaal, kerels!" dan staan allen, die het gehoord hebben, ook op, terwijl de vaste slapers door hun maats aan de dikke ooren worden getrokken, totdat zij slaapdronken opstaan en naar hun paarden strompelen. En als anderhalf uur later, te vijf uur, de order komt: „Groote inspectie van geweren!" dan snelt ieder naar zijn tent, grijpt geweer en bandelier, en haast zich naar de open plek bij het kamp, waar de generaal de manschappen staat op te wachten als eene

„Biltong" voor het krijgscommissariaat.

kip haar kuikens. Ieder verdringt zich om den bevelhebber, doch deze steekt doodbedaard zijn klein, houten pijpje aan, roepend: „Is jullie mal vandaag? Wat staan jullie daar als sprinkhanen om een natten milliesstronk? Gaat op een rij staan met die roer aan je voet, en zoo, dat alle menschen mij kan zien!" Eenige veldkornetten stormen op de Boeren aan, duwen hier een troep naar achteren, ginds een afdeeling naar voren, en binnen vijftien minuten is het carré in een onberispelijk vierkant opgesteld. In het midden van dit vierkant staan de generaal met zijn onderbevelhebbers, leiden de inspectie en zien zorgvuldig de geweren na, terwijl de ongelukkige bezitters van vuile geweren onder het luide gelach der andere manschappen een geduchten uitbrander ontvangen met de order

„Schoonmaken jouw roer in de tent van den veldkornet, en vandaag die heele dag hout hak voor alle tenten."

Schiet een Boer zonder vergunning in het lager zijn geweer af, een noodeloos alarm veroorzakend, dan kost hem dit schot zestig gulden, welke geldboete kan worden veranderd in veertien dagen paardewacht of één dag zadeldragen. Den veroordeelde wordt bij de laatste straf, die geducht aankomt, een zadel met toom en beugels op den nek vastgebonden, terwijl hij onder de niet malsche grappen van zijn makkers alle vuile tentkarweitjes moet opknappen.

Die geen wacht hebben, staan op als zij willen, gaan eten als het hun lijkt, en leggen zich neer om te slapen, als ze vaak krijgen. Het bed bestaat uit een hoop heerlijk geurend hooi, en als een flinke stortbui de verregaande brutaliteit der altoos gonzende vliegen wat tammer heeft gemaakt, voelt de Boer zich op zijn hooibed den koning te rijk.

Hij houdt van zingen. Gewoonlijk is er elken avond godsdienstoefening in de nabijheid der generaalstent, en zoowel des morgens als des avonds stijgt het psalmgezang omhoog. De godsdienstoefening wordt meestal geleid door een predikant. Vele predikanten zijn meegetrokken in den oorlog – de ark in het midden der kinderen Israëls!

Zoo'n lager telt acht veldkornetschappen; elk veldkornetschap levert voor de brandwacht 's nachts twaalf personen. Het lager bevat een postkantoor, terwijl de burgers voor te verzenden telegrammen slechts de halve kosten behoeven te betalen.

Behalve kommandanten, veldkornetten, assistent-veldkornetten en korporaals vindt men bij de Boeren nog generaals of vechtgeneraals, die de in te nemen stellingen der burgers gedurende een slag hebben te regelen. De Boer is bepaald arm aan officieren; tot op zekere hoogte is iederen Boer zijn eigen officier, en de Boeren hadden nog maar korten tijd gestreden, toen zij reeds een grooter aantal Engelsche officieren krijgsgevangen hadden gemaakt, dan beide Boerenrepublieken te zamen bezitten. Bij de artillerie bestaan dezelfde rangonderscheidingen als in Europa, daar zij trouwens op dezelfde leest is geschoeid.

Onder de Uitlanders, die de Boeren van het begin af aan krachtig hebben ter zijde gestaan, vormen de Ieren een der grootste contingenten. Zij noemen zich de Iersche brigade, kozen den Ierschen Amerikaan BLAKE tot kolonel, en trokken, 1800 man sterk, den 7[den] October van Pretoria uit. Zij droegen allen ongeveer dezelfde kleeding, hadden den bandelier tot berstens toe gevuld met Mauserpatronen, en droegen als herkenningsteeken een groenen strik op de borst. „Als je niet tegen soldaten optrokt, die nog geen hooimijt kunnen raken," meende de kolonel, „dan zou ik je dien strik volstrekt niet laten dragen."

Aan majoor JOHN MAC BRIDE is de vlag toevertrouwd: de groene

Iersche vlag, met de gouden harp door de banen gevlochten, een geschenk uit het Iersche vaderland. In vier zware gevechten heeft de Iersche brigade de eervolle taak gehad, de artillerie te dekken, en geen Britsche hand heeft een Boerenkanon aangeraakt, dat door de Ieren werd beschermd. PIET JOUBERT is over hen dan ook zeer tevreden, en zeide in eene geestdriftig toegejuichte rede: „Iersche Brigadiers! Uw optreden en uw gedrag in dezen oorlog zullen door de Boeren nooit worden vergeten. Ofschoon gij vreemdelingen onder ons zijt, zult ge nu voortaan een deel van ons uitmaken, en nog meer dan uw eed van trouw maakt uw dapperheid u tot ware burgers dezer Republiek." Het is dan ook geen wonder, dat de Transvaalsche Regeering goede zorgen droeg voor de behoeften dezer wakkere brigade, en zij zijn de ware troetelkinderen geworden van het leger. Als de Boeren de gouden harp maar zien in de Iersche vlag, dan roepen zij al: „Daar gaat de harp! Geeft den Engelschen maar volop muziek, jongens!" Nu, aan de Ieren zal het niet liggen, doch geven wij aan een hunner zelf het woord, een wakkeren Ierschen Amerikaan, die o. a. het volgende schreef uit het Boerenlager bij Ladysmith [1]):

„Waarde DILLON! Toen de oorlog uitbrak, gingen de meeste mijneigenaren, speculanten, handelaren en zelfs de betaalde ambtenaren der Rhodeskliek aan den haal naar de Kaap, zoo snel als de treinen maar konden loopen. De vreemdelingen - Duitschers, Franschen, Ieren, Schotten en zelfs Engelschen, die Uitlanders worden genoemd, — voegden zich bij het Boerenleger. Gij moet weten, dat dit nu de menschen zijn, die de Engelschman van de dwingelandij wilde bevrijden, en toch nemen zij de wapenen op tegen die zoogenaamde bevrijders. De daadzaak is, dat al die nonsens over het onrecht, den Uitlander aangedaan, door de Rhodesbende voor de Engelsche bladen is opgekookt. Ik heb hier nu twee jaar gewoond, en ik weet nog niet, welk onrecht ons zou zijn aangedaan op staatkundig, godsdienstig, handels- of welk ander gebied ook. De mannen, die de gouddelvers verongelijkten en bedreigden en bedrogen, — ik bedoel de arbeidende klasse onder de gouddelvers — waren de Rhodeskliek, de mannen van de Hammond-maatschappijen, die vette salarissen opstreken voor hun werk. Het is uit een oogpunt van menschelijkheid en vrijheid zeer jammer geweest, dat JAMESON, HAMMOND en de rest niet werden opgeknoopt na hun strooptocht.

Toen de oorlog uitbrak, werden de vreemdelingen-brigades snel georganiseerd. De Duitschers tellen een brigade van minstens 2000 man, bijna allen geoefend in het Duitsche leger, en werden aangevoerd door mannen uit hun eigen vaderland — geoefende officieren. Ook is er een gemengde brigade van Franschen, Schotten en Engelschen, die hun eigen

---

[1]) De schrijver heet JAMES G. DUNN; de brief is gedateerd 29 November 1899.

officieren hebben, en zij doen het goed. Onze Iersche brigade telt nu over de 2500 man [1]); de meesten zijn uit Californië en het Westen met een bijmenging uit het oude vaderland en uit de Kaap. Onze kommandant is kolonel BLAKE uit West-Point, die in Amerika bij de cavalerie heeft gediend: een flinke kerel, een vechter en een tacticus, waarop West-Point trotsch kan zijn.

Er komen voortdurend nieuwe manschappen aan; zij komen over Lourenço-Marquez, en komen uit de verschillende landen van Europa en Amerika. De Amerikanen zijn meest jonge, onbehouwen klanten, die in den Spaanschen oorlog meevochten.

Manschappen van het Vreemdelingen-corps bij het Boerenleger.

Het was onze brigade, — wij hadden dien dag 1200 man in de vuurlijn — die de Iersche Fuseliers bij Dundee wegvoerde, en hadden de Boerenkommando's meer ervaring gehad in militaire zaken, dan hadden wij het geheele nest van YULE kunnen uithalen: cavalerie, infanterie, artillerie, want ik zag nog nooit een erger geslagen, meer gedemoraliseerden troep dan deze Britsche armee. Zij sturen gewoonlijk de Schotsche en Iersche regimenten op ons af, en wij zijn in staat, om hen te ontvangen. Zij kunnen ook wel Engelsche regimenten hebben, maar die worden in

---

[1]) Zij was dus sinds 7 October 700 man sterker geworden.   De Schr.

Hulptroepen bij het Engelsche leger.
Manschappen uit Nieuw-Zeeland in Schotsche kleederdracht.

Hulptroepen bij het Engelsche leger.
Manschappen van het Infanterie-regiment uit Bengalen.

reserve gehouden, want wij hebben hen nog niet gezien, ofschoon wij er heet op zijn, om eens met hen te bakkeleien.

Generaal JOUBERT is een slimme ouwe vos en verbiedt ons kansen te wagen, die onzeker zijn, en is obstinaat tegen alle grootscheepsche militaire maatregelen. Hij gedoogt geen aanvallen op bevestigde plaatsen; hij laat dat zaakje aan de Engelschen over, om het hun dan in te peperen. Het gevolg is, dat de Engelschen vijf man verliezen, waar wij er maar één verliezen. De Engelsche artillerie is vrij goed, doch hun kanonnen kunnen niet tegen de onze op, en hun infanterie en cavalerie raakt slecht.

Wij hebben WHITE met omtrent 10000 man opgesloten in Ladysmith. Zij hebben de gewoonte, om uitvallen te doen en de heuvels te bestormen, maar wij hadden orders, ons terug te trekken en hen te laten begaan; werden ze dan vermoeid, dan namen wij onze oude posities in, en peperden het hun in, als zij terugholden naar hun kamp. Zoo raken zij uitgeput.

De eenige plaats, waar wij slaag kregen, was bij Elandslaagte, waar een klein kommando Boeren, die te lang op een kopje tegen de Britten stand hielden, de lanciers en andere soldaten niet bemerkten, die hen omsingelden en gevangennamen. De lanciers gedroegen zich als vechtende Indianen, en gaven geen kwartier. Zij doorstaken en vermoordden de gevangenen als een bende Sioux-Indianen. Er wordt gezegd, dat hun officieren verantwoordelijk waren voor dit laaghartig bedrijf, maar voor ons maakt het weinig verschil. Wij hebben die fijne heeren opgeteekend in ons zwartboek, en als de gelegenheid zich aanbiedt, zullen wij dat regiment van de rol afschrappen. Het is tusschen ons allen afgesproken, geen pardon en geen kwartier te schenken aan de lanciers — er zullen geen gevangenen worden gemaakt van deze bende schurken. De Johnnies [1]) moeten maar voorzichtig zijn, want wij hebben bijna 4000 krijgsgevangenen in Pretoria, en de oude man Kruger gedoogt geen nonsens. De Engelschen moeten nu begrijpen, dat zij tegen blanken vechten en niet tegen negers; indien zij niet overgaan tot een beschaafd oorlogvoeren, zal er geween zijn in Engeland van de Tweed tot aan het Kanaal.

De Iersche Fuseliers, die wij bij Dundee gevangennamen, schenen niet erg in de war te zitten, dat zij opgepikt werden, en waren aangenaam verrast, toen zij bemerkten, dat onze brigade hen had gevangengenomen. Het zijn een goed soort jongens, maar zij behoorden aan onzen kant te staan. Oordeelende naar hetgeen zij zeiden, toen wij hen naar het spoor brachten, van waar zij naar Pretoria werden gezonden, zijn zij niet erg verzot op den dienst hunner Koningin, en zij verklaarden, dat zij en de Hooglanders altijd voorop moesten, terwijl de Engelschen achterbaks

---

[1]) Engelschen.

1	2	3	4	5	6	7	8	9
Caesarskamp, aan de zijde van Ladysmith zeer stijl, rotsachtig en begroeid. Sleutel der positie in het gevecht van 6 Januari.	Luchtballon der Engelschen.	Natalsche Karabijniers.	Vooruitgeschoven post der Engelschen.	5de Regiment Lanciers, Dragonders en 19de Reg. Huzaren achter het kopje.	Kamp der Gordons	Gedeelte van den oever der rivier waar de meeste inwoners hun onderaardsche schuilplaatsen hebben.	Kamp van de Lichte Kavalerie	Hoofdkwartier der Engelsche

Het Beleg va[n]

De stellingen der Engelschen gezien van den Bulwana-heuvel.. De Klipprivier slingert kamp, met voedsel voor zieken en gewonden. De weg naar Helpmakaar rechts aan in den hoek een stukje van den Bulwana, waarop verschillende stukken geschut der E

10	13	14	15	16	18		20	21
Kanon van 4.7.	Marine-afdeeling.	Kanon van 4.7 kaliber.	Spoorweg-station.	Tunnel Heuvel.	Begraafplaats.		Verschanste stelling van de Devon Hooglanders.	Pepworth Heuvel.
11 Stadhuis.				17 Stelling van het Leicester Regiment.		19 Weg naar New-Castle.		
12 Klooster.								

Ladysmith.

or geheel het landschap. De trein (een hospitaal trein) gaat uit Ladysmith naar het
ien voet van de heuvels. Even meer naar links een kleine spruit (stroompje). Links
eren, rechts op den voorgrond, Long Tom en andere stukken.

kunnen blijven, buiten het gevaar. Zij zullen later, denk ik, nog wel een kans krijgen, om over te komen naar de zijde van het Recht.

Overigens is alles in orde; enkel zitten wij wat krap in dokters en medicijnen; wij moesten een beteren staf geneesheeren hebben en een ambulance-corps, maar ik veronderstel, dat dit spoedig op ree zal zijn, daar zij op komst zijn uit Europa. Ik weet niet, wanneer ik weer kans zal krijgen, om te schrijven. Adresseer uw brieven maar naar Pretoria, Cassidig's Compagnie, kommando van kolonel BLAKE; dan zal ik ze wel bijtijds ontvangen, indien ik nog leef."

Elken dag vertrekken lange treinen gelukkige Boeren, die met een welverdiend verlof van twee tot vier weken naar huis gaan. Ach, dat is na al de doodsgevaren, die zij hebben getrotseerd, toch een blij en heerlijk wederzien! En zij worden versterkt in het bewustzijn, dat zij strijden voor huis en haard en hun dierbaarste panden.

Vertrekken er aanhoudend treinen met Boeren, andere treinen brengen terugkeerende verlofgangers aan: eerst de personenwagens met de Boeren; dan de veewagens met de paarden, en zooals zij daar uitstappen aan het station met hun gebaarde en door de zon verbrande gezichten en in hun door wind en regen verweerde kleeding, lijken zij sprekend op de krachtig gebouwde visschers aan onze Noordzeekusten. Zij hebben kalme, heldere oogen. In hun gelaatstrekken verraden verscheidenen nog het Fransche type, doch de meesten toonen met hun grijze of blauwe oogen, hun blond Germaansch haar en hun rossigen baard, dat zij van Nederduitsche, Nederlandsche afkomst zijn.

Waardoor onderscheidt zich de Boer in het gevecht? Zonder twijfel door zijn groote voorzichtigheid. Hij heeft den dood gezien aan wat de Engelschen noemen een glorieuzen dood. De Engelsche dapperheid, die met blinde oogen en roekelooze vermetelheid tegen onneembare stellingen instormt, is voor hem het toppunt van ezelachtigheid, en slechts in het uiterste geval zal hij zich tot een gewaagde onderneming leenen. Maar als het *moet*, dan doet hij het ook: namelijk de ware, onvervalschte Boer der wildernissen: en hij zal zijn leven wagen met Spartaanschen heldenmoed.

De Boer heeft een zekere aangeboren slimheid (de Engelschen noemen het sluwheid), is als geknipt voor den guerilla-oorlog, den kleinen oorlog, met zijn aanhoudende schermutselingen, waarbij groote slagen worden vermeden en vecht het liefst op eigen houtje. Dat leven in de wildernis, waar hij steeds op zichzelven is aangewezen, maakt het hem moeilijk, zich aan het bevel van een ander te onderwerpen, en zijn aanvoerder, die hem een bevel geeft, zal hem het nut van dat bevel moeten kunnen aantoonen, voordat hij het opvolgt.

De Boer windt zich niet spoedig op; een zegepraal brengt hem niet uit zijn doen, en een nederlaag ontstelt hem niet. Met een verwonderlijke en onbegrijpelijke kalmte zal hij het aanzien, dat zijn volgeladen ossenwagen midden in de rivier omduikelt, en in dien omgekantelden ossenwagen zal hij nog een aanrakingspunt vinden voor zijn leuken humor. Hij weet zich overal huiselijk in te richten, en hij doet dit ook hier bij Ladysmith. En als het avond is geworden, en het psalmgezang is verstomd, dan stopt hij nog even zijn pijp, zet zich bij zijn makkers neer op een veldstoel, een klip of een wagenkist, en staart peinzend naar boven, waar aan den wolkeloozen, nachtelijken hemel het Zevengesternte fonkelt, en de Melkweg blinkt en schittert als een met millioenen diamanten bezet, breed uitgespreid kleed. Een Engelschman [1]), die eenige dagen als krijgsgevangene in het Boerenkamp bij Ladysmith doorbracht, schrijft omtrent dien huiselijken, gezelligen trek bij de Boeren het volgende: „Ik zat in de tent van veldkornet SPRUIJT (van het Heidelberger kommando), toen het geluid van koraalgezang tot mij doordrong. Ik was begeerig, om het van naderbij te hooren, en ging naar buiten. In de nabijheid, in een andere tent, waren een aantal mannen bijeen, en ik voegde mij bij hen. Ik zag een kring Boeren van jongen en middelbaren leeftijd. Twee personen zaten in het midden, en hadden ieder een leege beschuitkist voor zich, waarop twee kaarsen brandden, terwijl de hoofden der aanwezigen groote schaduwen wierpen tegen het tentlinnen. Zij zongen den een of den anderen psalm met krachtige, zuivere stem. Er waren maar weinige psalmboeken, en die er geen hadden, drongen om hen heen, die er wel hadden. De manier, waarop zij zongen, maakte den indruk, dat het diep uit hun hart opwelde. Het was verschrikkelijk heet in de tent, en het zweet parelde tappelings over hun gelaat. Zij zongen nog eenige psalmen, waarna zij hun pijpen namen, die zij bij zich hadden neergelegd, en wij begonnen samen te praten. Zij waren zeer belangstellend, om te weten, wat wij, Engelschen, toch van hen dachten. Allen hadden de idee, dat wij hen voor weinig beter dan wilden hielden, en ook gedurende de volgende dagen werd mij herhaaldelijk gevraagd: „Verwachttet gij niet, een bende wilden te ontmoeten? Dacht gij niet, dat wij u dadelijk zouden doodschieten, toen gij onze krijgsgevangene werd?" Ik verzekerde hun eerlijk, dat onze achting voor den Boer sinds de oorlog was uitgebroken grooter was geworden, en zelfs tot bewondering was gestegen, nu zij zoo dapper streden. Zij waren trotsch op de wijze, waarop zij hun krijgsgevangenen behandelden, en merkten naar waarheid op, dat hun krijgsgevangenen het heel wat beter hadden dan zij zelven. Terugkeerende tot de tent (van den veldkornet), brachten zij mij heerlijk brood met boter, die zij met den dagtrein van Dundee kregen, en kouden biefstuk met koffie. Vervolgens

---

[1]) GEORGE LYNCH, oorlogscorrespondent van „The Echo".

staken wij weer de pijpen op, en begonnen opnieuw met elkander te keuvelen. Het was voor mij een hoogst genoeglijke en belangwekkende avond; ik scheen meer hun geëerde gast dan hun gevangene te zijn. Toen het laat was geworden, brachten zij mij matras, kussens en wollen dekens, terwijl de anderen, met uitzondering van den veldkornet, zich in hun dekens rolden. Ik sliep als een os, en werd eerst wakker, toen al de anderen reeds op waren, en ging naar buiten, om mij te wasschen. Hoe heerlijk en verkwikkend was de zuivere koele morgenlucht! Toen ik weer terugkeerde in de tent, stond reeds een groote, dampende kop uitstekende koffie en een bord vol lichtbruine beschuiten op mij te wachten."

Op een krijgstocht wordt van den Boer veel gevergd, maar hij kan ook veel doen, want hij is taai en sterk. Soms komt het paard in geen veertig uur onder het zadel weg, en de ruiter heeft het niet minder zwaar. Alleen het allernoodzakelijkste wordt meegenomen: een of twee dekens en een regenjas, te zamen met leeren riemen aan het zadel bevestigd; voorts een paar zadeltasschen, gevuld met biltong, hardgebakken beschuit en een zakje koffie, suiker en tabak. Langs het zadel bengelt het onmisbare koffieketeltje en een drinkbeker. Dan heeft de Boer nog zijn geweer, twee gevulde patroonbandeliers, een veldflesch en dikwijls een verrekijker.

Het voorbijtrekken van zoo'n paardenkommando maakt een krijgshaftigen indruk. De kommandant en zijn veldkornetten gaan voorop, maar overigens is er van de strenge en steile regelmaat der Europeesche legers geen sprake. Er wordt gepraat en gerookt, geschertst en gelachen, en ieder rijdt naast wien hij verkiest. Het gaat in den gewonen galopgang voort: de rivieren door, de bergen over; de afrasteringen der Boerenhoeven worden verbroken; de hinderpalen, die in den weg staan, opgeruimd. Zoo gaat men recht op het doel aan: voeling te krijgen met den vijand. Daarbij gaat de kommandant zeer voorzichtig te werk. Hij plaatst, is hij den vijand genaderd, zijn manschappen achter een kopje of kliprand, en neemt met zijn veldkornetten behoedzaam den vijand op. Ziet hij, dat de vijand hem te machtig is, dan verdwijnt hij met zijn kommando, zonder dat het wordt bemerkt, maar komt het tot een gevecht, dan zal hij door de keuze zijner stellingen er van de tien keeren toch negen malen voor zorgen, dat de vijand de aanvaller moet zijn [1]). Vooral in de verdediging is de Boer een geduchte, vreeselijke vijand. Hij heeft een aangeboren talent, om de beste en voordeeligste stellingen bij den eersten oogopslag te ontdekken, en in het schatten van afstanden: die onmisbare kunst, om raak te schieten, zoekt hij zijns gelijke.

Snel en vaardig is het Boerenkommando: vlug en beweeglijk als de

---

[1]) Wij spreken hier van bekwame Boerenkommandanten; de meesten zijn bekwame mannen, doch niet allen.

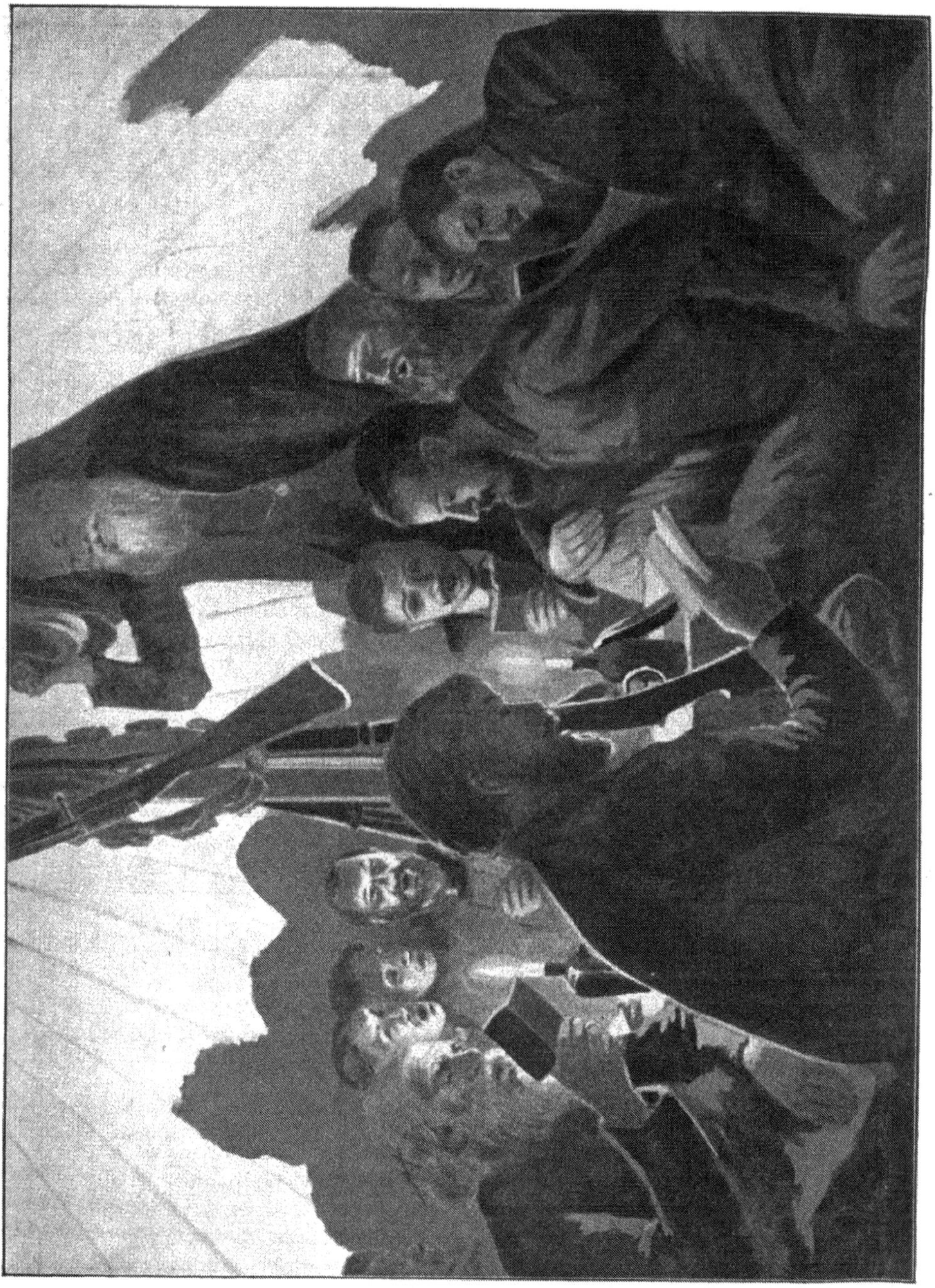

bijenzwerm, die over de velden gonst. Het is in dezen oorlog herhaalde malen gebeurd, dat de Engelsche artillerie de tegenoverliggende stellingen zóó hevig beschoot, dat de heuvels als het ware stonden te schudden, maar de Boeren, die men er waande, waren reeds lang vertrokken, terwijl zij uit geheel andere posities en met het grootste behagen op dien onvruchtbaren arbeid staarden.

Ook in het moorddadigste gevecht verliest de Boer niet licht zijn kalmte, en de rampen van den oorlog draagt hij met een bewonderenswaardige gelatenheid en een kinderlijk vertrouwen, dat het tot zijn best zal dienen. Zijn grootste klacht is deze: „Ons Afrikaanders moet banjer veel lijden."

Het zijn taaie kerels, die Boeren; taai als esschenhout! De dokters van het Roode Kruis hebben er wat een getob mee gehad. Bij het leggen van het eerste verband gedroegen de gewonde Boeren zich bijzonder geduldig, maar voordat het tweede verband was aangelegd, poetsten zij in den regel, als zij maar eenigszins weg konden, de plaat, en de dokters zagen hen nooit terug.

„Wat mankeer?" vraagde een medelijdend man aan een gewonden Vrijstater, die op het perron van het station, met de hand tusschen zijn vest, op en neer liep, en op reis was naar huis — „wat mankeer?" „Och," antwoordde de man bedaard, „ik zal een paar dagen bij die huis blijf, en dan draai ik weer om naar het front toe. Ik heb een kogel door gehad, maar hij het achteren weer uitgekom." De wakkere Boerenkrijgsman had van voren in zijn vest een gaatje zoo groot als een kwartje, en op den rug een soortgelijk gaatje, naar vier kanten opengescheurd. Er was een groote plek geronnen bloed zichtbaar, en terwijl de kogel dwars door zijn lichaam was gegaan, liep hij toch bedaard zijn pijpje te rooken.

Er woont in het hart van den waren Afrikaander een naïveteit en kinderlijkheid, die werkelijk roerend zijn. Geen haat tegen de Engelsche soldaten; geen wrok, geen bitterheid. „Zijn de Engelschen ook jouw vijanden?" vraagde een Boer met een openhartig gelaat aan eene dame. Zij bevestigde het: „Jullie vijanden zijn ook de mijne; ik gevoel geheel met de Boeren mede." „Maar heb jij je vijanden ook lief, juffer?" Zij aarzelde om te antwoorden — wat moest ze zeggen? „Dat moet je toch, juffer; zal ik eens uitleggen, hoe het is? Het lichaam haten we en mogen we haten, maar de ziel moeten we liefhebben, en voor de zielen van de Engelschen moeten we bidden. Zal je 't ook doen?" Hoe kinderlijk, hoe innig, hoe teeder dat klinkt!

Van Elandslaagte naar Ladysmith rijdend, wordt het terrein al boschachtiger, totdat de Kliprivier is bereikt, die door Ladysmith stroomt, en wilt ge een zeldzaam schouwspel zien, bestijg dan den Bulwanaheuvel of den Bulwanakop. Na een uur klimmen en klauteren langs de schilder-

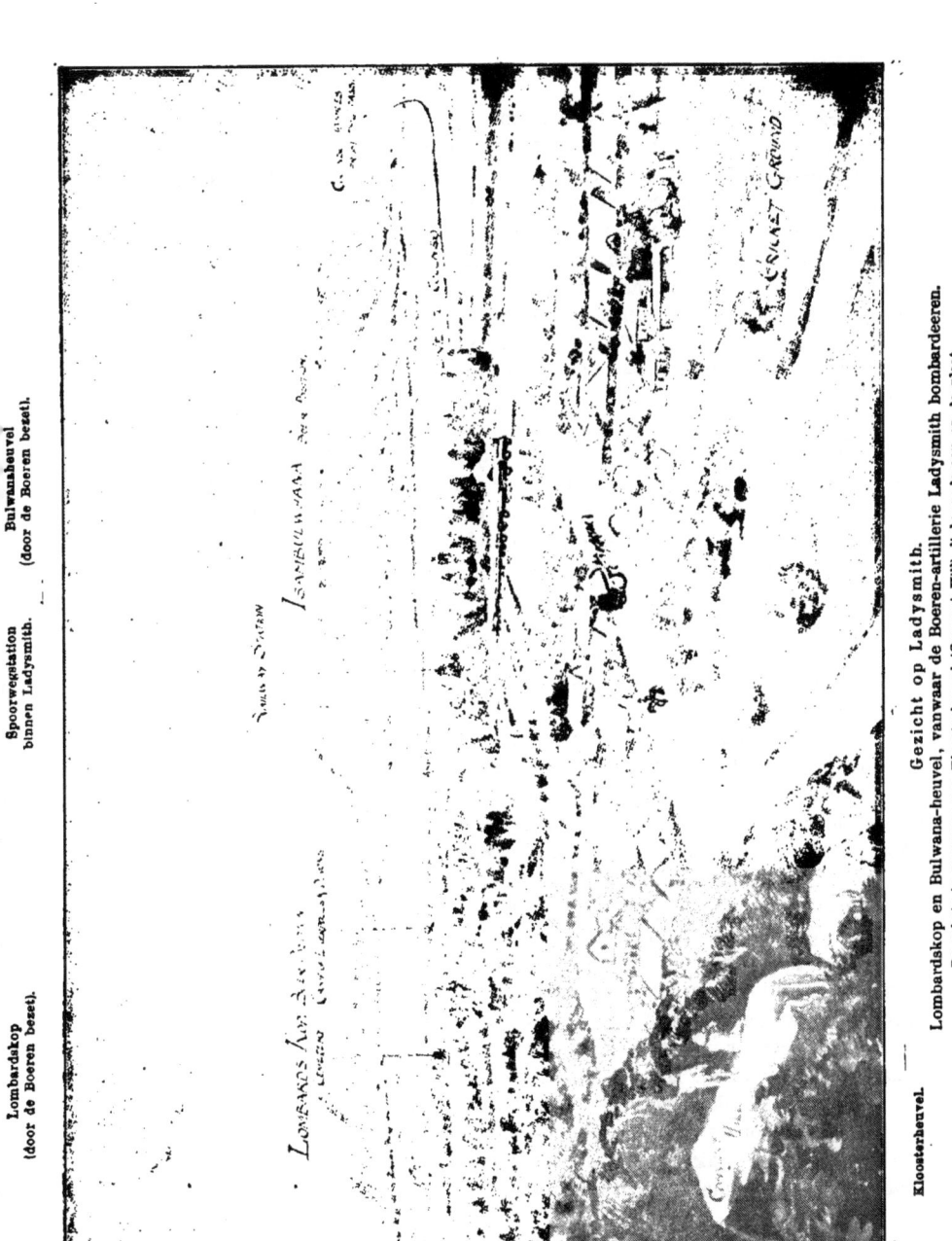

Lombardskop
(door de Boeren bezet).

Spoorwegstation
binnen Ladysmith.

Bulwanheuvel
(door de Boeren bezet).

Kloosterheuvel.

Gezicht op Ladysmith.
Lombardskop en Bulwana-heuvel, vanwaar de Boeren-artillerie Ladysmith bombardeeren.
De schets is genomen van Kloosterheuvel (Convent Hill), links onderaan op de plaat.

achtig gelegen lagers der kommando's van Utrecht, Wakkerstroom, Ermeloo en van de Duitsche vrijwilligers is de top bereikt, en de zweetdroppels, die den bergbestijger, voortsukkelend onder de gloeiende stralen der Afrikaansche zomerzon, van het hoofd druppen, worden rijkelijk vergoed door het treffend en onvergetelijk tooneel van het bedrijvige, wisselende rumoerige lagerleven, dat zich voor zijn oog ontrolt. Een zwaar Creusot-kanon, zoo'n lange Tom, staat boven op den top, en de artilleristen zitten, terwijl hun lange beenen langs de verschansing neerbengelen, gezellig hun pijpje te rooken. De Lange Tom zal de eerste uren niet schieten. Het zou immers maar kruitvermorsen zijn! 's Morgens om vijf uur zegt hij goê-morgen, om acht uur geeft hij het ontbijt, om twaalf uur het middageten, om vijf uur 's avonds het avondeten, en om elf uur zegt hij goê-nacht aan de bezetting van Ladysmith, en verder geen nieuws. Slechts in buitengewone gevallen, bij een grooten uitval van generaal WHITE, of bij een stormaanval der Boeren, kan hij wild en woest worden en een ontzettend lawaai maken. Nu echter is hij doodbedaard; de kanonniers hebben hem toegedekt met een groot kleed der Zuid-Afrikaansche Spoorweg-maatschappij, en met dat grauwe kleed op zijn rug gelijkt hij op een oud postpaard, dat rust noodig heeft.

De grond rondom dit kanon is omgewroet en losgewoeld, en toch heeft geen Kaffer hier geploegd. De Engelsche lyddietbommen hebben dat gedaan.

Van den heuvel af hebt ge een prachtig gezicht op de Kliprivier, die nu vol water staat, en die in haar grilligen loop op een vrouw gelijkt, die in haar wispelturigheid niet weet, welken kant zij uit wil. En dwars door de rivier heen trekken, bespannen met 32 tot 48 ossen, zware, logge boerenwagens, en zweepen klappen, en Kaffers schreeuwen, en Boeren zwemmen, geheel of gedeeltelijk ontkleed, als waterratten om de wagens en drijvende houtvlotten heen.

In de diepte, in de vallei ligt Ladysmith; de blauwzinken platen der wijd uiteengebouwde huizen zijn door een sterken verrekijker duidelijk zichtbaar en blinken in het zonnelicht. Kalm, rustig ligt het daar. Kaffers spannen er wagens in; ruiters rijden bedaard door de wijde straten, terwijl de hoeven hunner paarden dichte stofwolken opwerpen; burgers loopen elkander kalm voorbij. Maar soldaten ziet men niet.

Links bevinden zich het hospitaal en het kamp voor de vrouwen en kinderen, door de spoorlijn van de Kliprivier gescheiden. Zij liggen in een uitgestrekte vlakte, waar groote kudden magere beesten grazen. De Platrand is nu duidelijk zichtbaar; ach, veel kostbaar heldenbloed zal hij nog drinken!

Afdeelingen Boerenruiters doorkruisen op hun taaie, vlugge paardjes den omtrek: rechtsgeleerden en schaapherders, leden van den Volksraad en arme transportrijders naast elkander, zooals men dat verwachten mag van ware Republikeinen.

Breede wegen slingeren door de dalen; tusschen het loover der boomen door blinken de witte zeilen van tenten en wagens; hoog in de lucht zweeft de onvermijdelijke Engelsche luchtballon, en tegen de heuvelen op kronkelen de voetpaden.

De Kliprivier vloeit in de Tugela, door de Kaffers de „Rivier der Verschrikkingen" genoemd. Tusschen hooge bergen en steile, boschrijke oevers stuwt zij haar water zeewaarts, naar den Indischen Oceaan. Scherpe, spitse klippen rijzen op uit haar bedding; er zijn plekken, waar haar golven over 5 tot 8 meter hooge rotswanden donderend naar beneden storten. De ambtenaren der Nederlandsche Zuid-Afrikaansche Spoorweg-Maatschappij, die voor geen moeilijkheid terugdeinsden, hebben over de rotsblokken der rivier een voetbrug gebouwd, die aan beide oevers door stevige stalen kabels werd bevestigd. De voetbrug werd gemaakt in een S-vorm, en er werden 700 spoorstaven voor gebezigd. Tevens werd de eerste hand gelegd aan een luchtbrug, bestaande uit een grooten bak, die langs staaldraden van oever tot oever loopt [1]).

En buiten dezen kring, die Ladysmith insluit, heerscht rust en vrede. Keert gij, op een der heuvelen staande, die Ladysmith omringen, aan de stad den rug, dan ziet ge groote kudden schapen vredig weiden, en een Kaffer jaagt, een liedje fluitend, zijn ossen aan, die den ploeg door den akker drijven. Zacht en zoel is de lucht, en het mossige veld met zijn wilde bloemen en zijn zuidelijken plantengroei verspreidt een aangenamen, zoeten geur. Maar aan den horizon bliksemt het en onweert het; het is het vuur van het Engelsche geschut, en laag langs den grond strijkt een zwerm aasvogels voorbij.

Bij de Engelschen in Ladysmith.

't is stil in de straten; de wegen zijn modderig en de voetpaden vuil en smerig. Men zou niet zeggen, dat de stad belegerd was. Alles gaat zijn gewonen gang: de bakkers kneden het meel in den trog, en schuiven de deegen in den gloeienden oven; de winkeliers wegen hun suiker en koffie in halve en heele ponden af, en bij het hotel staat een troep bedelaars, die hun van

---

[1]) Het leggen der voetbrug stond onder toezicht van den heer VAN DEN HOONAARD, het maken der luchtbrug onder toezicht van den heer KANMEIJER.

buiten geleerd lesje van armoede en ellende met groote vrijmoedigheid aframmelen. Gisteren moet het er echter gespannen hebben. Men heeft in de stad zelf maar weinig gehoord van den strijd, maar het moet toch zeker waar zijn. De kastelein had het gehoord van een man, wien hij een glaasje whiskey had moeten tappen. De kerel had het glas in één teug naar binnen gewipt ter eere van de mooie overwinning, die de Engelsche wapenen hadden behaald. Het was ook raak geweest — 1200 Boeren waren doodgeschoten. De whiskey-drinker was er zelf niet bij geweest, maar hij had het gehoord van een kennis, die bij het leger diende. De kennis was zelf ook niet bij het gevecht geweest, maar toch zijn neef, die bij de Leicesters was ingedeeld. Ja, die Leicesters waren toch kranige kerels — waar die aanvielen, daar vlogen de spaanders!

De Helpmakaarstraat is vandaag zoo veilig als een Londensche hoofdstraat; een gordijn van grauwe wolken bedekt haar voor de speurende oogen van de Boerenkanonniers op den Bulwanakop, doch soldaten krijgt men, behalve 's Zondags, weinig te zien. In de verschansingen hebben de soldaten kleeden van waterproef uitgespreid, en daaronder schuilen zij als het regent. Maar de schildwacht mag niet schuilen, en daarom zet hij, als de koude regen valt, een grijze wollen slaapmuts op het hoofd, en hij trekt ze over zijn ooren heen, terwijl hij den kraag opslaat van zijn langen, donkeren overjas. Hij kruipt in een modderig gat, aan den voet van den muur van steen en aarde en zandzakken, en hij voelt, dat er een geduchte verkoudheid op volgen zal. Doch wat is er aan te doen? De Regeering betaalt hem zijn shilling per dag, en dat doet zij niet voor niemendal.

Nu en dan laten de groote Creusot-kanonnen der Boeren zich hooren, terwijl de Engelsche artillerie beleefd antwoordt, doch des nachts heerscht er rust. De Boeren beweren, dat de nacht er is om te slapen, en daaraan houden zij zich. Maar onze Engelschen denken daar toch anders over, en dat zullen de Boeren gauw genoeg tot hun schrik gewaarworden.

Ook des Zondags houdt de Boer van rust; het moet er nijpen en nog eens nijpen, zoo hij des Zondags één schot lost. Voor de Engelschen in Ladysmith is deze wetenschap een groot genot; zij voelen zich des Zondags als patrijzen op een groote heide in den verboden jachttijd. De soldaten, wier gewone verblijfplaats de bomvrije holen zijn, komen uit hun donkere schuilhoeken te voorschijn, en verkwikken zich aan het licht van den dag. In de hoofdstraat ziet men weer kinderwagens, vol met jong goed. De soldaten, die geen dienst hebben, krabben de modder van hun laarzen of poetsen hun wapens op; de voorposten strekken hun beenen behaaglijk lang uit in de zon. De officieren knappen zich weer eens fatsoenlijk op en verlustigen zich in een ongestoord ontbijt, terwijl de voorganger in de Wesleyaansche kerk een tijdpreek houdt, waarin hij

Bombardement van het Stadhuis te Ladysmith.
Hoewel de vlag van het Roode Kruis door de Engelschen er op werd geplaatst, kwamen

duidelijk laat uitkomen, dat de Engelschen de roeping hebben ontvangen, om de Boeren te geeselen en te brandmerken.

Telkens doen wonderlijke verhalen de ronde. Reeds twintig keeren is voor de vaste waarheid verteld geworden, dat de Boeren op het punt zijn het beleg op te breken, en de Kaffers bewijzen, wat den inlichtingendienst betreft, onschatbare hulp. Een hunner is pas door het Boerenlager heengeslopen, en heeft achter den Pepworthheuvel gezien, hoe de Boeren oefeningen hielden met de Engelsche, te Dundee buitgemaakte bajonetten. Zij kregen les van een gevangene, een onderofficier der Iersche fuseliers. Men vond het in Ladysmith ongelooflijk, dat een onderofficier van het Engelsche leger tot zoo iets in staat zou zijn, doch toen de Kaffer hun beduidde, dat de ongelukkige een strop om den nek had, werd de zaak begrijpelijk.

Men geloofde letterlijk alles, wat zoo'n Kaffer opdischte. De onzinnigste leugens werden geloofd. Men vond er niets ongerijmds in, dat 200 Boeren bij het baden in de Kliprivier waren verdronken, en men hield het bericht, dat de Vrijstaters een Transvaalsch lager hadden bestormd, en er beestachtig hadden huisgehouden, niet voor onwaarschijnlijk. Zoo'n Kaffer werd om zijn hartverkwikkende berichten dan ook heerlijk onthaald, en bij de gebraden kip en de flesch Kaapschen wijn, die hem werden voorgezet, zat hij te grinniken van plezier.

De oolijke redacteur van „The Ladysmith Lyre", een tijdens het beleg in Ladysmith uitgegeven blad, heeft getracht, om de belachelijkheid van die Kafferverhalen en overwinningsberichten, waarvan het eene nog doller was dan het andere, naar verdienste aan de kaak te stellen, en gaf daarom in zijn blad een zoogenaamd uittreksel uit het dagboek van een burger:

15 November. Gisteren beter dan ooit. SAREL ELOFF gedood door het saluutschot op den verjaardag van den Prins van Wales. Elf treinen (vol gewonde) Boeren naar Pretoria vertrokken.

16 November. Beter en beter. JOUBERT gedood door het verjaardagsaluut.

17 November. JOUBERT heeft een boodschap gezonden aan Sir WHITE, om een hoogen hoed te leenen voor de begrafenis van ELOFF.

18 November. ELOFF is gekomen, om een hoogen hoed te leenen voor de begrafenis van JOUBERT. BADEN POWELL is opgerukt van Mafeking, nam Pietersburg in en bedreigt Pretoria met een bombardement, tenzij het zich binnen twee dagen overgeeft.

20 November. Ongelukken komen nooit alleen. Het oorlogsschip „Powerfull" is aan den grond geloopen bij een poging, om de Kliprivier op te stoomen. Totaal verlies wordt gevreesd.

21 November. Geruchtswijze vernemen wij, dat de kanonnier van „Long Tom" Dreyfus heet.

22 November. Het gerucht omtrent Dreyfus wordt bevestigd.

26 November. De Boeren hebben den Sabbat geschonden en geschoten op onze menschen, die een bad namen. Ik geloof, dat zij zoo verwoed waren door het zien van menschen, die zich wasschen, dat zij geheel den Zondag vergaten. De verliezen der Boeren bij Mooirivier worden toegeschreven aan het gebruik van koud water. Liever dan met dit ongewone element in aanraking te komen, vielen zij aan op de lange „assegaaien" van het 12de eskadron lanciers.

9 December. Vandaag een vreeselijke slag. Reusachtige overwinning. De verliezen van den vijand geweldig. Het 5de eskadron lanciers galoppeerde met twee Maxims Limitheuvel op en draafde toen terug. De Boeren volgden natuurlijk. Toen dook het Liverpool-regiment op en schoot er 600 neer. De Boerenruiterij stormde Observationheuvel op en struikelde over het ijzerdraad. Daar dook het 60ste Jagerbataljon op en legde er nog een 600 neer. De Iersche Fuseliers lokten den vijand naar Leicesterpost; daar dook het Leicester-regiment op en schoot er weer 600 neer. De Gordon-Hooglanders werden omsingeld, maar generaal WHITE kwam snel aangereden, en de Boeren gaven zich over. Een kanon met zeven wagens ammunitie veroverd. Roemvolle dag!"

Waren de Boeren over het algemeen zuinig met hun kruit, nu en dan schoten zij drukker uit hun zware Creusot-kanonnen, en kon er in betrekkelijken zin van een bombardement worden gesproken. Den 13den November zaten eenige officieren in de hoofdstraat te wachten op hun ontbijt, en de huisheer was juist bezig om zijn knecht uit te schelden, toen een bom door den buitenmuur heendrong en onder de ontbijtzaal uiteenbarstte. Het was alles stof en verwoesting, terwijl de reuk van het meliniet overal doordrong. De halve vloer was opengebarsten, één plank was omhoog geschoten, en stond tegen de zoldering op. Al het aardewerk lag in scherven en de klok tuimelde naar beneden, maar de schilderijen hingen nog onbeschadigd aan den muur. Persoonlijke ongelukken hadden niet plaats. Een uur later drong een bom door het dak van het Royal Hotel, ging langs de trap en door de deur, totdat zij stootte op een vloerklip en ontplofte. Een vluchteling uit Johannesburg, die juist het hotel binnenkwam, werd door de bom getroffen en met verbrijzelde beenen weggedragen. Hij stierf binnen eenige oogenblikken. Een granaat-kartets ontplofte in de lucht, twintig voet boven het perron van het spoorwegstation, terwijl drie blanken en eenige koelies werden getroffen. Een koelie en een blanke overleden binnen eenige oogenblikken.

Een jonge Schot was bezig zijn middagmaal gereed te maken, toen een bomscherf hem in de borst trof, en hij stervend tegen den grond sloeg. Het portaal van de Engelsche kerk werd vernield, en het stadhuis

Bombardement van Ladysmith.
Het gestoorde ontbijt.

werd eveneens beschadigd. Wel wapperde van dit gebouw de vlag van het Roode Kruis, maar de Boeren hadden reden, om die vlag te wantrouwen, en schoten er een kleine twintig bommen op af. De meeste bommen vielen op het marktplein, doch ook in het spoorwegstation vielen er verscheidene neer. Een bom ging door den twee-en-een-halven voet dikken klipmuur van het onderwijzershuis, en kwetste de vrouw van den onderwijzer, die te bed lag. Een bom raakte een watertank, ging door de zolderdeur naar beneden, wierp een kast om, woelde in de fondeering, sprong plotseling omhoog, brak door twee beschotten en twee kamers heen, en ontplofte in de tuinkamer, terwijl de scherven, het venster en de waranda vernielend, door het venster naar buiten vlogen. Een persoon stond bij de watertank, toen deze door de bom werd getroffen, viel ten gevolge der plotselinge luchtverplaatsing om, en werd nat van het opspattende water. Een telegrafist verliet, de deur open latend, juist zijn kamer, toen een bom de kamer binnen kwam. De deur werd tot splinters geslagen, en de telegrafist werd overdekt met stof en gruis, zonder echter verder eenig letsel op te doen. Eenige dagen later werd dit huis op nieuw door een granaat getroffen. De bom boorde in de fondeering, ontplofte en spleet den muur op.

De Engelschen moesten erkennen, dat de Boeren-artilleristen met bewonderenswaardige nauwkeurigheid schoten. Toen de Engelsche cavalerie op een kopje bij het oude kamp bezig was zich te oefenen, werd zij door de kanonniers op Pepworthheuvel opgemerkt, en op een afstand van zeven mijlen werd de eerste Boerengranaat midden onder de Engelschen geworpen. Men zocht onmiddellijk schuiling, wat zeer noodig bleek, daar ook de tweede bom met verwonderlijke juistheid neerkwam.

Gedurende het bombardement schuilden de bewoners onder den grond, maar nauwelijks was het onweer over, of zij kwamen weer te voorschijn, en men trachtte den verloren tijd in te halen door te drukker aan cricket- en voetbalwedstrijden te doen. Maar toen het beleg een maand had geduurd, kwam een ongenoode gast, een gast met een strak en hard gelaat, de belegerde veste binnen, en hij was voor velen de heraut van den dood. Dat was de typhus.

Laten wij nu het dagboek spreken van een man [1]), die het typhus-gif reeds in zijn aderen had, en men zal begrijpen, hoe deze gevreesde ziekte de stemming der bevolking naar beneden drukte, en den lust tot wedstrijden temperde.

„26 November. Ik was bezig, u een nieuwe lijst van mijn vervelend dagboek te geven. Maar ik heb er niet den moed toe. Het zou u vermoeien, en ik kan niet zeggen, hoe verschrikkelijk het mijzelf zou vermoeien. Ik ben er ziek van. Iedereen is er ziek van. Zij vertelden ons, dat de

---

[1]) G. W. STEEVENS, oorlogscorrespondent van het Engelsche dagblad de »Daily Mail".

Generaal SCHALK BURG

Laager bij Ladysmith.

krijgsmacht, die de gemeenschap zou herstellen en ons in staat zou stellen om tegen den vijand op te rukken, den 11den dezer te Durban zou landen en den 16den met ons voeling zou hebben. Nu is het de 26ste; het leger, zegt men, is geland, en is ergens op de lijn tusschen Pieter-Maritzburg en Estcourt, maar van avanceeren is er geen teeken. Den eenen dag vertelt men ons, dat Buller te Bloemfontein is; den volgenden dag is hij pas geland te Durban; den derden dag is hij krijgsgevangene te Pretoria. Eén ding is echter zeker, dat, wat er ook gebeure, wij het niet weten. Wij weten niets van wat buiten gebeurt, en wat hier binnen gebeurt, behoeft niet geweten te worden. Vermoeiend, oudbakken, smakeloos, nutteloos is het heele ding. Belegerd en beschoten te worden was in het eerst een aangrijpende zaak, vervolgens werd het een grap; nu is het niets anders dan een vervelende, vervelende, vervelende lastpost. Wij doen niets dan eten en drinken en slapen — en zetten ons triestig bestaan voort. Wij zijn vergeten wanneer het beleg begon, en het kan ons niet meer schelen, wanneer het zal eindigen. Wat mij betreft, ik voel, dat het nooit zal eindigen. Het zal worden voortgezet: een vervelend vechten — een vervelende stilstand van wapenen — altoos maar door. Wij zullen heengaan, de een voor den ander, en onverschillig sterven van ouderdom. En in het jaar 2099 zal de Nieuw-Zeelandsche oudheidkundige, die tusschen de verbrande steden van Natal zal graven, op de vergeten stad Ladysmith stooten. En hij zal een handvol Rip-van-Winkle-Boeren vinden met witte, tot hun knieën rakende baarden achter zonderlinge, antieke kanonnen, waarmee zij een met cactus begroeiden puinhoop bombardeeren. En in de stad, wegschuilend in holen, zal hij eenige afgeleefde schepsels vinden, oud, verschrikkelijk oud: de kinderen, die gedurende het beleg zijn geboren. Hij zal deze overblijfsels uit het verleden meenemen naar Nieuw-Zeeland, maar zij zullen verontrust worden door de stilte, de kalmte van den vrede, want zij hebben nooit iets anders gehoord dan schieten en bombardeeren, en zij zullen van angst sterven, als zij dat geluid niet meer hooren....

Zoo zij het! Maar ik zal er niet bij zijn. Ik zal deze regels oprollen in een vlag van het Roode Kruis, en de rol begraven onder het puin van een moerbezieboschje, opdat na de opgravingen de ongetelde lezers der „Daily Mail" in het verlichte jaar 2100 mogen weten, wat een beleg en een bombardement beteekenen. Soms denk ik, dat het beleg zonder bombardement even slecht zou zijn als met een bombardement. In sommige opzichten zou het zelfs nog slechter zijn, want bij een beschieting hebt ge toch iets te noteeren, en iets, waarover ge praten kunt, al is het vervelend. Maar een beleg is overigens een verjaarde plaag. Belegeringen zijn uit den tijd. In de dagen van Troje was het belegeren of het belegerd worden de natuurlijke bestemming van den mensch, maar voor den man van 1899, gewoon aan vijf edities van zijn dagblad per dag, is een beleg een duizendvoudig ongemak. Wij maken er een grief van, zoo ons het nieuws een dag te laat bereikt — nieuws, dat ons niet raakt. En hier hebben wij den vijand om ons heen, en de meeste uren van den dag werpt hij meliniet-bommen tusschen ons in, en gedurende de grootste helft eener maand hebben wij zelfs geen bepaald bericht gehad omtrent de manschappen, op wie wij wachten, om ons te verlossen. En wij wachten en verwonderen ons, eerst verlangend, dan onverschillig, en wij voelen, dat wij oud worden. Trouwens, wij zijn in de gevangenis. De geroutineerde vagebond verveelt zich binnen veertien dagen in een Europeesche hoofdstad; van Ladysmith zou hij binnen drie uren zeeziek worden. Wij liggen op den bodem van een schotel, en staren op naar den onbarmhartigen ring van heuvelen, van welker top de dood brult. Altijd dezelfde stijve, naakte klipranden, gekroond met onze schansen — altijd, altijd hetzelfde! Als de morgen overgaat in de brutale helderheid van den Zuid-Afrikaanschen middag, schijnen die klipranden dichter bij te komen, totdat de Bulwanakop zich boven uw hoofd uitstrekt; maar als gij naar boven wilt gaan, zijt gij een dood man. Daar achter ligt de wereld — de oorlog en de liefde! Generaal CLERY marcheert op Colenso aan, en alles, wat een mensch dierbaar kan zijn, ligt daar achter die heuvelen — op dat eiland onder de noordstar, en ge zit hier om doodgeschoten te worden. Voor de wereld en voor u zelf zijt ge zoo goed als dood, uitgezonderd dat doode menschen niet meer in den tijd zijn. Ik weet nu, hoe een vlieg zich voelt in een bierflesch. Ik weet ook, hoe het smaakt. Dan hebben wij ook nog de melinietbommen en de kartetsen. Zij geven ons den eenigen speldeprik van belangstelling, die in Ladysmith te verkrijgen is. 't Is wel iets nieuws, dat in deze stad alles andersom is gekeerd: het onderste boven. Waar menschen behoorden te zijn den langen, langen dag, van den dageraad tot den avond, is slechts een doodsche leegte; waar zaken behoorden gedaan te worden, staan de winkelramen eenzaam en verlaten. Doch waar stilte behoorde te heerschen, rammelt wagen achter wagen, beladen met stapels brood en hooi; langs opspattende wagensporen, die dood loopen. Waar geen menschen moesten zijn: in de holten van de rivieroevers, op de kale, door de rotsen ommuurde klippen, in de overgroeide slooten — daar vindt ge menschen en beesten. De plek, die een maand geleden slechts geschikt was, om er leege vleeschbussen op te stapelen, is nu een onschatbare stal; twee eskadrons cavaleriepaarden vinden er schuiling. Eene afzichtelijke spelonk, waar vroeger slechts weggeloopen Kaffers hun voeten zetten, is nu het benijde verblijf van den luchtballon, en een waardelooze hoop klippen aan den voet eener helling is de meest gewaardeerde verblijfplaats geworden. Het geheele aanzien van Ladysmith is veranderd. De entrepôts en de pakhuizen vindt ge niet meer op de Hoogstraat, maar in de grauwe, half onzichtbare tenten, die schroomvallig de voorraden van het commissariaat aanduiden. Het brein der stad is niet meer het stadhuis, het beste mikpunt van Ladysmith, maar het hoofdkwartier onder den met steenen bedekten heuvel. Het door granaten geteisterde Royal Hotel vormt niet meer het maatschappelijk middelpunt, en zij, die nieuws willen hooren of vertellen, richten zich naar het door verschansingen gedekte kamp der mariniers of naar de door den wind bestreken hellingen van het Caesarskamp.

Arm Ladysmith! Uwe marktpleinen zijn verlaten en uwe uithoeken opnieuw bevolkt; hier opgescheurd door ijzeren splinters, ginds opnieuw verrijzend in door rails bedekte en door klippen ommuurde kooien — met uw vertrapte tuinen, bemest, waar nooit iets groeien kan; uw grenzen omzoomd met zandzakken, en uw ingewanden doorboord met tunnels — . de Boeren mogen ons weinig kwaad hebben gedaan, maar zij hebben hun merk voor jaren achtergelaten op Ladysmith!

Zij mogen ons weinig kwaad hebben gedaan — en toch loopen de ongevallen op. Drie heden, twee gisteren, vier dood of stervende en zeven gewond door ééne bom — het beteekent niemendal, maar toch loopt het op. Ik denk, dat er nu vijftig gevallen zijn, en er zullen er meer komen voordat wij klaar zijn. En dan zijn er oogenblikken, dat dit druilende bombardement verschrikkelijk kan zijn. Ik bereikte op een keer het centrum der stad, toen de twee groote kanonnen er een kruisvuur op afgaven. Het eerst kwam van den éénen kant een bom aan, en sloeg met een gefluit, met een harden slag uiteen. Een berg van aarde en een hagelstorm van steenen plofte op de ijzeren daken. De huizen stonden te schudden van den slag, de menschen liepen als razenden heen. Een hond holde blaffend weg, en op dat geblaf kwam, uit den anderen hoek, de volgende bom. Langs de breede, rechte straat was geen rijtuig, geen blanke te zien; slechts een troep Kaffers, op een hoek onder een zwakke beschutting neergehurkt. Opnieuw een gekraak en een gebeef, en dezen keer stortte in een wolk van stof een bijgebouw tegen den grond. Een paard holde de straat uit met sleepende leidsels. Bij den hoek, in stof en vuil, zaten nog de negers; de bom was gekomen van den Pepworthheuvel.

Opnieuw hoorden wij dat doordringend gefluit: vreeselijk! het kwam van den Bulwanaheuvel. Weer die vernielende slag, en geen tien yards ver! Er was een dak open geslagen en een huis ging in puin. Een zwarte strompelde naar den overkant van de straat, maar de ontzetting pakte hem en hij vluchtte. Het hoofd omlaag, de handen voor de ooren, liepen nu al de Kaffers de straat uit, en van den anderen kant plofte de onverzoenlijke en onweerstaanbare volgende bom neer.

Ge komt uit het stof en den reuk van het meliniet, en ge weet niet, waar ge zijt; ge weet nauwelijks, of gij gekwetst zijt — ge weet enkel, dat de volgende bom moet komen. En ge hebt geen oogen, om het

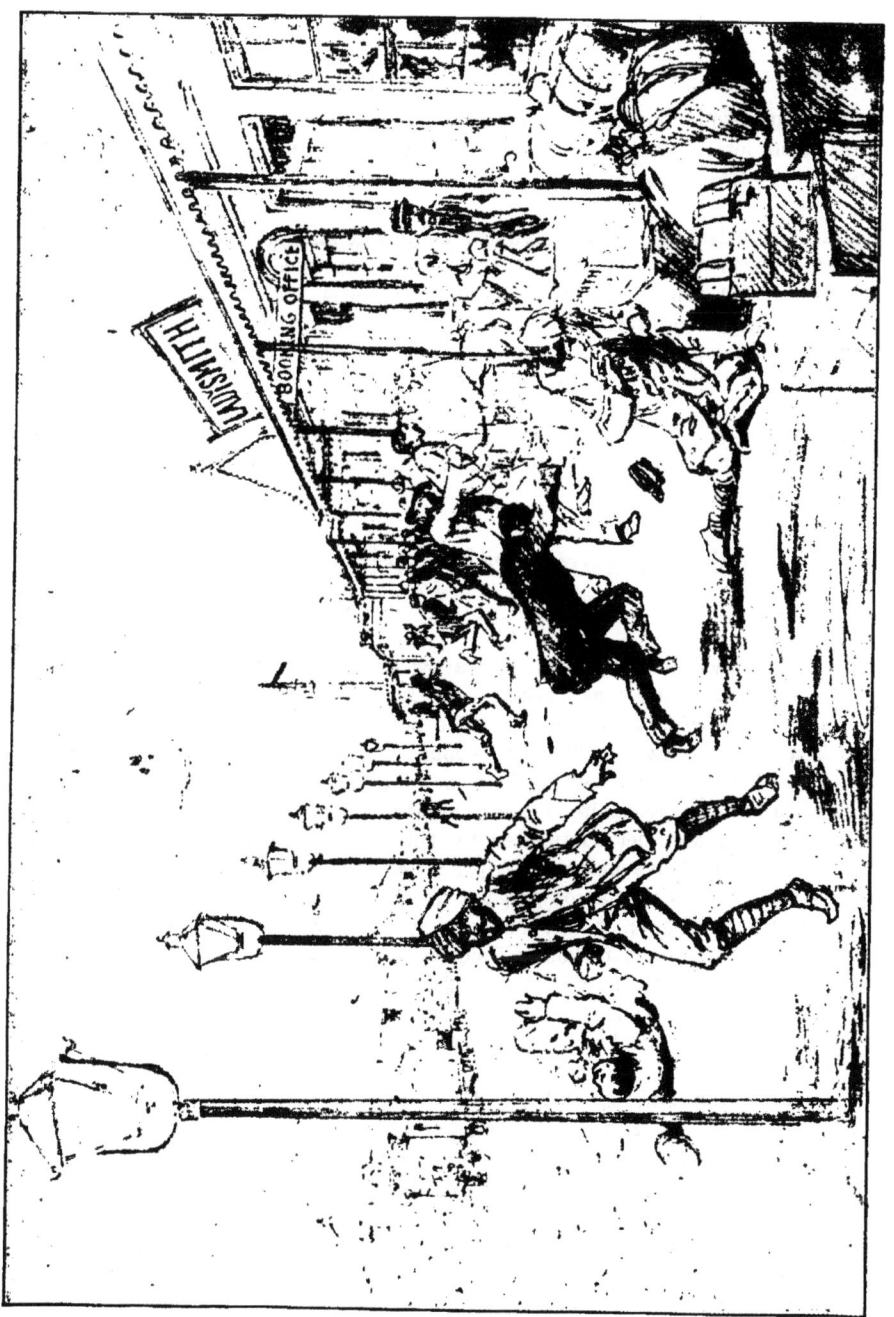

Granaat-kartets, springende boven het perron van het Spoorweg-station te Ladysmith.

te zien; geen leden, om te ontsnappen; geen bolwerk, om achter te schuilen; geen leger, om dit te wreken! Ge wringt u tusschen ijzeren vingers. En er schiet niets over dan maar uit te houden...."

Dit zijn de laatste woorden geweest uit het gepubliceerde dagboek. De schrijver legde de moede hand neder en stutte het moede hoofd. Hij had gedroomd van een victorieuzen intocht in Pretoria, maar de typhus sloopte snel zijn jonge krachten, en hij heeft Pretoria niet gezien. Hij heeft een bescheiden plekje gevonden op het kerkhof, naast de vele typhuslijders, die er begraven zijn.

Krijgsbedrijven bij Ladysmith.

De reusachtige ring, door de Transvalers en de Vrijstaters om de stad getrokken, besloeg een afstand van negen uur te paard. De volgorde der verschillende kommando's was als volgt: Ten noorden van Ladysmith bevond zich het hoofdlager van PIET JOUBERT, met eenige kanonnen op den Pepworthheuvel; westelijk zich daarbij aansluitend het kommando van Pretoria onder generaal ERASMUS; van het zuidwesten tot het zuidoosten strekten zich in den vorm eener halve maan de Vrijstaatsche kommando's uit onder generaal ANDRIES CRONJÉ; daarop volgden de kommando's van Utrecht, Vrijheid en Johannesburg; op den Bulwanakop lagen Wakkerstroomers, aan den voet van den Lombardskop de Heidelbergers, achter den Lombardskop Middelburgers, terwijl burgers van Lijdenburg, Ermeloo en Carolina benevens de Iersche brigade en de Johannesburger politie-mannen de oostelijke en noordelijke schakels vormden van den ring, die om Ladysmith was getrokken.

Het lager van SCHALK BURGER, die in rang onmiddellijk op PIET JOUBERT volgde, bevond zich in de oostelijke stellingen. Het werkelijke belegeringsgeschut bestond uit slechts drie zware Creusot-kanonnen, door den volksmond „Lange Toms" genaamd, van 15 centimeter middellijn, waarvan er een op den Vaalkop of Verrassings-heuvel, de tweede op den Bulwanakop, en de derde op een uitlooper van den Lombardskop stond. Vervolgens waren er nog — op de geschiktste punten achter tijdelijke versterkingen — een twaalftal Creusot- en Krupp-

De uitwerking van één bom uit een Lange Tom.
Het huis waar de heer PALMER, correspondent van de Daily News, te Ladysmith ingesloten, verblijf hield.

kanonnen van 7½ centimeter opgesteld, terwijl een paar houwitsers en eenige maxims de Boerenartillerie bij Ladysmith voltooiden.

Het werd voor de Boeren een vrij eentonig leven. De Engelschen deden verscheidene uitvallen, die meestentijds weinig om het lijf hadden, en de Boeren misten de aanvallende kracht, die noodig was, om de stad te nemen.

Een uitzondering maakten de Engelschen op den 14den November, den verjaardag van den Prins van Wales, toen zij met geweld den ijzeren ring wilden breken, doch na ernstige verliezen weer in hun oude stellingen werden teruggeworpen. Het gevecht duurde van 's morgens 7 uur tot 's middags 2 uur, en de uitval was gericht tegen de Vrijstaters (vooral de burgers van Vrede, sterk 80 man, en de burgers van Bethlehem, sterk 300 man) ten westen der stad, die het vuur van 18 Engelsche kanonnen hadden te trotseeren. Van den hoogen Bulwanakop kon men duidelijk zien, hoe een stoet ruiters zich uit de stad snel westwaarts bewoog. Het was Engelsche cavalerie, die, om de Boeren te verschalken, hun manier om buiten gelid en verband te rijden, hadden aangenomen. Doch de Vrijstaters waren op hun qui vive, en wierpen midden in de vijandelijke cavalerie hun eerste bom. Deze trok daarop haastig terug, en binnen weinige oogenblikken daverden de heuvelen van den donder der Engelsche kanonnen, terwijl de Engelsche infanterie salvovuur afgaf. De kopjes, waarachter de Vrijstaters verscholen lagen, waren voortdurend in rookwolken gehuld, en de granaatkartetsen van den vijand barstten boven hun stellingen. Maar zij schoten kalm en bedaard terug, telkens naar een mikpunt zoekende, en zij bewezen weer, welke voortreffelijke schutters zij waren [1]).

De als zoo moorddadig geschilderde lyddietbommen, waarvan verteld werd, dat zij binnen een kring van 400 meter al wat leefde doodden, bleken ook bij dit gevecht gelukkig niet zoo kwaadaardig te zijn. Een lyddietbom viel op zachten grond, boorde vier voet diep den grond in, stuitte op een harde klip, en barstte uiteen met een geluid als een harde, zware voorhamerslag op een zinken plaat. Er was een gat geslagen, groot genoeg om er een paard in te begraven, en terwijl de stukken en scherven naar alle richtingen uiteenspatten, steeg er een zware, groen-gele rookwolk omhoog. Op geen tien meter afstands van de plek, waar de lyddietbom was neergeplott, stond een Boer, dien men reeds voor verloren had gewaand. Maar de doodgewaande stapte, na eenige oogenblikken gewacht te hebben, bedaard op de ontplofte granaat af, om dat leelijke

---

[1]) Dat er onder de Vrijstaters, vooral onder de noordelijke Vrijstaters, zooveel scherpschutters zijn, is te verklaren uit het feit, dat er zich in hun streken een menigte springbokken ophouden. Op deze dieren, die bijzonder schuw zijn, wordt vlijtig jacht gemaakt, doch binnen de 800 Meter komen ze zelden onder schot.

ding, dat zoo'n afgrijselijk spektakel had gemaakt, eens van nabij te bekijken, terwijl hij niet de geringste kwetsuur had opgeloopen.

De vijand naderde de Vrijstaters tot op 1200 à 1000 meter, maar miste den moed om hun stellingen te bestormen, en trok te drie uur in den namiddag onverrichter zake en erg overhaast op Ladysmith terug. Hij had tamelijk groote verliezen geleden, terwijl het geheele verlies der Boeren slechts 1 doode en 4 gewonden bedroeg.

Den 21sten November, in den nacht, deden de Engelschen een nieuwe krachtige poging om te ontsnappen. Sterke colonnen infanterie en cavalerie bewogen zich in alle stilte, doch met grooten spoed in de richting van den Lombardskop, terwijl een colonne cavalerie met kanonnen oprukte naar den tegenovergestelden kant, naar het westen, waar het kommando van PRETORIA lag. De voorposten der Heidelbergers bij den Lombardskop bemerkten echter onraad, en rapportgangers alarmeerden de kommando's. Onmiddellijk werden de paarden gezadeld, en in de richting van het Heidelberger kommando, dat aan den voet van den Lombardskop lag, werd een hevig geweervuur gehoord. Het was een heldere, prachtige zomernacht, en toen de maan opkwam, waren de vijandelijke troepen duidelijk te onderscheiden. De Engelsche officieren begrepen dan ook, dat de uitval, nu de Boeren gewaarschuwd waren, mislukken moest, en gaven bevel tot den terugtocht. Datzelfde bevel werd overgebracht aan de Engelschen, die het kommando van PRETORIA zouden overrompelen, en die terugtrokken, voordat zij in de vuurlinie waren gekomen. De verliezen der Boeren waren van geen beteekenis; zij hadden slechts een paar licht gewonden.

Den 30sten November maakten de Boeren het plan, den ring om Ladysmith nauwer toe te halen. De Vrijstaters zouden uit het zuiden stormen, terwijl de Transvalers van uit het zuidoosten de bestorming zouden ondersteunen. Doch het groote kanon geraakte onklaar, ten gevolge waarvan de Vrijstaters geen ernstige bestorming waagden, en indien Koos BOSHOFF [1]) uit Pretoria zich niet in het hoofd had gezet, om van daag nog een mooien slag te slaan, zou er wel niets bijzonders meer zijn gebeurd. Hij verzocht aan overste TRICHARDT verlof, om met vrijwilligers een stelling te nemen op 500 Meter afstands van een sterke Engelsche verschansing, tegenover Lombardskop. TRICHARDT gaf zijn toestemming, en beloofde, het stormen met geschut te dekken. Er meldden zich 27 Boeren en 40 Ieren als vrijwilligers aan voor de hachelijke onderneming; BOSHOFF stelde zich aan het hoofd der Boeren, terwijl een Iersche kapitein de Ieren aanvoerde. De Boeren waren allen scherpschutters eerste klas. De twee afdeelingen trokken van

---

[1]) Luitenant-kwartiermeester bij majoor ERASMUS.

twee kanten op het begeerlijke kopje aan, en de Boeren bereikten het, voordat de vijand het had bemerkt. Zij kregen nu twee Engelsche cavaleristen in het oog. Het eerste schot, door Boshoff afgevuurd, trof het eene paard, dat zijn ruiter afwierp. De ruiter stond op, doch een tweede kogel legde hem neer. Jack Hindow van het Middelburg-kommando schoot op 1100 meter den tweeden ruiter van zijn paard, en onze vrijwilligers begonnen zich reeds op hun gemak te gevoelen, toen zij van achter een randje, op nauwelijks 80 meter afstands, door een plotseling geweervuur werden verrast. Het begon dumdumkogels te regenen, en indien de Engelschen niet zoo erbarmelijk slecht hadden geschoten, zou het er voor onze Boeren al heel treurig hebben uitgezien. In elk geval echter was hun stelling onhoudbaar, daar de Ieren niet bij machte waren zich bij hen te voegen. Op dit oogenblik gluurde een Engelsch officier over het randje heen, maar sloeg, door een Mauserkogel in het hoofd getroffen, doodelijk gewond tegen den grond, terwijl de Boeren trachtten weg te komen.

Maar dit was een gevaarlijke onderneming. Gelukkig bemerkte luitenant Oelofse hun benarden toestand en maakte door vier prachtig gerichte schoten de Engelschen wat tammer. Met groote omzichtigheid, stap voor stap, trokken de Boeren nu terug, totdat zij hun paarden bereikten en in het zadel sprongen, terwijl de Lange Tom hun verderen terugtocht dekte.

Het klinkt als een wonder en toch is het waar: Niemand der Boeren was door het vijandelijk vuur geraakt, terwijl van de Ieren slechts twee man werden gekwetst.

Grappige tooneelen vonden er plaats. Overste Trichardt verplaatste een der zware Creusot-kanonnen, en legde in de ledige verschansing een zwaren boomstam. De Engelschen beschoten den onnoozelen boom, terwijl Lange Tom reeds lang weg was.

Een groote troep beesten, voor het garnizoen van Ladysmith bestemd, liep te grazen bij het Engelsche kamp. De leuke Vrijstaatsche kanonniers wierpen hun bommen tusschen dat kamp en die beesten in, zoodat het verschrikte vee in de richting der Boeren wegvluchtte. Engelsche cavalerie kwam opzetten, om de beesten, waarop de Engelschen zuinig moesten zijn, nog te redden, maar zij kwamen te laat, en moesten gauw maken, dat zij weg kwamen, want met de Vrijstaatsche artillerie viel niet te gekscheren.

Op een anderen keer hadden twee Natalsche vrijwilligers (in Engelschen dienst) de taak, om het garnizoensvee te hoeden. Zij dreven het vee echter niet in de richting van Ladysmith, maar in de richting der Boeren, waarover de Engelschen natuurlijk allesbehalve gesticht waren. Zij gaven een hevig vuur af op do overloopers, doch dezen brachten

De Tugela bij Colenso met de gesprongen brug.

het er heelhuids af, kwamen met het stomme vee bij de Vrijstaters aan en verklaarden, dat zij nu genoeg hadden van den dienst van koningin VICTORIA. Zij waren natuurlijk van harte welkom. Meer dan 2000 stuks beesten vielen bij deze en andere gelegenheden den Boeren in handen.

Herhaalde keeren deden verdachte personen verraderlijke pogingen, om de Boeren in den rug te bemoeilijken, en hun spoorweggemeenschap met de Transvaal te verbreken. Vooral was het gemunt op de spoorbrug over de Zondagsrivier bij Waschbank, die verscheiden malen ernstig werd beschadigd. De ambtenaren der Zuid-Afrikaansche Spoorwegmaatschappij hadden de schade echter in den regel spoedig hersteld, terwijl er voor de toekomst betere maatregelen van toezicht werden genomen.

Generaal WHITE trachtte door een locomotief verbinding te krijgen met de buitenwereld, doch de nachtelijke tocht op het stalen stoomros viel den Engelschen niet mee. De brandwachten der Boeren hoorden een verdacht geraas, en braken de rails op. Bij het aanbreken van den dageraad vond men de locomotief ontspoord, terwijl de verkenners waren gevlucht. De locomotief had eenigszins geleden door de geweerschoten der brandwachten, doch was overigens nog bruikbaar en werd door de Boeren weer op de spoorlijn gezet.

De nachten, waarop de Boer op brandwacht moest staan, spanden hem intusschen meer in dan de gevechten. Volgen wij voor éénen keer zoo'n brandwacht!

Zoodra de avond valt, geeft de korporaal aan de manschappen, wier beurt het is, order, om zich gereed te maken. Zij schuiven den bandelier, gevuld met de scherpe patronen, over de borst, hangen het geweer over den schouder en dragen nog een deken en een regenjas onder den arm. De korporaal telt hen, of allen aanwezig zijn, en stelt zich aan hun spits. Langzaam loopen zij achter hem aan, één voor één, een lange, dunne rij rookende, zwijgende mannen.

Zoo'n afdeeling bestaat gemeenlijk uit vier wachten; elke wacht telt zes man. Is de aangewezen plaats bereikt, dan roept de korporaal: „Eerste wacht, staat uit!" Hij plaatst zelf de eerste zes man, op vijftig pas van elkander [1]). De andere drie wachten vlijen zich neder op hun dekens, elke wacht op een hoopje. Maar meestal regent het, daar het de zomer- en regenmaanden zijn, en onder den blooten hemel, van boven doorweekt door het neerstroomende water, van onder doorweekt door slijk en modder, kan er van slapen dikwijls geen sprake zijn. Maar voor hem, die op wacht staat, is het erger. Het kan zoo donker worden, dat men geen hand voor de oogen kan zien, en de pijnlijke onzekerheid, die de-

---

[1]) Vóór de nachtelijke overrompeling der Boeren-artillerie werden de wachten twéé bij twéé geplaatst, op honderd pas afstands van elkander.

duisternis medebrengt, doet het hart sneller kloppen. Hij heeft de ooren wijd open — immers het gezicht is hem benomen. Zoo staat hij dan te luisteren, te luisteren in den stillen nacht... Hij hoort een geruisch in de lucht, en grijpt zijn geweer vaster — och, het was maar een zwervende nachtvogel. Maar daar rechts van hem in dat donkere boschje — die boschjes zijn gevaarlijk.... Hij staroogt op dat boschje, al ziet hij niets — maar hoor! daar kraakt het tusschen de takken! Het geeft een geluid als het schuren van een scherpkantige, Engelsche bajonet tegen het hout — hij legt het geweer aan — werda? Hij hoort niets meer, niets dan het kloppen van zijn eigen hart.

't Was slechts een wild dier, op zijn nachtelijken tocht. Hij wordt nu kalmer, totdat hij plotseling wordt opgeschrikt door het geluid van een snel naderend, geheimzinnig iets. Neen, dat is geen gezichtsbedrog; dat is de vijand. — Werda? Hij schiet, voordat hij het zelf weet. Dat doet de razende spanning. Zijn kameraad - vijftig pas verder — schiet ook; binnen tien seconden knallen langs de voorpostenlijn zestig, zeventig schoten. De slapende wachten springen verschrikt omhoog en schieten ook. Er heerscht een geduchte opwinding, doch niemand weet, waarom hij eigenlijk vuur gaf. 't Is al mooi, dat men niet door zijn eigen kameraden wordt geraakt, zooals het helaas reeds verscheiden keeren is voorgekomen, en ten slotte blijkt, dat het geheimzinnige, spookachtige iets, niets anders was dan een verdoold paard.

Het valsch alarm heeft nu uitgeraasd; het is weer stil. Maar de stilte wordt onverwacht afgebroken door twee zware slagen. Het zijn kanonschoten. Zij komen van twee Engelsche vuurmonden, die de bijzondere opdracht schijnen ontvangen te hebben, om de brandwachten der Boeren te verontrusten. Zij worden over dag in de richting gesteld, waar men den volgenden nacht de vijandelijke schildwachten vermoedt, maar zij maken het nogal schappelijk, werpen slechts één bom, en daarmee uit.

En weer is het stil, maar de nachtwind steekt op en schudt de zware druppels van de bladeren. En het gekras der aasvogels, die naar lijken zoeken, klinkt akelig in de duisternis! De schildwacht huivert op zijn eenzamen, verlaten post. Hoe lang valt hem de nacht! De uren kruipen, kruipen voort — hij snakt naar licht in deze duisternis — en ziedaar! daar komt het licht met plotselingen en oogverblindenden glans! Het breidt zich in breede golven uit over het nachtelijk landschap — nu staat hij zelf midden in die lichtstralen — hij zou zijn halve vermogen willen geven, om te weten, of dit speurlicht van bevriende of vijandelijke zijde komt. Hij heeft een gevoel, alsof hij een hulpeloos mikpunt is geworden voor de machten der duisternis, maar de lichtgolf wentelt voort, en hij staat weer in de tastbare donkerheid.

Om halfvier in den morgen mag hij inrukken, en met een verlicht

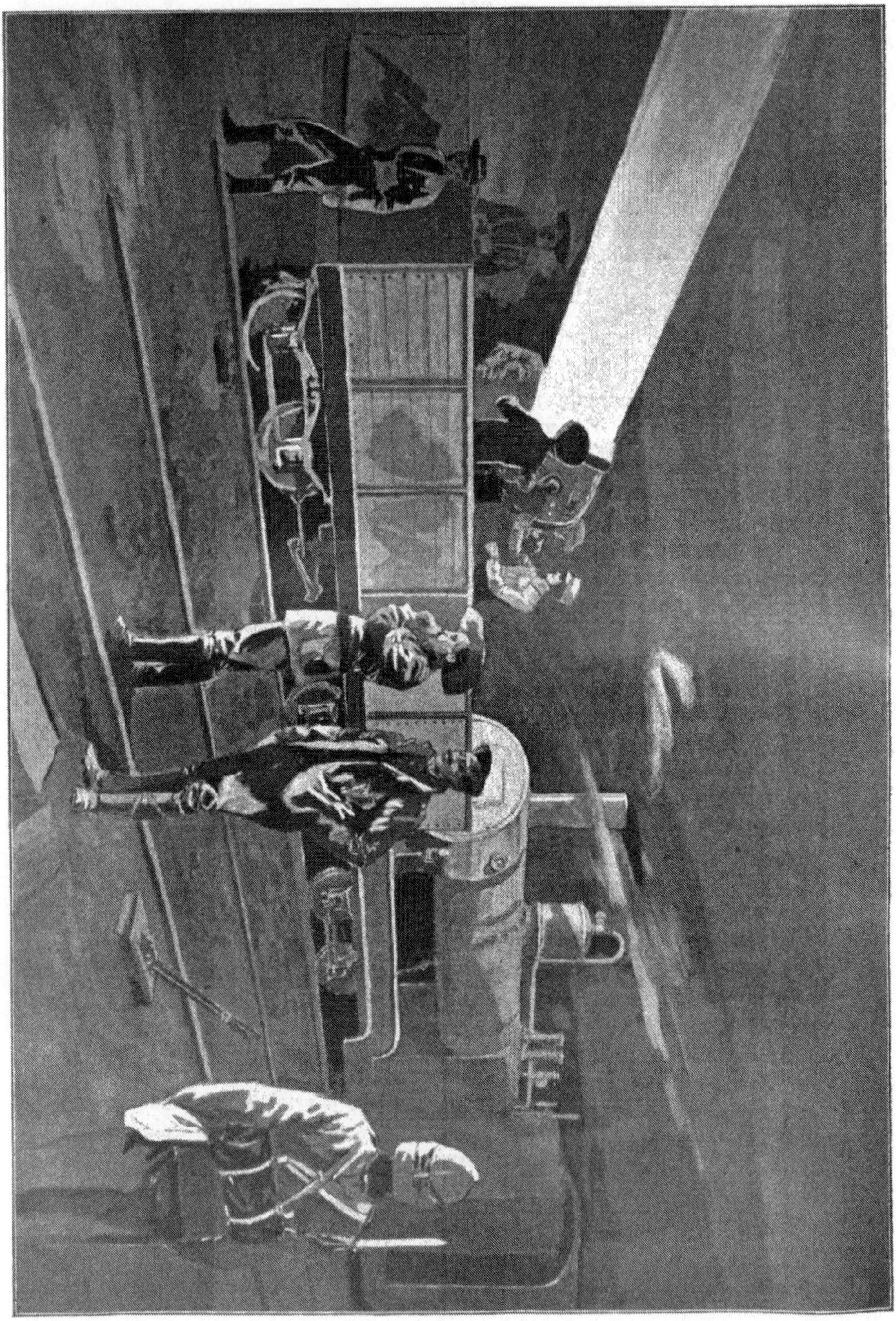

hart snelt hij terug naar het lager. Nog gauw drinkt hij een kop dampende koffie, en dan vlijt hij zich behaaglijk neer in zijn tent, op een leger van hooi of gummizeilen, trekt de deken over het vermoeide lichaam, en slaapt spoedig in onder een verwonderlijk gevoel van rust en veiligheid, als ten minste de duizenden lastige vliegen hem dit niet onmogelijk maken!

De weinige afwisseling, het eentonige leven verslapten intusschen de waakzaamheid der Boeren, en de Engelschen lagen op de loer, om er partij van te trekken. Op een uitlooper van den Lombardskop stonden, behalve eenige veldkanonnen, een der zware Creusot-kanonnen (een Lange Tom) en een houwitser der Boeren onder bevel van majoor ERASMUS en luitenant MALAN. Op deze kanonnen was het gemunt, en in den nacht van 7 op 8 December rukte generaal HUNTER aan de spits van 600 man cavalerie en infanterie uit, om die kanonnen te vernielen. Het was toen elf uur in den avond, en de afstand tot den Lombardskop bedroeg vijf mijlen. Een veldbatterij volgde de troepen, doch heeft geen deel genomen aan het gevecht, terwijl het geheele garnizoen onder de wapens was, om desnoods te hulp te kunnen snellen. Om twee uur in den morgen bereikte de Engelsche colonne den uitlooper van den Lombardskop, en terwijl een sterke afdeeling als reserve aan den voet werd achtergelaten, begonnen de andere troepen den heuvel voorzichtig te beklimmen. De schildwachten der Boeren — sliepen, en de vijand was wel zoo beleefd, hen niet te storen in hun zoeten slaap De Engelschen waren reeds halverwege de helling gekomen, toen een der schildwachten, blijkbaar juist wakker geworden, hen aanriep. Hij kreeg geen antwoord. Toen begreep hij hoe laat het was, en opspringende, schreeuwde hij: „DIRK, PIET, KEES, de Roodbaadjes komen — schiet!" Daardoor werden de andere brandwachten gealarmeerd, die onmiddellijk begonnen te schieten, terwijl de Mauserkogels, als zij tegen de rotsblokken aansloegen, vuur uitstraalden. De Engelschen beantwoordden het vuur der Boeren met een paar salvo's en stoven in den stormpas en onder een luid hoera naar boven. De weinige Boeren waren toen reeds teruggetrokken voor de geweldige overmacht; Lange Tom en de houwitser werden beide door dynamiet ernstig beschadigd, en de Engelschen namen nog een handmaximkanon mede op den terugtocht. Intusschen maakte de cavalerie een omtrekkende beweging, en sneed de telegraaflijn der Boeren door. Hierbij had zij het moeten laten, maar in haar onberaden drift, om een afdeeling Boeren af te snijden, stootte zij onverwachts op een sterke vijandelijke stelling en werd met hevige verliezen teruggeslagen.

Generaal WHITE ontving intusschen de terugkeerende soldaten met een hartelijken gelukwensch over den goed geslaagden uitval, maar de Boeren waren den volgenden morgen minder goed te spreken, toen zij de vernieling zagen, en zij waren bitter ontstemd op de personen, die ver-

Uitval van generaal HUNTER uit Ladysmith

nacht van 7 op 8 December 1899.

antwoordelijk waren voor deze ramp. Kommandant WEILBACH, van het Heidelberg-kommando, overigens een verdienstelijk aanvoerder, majoor ERASMUS en luitenant MALAN moesten voor den krijgsraad verschijnen, en werden gevoelig gestraft.

Slechts drie nachten later, van 10 op 11 December, ondernamen de Engelschen opnieuw een overrompeling. Dezen keer was het gemunt op de Boerenartillerie op den Verrassingsheuvel (of Vaalkop) ten noordwesten van Ladysmith, en zij kwamen ook ditmaal, vermoedelijk door verraders geholpen, ongehinderd tusschen de brandwachten der Boeren door, terwijl de vijand niet werd bespeurd voordat hij de kanonnen had bereikt. De verrassing was dus weer volkomen, en dat de Boeren dezen keer gelegenheid hadden krachtiger op te treden dan den eersten keer, was daaraan te wijten, dat de lont, die het dynamiet in den mond en in de broek van den houwitser moest laten ontploffen, twintig minuten noodig had alvorens zij de ontploffingsstof had bereikt. Dit gaf den Boeren [1] gelegenheid om zich te verzamelen, en den vijand — hij was 900 man sterk, waarvan een gedeelte den heuvel had beklommen, terwijl de overigen als dekking aan den voet waren achtergelaten — op den terugtocht te bestoken. Het was één uur, toen het dynamiet ontplofte, en 40 Boeren holden in het donker tegen den kop op, waar zij op de terugkeerende soldaten (de Rifle-brigade) stootten. De Engelsche kolonel riep den opstormenden Boeren toe: „Nu moogt ge je kopje terugnemen!"

Het was zeer donker, en het gevechtsterrein was een verzameling van ondiepe, uitgespoelde slooten, groote klippen, bossen lange grashalmen, puntige doornboomen en vervelende draadversperringen. De Boeren riepen in het Engelsch: „Behoort gij bij de Rifle-brigade?" En de Engelschen, in den waan, dat het kameraden waren, antwoordden: „Ja, ja!" Zij kregen de volle laag. Onmiddellijk echter beantwoordden de Engelschen het vuur, totdat de kolonel kommandeerde: „Niet schieten! Zet op bajonet! Trekt sabel!" De Boeren zagen nu een vage, zwarte massa voor zich; zij hoorden het rinkelen van een paar honderd bajonetten, en het slijpend geluid der sabels, die uit de scheeden vlogen. Het werd een harde strijd. Vriend en vijand raakten onder elkander. Er waren Boeren, die geen ruimte hadden om het geweer aan den schouder te brengen; zij brachten het dan maar aan de heup, om vervolgens vuur te geven. Twee Boeren ontvingen van den veldkornet een order, om over te brengen naar het hoofdkwartier. „Kom voort, JOHNIE!" zeide de een, de hand op den schouder van den ander leggende. „Ik heet geen JOHNIE," zeide de ander met een Engelschen vloek, en de Boer ontdekte, dat het een vijand was. Deze ontdekking heeft den Engelschman het leven gekost.

---

[1] Zij behoorden tot het kommando van PRETORIA en bestonden voornamelijk uit de brandwachten van veldkornet ZEEDERBERG.

De zeventienjarige DENGS REITZ [1]), zoon van den Staatssecretaris REITZ, lag met zeven man op 600 pas afstands van den Verrassingsheuvel op brandwacht, toen zij van boven den kop het gejuich der Engelschen hoorden. Zij zonden onmiddellijk rapport aan hun veldkornet ZEEDERBERG, toen de houwitser met een harden slag vernield werd. De acht wakkere Boeren stormden nu onmiddellijk vooruit, totdat zij in de nabijheid van Engelsche schildwachten kwamen. „Halt! wie gaat daar?" hoorden zij duidelijk roepen, waarop zij met een salvo antwoordden, snel in een droge sloot dekking zoekend. Hier vertoefden zij eenige minuten, om daarna, toen alles weer veilig leek, voort te loopen naar een spruit, die onder den Verrassingsheuvel heenloopt. Zij werden echter ontdekt door een klomp Engelschen, die hier in reserve waren, en hen met salvo's bestookten. Dekking zoekend achter den wal der spruit, schoten de Boeren terug, maar het werd er hun te warm, en zij moesten een nieuwe positie zoeken. Toen gebeurde het ongeluk, dat S. VAN ZIJL doodelijk werd gewond. Hij liep vlak voor D. REITZ, slechts een meter van hem verwijderd. Het Engelsche geweervuur was zoo dichtbij, dat zijn kleeren in brand geraakten, terwijl een kogel zijn keel, en een tweede kogel zijn long doorboorde. De burgers waren bedroefd, want S. VAN ZIJL was algemeen bemind, en zij gaven den stervende nog eenige teugen water. Maar zij moesten hem verlaten, omdat zij tusschen de Engelschen beklemd raakten, en retireerend naar den overkantschen wal, sprong een Engelschman op den jongen REITZ af, om dezen aan de bajonet te rijgen. Maar de stoot mislukte, en nu was de jonge Boer aan het breedste eind. De Engelschman echter wierp zijn geweer neer, en tastte met de handen over de borst, waarschijnlijk om den patroonzak af te nemen, maar de kameraden van REITZ vreesden een verraderlijken streek en riepen: „Schiet hem, REITZ, schiet hem!" De jonge Republikein echter kon het, al vreesde hij een revolverschot, niet over zijn hart verkrijgen, om den man op twee pas afstands dood te schieten, en riep hem toe: „Steek op je handen, of ik schiet," waaraan de Engelschman gevolg gaf.

Intusschen kwamen van den Verrassingsheuvel 200 à 300 Engelschen aan, opgewonden van het groote succes, dat zij hadden behaald. Zij merkten de zeven Boeren niet, die hen stil lieten komen, en eerst op tien pas afstands een snelvuur openden. Ook toen nog hadden de Engelschen geen vermoeden van den vijand en riepen: „Rifle-brigade! Rifle-brigade!" in den noodlottigen waan, dat zij kameraden voor zich hadden. Maar het vinnige vuur uit de hinderlaag bracht hen op de hoogte, en onder aanvoering van kapitein PALEY deden zij een bajonet-aanval. De kapitein

---

[1]) De volgende bijzonderheden zijn ontleend aan een brief, geschreven door den jeugdigen REITZ aan zijn vader en opgenomen in het »Algem. Handelsblad".

echter kwam niet ver. Door drie kogels doodelijk getroffen, viel hij vlak bij de Boeren neer.

JAN LUTHER werd door de Engelschen omsingeld. Hij kreeg met de geweerkolf een zwaren slag op het hoofd, en bovendien een bajonetsteek in de maag, maar de kordate Boer greep twee zijner aanvallers bij de keel, roepend: „Helpt, kerels!" Hij kreeg onmiddellijk hulp en twee vijanden werden doodgeschoten. Maar nu kwamen de Engelschen zoo dicht aanzetten, dat de Boeren het geraden vonden, weg te schuilen, terwijl 300 Engelschen één voor één, hen op zes pas afstands langs een voetpad passeerden.

Sommige Boeren sprongen in de belendende slooten, of strekten zich lang uit achter de klippen, terwijl verdwaalde Engelschen over hen heen strompelden. Het kostte de grootste moeite, om vrienden van vijanden te onderscheiden, en de verwarring werd nog grooter, doordien de Boeren Engelsche roepen bezigden, om hun vijanden te verschalken, en dezen op hun beurt zich van Afrikaansche uitdrukkingen bedienden. Al de angstwekkende en ijzingwekkende tooneelen van een nachtelijk gevecht werden hier afgespeeld, en terwijl de Engelschen meenden, dat zij tegen een vijandelijke overmacht stonden, waren zij inderdaad tienmaal sterker dan hun aanvallers. Maar deze aanvallers maakten door hun moed en beleid weer goed, wat zij in aantal te kort schoten, en de Engelschen haastten zich om weg te komen, terwijl zij op hun terugtocht nog stootten op een hinderlaag van 30 Boeren, die zich in een sloot hadden verscholen, en den terugtrekkenden vijand met salvo's bestookten.

Om 3 uur in den morgen was het gevecht afgeloopen. Het verlies der Boeren was opmerkelijk gering: 2 dooden[1]) en 5 gewonden, terwijl 2 artilleristen werden gedood en 3 vermist. De Engelschen hadden een verlies van 27 dooden, waaronder een kapitein en een luitenant, 17 ernstig gewonden, terwijl er 10 gevangengenomen waren. De houwitser was helaas totaal vernield, maar de Lange Tom en de houwitser, die drie nachten vroeger waren beschadigd, werden ter reparatie opgezonden naar Pretoria. Algemeen waren de officieren in het Boerenlager van oordeel, dat deze zware kanonnen onherstelbaar waren, maar de technici der Zuid-Afrikaansche Spoorwegmaatschappij, die wel van alle markten thuis schenen te zijn, noemden de reparatie van den Langen Tom, welk stuk ƒ 156,000 moet hebben gekost, puur kinderwerk. Zij zaagden van voren van den loop een stuk af ter lengte van een voet, terwijl bovendien een nieuw sluitstuk moest worden aangemaakt, daar het oorspronkelijke door de Engelschen was meegenomen. Wat den houwitser betreft, had

---

[1]) Een dezer dooden had een schot door het hart en vijf bajonetsteken.

Lange-Tom bij de „Spoormetaaldokters" in de werkplaatsen van de Ned. Z.-Afrikaansche Spoorweg-Maatschappij.

het ontplofte dynamiet den loop aan de binnenzijde ingedeukt, welk gebrek door uitboring van een nieuwen schroefdraad werd verholpen [1]).

Tijdens de herstelling van den Langen Tom verscheen de volgende leuke bekendmaking in „De Volksstem": „Bericht aan mijne Britsche vrienden! De heer Lange Tom, bij een brutalen aanval nabij Ladysmith in een zijner teedere deelen getroffen, heeft de eer mede te deelen, dat hij zich heeft gesteld onder de behandeling van eenige Zuid-Afrikaansche Spoormetaaldokters. Binnen enkele dagen zal hij weer in staat wezen, zijn begunstigers op dezelfde fluksche wijze te bedienen als voorheen. Intusschen wordt de bezigheid op Lombardskop door zijn broeder, Lange Tom Junior, op denzelfden voet voortgezet. Bommen worden elken morgen te Ladysmith gelijk voorheen aan huis afgeleverd. Zegt het voort!"

Toen Tom uit de handen der metaaldokters kwam, werd het stuk geprobeerd, en door een Afrikaanschen artillerist gericht op een doornboschje op een afstand van 50 minuten gaans. Toen de stofwolk, door het ontplofte projectiel veroorzaakt, was opgetrokken, was het doornboschje verdwenen. Het pleitte voor het meesterschap van den kanonnier, maar ook voor de deugdelijke reparatie van het stuk. Het gebied echter, dat koning Tom kon bestrijken, was door de verkorting van het stuk een mijl ingekrompen.

De eerste Poging tot Ontzet van Ladysmith.
De Slag bij Colenso.

Engeland was onaangenaam verrast door de wending, die de oorlog nam. Men had langen tijd in den waan verkeerd, dat één Engelsch soldaat rijk opwoog tegen drie Boeren, maar men begon te begrijpen, dat twee soldaten hun handen reeds meer dan vol hadden aan een van die ongedrilde schaapherders. De Engelsche Regeering zorgde dan ook voor de snelle verscheping van

---

[1]) Het feit, dat de dynamiet-ontploffing bij den Langen Tom, een Fransch Creusot-kanon, een barst, doch bij den houwitser, een Duitsch Krupp-kanon, slechts een deuk had veroorzaakt, schijnt er op te wijzen, dat, hoewel de Creusot-kanonnen in sommige opzichten voordeel bieden boven het fabrikaat van Krupp, het *materiaal*, gebruikt door den Duitscher, deugdelijker is dan dat van den Franschman.

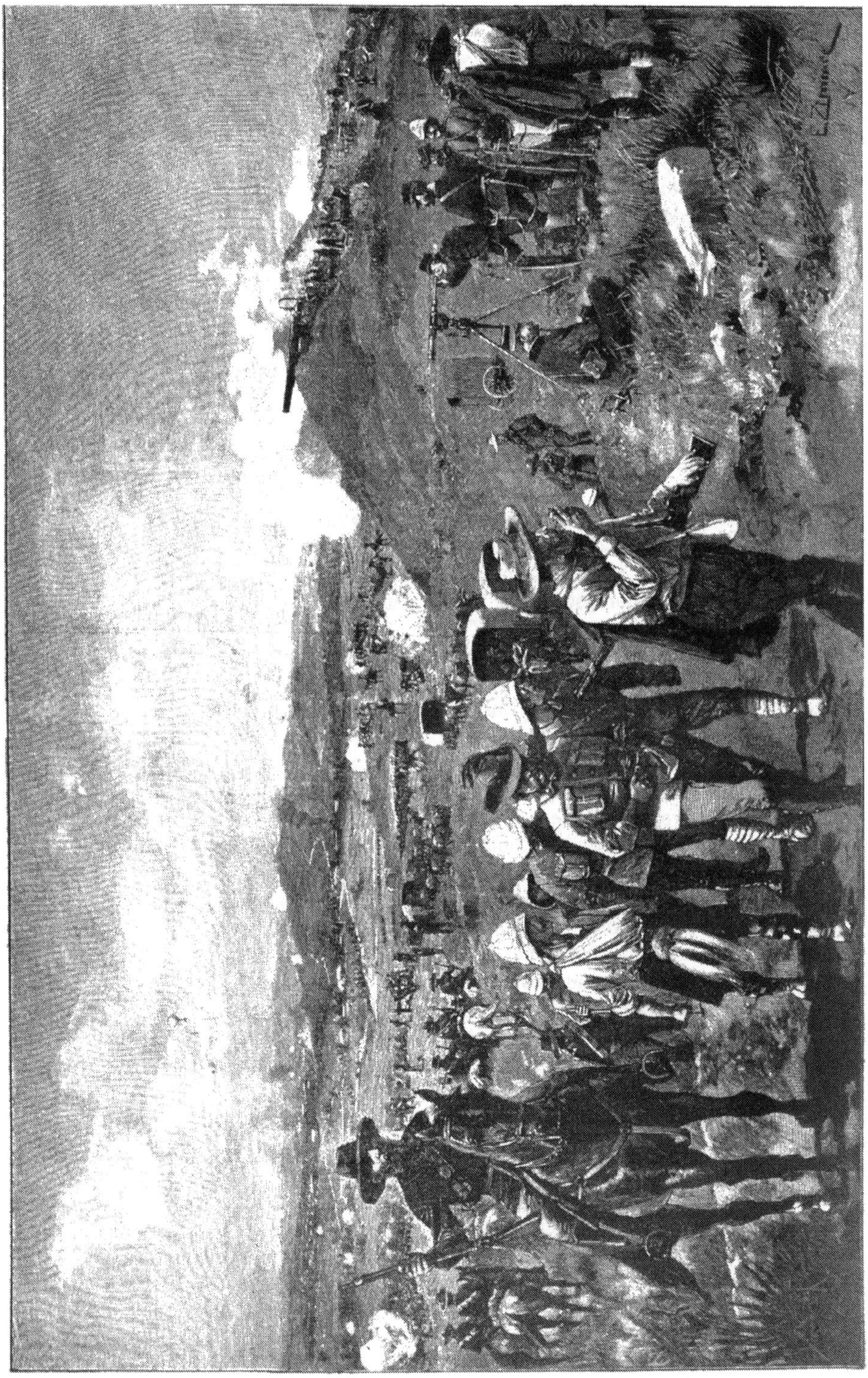

50,000 man nieuwe hulptroepen, terwijl de reserve werd opgeroepen, en generaal BULLER tot opperbevelhebber der Engelsche troepen in Zuid-Afrika werd benoemd.

BULLER is een beroemd man; de Prins van Wales deed hem bij zijn vertrek uit Engeland uitgeleide, en alle Boerenhaters juichten.

REDVERS BULLER werd in 1838 in het graafschap Devonshire (Engeland) geboren, en behoort tot een oude, deftige burgerfamilie.

Toen hij 18 jaar oud was, werd hij bevorderd tot tweeden luitenant, om twee jaar later in den oorlog met China den vuurdoop te ontvangen. Daarna ontmoeten wij hem aan het andere eind der wereld, in Canada, waar het Fransche deel der bevolking oproerig werd. Hier deed hij veel ervaringen op, die hem te pas kwamen, toen hij in de Soedaneesche troebelen moest optreden. In dezen veldtocht werd hem opgedragen 1200 man 1200 mijlen ver door woestijnen en wildernissen te brengen, wat hij met succes volbracht. Later streed hij te Ashanti (in West-Afrika), waar een kogel in zijn kompas terecht kwam, terwijl hij in 1873 binnen drie maanden een Kafferopstand in Natal dempte. Zes jaar later vocht hij tegen de Zoeloe-Kaffers onder Koning CETEWAJO, terwijl in zijn legertje 33 Hollandsch-Afrikaansche Boeren waren. Het waren gevaarlijke dagen, en BULLER met zijn manschappen zaten ruim vier etmalen bijna onafgebroken in het zadel. Het was een aaneenschakeling van scherpe schermutselingen, maar hij wist zijn colonne door goed beraamde en flink uitgevoerde manoeuvres uit den knel te krijgen, en kreeg den naam een even dapper als gelukkig veldheer te zijn. In dezen oorlog vond de eenige zoon van den gewezen Franschen Keizer NAPOLEON III den dood, maar BULLER overwon de Zoeloes, en ontving van zijn Koningin de zeldzame onderscheiding van het Victoria-Kruis.

BULLER's moed en doodsverachting zijn bij zijn soldaten welbekend, maar overigens is hij geen aangenaam man. Hij is groot van gestalte, en heeft een indrukwekkende houding, maar zijn gelaat is streng, heerschzuchtig en koud. Zijn manieren zijn ruw en hardhandig, en hij heeft den naam van ontzettend te kunnen vloeken. Hij heeft een teruggetrokken en hardvochtige natuur, en is weinig mededeelzaam. Hij heeft den dood gezien aan de journalisten, die hem wenschen te spreken, en hij heeft van de Boeren een hartgrondigen afkeer.

Hij overhaastte zich niet met het ontzet van Ladysmith, omdat hij goed werk wilde leveren, en zijn slag wilde slaan met kracht. Hij bedwong het ongeduld van zijn officieren met zijn strakken blik, liet de versch aangekomen troepen uit Engeland flink exerceeren, en verwaarloosde geen maatregel, die kon medewerken tot bereiking van het groote doel. Voor den beroemden veldheer zou het een groote schande zijn, zoo hij tegenover die ongedrilde schaapherders een nederlaag leed, en om dit te voorkomen, gunde hij zich den noodigen tijd van voorbereiding. Intusschen liet hij het gros van zijn leger langzaam vooruitrukken, en verkreeg heliographische gemeenschap met het ingesloten leger van generaal White. Vele harten, die met de Boeren medegevoelden, klopten onrustig, want de bedaardheid, waarmede generaal Buller te werk ging, scheen er op te wijzen, dat het onweer, zoo het losbarstte, vreeselijk zou zijn, en de Boeren, met een belegerde vesting in den rug, den stoot van een overmachtigen vijand niet zouden kunnen doorstaan.

Veertien dagen toefde generaal Buller; toen was alles gereed, en om drie uur in den morgen van den 14^{den} December werd in het kamp van Chieveley de reveille geblazen. Alles kwam onmiddellijk in beweging, en het kamp geleek op een bijenkorf, waartegen de imker met zijn voet heeft gestooten. Bij het opvlammen der kampvuren werden de tenten gestreken, de bagage gepakt, en bij het krieken van den dageraad waren de meeste soldaten reeds gezakt en gepakt: begeerig, om in de voorhoede te komen, eenige zwakke Boerenkommando's met een paar salvo's uiteen te jagen, en als overwinnaars Ladysmith binnen te trekken. Zóó was het hun immers beloofd; generaal Buller had het zelf gezegd!

Om halfvijf stonden reeds verscheiden regimenten infanterie marschvaardig, de zachtglooiende helling optrekkend, die van het kamp naar de noordelijke heuvelen leidde. Hun vertrek gaf ruimte voor nieuwe regimenten om zich te ontplooien, en in minder dan een uur tijds had zich het geheele leger in beweging gesteld. Alles beloofde een mooien dag, en de soldaten maakten grappen en kwinkslagen. De wagens en karren, die bij elk regiment behoorden, droegen een kleine onderscheidingsvlag, die voor den leek het eenige herkenningsteeken was. Zij besloegen een lengte van minstens acht mijlen. Zij waren samengesteld uit de meest verschillende soorten transportmiddelen: ambulance-wagens, bespannen met een lange, dubbele rij logge ossen; muilwagens, voortgetrokken door vlugge muildieren; karren, bespannen met koppige ezels, en daartusschen kleine afdeelingen cavalerie en infanterie, wier blanke sabels en stalen bajonetten blonken en schitterden in de morgenzon. Achter elk regiment volgden tevens de zes volledig uitgeruste veldbatterijen, terwijl het zware marine-geschut, waarvan men groote verwachtingen koesterde, niet ontbrak.

Na een marsch van tien mijlen, en voordat de middaghitte de troepen kon teisteren, werd uitgespannen, en het lager opgeslagen. Tenten werden vastgepind, vuren aangemaakt, en in de groene graslanden, waar denzelfden morgen de beesten hadden gegraasd, die van de Boeren waren weggeloopen, legerden zich nu de Engelsche soldaten, talrijk als de sprinkhanen des velds. Met verwonderde blikken staarden de voorposten der Boeren van hun hooge kopjes op die snel verrijzende stad van tenten, helwit blinkend in de gloeiende zomerzon — brutaal en tartend tegenover

De Slag bij Colenso, in vogelvlucht gezien.

de kleine lagers der Boeren, die als schroomvallig en angstig wegschuilden achter de heuvels der Tugela-rivier.

Generaal BULLER was bij den opmarsch persoonlijk tegenwoordig, en hij had door een dagorder, die tintelde van zelfvertrouwen en kracht, den moed zijner soldaten niet weinig geprikkeld. 't Is waar: hij vertoonde gewoonlijk een hard en ijzeren gelaat, maar zijn leger had toch een onbegrensd vertrouwen in zijn veldheersbeleid, en het zag zijn koude, kille natuur gaarne over het hoofd, omdat het onder zijn leiding *zeker* van de overwinning was.

De stafofficieren, die een week geleden met hem een verkenning hadden gedaan, zaten dan ook leelijk in de war, toen een ordonnans in ademlooze haast kwam melden, dat een Boerenkommando van minstens 3000 man een naburig kopje had bezet. Goede raad was duur; men wist niet, welken weg te nemen, om aan de waakzaamheid van den vijand te ontsnappen. Een officier der Natalsche vrijwilligers bood toen aan, om het kopje te verkennen, welk aanbod natuurlijk met dankbaarheid werd aanvaard. Hij keerde met de goede tijding terug, dat de ordonnans een troep vredig grazende paarden voor 3000 Boeren had aangezien, en generaal BULLER was gered.

Twee dagen lang, den 13den en den 14den December, was de donder van het Engelsche geschut op de stellingen der Boeren gericht geweest, maar achter die kopjes was het stil en onbeweeglijk gebleven. Geen Lange Tom had geantwoord; geen Mauser had gesproken. De klippen waren blauw gebombardeerd; groote stukken waren er af gebrokkeld, maar geen Boer had zich laten zien.

Zoo besloot dan generaal BULLER in den vroegen morgen van den 15den December tot den aanval. De ramp van Stormberg had hem moeten manen tot voorzichtigheid; de lauwe lijken der verslagenen van Magerfontein lagen nog op het veld. Maar juist dat Stormberg en dat Magerfontein prikkelden hem, en hij hield zich voor den man, die den gezonken wapenroem van Engeland door één krachtigen stoot opnieuw zou doen stijgen.

Het gevechtsveld besloeg een halven cirkel van 8 mijlen lengte, terwijl de Tugela-rivier de vijandelijke legers scheidde. Ten noorden der rivier loopt een keten lage heuvels, door een volgende heuvelketen beheerscht, en boven deze tweede keten steekt dreigend de Bulwanakop uit, van waar de Boeren Ladysmith beschieten. Al deze heuvels zijn buitengewoon gekliefd en gescheurd, vol kloven en holen, bedekt met tallooze klippen, terwijl doornbeschjes met gele bloesems de eentonigheid der harde klippen breken. Colenso, een klein dorp, ligt tusschen de heuvel in, en ten oosten van Colenso het fort Wylie. Dit fort vormde het centrum der Boerenstellingen, die zich aan weerszijden drie mijlen ver uitstrekten.

Het Engelsche marine-geschut was drie mijlen ten zuiden der Tugela-rivier opgesteld op een golving van het met dicht gras begroeide terrein, dat langzaam afliep naar de rivier. Dit terrein moest door de aanvallende colonnen worden overgestoken. Het bood weinig schuiling; een wielrijder kon er gemakkelijk overheen.

Vroeg, om vier uur, kwam het Engelsche kamp in beweging; den soldaten was reeds den voorgaanden avond gezegd, dat tot den aanval was besloten. Het was een heerlijke, schitterende zomermorgen, en de manschappen hadden het volste vertrouwen in den goeden uitslag.

Het plan van aanval was als volgt: Aan den linkervleugel zou generaal HART met de vijfde brigade, voornamelijk bestaande uit Iersche Fuseliers, opereeren, de Tugela-rivier doortrekken, en den noordelijken oever bezetten, waar de Groblerskloof het hoogste punt vormde. Ondersteund door een veldbatterij, moest de brigade vervolgens haar weg forceeren tot een groep kopjes, ten noorden der ijzeren wagenbrug van Colenso, de flank der Boeren op hun centrum terugwerpende. In het centrum was de aanval opgedragen aan de tweede brigade onder generaal HILDYARD, die recht op de ijzeren wagenbrug van Colenso moest aanrukken, en, indien de aanval succes had, en de brug in bezit was genomen, de aangrenzende kopjes bij Colenso moest bezetten. Op den rechtervleugel ten oosten der spoorlijn en ten westen der Hlangwaneberg stonden de fuseliers onder generaal BARTON, vormende de zesde brigade, die den aanval op het centrum moest ondersteunen, terwijl zich aan het uiterste punt van den rechtervleugel een lange lijn lichte vrijwillige cavalerie ontplooide onder het directe bevel van majoor WALTER.

De vierde brigade, onder generaal LYTTLETON, had op te rukken naar een bepaald punt tusschen de Breideldrift en den spoorweg, zoodat zij zoowel links de vijfde brigade als rechts de tweede brigade zou kunnen steunen.

Terwijl de infanterie tirailleursgewijze naderde, openden de marinekanonnen het vuur, en de donder van het geschut wekte de Boeren in hun lagers. Fort Wylie was het eerste doel, en op een afstand van 4000 yards wierpen de Engelsche twaalfponders lyddietbommen en granaatkartetsen in de stellingen der Boeren. Vreeselijk was het vuur; het was, alsof de bergen en de heuvelen stonden te schudden. Maar geen Boer was te bespeuren; geen breedgerande Boerenhoed was te zien. Colenso lag daar als een verlaten gehucht, en de harde rotsen staken hun pieken zwijgend in de gloeiende zon omhoog. Langzaam en voorzichtig trokken de Engelschen voorwaarts, doch om zes uur was men nog geen Boer gewaargeworden. Onbeweeglijk, met het Mausergeweer in den arm, lagen de Boeren in hun verschansingen, en gluurden over de kopjes heen op de 28000 man, die als een langzaam wassend getij naderden.

Louis Botha stond aan hun spits. Hij is 36 jaar oud: een geboren Nataller. Hij werd te Greytown geboren, hielp Lukas Meijer met het stichten der kleine republiek Vrijheid, die later met de Zuid-Afrikaansche Republiek werd vereenigd, en werd in dezen oorlog tot vechtgeneraal benoemd. De Boeren vertrouwden hem, en bleven op zijn bevel stil in hun loopgraven. God stortte hun moed en dapperheid in; zij waren vast besloten, om te overwinnen of onder te gaan en evenals Prins Maurits bij Nieuwpoort zijn schepen wegzond, om de mogelijkheid eener vlucht uit te sluiten, brachten de Boeren voor datzelfde doel hun paarden vier mijlen achterwaarts.

Zoo zaten zij dan te wachten, en het werd halfzeven — kwart voor zevenen — zeven uur. Villebois-Maureuil, de dappere Fransche kolonel, die Frankrijk had verlaten, om aan Paul Kruger zijn diensten aan te bieden, kon het niet langer uithouden. Hij reed op den eersten den besten veldkornet af, die doodbedaard een kop koffie stond te drinken. „Mijnheer," riep hij, „waar zijn uw troepen? Ziet gij de Engelschen dan niet? Snel, of ge zijt verloren!" De veldkornet antwoordde, terwijl hij het leege kopje voorzichtig opborg: „Heb maar geduld, hoor; ons zal dit wel recht maak." Maar Villebois vertrouwde die rechtmakerij niet bijzonder, en wendde zich tot Louis Botha, die op eenigen afstand door zijn veldkijker rustig de bewegingen van den vijand gadesloeg. „Gij zult het verliezen, man, gij zult het verliezen!" riep de opgewonden kolonel, zelf een verrekijker nemende. Hij werd al onrustiger, maar Botha scheen onbeweeglijk als de harde klip, waarop zijn voeten steunden. „Alles is recht," zeide hij, „gij zult het zien."

Kwart over zevenen! Louis Botha gaf het sein om het vuur te openen. Plotseling begonnen de kopjes te leven; de breede hoeden werden zichtbaar. Het was een ontzettend, vreeselijk, gruwelijk vuur. Het scheen alsof de hel loskwam, en tusschen het vuur der Boerenartillerie klonk het fluiten der Mauserkogels als het huilen van een hagelbui tusschen donderslagen. Nu eerst konden de Engelschen gissen waar ongeveer de artillerie der Boeren te vinden was, en trachten haar door het overweldigend vuur hunner kanonnen tot zwijgen te brengen.

De artillerie der Boeren bestond uit vier snelvuur-kanonnen en een Maxim. Zij stonden onder bevel van kapitein Pretorius, den zoon van dien Henning Pretorius, die zich in den vrijheidsoorlog van 1880/81 zoo wakker had onderscheiden. Kapitein Pretorius toonde zich de onverbasterde zoon van dien Afrikaanschen held. Hij kende geen vrees, geen angst. Hij snelde van den éénen vuurmond naar den anderen, en maande zijn manschappen aan tot trouwe plichtsbetrachting. Hij verkeerde elk oogenblik in doodsgevaar, en zijn voorbeeld electriseerde zijn manschappen. Louis Botha ontzag zich evenmin. Hij stond midden in het gevecht, en dacht aan geen

Generaal LOUIS BOTHA.
Naar een photographie, genomen in het Tugela-dal.

gevaar. Bij het gebrul der kanonnen gaf hij zijn kommando's met de kalmte van een grijsgeworden veldheer, en in dezen eenvoudigen man scheen een vonk te schitteren van dat genie, dat den eersten Napoleon geweldig en Von Moltke onweerstaanbaar maakte in den strijd.

De Boeren wedijverden met elkander in dapperheid. Op een zekeren heuvelrand, niet langer dan 250 yards, sprongen zij recht overeind, tartten den dood en schoten als razenden. Maar het vuur van 16 Engelsche kanonnen werd op hun stelling gericht, en het gras verschroeide op het kopje. Het was als een ontzettend, alle zenuwen spannend onweer — of de bazuinen schalden van het Laatste Gericht!

Generaal Hart voerde, door een gids geleid, den linkervleugel naar de rivier bij Breideldrift, ten westen der samenvloeiing van de Tugela-rivier en de Doornkopspruit. Aan den noordelijken oever stonden de Vrijstaters onder bevel van generaal Prinsloo, terwijl hun stellingen door het tamelijk vlak terrein zeker de zwakste waren van de geheele linie der Boeren. Toen de soldaten den oever der rivier tot op 300 yards waren genaderd, zagen zij een afdeeling Boeren over de kopjes weggaloppeeren, wat generaal Hart deed besluiten, om krachtig voorwaarts te rukken. Doch dit hadden de Vrijstaters juist beoogd, en toen de Engelschen den zuidelijken oever der rivier hadden bereikt, kregen zij op een afstand van hoogstens 400 yards een moorddadig geweervuur. De soldaten wierpen zich tegen den grond, om ten minste eenige schuiling te vinden en het vuur te beantwoorden. Doch waarop moesten zij schieten? Er was geen mikpunt; het rookvrije kruit van de Mauserpatroon liet geen spoor achter, en de soldaten hadden op dit oogenblik aan houten knuppels evenveel gehad als aan hun prachtige Lee-Metford-geweren. De toestand werd nog gevaarlijker, toen een groot kanon der Boeren, in een nieuwe stelling gebracht, granaten begon te werpen. Maar twee marinekanonnen kwamen te hulp en temperden ten minste het artillerievuur der Boeren. Niettemin was de positie der infanterie wanhopig. Aan een bajonetaanval kon niet worden gedacht, want de Boeren hadden stroomafwaarts de rivier afgedamd, waardoor het water boven de Breideldrift was opgestuwd, en toen eenige Iersche fuseliers desondanks in den stroom sprongen, raakten zij met hun voeten verward in het verraderlijke prikkeldraad, dat de Boeren in de rivierbedding hadden gespannen. Voor de oogen hunner kameraden, die hen niet konden helpen, moesten zij jammerlijk verdrinken. Toen sprong een grijsgebaarde sergeant van de fuseliers op en riep tot zijn sectie: „Zet op bajonet, en laten wij ons een beroemden naam verwerven!" Maar nauwelijks stond hij op zijn voeten, of een Mauserkogel doorboorde zijn hoofd, en hij viel stervend in de armen van een zijner makkers, die hem opving.

Intusschen had generaal Buller gezien, hoeveel menschenlevens hier nutteloos werden opgeofferd, en hij gaf bevel tot den terugtocht.

Het verlies der kanonnen

n de Engelschen, bij Colenso.

Hoe vreeselijk echter het vuur der Vrijstaters had huisgehouden, werd nu eerst zichtbaar. Een officier gaf aan zijn sectie bevel, om te retireeren, doch niemand gaf acht op zijn bevel. Hij herhaalde zijn bevel, doch niemand verroerde zich. Hij stond verbaasd over deze ongehoorzaamheid, maar zijn verbazing veranderde in ontzetting, toen hij bespeurde, dat allen dood waren.

Zoo eindigde de aanval op den linkervleugel; de Engelschen waren hier naar geen slagveld, maar naar een *slachtbank* geleid, terwijl de Vrijstaters niet één doode of ernstig gekwetste te betreuren hadden.

Intusschen was generaal HILDYARD met de tweede brigade opgerukt tot den hoofdaanval tegen het vijandelijk centrum bij Colenso, en trachtte de ijzeren wagenbrug over de Tugela-rivier te nemen, terwijl deze beweging rechts door de batterijen van kolonel LONG en de brigade van generaal BARTON, links door de brigade van generaal LYTTLETON werd ondersteund. De marine-kanonnen namen de artillerie der Boeren geducht onder vuur. Zij overstelpten de stellingen der Boeren met hun lyddietbommen, en de soldaten haalden ruim adem, toen zij bemerkten, dat het vuur der vijandelijke artillerie verzwakte, om ten slotte te verstommen. Men raakte daardoor in de meening, dat de kanonnen der Boeren waren stukgeschoten, en kolonel LONG achtte thans het juiste oogenblik gekomen, om zijn artillerie vooruit te brengen. Hij meende vast en stellig, dat de Boeren op het punt stonden hun posities op te geven, en zoo zijn manoeuvres met succes waren bekroond geworden, zou hij als een der knapste artillerie-officieren zijn geroemd geworden. Maar zijn veronderstelling was niet juist; het stoute plan mislukte, en terwijl hij zwaar gewond werd, kreeg deze dappere, maar ongelukkige Engelsche officier nog de openbare berispingen van den opperbevelhebber naar het hoofd.

Hij gaf dus — het was toen halftien — de gevaarlijke order, om voorwaarts te rukken, en de Boeren achter hun klippen zagen de twee batterijen in vollen galop een nieuwe stelling zoeken. Deze nieuwe stelling werd gevonden op een afstand van 800 yards van den zuidelijken oever der rivier, en van 1400 yards van Fort Wylie. De paarden hielden halt; de kanonnen werden afgehaakt. Het hagelde Mauserkogels. Paarden sloegen tegen den grond; vele artilleristen werden gekwetst. Maar de manschappen gedroegen zich met loffelijken moed, richtten hun kanonnen en gaven vuur. Voor een oogenblik verminderde het vijandelijke geweervuur; men schepte hoop, dat men zich hier zou kunnen staande houden. Dat was ook dringend noodzakelijk, want men *kon* niet meer terug. Aan een terugtocht had kolonel LONG niet gedacht; daaraan had trouwens niemand gedacht, en toen de infanterie onder het vuur der Boeren in lange rijen werd weggemaaid, en het bevel tot den terugtocht werd gegeven, was er niemand, die aan de geïsoleerde batterijen van kolonel LONG nieuwe

De Boeren in hun Stellingen in den Slag bij Colenso.

ammunitie kon brengen. De voorraad granaten was bijna uitgeput, en orders om nieuwen toevoer en versche artilleristen konden niet worden uitgevoerd. Zoo stonden daar de kanonnen als schepen, die op een blinde klip zijn vastgeloopen, en omloeid door het opnieuw aanwakkerende vuur der Boeren [1]), misten zij ammunitie, om den terugtocht te dekken. Hun vuur verstomde, en de manschappen zochten dekking in een aangrenzende donga of droge sloot, waarheen reeds de gewonden waren gebracht. Reikhalzend zagen zij uit naar hulp, maar in plaats van hulp hoorden zij opnieuw het dreunen der Transvaalsche snelvuurkanonnen, die men reeds als vernield had beschouwd.

De Boeren hadden die verlaten kanonnen van kolonel Long wel gezien, en overste Trichardt vroeg aan Louis Botha verlof, om ze met 500 vrijwilligers te nemen. Maar de generaal keek den dappere in het door den kruitdamp geblaakte gelaat en schudde het hoofd. „Zij zullen ons hopelijk toch niet ontsnappen," meende hij [2]).

De Engelschen waren intusschen even begeerig, om hun kanonnen te redden, als de Boeren om ze te veroveren, en de opperbevelhebber Buller galoppeerde met generaal Clery en eenige stafofficieren naar het front, om de noodige daartoe strekkende bevelen te geven. Er waren reeds ernstige pogingen in deze richting gedaan, en twee van de twaalf kanonnen waren tot den prijs van kostbare menschenlevens in veiligheid gebracht. Nu waagden een troep huzaren den aanval, maar negen granaten vielen midden in hun gelederen, en zij stoven uiteen. Vier compagnieën infanterie onder kolonel Bullock namen de wanhopige taak over, maar de Boeren openden nu een kruisvuur, en de infanterie was binnen het bereik van dat verdelgend vuur voordat zij het wisten.

Struikelend over hun gesneuvelde of gewonde kameraden, aangeroepen door de gekwetsten, die van dorst lagen te versmachten, snelden zij voorwaarts, en bereikten, zwaar gehavend, de donga. Een officier greep een span paarden, en tuigde hen in voor een vuurmond; zij sloegen tegen den grond. Hij nam een tweede span paarden; zij werden onder zijn handen doodgeschoten. Hij bracht een derde span voor, maar de opperbevelhebber gaf nu order, het wanhopige werk te staken. De jonge luitenant Roberts, de zoon van generaal Roberts, was echter reeds doodelijk gewond. Hij was pas een maand geleden uit Londen vertrokken, en had zich al in vroegere veldtochten door zijn moed en dapperheid onderscheiden.

Op den uitersten rechtervleugel trok lord Dundonald aan de spits van Natalsche Karabiniers en Johannesburger Uitlanders op tegen den door

---
[1]) Van het Ermeloo-kommando.
[2]) Overste Trichardt had gedurende den slag een lijfwacht van 25 Ieren onder bevel van majoor Mac. Bride bij zich, die zich buitengewoon onderscheidden. Het paard werd onder Mac. Bride doodgeschoten, maar sergeant-majoor Riley trok hem onder het paard uit, en beiden ontsnapten wonderbaarlijk, voordat een nieuwe bom ontplofte.

Het sneuvelen van Luitenant ROBERTS, eenige zoon van Generaal ROBERTS, bij een poging om de verlaten kanonnen bij Colenso te heroveren.
(Luitenant ROBERTS is de ruiter op de uiterste rechterzijde van de plaat).

de Boeren bezetten Hlangwaniberg. De aanval geschiedde zonder eenige dekking, en was een verschrikkelijke dwaasheid. De Boeren, die toch reeds zoo gebeten waren op de Johannesburger Uitlanders, lieten den vijand goed onder schot komen en hielden toen een vreeselijk strafgericht.

Om halftwee waren de Engelschen op alle punten geslagen, nadat zij tot driemaal toe de ijzeren wagenbrug bij Colenso hadden bestormd. Overal waren zij op een geduchten vastberaden vijand gestooten, en toen de aanval van generaal HART was afgeslagen, zagen de Engelschen de Vrijstaters weggaloppoeren, om de Transvalers bij te staan.

Nadat de eigenlijke slag was afgeloopen, richtten de Engelschen het vuur van hun geschut op de wagenbrug bij Colenso, daar zij vreesden, dat de Boeren er gebruik van zouden maken, om de tien achtergelaten kanonnen in veiligheid te brengen. Maar om vijf uur in den namiddag verlieten eenige honderden vrijwilligers de veilige kopjes en bemachtigden de kanonnen en de ammunitiewagens. Het waren tien prachtige, onbeschadigde Armstrong-kanonnen en twaalf ammunitiewagens, die onder een groot en daverend gejuich in veiligheid werden gebracht.

Toen de Boeren kolonel BULLOCK sommeerden, zich over te geven, weigerde hij. Hij greep zijn revolver, maar een Boer sloeg hem kalm met de kolf van zijn geweer tegen den grond; zoo werd hij gevangengenomen. De Boer had hem kunnen doodschieten, en men kan niet anders dan de kalmte, waarmede deze Boer handelde en aldus, met gevaar voor eigen leven, het leven van een dapper soldaat spaarde, bewonderen en eeren tevens.

De hoofdaanval van generaal BULLER was, zooals reeds gezegd, op de ijzeren wagenbrug bij Colenso gericht geweest. Het was voor de Engelschen wel het gevaarlijkste punt op de geheele linie. De brug kon, indien de Engelschen zoo ver kwamen, onder het kruisvuur worden genomen van de hooge kopjes ten noorden der rivier, en van de aarden schansen, ten noorden en ten westen der brug opgeworpen, terwijl de Engelschen zouden gedwongen zijn, in een dichte massa over de brug te trekken. LOUIS BOTHA, die op den 15den December den aanval wel had verwacht, en daarom reeds den nacht te voren de brandwachten had verdubbeld, had dan ook niet kunnen vermoeden, dat de Engelschen tegen het sterkste punt in de Boerenlinie zouden inrennen. Kolonel VILLEBOIS had het evenmin vermoed. Toen hem den avond vóór den slag werd gezegd: „De Engelschen zouden wel eens direct de Colenso-brug kunnen bestormen", meende hij kortweg: „Het zou onzin zijn." De Boeren hadden dan ook den zwaarsten stoot in hun westelijke stellingen, waar de Vrijstaters stonden, verwacht, daar hier een open, weinig dekking biedend terrein lag, dat zij inderhaast met een aantal lage verschansingen, uit opgestapelde zakken aarde bestaande, hadden versterkt. Ook had men een hevigen aanval op den Hlangwaniberg, welks bezit een noodzakelijke voorwaarde was voor het behoud der andere posities,

Boeren de Tugela overstekende om de Engelsche kanonnen te nemen.

mogelijk geacht, die daarom door een sterke Boerenmacht werd bezet. Generaal BULLER echter had, waarschijnlijk door gebrekkige en verkeerde inlichtingen misleid, het onverstandigste gedaan, wat hij kon doen, door zijn grootste kracht te verspillen op een onneembaar punt, terwijl LOUIS BOTHA aan den anderen kant zich plotseling ontplooide als een veldheer van den eersten rang en een geboren strateeg. Kolonel VILLEBOIS had ook wel gelijk, toen hij aan den avond van dezen gedenkwaardigen dag met geestdrift uitriep: "Wat is oorlogvoeren? Het is verstand, idee, vernuft, genialiteit — het is geen methode." [1]) En terwijl het warme Fransche bloed zijn hart sneller deed kloppen, viel hij den kalmen BOTHA om den hals, roepende: "Prachtig, man, dat hebt ge eens prachtig gedaan!"

Goed oorlogvoeren is niet in de eerste plaats methode of stelsel; zeker niet. Het is veeleer een vlug zien van den bestaanden of zich wijzigenden toestand en een helder doorzicht in de gevolgen ervan. Maar bij de Engelschen was het juist stelsel van het begin tot het einde. En in weerwil van het ontdoen.

Colonel de VILLEBOIS MAREUIL.

zaglijke artillerievuur, dat vier uur lang onafgebroken de Boerenposities had gebeukt, bedroeg het geheele verlies der Boeren in dezen slag slechts 6 dooden en 20 gewonden. Men zag hier het reeds meer opgemerkte verschijnsel, dat artillerie in een klippenrijk terrein den vijand zeer moeilijk afbreuk kan

't Is op zoo'n terrein een brutaal, maar dom vuur. Daarbij liet de constructie der Engelsche granaten te wenschen over. Bij de meeste bleef, nadat bij de ontploffing de dop van de granaat was gesprongen,

---

[1]) Wat voor VILLEBOIS hier een openbaring schijnt geweest te zijn, had hij al van NAPOLEON I kunnen leeren, die weinig hechtte aan plannen en methoden, omdat, naar hij zeide, de toestanden zich nergens zoo snel wijzigen als op het slagveld. Voor ¹/₄ zijn het plan en methode, die de overwinning bezorgen, voor ³/₄: beide vlug te kunnen wijzigen, placht hij te zeggen.

de bus zelve in haar geheel of scheurde zij slechts gedeeltelijk; de lading vloog daardoor, in plaats van zich uit te spreiden, slechts in één richting, en verminderde de trefkans. De lyddietbom sprong beter, maar beantwoordde toch in de verste verte niet aan de buitensporige verwachtingen, die er de Engelschen van hadden gekoesterd.

De Boeren-artillerie had haar vuur niet geopend voordat de vijand onder het bereik der Mausergeweren was gekomen. Zij hield zich ook niet op met het beschieten der vijandelijke artillerie, maar richtte haar vuur uitsluitend op de stormende infanterie-bataljons, die, zonder dekking, door de granaten der Boeren zwaar geteisterd werden.

Drie keeren bestormden de Engelschen met doodverachtenden moed het centrum der Boeren, en drie keeren werden zij terug- en uiteengeslagen als de golf tegen de rots. En elken keer, als de bataljons terug moesten voor het moordend vuur der Boeren, lieten zij een vreeselijk, akelig spoor achter van dooden en gewonden.

Hun officieren waren in de vaste meening, dat zij tegenover minstens 10000 Boeren stonden, maar zij vergisten zich. Het waren niet meer dan hoogstens 2500 man [1]), daar de anderen Ladysmith in 't oog moesten houden, of nieuwe stellingen innemen met het oog op mogelijke omtrekkende vijandelijke bewegingen.

De ambulance-dienst bij de Boeren liet in dit tijdperk van den oorlog nog veel te wenschen over, en eerst later is hierin verbetering gekomen. Zonderling was het ook, dat de Boeren-ambulance zich bij het begin van den slag, toen eenige granaten in de nabijheid van haar wagens neerkwamen, zich haastte, om weg te komen naar het Pietersstation, ongeveer twee uur te paard van Colenso verwijderd. Hierop zijn ernstige aanmerkingen gemaakt. Natuurlijk is het de plicht der ambulance, zich zooveel mogelijk buiten het vuur te houden, maar zij moet tevens zorg dragen, dat zij binnen een bereikbaren afstand van de gevechtslinie blijft. Zich geheel buiten het bereik der kanonnen te houden, is bij het vèrdragende scheepsgeschut van den vijand vrij wel onvereenigbaar met een behoorlijke vervulling harer taak. Door de verplaatsing der ambulance moest nu het telegraafstation dienst doen als voorloopig hospitaal. Gelukkig, dat er zoo weinig gewonden waren! Toen de eerste gewonde, met een kogel in het voorhoofd, werd binnengebracht, was er niemand, om chirurgischen bijstand te verleenen, en toen een Engelsche dokter uit de nabijheid werd gehaald, stelde deze voor, den kogel maar met zijn zakmes te verwijderen, daar hij de noodige instrumenten niet bij zich had. Men kan daaruit weer

---

[1]) Mijne beide broeders maakten op dien dag deel uit van het Boerenleger bij Ladysmith. Een van hen streed den slag bij Colenso mede en schreef mij, eenige dagen later met het oog op dien slag: »Als ik zeg, dat er aan onzen kant 2500 man hebben gestreden, dan zeg ik veel; ja, ik ben er zeker van, dat het nog geen 2000 manschappen waren."

Een ambulance der Engelschen.

zien, hoe weinig vele Engelsche militaire dokters voor hun taak berekend zijn. Volgens alleszins bevoegde Nederlandsche deskundigen zijn zij, de goeden niet te na gesproken, dan ook in wetenschappelijke ontwikkeling tientallen van jaren ten achter, is het geheel verouderde systeem volgens hetwelk de kogel steeds onmiddellijk moet verwijderd worden, bij hen nog in volle toepassing, en doen zij niets liever dan snijden, zagen en kerven. De dappere artillerie-luitenant Du Toit, wiens been bij Modderspruit zwaar werd gekwetst, en die door de Engelschen werd medegenomen, stond reeds op het lijstje, om zijn been te verliezen, maar hij werd gelukkig uitgeleverd, en mocht onder de behandeling van Nederlandsche dokters zijn been behouden.

De gekwetsten werden in een wachtvertrek van het telegraafstation gebracht, terwijl de eerste verbanden werden aangelegd. Zij zaten ineengedoken op de lange banken, of lagen uitgestrekt op den vloer, terwijl zij zwijgend en met bleeke gezichten staarden op het openen en wasschen hunner gezwollen, bloederige wonden. Een scherpe jodoformlucht vervulde het vertrek, en het gezicht van die martelaren en helden had iets aangrijpends. Zij hadden vrouwen en kinderen en alles wat hun lief was achtergelaten, en als er nu en dan een zucht of een gekreun over hun lippen kwam, was het meer om hun dierbare panden dan om de pijnen, die de wonden hun veroorzaakten. Maar de zes burgers, die op draagbaren buiten de woning lagen, zuchtten of kreunden niet meer. Hun aardsche lijden had opgehouden; stil en onbeweeglijk lagen zij onder het zwarte dekkleed. Zij vielen in den heiligen strijd voor vrijheid en recht, en hun gedachtenis — ja, zij zal in eere blijven tot in volgende geslachten!

De verliezen der Engelschen waren ontzettend geweest. Zij verzochten om een wapenstilstand, die hun bereidwillig werd toegestaan, en begonnen onmiddellijk met het vervoeren der gewonden en gesneuvelden. Van Vrijdagavond (15 December) ruim vijf uur af tot den volgenden morgen halfvijf reden de Engelsche ambulancewagens en doodenkarren onafgebroken de gewonden en dooden weg, en desondanks telde een Nederlander, die een dag later het slagveld bezocht, op een terrein van 400 meter lengte bij 300 meter breedte nog 143 Engelsche lijken, allen vreeselijk verminkt. In een grooten, breeden kuil werden ongeveer 600 Engelschen neergelegd, maar de doodgravers deden slordig werk, en armen en beenen staken boven den grafheuvel uit. Volgens de schatting der Boeren kostte deze veldslag aan de Engelschen ongeveer 2000 dooden en ruim 3000 gewonden, terwijl 180 gevangenen den Boeren ongekwetst in handen vielen. Onder deze gevangenen bevond zich de artillerie-officier Hunt, die krankzinnig werd en zich een groot papier op de borst speldde met de woorden er op geschreven: „Ik ben de artillerie-officier, van wien te Colenso door de Boeren tien kanonnen zijn afgenomen."

De Zoeloe's hebben aan de rivier, die bij Colenso voorbijstroomt, haar naam gegeven: de Tugela. „Tugela" beteekent verschrikking. Zoo ging die naam dan op dezen gedenkwaardigen Vrijdag, 15 December, in vervulling, en de rivier bij Colenso werd voor de Engelschen waarlijk de rivier der verschrikking!

Oom PAUL zat op zijn stoep, onder de veranda van zijn huis te Pretoria, en dronk zijn koffie, toen hem de heuglijke tijding der groote overwinning bereikte.

Maar bij dit bericht kon hij het niet langer uithouden op zijn stoel, en twee groote tranen biggelden over zijn wangen in de stekels van zijn korten baard, dien hij in de laatste dagen niet had geschoren. Ach, het waren tranen van blijde ontroering en de grijsaard riep: „Dit was nie mensen zen werk nie!" LOUIS BOTHA, de held van Colenso, bedoelde hetzelfde, toen hij telegrapheerde: „De God onzer voorvaderen heeft ons heden eene schitterende overwinning gegeven."

Maar den volgenden dag was het de Dingaansdag: de gedenkdag der overwinning bij de Bloedrivier, waar God de Boeren had gered uit de hand der bloeddorstige Zoeloe-kaffers. En al de klokken luidden, en het volk ging op naar zijn bedehuizen, om zijn God te danken!

De Inneming van Kuruman.
De Bestorming van den Platrand.

DE Boeren begonnen zich toch te vervelen voor Ladysmith. Zij houden van een *snellen* veldtocht en een spoedigen vrede. Zij staarden van hun kopjes naar de Engelsche verschansingen, begrepen niet, waarom zij niet stormen mochten, en ergerden zich. Zij verlangden naar huis, naar vrouw en kinderen, en om den tocht naar huis te kunnen bespoedigen, wilden zij aanvallen. Doch PIET JOUBERT was er tegen, want hij deinsde terug voor de zware offers, die een aanval zou kosten.

De ontstemming echter nam toe, en ten slotte gaf de krijgsraad, ten einde onder de burgers een goeden geest te houden, en onder den verschen indruk der tijding van Kuruman's inneming, bevel tot de bestorming.

De Engelschen hunne dooden begravende.

De tijding der inneming van Kuruman werd bevestigd.

Kuruman is een versterkte plaats in Bechuanaland, dateert van voor den tijd van den Engelschen zendeling MOFFAT, en vormde gedurende den Langeberg-oorlog den hoofdzetel der Engelsche strijdmacht. Men vindt er een paar winkels en het kantoor van den magistraat, terwijl er groote Kafferwijken zijn.

De plaats ligt 100 mijlen ten zuidwesten van Vrijburg, in de nabijheid eener kleine rivier, die op een naburigen berg ontspringt en zich tien uur gaans uitstrekt, om dan dood te loopen in het zand. Het dorp is rijk aan vruchtboomen en tropische gewassen, en ligt daar als een liefelijke oase te midden der onmetelijke wildernis, die voor een groot gedeelte uit niets anders bestaat dan stuivend stof: van dat fijne, roodbruine stof, dat door alles heendringt.

Door deze wereld van stof trok de wakkere veldcornet J. H. VISSER met een klein kommando Boeren, om Kuruman te belegeren. In de verte kon men van den geheelen troep niets anders zien dan een opstuivende, hooge wolk van stof, en eerst als het kommando dicht bij was gekomen, kon men de muildieren en de ossen, de vuilgele linnen huiven der wagens en de gezichten der blanke paardeuiters en van hun zwarte bedienden onderscheiden.

Menschen en dieren leden op dezen tocht veel dorst. 't Was ook geen wonder. De lucht was bezet met stof, als een fabriek met rook. De onbeschaduwde vlakte trilde van de hitte; de kelen raakten vol stof, en het water, dat men vond in spruiten en stilstaande poelen, was bezet met stof als suikerwater met suiker. Maar het gestel van den echten Afrikaanschen Boer is taai als esschenhout, en hij weet zich met wondere plooibaarheid te schikken naar den gang van zaken. De Kaffer heeft er nog minder moeite mee. Hij mort noch klaagt, en hij ademt de millioenen stofdeeltjes in, alsof het de zuiverste berglucht is.

's Avonds werden de tenten gespannen, die door het stof spoedig als door een vuile sneeuwlaag waren bedekt; de ruiterlaarzen, die de Boeren uittrokken, waren zwaar van stof, en als de veldcornet bij het sober licht eener vetkaars op het deksel van een kist of koffer zijn noodzakelijke aanteekeningen maakte, was de inkt even spoedig opgedroogd als geschreven — door stof in plaats van door zand.

Begin December bereikte VISSER met zijn klein kommando Kuruman, dat reeds sedert eenige weken door een afdeeling Boeren werd in 't oog gehouden, en deed den 15^{den} December een krachtigen aanval, waardoor een nauwere insluiting werd verkregen. De Engelschen boden een levendigen tegenstand, en de Boeren konden Kuruman wel belegeren en het garnizoen afbreuk doen, doch de plaats niet innemen, zoolang zij geen artillerie hadden.

Boeren in bivouak.

De komst van het zoo vurig begeerde kanon op Zondagavond 31 December was dan ook een blijde gebeurtenis, en reeds den volgenden morgen konden de Boeren hun eerste bom als nieuwjaarsgroet binnen de Engelsche verschansingen werpen.

Er waren een zestal van die versterkingen, en de artilleristen schoten er wakker op los. Zij wierpen meer dan 80 bommen in de vijandelijke schansen, en vele door de Engelschen bewapende Kaffers en Bastaards[1]), die het te benauwd kregen, gingen, gedekt door het lage struikgewas, dat de forten omringde, op de vlucht. Voor de achterblijvenden echter werd de toestand, nu zooveel weerbare manschappen waren gaan loopen, nog gevaarlijker, en om zes uur nieuwjaarsavond ging boven een der kleinste versterkingen de witte vlag omhoog. Er waren 8 blanken en 18 Bastaards, die zich overgaven. Kort daarop woei de witte vlag van de voornaamste schans, en nadat twee officieren met veldcornet VISSER een kort onderhoud hadden gehad, gaf het geheele garnizoen zich onvoorwaardelijk over. Het bestond uit 2 kapiteins, 8 andere officieren, den magistraat, 50 blanken en 80 kleurlingen. Onder den buit bevonden zich 25 beste paarden, 60 zak milies, 30 zak meel en een groote hoeveelheid ammunitie.

Er waren 15 Engelsche gewonden, en in de verschansingen zag het er ellendig uit. Het was er een vreeselijke verwoesting; de lijken van menschen, paarden en honden lagen door elkander, de lucht verpestend door een ondraaglijken reuk.

Onder de gevangenen, die voorloopig naar Vrijburg werden getransporteerd, waren helaas verscheiden Afrikaanders. Hun verschijning veroorzaakte bij de *echte* Afrikaanders natuurlijk een groote ontstemming, en bij hun aankomst drongen vooral de vrouwen vooruit, om aan hun toorn en verontwaardiging lucht te geven.

„Zoo," zeide een der gevangenen met uitdagende houding tot een jong meisje: „ben jullie zoo nieuwsgierig, om ons te zien?" „Ja," antwoordde zij, „wij zijn nieuwsgierig, om de landverraders te zien." „Dat is christelijk!" meende de gevangene spottend, maar zij antwoordde: „Eerst daar boven zal je zien, wat christelijk is."

De goedgeslaagde aanval op Kuruman gaf den burgers, die Ladysmith belegerden, intusschen moed en vertrouwen, en er werd besloten tot de bestorming van den Platrand, den ten zuidwesten van Ladysmith zich uitstrekkenden en geducht versterkten heuvelrug.

De Boeren noemden den heuvelrug *Platrand* vanwege zijn platten kop, terwijl de Engelschen het oostelijk gedeelte Caesarskamp en het

---

[1]) Bastaards zijn gesproten uit blank bloed en Kafferbloed.

westelijk gedeelte Wagonhill (of Wagenheuvel) noemden naar een groep boomen, die den vorm van een wagen vertoonden.

Zeker was de bestorming eene ernstige, maar daarom nog geene hopelooze onderneming, en zoo er geen misverstand plaats greep, het plan aan den vijand niet werd verraden en de verschillende kommando's elkander krachtig steunden, kon er een groot en vruchtbaar resultaat worden verwacht.

Er *werden* voorzorgen genomen, om de zaak geheim te houden, en over de te nemen maatregelen werd slechts in cijferschrift gecorrespondeerd. En toch schijnt generaal WHITE behoorlijk te zijn ingelicht, want even vóór de bestorming had hij den Wagenheuvel laten versterken door zijne Vrijwillige Ruiterij.

Vrijdagavond 5 Januari 's avonds te zeven uur, toen het reeds te laat was, om voor proviand en water te zorgen, ontving een gedeelte van het Pretoria-kommando bevel, om den volgenden morgen te drie uur de Engelsche stellingen in het noorden aan te tasten.

Met deze bestorming was slechts een schijnaanval bedoeld, om de aandacht van den vijand af te leiden van den hoofdaanval, die op den Platrand, ten zuidwesten van Ladysmith, was gemunt, doch deze bedoeling werd helaas niet begrepen, en de dappere Pretoria-burgers liepen storm op een stelling, die onneembaar was.

Zoo gingen dan 's morgens te drie uur 150 man onder veldcornet ZEEDERBERG op weg, en op een afstand van 400 meter van de kopjes, die door den vijand geducht waren versterkt, werd halt gehouden en werden 34 man achtergelaten als dekking voor de overigen, die zouden stormloopen. Halverwege tusschen deze halteplek en de Engelsche versterkingen, dus 200 meter van de halteplek en van die versterkingen verwijderd, liep de spoorbaan Ladysmith—Harrismith, en toen deze spoorbaan bereikt was, stormden onmiddellijk 28 dappere mannen voorwaarts.

De Engelsche infanterie [1] lag, onzichtbaar achter de klippen, hen op te wachten, en assistent-veldcornet DE JAGER stortte, door een kogel in het been getroffen, achterover. Maar deze moedige man riep tot zijn manschappen, die hem verschrikt aankeken: „Weest niet wankelmoedig, kerels — voorwaarts! Ik ben slechts licht gewond; ik zal vandaag nog wel meer kogels krijgen!" En hij sprong weer overeind. Doch in het volgende oogenblik ontving hij het volle, doodelijke schot in de borst en viel als een held en vaderlander. J. C. WILLEMSE, een sterk, krachtig man, een der verdienstelijkste manschappen der Pretoriaansche rijdende Politie, volgde hem snel in den dood. Ook F. W. WAGNER, een geboren Nederlander en een veelbelovend jongeling, vond hier het einde van zijn jonge leven,

---

[1] Gloucesters, Leicesters en Liverpools.

nadat hij den moorddadigen slag bij Elandslaagte gelukkig was ontkomen.

Nog twee Kapenaren bezweken hier bij de bestorming, met hun bloed den grond drenkende, waarboven eens de vlag van een vereenigd Afrikaansch rijk zal wapperen.

Doch de bestorming was hopeloos, en de wakkere burgers trokken terug tot aan de spoorbaan, waar zij dekking hadden. Hier echter lagen zij vastgekeerd, want het terrein van de spoorbaan tot aan de halteplek was vlak, en de Lee-Metford-kogels floten er overheen. De burgers op de halteplek konden evenmin terug, daar zich een strook van bijna 400 meter vlak terrein achter hen uitstrekte, dat in de vuurlijn van den vijand lag.

Zoo vormden dus de Pretoria-burgers twee kleine groepen, die elkander onmogelijk konden bereiken en vast lagen als schepen op een zandbank. Zij lagen daar stil achter een zwakke dekking: zonder proviand, zonder een druppel water, gekweld door den honger, versmachtend van dorst. Deze toestand duurde van 's morgens vier uur tot 's namiddags halfvijf — lange, martelende uren. Doch om halfvijf verduisterde zich de lucht, en de regen viel in zulke hevige stroomen neder, dat men op geen vijftien pas afstands kon zien. Nooit hadden de Pretoria-burgers een zwaarderen regen aanschouwd, en zij zagen er de tusschenkomst in van een Hoogere, Machtige hand. Volgens ooggetuigen maakten de Engelschen zich juist gereed, om de zwakke stelling der Boeren te bestormen, doch de zware slagregen schoof zich als een ondoordringbare sluier in tusschen den vijand en het kleine Pretoria-kommando, dat zonder verdere ongevallen zijn oude stelling gelukkig bereikte.

De Boeren-artillerie had de bestorming door een levendig, krachtig vuur ondersteund en twee groote bressen in de Engelsche verschansingen geschoten. Maar de burgers waren machteloos tegenover den vijand, die schietgaten had gemaakt in zijn schansen en uit onzichtbare stellingen den omtrek schoonveegde met zijn kogels.

De Platrand (het Caesarskamp en de Wagenheuvel) zou van de westzijde door Vrijstaters, van de zuidzijde door burgers van Vrijheid en Duitsche vrijwilligers, van de oostzijde door burgers van Utrecht, Wakkerstroom, Heidelberg en anderen worden aangetast. Het opperbevel over de Vrijstaters werd gevoerd door hoofdkommandant PRINSLOO.

Een uur na middernacht trokken 150 Vrijstaters uit Harrismith, 100 uit Heilbron en een klein getal uit Kroonstad te voet op. Zij wilden den vijand verrassen, en slopen langzaam, al fluisterend, voort. Zij kwamen bij de groote, droge slooten aan den voet van den Platrand, gingen er snel door heen en begonnen tegen de steilten op te klauteren. Om halfvier waren de voorste manschappen den rand van den platten heuvelrug reeds dicht genaderd, toen zij door de vijandelijke schildwachten werden opgemerkt.

Boeren-geschut.
Boeren-kanon.
Stelling der Boeren.

Heuvel vanwaar
de Boeren optrokken.

Engelsch geschut.

Huzaren.

Kanon met
ossen bespannen.

Houwitser.

Aanval der Boeren.

Boeren-granaat
ontploffend.

Maxim-kanon.

Engelsche Infanterie.

De Strijd om den Platrand.

„Halt — werda?"

Geen antwoord — de Vrijstaters klauterden snel voort, en hun voorhoede sprong den Platrand op. Maar thans klonken de vijandelijke alarmsignalen, en de kogels floten den Boeren om de ooren. Verscheiden burgers beschouwden de onderneming nu voor hopeloos, daar er van een overrompeling geen sprake meer kon zijn, en zij deinsden terug. Maar 150 vastberaden mannen rukten vooruit, namen de eerste vijandelijke verschansingen in een snellen aanloop en veegden den vijand weg, als de wind de dorre herfstbladeren.

Kommandant De Villiers nam met zijn manschappen het centrum in der Vrijstaters, en moedigde, daarin krachtig bijgestaan door veldcornet Jan T. Lyon, Zacharias de Jager en anderen, de achtergeblevenen met luide stem aan, om op te komen en zich bij hen te voegen.

Het krachtige woord, maar vooral het schitterende voorbeeld hadden een goed gevolg, en velen der achtergeblevenen voegden zich bij hun strijdende makkers.

Intusschen vielen er reeds eenige Vrijstaters, maar de anderen drongen voorwaarts, namen een vijandelijke versterking en maakten een luitenant met 11 man gevangen. Een afdeeling Engelsche infanterie (Rifles) werd omsingeld en gesommeerd zich over te geven, doch zij weigerden en vonden bijna allen den dood. De Vrijstaters drongen onstuimig voorwaarts en naderden een Engelschen houwitser. Jacobus Odendaal uit het district Harrismith riep vrijwilligers op, om het kanon te bestormen, en vond den heldendood. De Boeren en de Engelschen beschoten elkander tot binnen een afstand van 30 pas. Het gevecht brak geen oogenblik af; onophoudelijk knetterde het geweervuur, terwijl de schoten der Boeren-artillerie op den Bulwanaheuvel en het vuur der Engelsche marine-kanonnen er als donderslagen doorheen rolden. Het geraas was overstelpend en de echo was als een sterke wind, die in de laagte krachtig ruischt.

De vijand kwam intusschen van alle kanten opzetten, en de Vrijstaters, eenigszins terugtrekkend, nestelden zich achter de zware, hooge klippen op de zuidzijde van den Platrand. Hier hielden zij stand. Het was een dag der eere voor den Vrijstaat, maar ook een dag van bloed en tranen. Telkens sneuvelden er burgers — soms drie, vier in één uur.

De zon was reeds lang opgegaan aan den wolkeloozen hemel, en het werd ontzettend heet. Reikhalzend keken de Vrijstaters uit naar hulp; zij was hun toegezegd, en het was hoog tijd, dat zij kwam. Maar zij wachtten tevergeefs, en de gebrekkige samenwerking der verschillende kommando's heeft zich nergens pijnlijker doen gevoelen dan bij de bestorming van den Platrand.

Er kwam geen hulp — ja toch, Zondagmorgen, een etmaal te laat, kwam uit Colenso een afdeeling van 150 burgers, om de bestorming te

De Vrijstaters bestormen den Platrand.

ondersteunen. Maar de bestorming was reeds lang afgeloopen, en voor de aangekomen burgers was niets anders meer te doen, dan de gevallen helden te begraven.

Zoo lagen de Vrijstaters daar dan achter hun hooge klippen. Zij leden zwaar, nog het meest van den dorst; hun veldflesschen hadden geen druppel water meer. Ook hun hoop op ondersteuning door andere kommando's ging nu onder, want het gunstige oogenblik er voor was inmiddels verstreken. Er kon geen versterking meer door; in den rug der Vrijstaters werd de helling van den berg en de vlakte bestreken door het vijandelijk artillerie- en infanterie-vuur, en de gemeenschap tusschen de Vrijstaters en de andere kommando's werd volkomen afgesneden. Er schoot niets anders over dan pal te staan en uit te houden tot het uiterste.

Een troost was het echter, dat zij voorloopig niet van achteren konden worden aangevallen, daar Vrijstaters uit Heilbron, Vrede, Harrismith en Kroonstad stellingen innamen, die hun rug dekten.

Met dit al was hun toestand zeer ernstig; de Engelschen wonnen terrein en hun kanonnen werden vooruitgebracht. Toen sprong ZACHARIAS DE JAGER op met een handvol dapperen en bestormde een Engelsche verschansing. Maar hij vond met drie anderen [1]) den heldendood, en de overigen moesten terug. De vijandelijke infanterie [2]) naderde nu tot op 80 meter, terwijl de dragonders en huzaren, een omtrekkende beweging makend, zich verdekt achter doornbosschen opstelden, om den Vrijstaters den terugtocht af te snijden.

Het was nu namiddag geworden, en de dorst werd ondraaglijk. De Vrijstaters waren thans teruggedrongen naar een terrein, doorsneden met kuilen en slooten, en verscheiden burgers verlieten hun schuilplaatsen, om in de slooten een handvol drabbig water op te sporen, over de nog warme lijken heenkruipend van hun kameraden, die bij dezelfde poging het leven hadden gelaten.

Om dezen tijd viel ook de dappere en onvergetelijke veldcornet JAN T. LYON uit het district Harrismith, zijn heldenleven gevend voor vrijheid en recht.

Het zag er nu recht treurig uit. De meeste burgers hadden geen kracht meer om te vechten, want zij versmachtten van dorst, en de moede helden sloegen den blik naar boven, van waar alleen nog hulp kon komen. En zie — een wolk werd zichtbaar als eens mans hand; zij zette zich uit — de horizon werd zwart van wolken. Dat beteekende: water, lafenis en redding.

En God liet het arme, versmachtende volk nu niet lang meer

---

[1]) De drie anderen waren: JAKOB DE VILLIERS, STEFANUS SANDS en GERT WESSELS.
[2]) Gordons, Manchesters en Rifles.

Een vijandelijke schans, door de Boeren besprongen.

wachten. Reeds vielen de eerste regendruppels, en daar kwam het water aanzetten — in volle stroomen! De burgers spanden achter hun schansen hun regenjassen uit, vingen het kostelijk water op en slurpten het naar binnen in lange, gulzige teugen. Hoe het hen verkwikte — neen, zoo hadden zij nog nooit gedronken! Het regende al harder — het water stroomde hun voorbij in bruisende beken, en zij behoefden zich maar te bukken, om te drinken naar hartelust.

Zij werden nu wonderlijk verkwikt en zagen in dien neergutsenden regen eene Hoogere tusschenkomst, die hen aangordde om pal te staan in den heiligen strijd.

Zij hadden die bemoediging noodig, want de vijand had het vaste plan om de Boeren op te rollen. Ook werden zijn aanvallen zwaarder naarmate de avond naderde, en hij verdubbelde zijn pogingen, om hun uit hun laatste stellingen op den Platrand te werpen, en hen over te leveren aan de onbarmhartige sabels der dragonders en huzaren, die met ongeduld op dit oogenblik stonden te wachten.

Maar dit oogenblik is nooit gekomen. De Vrijstaters stonden onbeweeglijk als de zware klippen, die hen dekten, maaiden alles weg, wat voor den loop van hun Mauser kwam, en werden in hun heldhaftige worsteling door de kanonnen van den Bulwanaheuvel op het krachtigste ondersteund.

Zoo begon de avond te komen, en kommandant DE VILLIERS gaf te halfacht, nadat zijn manschappen meer dan zestien volle uren onafgebroken in het zwaar gevecht waren geweest, bevel tot den terugtocht. De dappere kommandant dekte met een handvol helden den aftocht, en verliet als een der laatsten een stelling, die zooveel uren lang met doodverachtenden heldenmoed was verdedigd geworden.

't Was hoog tijd.

Nauwelijks hadden de Vrijstaters den voet van den Platrand bereikt, of zij hoorden het getrappel van paarden en luide kommando-roepen.

Het waren de dragonders en de huzaren, maar zij kwamen te laat — de vogel was gevlogen. Had kommandant DE VILLIERS het bevel tot den terugtocht een half uur later gegeven, dan was er van de Vrijstaters waarschijnlijk geen man ontkomen, en de Vrijstaatsche burger, die van deze door hem meegemaakte bestorming een verhaal schreef voor de „Express", sloot zijn belangwekkend rapport met de woorden van den Psalmist: „Onze ziel is ontkomen uit den strik des vogelvangers: de strik is gebroken, en wij zijn ontkomen."

Burgers van Vrijheid, Utrecht, Wakkerstroom, Heidelberg en anderen, alsmede Duitsche vrijwilligers, zouden de zuidelijke en oostelijke zijde van den Platrand bestormen. Hun aantal was al weer buitensporig klein in verhouding tot de zware taak, die zij hadden te volvoeren.

Zij trokken met snelle bewegingen op tot binnen 60, ja tot binnen 20 meter afstands van de vlammende schansen, terwijl sommige Boeren, voortgestuwd door een vermetelheid, die anders den Afrikaander niet eigen is, gewoonweg in de vijandelijke versterkingen sprongen, neerschoten wat zij konden, en onder de bajonetten bezweken.

Een krachtige grijsaard, veldcornet IGNATUS VERMAAK, trok voorop aan de spits van het Utrecht-kommando. De zon bescheen zijn zilveren haren, en zijn reuzengestalte was wijd zichtbaar. Hij leidde zijn manschappen recht op de vijandelijke schansen aan, sprong er in en rukte met zijn Simsonskracht den vijanden de met bajonetten gewapende geweren uit de hand. Hij verkoos den dood op het slagveld boven het Engelsche juk, en viel, met een schot door het sleutelbeen, als een held, maar zijn naam zal in gezegend aandenken blijven, zoolang er harten kloppen voor heldenmoed en dapperheid.

Hier sneuvelde ook de jonge J. P. SLABBERT, assistent-veldcornet van Wakkerstroom, spoedig zijn vader volgend, die als veldcornet in den slag bij Talanaheuvel zijn leven moest laten.

Dr. KRIEGER, geneesheer bij het Roode Kruis, bezocht dit gedeelte van het slagveld, en deelt er interessante bijzonderheden van mee.

Dr. KRIEGER vertrok om twee uur in den morgen met generaal LOUIS BOTHA in de richting van het slagveld, en om zeven uur bespeurde hij, dat de rand van den Platrand door de burgers genomen was. Er werd zwaar gevochten, dat zag hij ook, en wel wetend, dat er boven geen medische hulp was, besloot de wakkere geneesheer, onmiddellijk den Platrand op te klauteren. Hij leidde zijn paard bij den toom, en klom langs de lange, vermoeiende helling op, terwijl de kogels om zijn ooren floten.

Boven gekomen, werd zijn oog getroffen door een onbeschrijfelijk tooneel. Hij zag een 70-tal mannen: Boeren uit het district Vrijheid en Duitschers, aldoor maar vurende van achter hun klippen. De klippen waren blauw van kogels en rood van bloed. Overal waren bloedsporen: men stond met den voet in een bloedplas.

De dokter begon onmiddellijk zijn menschlievend werk, en verbond de gewonden. Een Duitscher [1]) werd in den bovenarm gekwetst. Een kogel scheurde zijn vleesch open, en maakte een drie duim lange en één duim breede wond, maar de moedige man hield zijn vuurroer dapper vast en loste nog vijftien schoten. Toen echter werd het hem te machtig, en hij ging tot Dr. KRIEGER, om verbonden te worden.

De dokter hielp 12 gewonden, doch toen waren verband en watten op, en hij moest 9 andere gekwetsten overslaan.

Het gevecht werd al zwaarder; vlak bij Dr. KRIEGER werd een

---

[1]) C. J. HOHMAN.

burger gedood. Telkens zonden de Engelschen versche bataljons in den strijd, en de kleine heldenschaar werd teruggedrongen naar een punt, waar zij van twee zijden werd bestookt.

De dokter ontdekte op dit oogenblik in zijn onmiddellijke nabijheid het lijk van een Engelschman, en hij bukte zich, om voor de Engelsche administratie het nummer van den doode op te nemen. Deze vriendelijke daad had hem echter bijna het leven gekost, want nauwelijks had hij zich weer opgericht, of een Engelschman legde op hem aan. Maar de Engelschman schoot slecht en raakte slechts een tak van den boom, waaronder de dokter stond. Nog verscheidene andere soldaten stonden gereed, om hem van het leven te berooven, zich bitter weinig storend aan zijn Roode-Kruis-band, die duidelijk zichtbaar was.

Tegen twee uur in den namiddag ging Dr. KRIEGER naar beneden, om een ambulance en dragers te zoeken. Het vuur was vreeselijk en zijn paard werd gekwetst. Hij slaagde er in, de benoodigde dragers te vinden, maar zij konden de helling niet opkomen vanwege het vuur, en keerden onverrichter zake terug.

Begunstigd door regen en duisternis, konden de Boeren intusschen in goede orde terugtrekken, doch de bestorming van den Platrand was door gebrek aan samenwerking mislukt, en 57 dappere mannen [1]), ongerekend de 120 gewonden, hadden hun heldenbloed tevergeefs gegeven.

Het verlies der Engelschen was echter ongelijk veel zwaarder. Zij hadden volgens hun eigen berichten 156 dooden, waaronder 13 officieren, en 257 gewonden, terwijl we veilig kunnen aannemen, dat deze eerste, onvolledige opgaaf ver beneden de werkelijkheid bleef.

Onder de dooden was de bekende Engelsche Australiër KARRI-DAVIS [2]), dienstdoende als officier bij de Vrijwillige Ruiterij. Hij was een man, die bij oogenblikken vatbaar kon zijn voor een edelmoedige opwelling, maar hij was een der heftigste tegenstanders van de Transvaalsche Regeering, en behoorde tot de ergste revolutie-makers van Johannesburg.

De volgende dag was een Zondag; vredig breidde hij zich uit over het gevechtsveld.

Ach, het was toch een vreeselijk veld! Geweren en sabels, helmen en hoeden lagen overal verspreid, en Brit en Boer lagen naast elkander, zij aan zij, in den killen greep van den dood.

Een dokter van een Boeren-ambulance reed onder de vlag van het Roode Kruis Ladysmith binnen, en stelde voor, de dooden te begraven.

Zoo geschiedde het dan ook. De Boeren hielpen de groote kuilen

---

[1]) Daaronder waren 28 burgers uit den Vrijstaat; de anderen waren Transvalers en Vrijwilligers.
[2]) Zie bladzijde 176.

graven, en droegen de lijken op draagbaren naar hun laatste rustplaats, waarover de Engelschen zich verwonderden, want het waren immers de lijken hunner vijanden, die zij daar begroeven!

Nu trad de majoor naar voren en las den lijkdienst, terwijl na hem een Boer zich in den kring plaatste en met luide stem een gebed uitsprak. Hij smeekte met gevouwen handen om een spoedig einde van dezen oorlog, en over de open grafkuilen ruischte de klaagpsalm der Boeren:

"Gelijk het gras is ons kortstondig leven,
Gelijk een bloem, die, op het veld verheven,
 Wel sierlijk pronkt, maar krachtloos is en teer:
Wanneer de wind zich over 't land laat hooren,
Dan knakt haar steel, haar schoonheid gaat verloren,
 Men kent en vindt haar standplaats zelfs niet meer."

En lang nadat de laatste weemoedige psalmtoon was weggestorven, stonden de Engelschen nog bij de graven. Zij stonden daar met ontbloote hoofden en diep ontroerd, en zwijgend verlieten zij het doodenveld.

En alles was weer rustig en stil. De zon klom al hooger en drenkte het landschap met zijn gloed. En de zangvogels zongen in het geboomte, en de bloemen blonken tusschen het frissche groene gras, maar ze waren met bloed bevlekt . . . . .

Bij Mafeking.

(11 October—26 December 1899).

DE kommando's uit het oostelijk deel der Transvaal, staande onder de beproefde leiding van P. A. CRONJÉ en J. H. DE LA REY, rukten in het begin van October snel naar de westergrens.

De nachten waren nijpend koud, de dagen heet, en de weg van Mooirivier naar Ventersdorp was eentonig, vol klippen en kuilen. Water vond men niet, en nergens was op het dorre veld een boom te ontdekken. Het was dan ook een verademing, toen men Ventersdorp met zijn water en schaduwrijk geboomte bereikte. Het dorp ligt aan de Schoonspruit, die evenals alle Transvaalsche rivieren ondiep, onstuimig en vol klippen is. Het riviertje is niet breeder dan 40 voet, terwijl de oevers door een mooie Hollandsche brug aan elkander verbonden zijn.

Van Ventersdorp ging de tocht naar Lichtenburg. Er dreven zware wolken, en er kwam een plotselinge wervelwind opzetten, die de banen van de ontplooide vierkleur deed klappen, de stofwolken meters hoog opjoeg, en de linnen huiven der ossenwagens dreigde te scheuren. Onmiddellijk daarop barstte een hevig onweer los met hagel en regen, terwijl geen half uur later de zon schitterde aan een wolkeloozen hemel.

Langzaam voorttrekkende en slechts eenmaal afzadelende, werd Lichtenburg bereikt: een klein, liefelijk plaatsje, omringd door groene weiden en prachtige korenvelden. Het stille dorp heeft niet veel merkwaardigs; aan de ééne zijde staat het landdrost-, post- en telegraafkantoor, aan de andere zijde de uit blauwe klipsteen opgetrokken kerk, terwijl een met dicht gras begroeid plein er tusschen ligt.

Een uur voorbij Lichtenburg werd halt gehouden op de waterrijke plaats van den dapperen generaal J. H. DE LA REY, die tevens Eerste-Volksraadslid is voor het district Lichtenburg.

Van hier werd de tocht voortgezet naar Polfontein; het is een Kafferplaats, en daar er een zendeling werkt, wordt Polfontein een zendingstation genoemd. Men vindt er een waterbekken, dat een omtrek van 400 meter heeft. Het water is diep, heeft verscheiden draaikolken, en in het midden een met riet begroeid klein eilandje, door de Boeren „pol" genoemd. Het water in dit bekken kan merkwaardig snel rijzen en dalen, en vormt den vermoedelijken oorsprong der Maloporivier, die Mafeking besproeit, en evenals vele Afrikaansche rivieren beurtelings boven en onder den grond stroomt.

Hier te Polfontein werd het lager opgeslagen, terwijl *Woensdagavond 11 October* de tot het leger van generaal J. H. DE LA REY behoorende veldcornetschappen van Lichtenburg, Klerksdorp en Gatzrand het reeds verwachte bevel ontvingen, om de grenzen over te trekken, en de spoor- en telegraaflijn tusschen Vrijburg en Mafeking onbruikbaar te maken.

Nog in den nacht werd opgezadeld en verlieten 200 ruiters van elk veldcornetschap met 4 kanonnen het lager, trokken in den nacht over de grenzen, en bereikten den volgenden morgen, 12 October, Maritzani, waar een politie-station was en waar de dorstige menschen en dieren overvloedig water vonden.

Van hier spoedden zich de Boeren naar Kraaipan, 37 mijlen ten zuiden van Mafeking, waar Engelsche troepen werden vermoed, en des namiddags te vier uur werd de plaats bereikt. Ze was bijna geheel verlaten, en niemand was achtergebleven dan de winkelier en eenige arbeiders, die met de handen in den zak en met groote oogen de gewapende Boeren zagen naderen. Men vond hier eene uit zandzakken haastig opgeworpen versterking, en vernam van den winkelier, dat het garnizoen, sterk 83 man, reeds den vorigen avond naar Mafeking was vertrokken: in de stellige meening, dat Mafeking onmiddellijk zou worden aangevallen.

Engelsche troepen op weg naar Mafeking.

De Boeren besteedden den avond, door op verschillende plekken de spoorlijn op te breken en den telegraafdraad af te kappen, waarna de vermoeide ruiters — ieder veldcornetschap op een bijzondere plek — gingen kampeeren en slapen.

Doch de rust zou niet lang duren, want een uur vóór middernacht kwamen de aansnellende brandwachten de lagers alarmeeren met den roep: „Op 't zaâl — de Engelschen!"

De Boeren wreven zich de slaperige oogen, grepen geweer en bandelier, sprongen met bewonderenswaardige vlugheid te paard en zeiden: „Neef, ons nie zien geen Roodbaadje nie!"

Maar ze waren er toch in een gepantserden trein. De trein was eenige uren geleden uit Vrijburg vertrokken en had kanonnen en ammunitie geladen voor Mafeking. Alles liep goed van stapel tot Maribogo toe, waar de Engelschen de tijding ontvingen, dat een kommando Boeren zich bij Kraaipan had gelegerd. Het veiligste zou nu wel zijn geweest, om terug te keeren, maar de kommandeerende officier, luitenant NESBITT, had het zich nu eenmaal in het hoofd gezet, om Mafeking te bereiken, luisterde naar geen goeden raad en ging als een echte dwarskop zijn ongeluk te gemoet. De locomotief met den ammunitiewagen werd op een afstand van 40 meter voor het andere gedeelte van den trein geplaatst, en in een matig tempo werd opgestoomd, totdat de locomotief, in de nabijheid van het station Kraaipan gekomen, met een plotselingen schok ontspoorde. Zij lag overzij, machteloos, als een paard, dat de pooten heeft gebroken. Het personeel bestond echter uit wakkere kerels, die zoo gauw den moed niet opgaven. Zij ontdekten, dat een paar rails waren weggenomen, die spoedig werden opgespoord en weer op de baan gebracht. Nu werd een bok genomen, en toog men aan het werk, om de machine overeind te krijgen, maar midden in dezen nuttigen arbeid — men was er ongeveer een half uur mee bezig geweest — werden zij op de alleronaangenaamste wijze gestoord door het fluiten der Mauserkogels.

Rechts van de ontspoorde locomotief waren eenige heuvels; links diepe slooten. De heuvels werden bezet door de manschappen van veldcornet S. CLAASEN, de slooten door de manschappen der veldcornets COETZEE en CRONJÉ, die onder beschutting der nachtelijke duisternis den vijand tot op 200 pas naderden. Ondertusschen zond veldcornet COETZEE eenige ruiters uit, om de spoorlijn achter den gepantserden trein op te breken, wat ook gelukte, en luitenant NESBITT zat met zijn trein zoo vast als een oorlogsschip in een afgedamd kanaal.

De Boeren gaven een onregelmatig geweervuur, dat door de Engelschen met geweervuur en het artillerievuur uit hun 3 Nordenfelder-kanonnen (zevenponders) werd beantwoord. Zij onderhielden gedurende den ganschen nacht een wild vuur, maar het was volkomen onschadelijk, want zij schoten in den blinde en konden in spijt van het maanlicht de Boeren, die trouwens goede dekking hadden, niet zien.

Bij het krieken van den dag kwam kapitein VAN DER MERWE met het Boerengeschut aan, dat onmiddellijk op de locomotief werd gericht. De Engelschen haastten zich nu, om de witte vlag te hijschen; doch vanwege den verren afstand konden de artilleristen de kleine vlaggen niet onderscheiden en duurde het bombardement nog een kwartier, waarbij de locomotief werd stukgeschoten. Kommandant VERMAAS en veldcornet CLAASEN naderden nu den trein, en de Engelschen gaven zich over. Het waren te zamen 37 man, namelijk 17 vrijwilligers, waaronder 2 officieren, 11 spoorwerkers en 9 Kaffers. De beide officieren, 5 vrijwilligers en 4 Kaffers waren gewond, terwijl 2 manschappen door den ontsnappenden stoom der stukgeschoten locomotief deerlijk waren verbrand. Den Boeren had deze schermutseling geen druppel bloed gekost.

Zij maakten een aardigen buit: 3 onbeschadigde kanonnen, 30 Lee-Metfordgeweren, verscheidene kisten dumdumkogels, een partij lyddietgranaten, alsmede draad en gereedschappen, om beschadigingen aan de telegraaflijnen te herstellen.

Assistent-veldcornet JAN VISSER van wijk No. 3, Lichtenburg, bleef met 200 man te Kraaipan achter, terwijl de krijgsgevangenen en de oorlogsbuit op wagens over Lichtenburg naar Pretoria werden vervoerd. De andere veldcornetschappen trokken weg in de richting van Mafeking, dat *Zaterdagmiddag 14 October* werd bereikt, en sloegen hun kamp op te Rietfontein, op een uur afstands van Mafeking, waar zij de vierkleur der andere kommando's onder generaal PIET CRONJÉ reeds zagen wapperen.

Mafeking is een kleine, welvarende stad, ligt op slechts 8 mijlen afstands van de Transvaalsche grens, telt 1200 inwoners en heeft twee kerken, een marktplein, een grooten winkel en een flink hotel, terwijl de wijd uiteengebouwde huizen op een enkel na alle uit gegalvaniseerd ijzer zijn opgetrokken. Mafeking had tot vlak vóór den oorlog een levendigen handel op de Transvaal, en daar van de voedingsmiddelen in de Zuid-Afrikaansche Republiek hooge inkomende rechten worden geëischt, is het wel te verstaan, dat het gilde der smokkelaars onder de grensbewoners krachtig was vertegenwoordigd.

De Malopo-rivier stroomt op een afstand van een klein half uur de stad voorbij, terwijl een ijzeren spoorbrug op steenen pijlers haar oevers verbindt. Het klimaat, dat levendig herinnert aan de luchtsgesteldheid in Boven-Egypte, is over het algemeen gezond, terwijl de zonsopgangen en de zonsondergangen zich onderscheiden door wonderschoone lichtschakeeringen.

De Malopo-rivier.

De weg naar Mafeking.

De wijk der Barolong-Kaffers.

Gezicht op Mafeking.

Voor water zorgt de Malopo-rivier, en mocht zij in den winter opdrogen, dan kunnen de wellen worden gebruikt.

Op een korten afstand van Mafeking ligt de plek, waar JAMESON zijn beruchten rooftocht begon, terwijl een uit klipsteen opgetrokken en met kanonnen bewapend fort op een lagen, zacht glooienden heuvelrug ten zuiden der stad is gebouwd. Tegenover dit fort ligt de Kafferstad of Kafferwijk, bestaande uit een aantal leemen hutten met rieten daken, omringd door hooge leemen muren en bewoond door 3000 Barolong-Kaffers. Het hoofd dezer Kaffers is kapitein WESSELS MONTSIOA, zoon van kapitein MONTSIOA den Oude, een heftigen vijand der Boeren, die zijn bezittingen en zijn Boerenhaat aan zijn zoon WESSELS vermaakte. Het lag dus in den aard der zaak, dat de Barolong-Kaffers op de hand der Engelschen waren, en kolonel BADEN-POWELL schroomde niet, om deze zwarten met volkomen miskenning der Afrikaansche tradities en gebruiken in gewapenden dienst te nemen tegen blanken.

De Kafferwijk ligt in elleboogvorm langs de Malopo-rivier, heeft eenige groote, schaduwrijke boomen, en is een sterke, natuurlijke vesting, beschermd door hooge pieken, kloven en rotsklippen.

Kolonel BADEN-POWELL was de kommandant der plaats en had behalve over eenige honderden goedgewapende Barolong-Kaffers en Bastaards het bevel over 1200 soldaten, waaronder vele geboren Afrikaanders, terwijl hij over een tiental kanonnen kon beschikken.

Hij is een man van groote bekwaamheid, erkende dapperheid, volkomen op de hoogte met de vechtwijze der Boeren, die echter om de volle waarheid te zeggen er geen been in zag, om de Boeren door het misbruiken der witte vlag te bedriegen, waar hij kon.

Zijn kamp bevond zich ten oosten der stad, tusschen Mafeking en de Transvaalsche grens, en de in witte, ongebroken lijnen zich uitstrekkende soldatententen vormden een levendige en schilderachtige afwisseling te midden der vlakke velden van Moab, zooals de Boeren den omtrek van Mafeking noemden.

Er was dan ook niet één flink kopje, al hadden de belegeraars het met goud willen betalen, te ontdekken, terwijl BADEN-POWELL de weinige dagen, die hem vóór de oorlogsverklaring waren overgebleven, had besteed, om het kreupelhout en de Mimosa-bosschen, die aan de Boeren schuiling konden geven, zooveel mogelijk te verwijderen. Maar de ijverige kolonel had meer gedaan. Hij had borstweringen opgeworpen, schansen gemaakt, dynamietmijnen aangelegd en versterkingen gegraven, diep in den grond. Rondom Mafeking waren tien van die versterkingen, waarvan de grootste, het Kanonfort, door de belegeraars het Baviaansfort werd genoemd naar de baviaansachtige vlugheid, waarmede een soldaat telkens tegen een hoog in het midden der versterking opgerichten paal opklauterde, om de vijandelijke

ENGELSCHE VERSTERKINGEN IN EN OM MAFEKING.

Een uit zandzakken opgeworpen schans.

stellingen te verkennen. De versterking lag als een konijnenhol diep in den grond, terwijl de dekking bestond uit een dak van los naast elkander gelegde ijzeren spoorstaven, die een uitnemende beschutting boden.

In Mafeking zelf waren eveneens een aantal uit zandzakken en aardewerken bestaande schansen opgeworpen, terwijl BADEN-POWELL ook tijdens de belegering ijverig voortging, telkens nieuwe versterkingen te maken.

Maandag 2 October blies de postiljon op den bok van den postomnibus, die op het punt stond naar Johannesburg te vertrekken, voor den laatsten keer zijn lustige deunen. Slechts één passagier zat in de koets, een eerzame Duitscher, die over de grenzen trok, om zich bij de Boerenkommando's aan te sluiten, wat zijn achterblijvende vrienden niet weerhield, om hem een welgemeend „Vaarwel" toe te roepen.

En nu kwamen de dagen van spanning, van vrees en hoop, totdat de teerling viel: *Oorlog!*

Bij het station lag een groote hoeveelheid dynamiet, die op bevel van BADEN-POWELL in twee spoorwagens werd verladen, en *Donderdag 12 October* sprong de machinist op de locomotief, en stoomde met de gevaarlijke vracht noordwaarts, tot hij bij Ramathlabama, 9 mijlen ten noorden van Mafeking, op de Boeren stootte. Hij haakte hier de locomotief af, ontstak de lont [1] en maakte, dat hij weg kwam. Maar zijn stille hoop, dat eenige honderden Boeren met het dynamiet in de lucht zouden vliegen, werd gelukkig niet bewaarheid.

't Was echter slim genoeg ingepikt, en de Boeren [2], die, al schietende, den verdachten trein naderden, hoorden een plotselingen slag, alsof hemel en aarde moesten scheuren. Zij sloegen door den hevigen luchtdruk tegen den grond, terwijl de stukken ijzer om hun ooren vlogen. De locomotief werd bijna uit de rails geslingerd, en onze handige machinist werd tegen het scherm gesmakt. Maar dat was dan ook alles, en het Londensche bericht, dat 1500 Boeren in de lucht waren geslingerd, kromp ten slotte in tot de tijding, dat de zwaarst gewonde Boer een schram had opgeloopen aan zijn rechterduim.

Intusschen hadden de Boeren, *den 13den October*, ten noorden van Mafeking de Molani-spoorbrug laten springen, den telegraafdraad afgekapt, en de spoorlijn op verschillende plaatsen opgebroken. De stad was nu van de buitenwereld geheel afgesneden en kon slechts door renboden, die tusschen de lagers der Boeren wisten door te sluipen, worden bereikt.

Een dag later, *Zaterdagmorgen halfzes*, *14 October* ondernam luitenant BENTINCK aan de spits van een eskadron cavalerie een verkenning

---

[1] De Engelschen beweren, dat hij *geen* lont ontstak.
[2] Burgers van Rustenburg en Marico.

Een renbode uit Mafeking.

noordwaarts, waarbij hij stootte op een kommando Boeren, groot 200 man, met 2 Maxim-kanonnen, onder bevel van generaal JAK. SNIJMAN. BENTINCK zond nu inderhaast een renbode terug om versterking, en om halfzeven vertrok een gepantserde trein, om de cavalerie te ondersteunen. Maar ook de Boeren kregen hulp; kommandant P. STEENEKAMP gaf aan zijne manschappen order, om op te zadelen en zich bij generaal SNIJMAN te voegen. Er werd van beide zijden zwaar geschoten, doch de kogels der Maxims kletterden machteloos tegen het zware pantser van den Engelschen trein aan.

Generaal SNIJMAN had stelling genomen 2 mijlen [1]) ten zuiden van de plek, waar de dynamietontploffing had plaats gehad, op een heuvelrug ten oosten der spoorbaan. Deze heuvelrug strekt zich een uur gaans uit in den vorm eener halve maan, van het oosten naar het westen, met de bocht naar Mafeking gekeerd.

Tusschen de westzijde der Boerenstelling en de stad bevonden zich twee Kafferkralen, waar zich de Abjatars van BADEN-POWELL [2]) hadden genesteld, echte scherpschutters, die de Boeren in het front bestookten, terwijl de kanonnen van den gepantserden trein op een afstand van 300 meter de Boeren in de flank beschoten. De trein was daarbij in voortdurende beweging, vooruit en achteruit stoomend, natuurlijk met de bedoeling, om den Boeren een onzeker mikpunt te geven. De Transvalers hadden hier dan ook een moeilijken stand en waren bijna zonder dekking, maar zij hielden manmoedig stand, snel en onverschrokken vuur gevende [3]).

Om dezen tijd rukte versche cavalerie met een kanon uit Mafeking op, verdween achter een kamp doornboomen ten zuidwesten der Boerenstelling en richtte den vuurmond. Het gevecht begon nu ernstig te worden. De kanonkogels sloegen voor en achter de Boerenstellingen in, rechts en links lange strepen stof uit de aarde opwerpend, maar de twee Maximkanonnen der Boeren werden op dit punt gebracht en leverden goed werk.

Intusschen snelden andere Boeren hun makkers te hulp, verschansten zich in een kraal en vielen met kracht het laatstgekomen eskadron cavalerie aan. Zij hadden een prachtige stelling, en uit den gepantserden trein durfde men de kraal niet beschieten uit vrees, eigen volk te raken. Zoo kreeg de ritmeester dan last, om met zijn in 't nauw rakende cavalerie op Mafeking terug te trekken, maar deze had versterking noodig om zijn gewonden mee te nemen. Toen kwam luitenant BENTINCK met zijn eskadron hem te hulp; de trein nam de zwaargewonden op, en kwart voor twaalven werd de terugtocht begonnen. De Engelschen gaven als hun

---
[1]) Eene (Engelsche) mijl — 20 minuten gaans.
[2]) Met „Abjatars" bedoelen de Boeren Bastaards.
[3]) Op dit punt waren 9 familieleden, waaronder 5 zonen van generaal SNIJMAN, bij elkander.

Een Boerenpatrouille in de „vlakke velden van Moab."

verliezen op 2 dooden en 14 gewonden; onder de gewonden was luitenant BENTINCK. De Boeren hadden 2 dooden [1]) en 6 gewonden. Onder generaal SNIJMAN vocht kommandant BOTHA van het Marico-kommando.

Den *16den October* kwamen de Scandinavische Vrijwilligers met het zware Creusot-kanon, dat voor het bombardement zou worden gebezigd,

Generaal JAK. SNIJMAN.　　　　　Kolonel BADEN-POWELL.

voor Mafeking aan, en de belegeraars verwachtten nu groote dingen. Reeds schreef een der burgers naar huis: „Wij zijn allen wel, en hopen aanstaanden Maandag champagne te drinken in Mafeking," doch dat was overmoed, waarin geen kracht zit.

[1]) Daaronder één als het slachtoffer van eigen onvoorzichtigheid.

Reeds *den volgenden dag* was het kanon in stelling gebracht en werd het vuur op een afstand van 5000 meter op de stad geopend. De inwoners werden télkens, als er een bombardement plaats had, door belgelui gewaarschuwd, en verdwenen in hun bomvrije onderaardsche versterkingen als konijnen in hun holen. Zij noemden dit kanon „de zwarte Marie," en koesterden er oprechten eerbied voor. Vooral des nachts moest de gevaarlijke rakker in de gaten worden gehouden, en de schildwachten gaven voortdurend lichtseinen. Die lichtseinen bestonden in lantaarns met gekleurde glazen. *Wit* beteekende: Alles in orde! *Groen:* Voorzichtig! *Rood:* Gevaar!

Tusschen *den 24sten en den 25sten October* waren de Engelschen van plan, een grooten slag te slaan. Het was gemunt op het kommando van Marico, dat 2000 meter ten westen van Mafeking verschansingen had opgeworpen, en loopgraven gemaakt op de kale vlakte der renbaan. Het plan was, om de Marico-burgers midden in den nacht te overrompelen, hen aan het koude staal te rijgen, waarvan de Engelschen bijzondere voorstanders schijnen te zijn, en hun schansen te nemen. De Engelsche krijgsmacht bestond uit een eskadron bereden infanterie onder kapitein Fitzclarence, en Kaapsche politiemannen onder luitenant Murray. Het was afspraak, geen schot te lossen. De nacht was zoo donker, als de Engelschen maar konden wenschen; er dreven zware wolken, en geen ster, die scheen.

Om elf uur in den avond kwamen de Engelschen als katten aansluipen; de kommando's werden fluisterend gegeven, en de bajonetten waren op de geweren gestoken. De soldaten waren reeds dicht genaderd, toen zij eerst werden opgemerkt door de brandwachten der Boeren, en *nog* werd er geen alarm gemaakt, daar die schildwachten aanvankelijk meenden, dat het eigen burgers waren. De Engelschen wenschten elkander reeds in stilte geluk met die goedgeslaagde onderneming, sprongen voorwaarts en bestormden het lager der Boeren.

De Boeren lagen in hun tenten gerust te slapen, toen de bajonetten door het tentlinnen heendrongen. De Engelschen staken als razenden, en het scheen wel, dat het geheele kommando er aan moest. En toch kostte de geheele overrompeling den Boeren — wonderlijk genoeg — slechts één doode en één gewonde [1], en hun geweren grijpend, brandden zij los in de duisternis. Toen hadden de Engelschen er genoeg van, gingen hals over kop met hun koud staal aan den haal, en moesten nog 6 hunner gesneuvelden bij de loopgraven achterlaten. De Boerenkommandant echter riep, nadat de nachtelijke schermutseling was afgeloopen, zijn burgers bij elkaar, wees hen op de genadige Goddelijke bescherming, die hen uit

---

[1] De Boeren vermisten nog 4 manschappen, die echter den volgenden dag behouden het lager bereikten.

De schans van waar de Boeren Mafeking bestookten met „de zwarte Marie."

dit groot gevaar had gered, en knoopte er de ernstige waarschuwing aan vast: „Burgers! dit zeg ik: waakt! Slaapt met den patroonband om en het geweer in den arm!"
De Boeren hadden die waarschuwing hard noodig.

Op *Dinsdag 31 October* stelden de Boeren zich op in de Moloko-vlei, en bestormden het Kanon- of Baviaansfort, eene begeerlijke stelling, omdat van daar uit een vruchtbaar bombardement op het zuid-oostelijk deel der stad zou kunnen worden gericht. De bezetting der sterkte bestond uit Kaapsche politiemannen onder kolonel WALFORD, die de Boeren tot op een afstand van 200 meter liet naderen, en dan een hevig Maxim-vuur op hen opende. De Engelschen waren uitstekend verschanst, terwijl de Boeren al bitter weinig dekking hadden. De veldcornets durfden, om de levens hunner burgers niet nutteloos te verspillen, de bestorming dan ook niet voortzetten, en het gevecht werd afgebroken. De Boeren hadden 5 gewonden, terwijl de Engelschen, behalve de gewonden, 8 dooden hadden, waaronder twee verdienstelijke officieren.

Het werd nu intusschen reeds duidelijk, dat de inneming van versterkte plaatsen door de Boeren nog moest worden geleerd. Vestingen insluiten konden zij met bewonderenswaardige vlugheid, maar ze innemen was iets anders. Een verstandig opmerker schreef reeds dato 25 October uit het lager der Marico-burgers het volgende: „Indien alles blijft, zooals het nu is, dan zal Mafeking nog maanden weerstand bieden. Uit alles blijkt, dat de belegering van vestingen nieuw voor ons is. Het spijt mij, te moeten constateeren, dat elk lager voor eigen rekening werkt; er is geen verband, geen voeling tusschen de verschillende belegeraars. Ieder doet, wat hem goeddunkt, en het is een wonder, dat in den afgeloopen nacht niet alle burgers in de pan gehakt zijn. De fortjes der onzen zijn op te verren afstand van elkander. Er wordt niet volgens een vastgesteld plan gewerkt, en Mafeking wordt niet voldoende omsingeld en ingesloten."

Deze betreurenswaardige stelselloosheid, een gevolg van de oude guerilla-vechtwijze der Boeren, nam echter niet weg, dat de burgers — ze behoorden tot de districten Potchefstroom, Marico en Rustenburg — gewillig waren, voor hun nationale onafhankelijkheid te strijden en te lijden, terwijl hun voormannen voorbeelden waren van moed en plichtsbetrachting.

Onder de Uitlanders, die zich bij het beleg van Mafeking onderscheidden, verdienen de Scandinaviërs een loffelijke vermelding.

In den nacht van 2 op 3 November gingen zij, sterk 20 man met 2 officieren, in vereeniging met 80 Boeren een verschansing, bestaande uit rails en dwarsleggers, bouwen nabij het Kanonfort, en pakten de zaak zoo flink aan, dat de versterking in één nacht was voltooid. Den volgenden dag brachten er de Scandinaviërs twee veroverde Engelsche kanonnen en

De Engelschen beschieten de Boeren met een Maxim.

begonnen wakker de door den vijand bezette steenovens te beschieten, zonder echter veel resultaat te behalen. Op hun beurt werden zij door den vijand vinnig beschoten, maar de schans en haar bezetting hielden zich kranig, en veldcornet FLIJGARE (Scandinaviër) schreef zijn rapport aan generaal P. CRONJÉ in de loopgraaf, terwijl de vijandelijke kogels om zijn ooren floten. Den ganschen nacht werd doorgevochten, en den volgenden morgen nam FLIJGARE, gesteund door de veldcornets DE GRAAN en DOUTHWAITE, eenige steenbakkerijen. Maar het was er gevaarlijk. De grond was ondermijnd door dynamietmijnen als een weiland in het voorjaar door molsgaten, en als de dappere bestormers niet voorzichtig waren geweest, zouden zij met hun overwinning nog in de lucht zijn gevlogen. FLIJGARE echter deed bedaard aan, liet de mijnen ontploffen en plantte de vierkleur.

Op *Maandag 6 November* deed de vijand een verwoeden uitval naar het westen, op de stelling van den waarnemenden kommandant ANDRIES CRONJÉ van Mooirivier, waar een Krupp-kanon en een groot Maxim der Boeren waren opgesteld. Dat Krupp-kanon was BADEN-POWELL reeds lang een doorn in het oog geweest, en 's morgens te halfvijf, terwijl de burgers in het lager waren, liet hij tegen de artillerieschans der Boeren uitrukken. Hij zorgde voor een zwaren rook, die de bewegingen der Engelschen als in een blauwen sluier hulde, en de zwakke bedekking der Boerenartillerie werd door een plotseling en hevig artillerie- en infanterievuur overstelpt. Het vijandelijke vuur was zoo hevig, dat niemand het hoofd boven de verschansing durfde uitsteken, om de vijandelijke stellingen te bespieden, en de vredig grazende Boerenpaarden, die eveneens onder vuur werden genomen, holden naar het lager terug. Dit deed den Boeren in het lager begrijpen, dat er onraad was, en terwijl de Boerenartillerie den vijand met granaatkartetsen ontving, maakten de Boeren uit het lager een vlugge omtrekkende beweging, sloegen den vijand met zware verliezen op de vlucht [1] en redden een stelling, die anders zeker verloren ware geweest. Het gewoon verschijnsel in dezen oorlog, dat de verliezen der Boeren tegenover die der Engelschen buitensporig klein waren, was ook dezen keer weer op te merken. De Boeren hadden slechts 3 gewonden; de Engelschen, volgens hun eigen opgaaf, die gemeenlijk *ver* beneden het ware cijfer bleef, 19 dooden en 29 gewonden.

Op *Maandag 20 November* liet PIET CRONJÉ de tenten van zijn lager strijken, en verliet met 4500 Boeren de stellingen bij Mafeking, om lord METHUEN, die uit het zuiden aanrukte, te keeren, terwijl generaal

---
[1] In het gevecht onderscheidden zich bijzonder de waarnemende kommandant ANDRIES CRONJÉ, artillerie-officier VAN DER MERWE en volksraadslid SCHUTTE.

SNIJMAN moest zien, om met de overblijvende 1500 manschappen den vluggen en beweeglijken kolonel in bedwang te houden.

BADEN-POWELL was er goed van onderricht, en deed op *zaterdag 25 November* een krachtige poging om de Boeren uit twee schansen te dringen. Hij zette den ganschen dag het gevecht voort, maar SNIJMAN's taaiheid was rijk opgewassen tegen de onstuimigheid van den Engelschen kolonel, en de Boeren behielden hun stellingen zonder ernstig verlies.

Doch nu dreigde er weer een nieuw gevaar, want veldcornet DE KOKER rapporteerde uit Maritzani, dat de beruchte Engelsche paardendief SCOTTY SMITH aan de spits van een troep Bastaards en Koranna-Kaffers uit Langeberg oprukte, om Mafeking te ontzetten, en generaal SNIJMAN was verplicht, een nieuwe lichting te doen onder zijn zwakke kommando's, om den vijand te keeren. SCOTTY SMITH vond het echter onder deze omstandigheden niet geraden een strijd te wagen, en veldcornet DE KOKER kon met zijn manschappen weer inrukken.

Intusschen had de ernst van den oorlog nog niet allen

De Marico- en Potchefstroom-Kommando's.

zin voor den humor uitgedoofd, en *Maandag 4 December* kwam een granaat in de stad terecht met het volgende inschrift: "Waarde POWELL, neem mij niet kwalijk, dat ik deze ijzeren boodschap zend. Er is geen ander middel van gemeenschap. Zeg aan mevrouw DUNKLEY, dat haar moeder en familie nog frisch en gezond zijn. Drink niet alle whiskey op. Laat wat over voor ons, als wij ook eens komen kijken. Een Republikein."

BADEN-POWELL lachte er om, en zond aan generaal SNIJMAN een bottel whiskey voor den onbekenden republikein, die, zoo als later bleek, artillerist bij het Creusot-kanon was.

Dat briefje bracht den snuggeren kolonel echter op een wonderlijke gedachte. Hij zette zich op zijn schrijfstoel neer, en schreef een langen, gemoedelijken brief aan de belegeraars, waarin hij hun als vriend den raad gaf, hun wagens in te spannen, paarden, geweren en ammunitie in te leveren, het Engelsche gezag te aanvaarden, en stilletjes naar huis te gaan. Engeland zou hen dan onder zijn bijzondere bescherming nemen, als het de Transvaal had overgenomen, terwijl zij op die bescherming niet behoefden te rekenen, als ze dwars bleven.

De brief was gedateerd van den *10den December* en reeds den volgenden dag had de kolonel het volgende antwoord:

"Marico-lager, 11 December 1899.

Aan Kolonel BADEN-POWELL, bevelhebber Harer Majesteits troepen, Mafeking.

Weledele Heer! Met verwondering ontvangen de burgers van Marico, enz. uwe bespottelijke kennisgeving. Wij beschouwden u altijd voor een man van opvoeding en vaderlandsliefde, en hadden van u verwacht, dat gij van ons hetzelfde zoudt denken. Wij willen u dus melden, dat wij gereed zijn, uw troepen te ontmoeten, en gij moet ze dus maar zoo spoedig mogelijk loslaten.

De uwen,

"L. A. J. BOTHA, P. D. ROUX, SPENGER, DRAKE en al de anderen."

De Rustenburgers schreven: "Wij hopen, dat gij u in het vervolg van dergelijke zotheden zult onthouden."

Zoo werd het onzen kolonel dan toch duidelijk aan het verstand gebracht, dat deze vlieger niet opging, en hij heeft dan ook in het vervolg dien onzin niet meer uitgehaald.

Het leven bij Mafeking werd voor de Boeren zeer eentonig. Af en toe werd de stad gebombardeerd, doch daar de weerbare bevolking bij een beschieting zich in bomvrije holen terugtrok, beperkten zich de verwoestingen tot het in puin of in brand schieten der wijd uit elkander gebouwde huizen. De Boeren veranderden dan ook van tactiek en groeven evenals de Engelschen in den grond veilige schansen en loopgraven, die de stad tot op een afstand van 800 meter naderden. Het grof geschut der Engelschen had weinig om het lijf, maar hun Maxims waren gevaarlijke wapens, die het vlakke veld in den omtrek schoonveegden als de bezem den dorschvloer.

De vijand was moedig, vlug en onvermoeid. Ook herbergde Mafeking een aantal uitstekende Afrikaansche scherpschutters, die te gevaarlijker waren, daar Mafeking hooger lag dan zijn omtrek. Overdag was het dan ook niet raadzaam, op het open terrein te komen; de aflossing der voorposten geschiedde steeds des nachts, en de dum-dumkogels van den vijand tikten tegen de zandzakken der Boerenschansen aan als vliegen tegen de ruiten.

De lagers der Boeren lagen natuurlijk ver uiteen, en hun patrouilles, die dag en nacht rondzwermden, vormden de beweeglijke, levende keten, die de Engelsche rapportgangers uit en naar Mafeking moest keeren. Verscheiden rapportgangers, gewoonlijk Kaffers, werden op die manier gevat, doch de meeste ontsnapten. Zagen de Kaffers gevaar, dan verscheurden zij gemeenlijk hun schriftelijke documenten, of knauwden ze op alsof het kalfsvleesch was. Behalve op rapportgangers, vijandelijke voorposten en naderende ontzettingstroepen loerden de patrouilles op het vee van den vijand, dat gedurende den oorlog bij honderden stuks werd buitgemaakt. Zoo deden zij in den vroegen morgen van *den 13den November* al een heel mooien slag, toen zij bij de Malopo-rivier een kudde van 200 beesten en 2500 schapen buitmaakten, en de veilige haven, het Boerenlager, binnenloodsten.

De Engelschen hadden den omtrek van Mafeking onveilig gemaakt door het leggen van verborgen dynamietmijnen, doch deze hebben den Boeren geen kwaad gedaan, daar zij blijkbaar met overhaasting waren aangelegd. Men vond de geleiddraden gemeenlijk in slooten, sneed ze voorzichtig af en liet de mijnen springen. De Scandinaviërs hadden het bijzonder toezicht op die dynamietmijnen.

Door verrekijkers konden de Boeren Mafeking goed opnemen; het scheen een doode, uitgestorven stad. Slechts zelden werd iemand in de lange straat gezien, om dan nog snel, als een schaduw, te verdwijnen.

Tot drie keeren toe verzochten de Boeren kolonel BADEN-POWELL, om de vrouwen, de kinderen en de gewonden veiligheidshalve buiten de stad te brengen, doch de kolonel weigerde halsstarrig op dit menschlievend verzoek, dat hij voor de Mafekingers verborgen hield, in te gaan. Het vrouwenlager was voor hem een der veiligste plekken in de gansche stad, daar de Boeren het niet beschoten, en den omtrek van dat lager gebruikte hij tot militaire doeleinden. 't Was wel niet nobel van den kolonel, maar sluw was het toch. Zoo bouwde hij op een afstand van 50 meter van

DE BOEREN IN HUNNE LOOPGRAVEN EN SCHANSEN.

het hospitaal, waarboven de Roode-Kruis-vlag wapperde, een volslagen fort met loopgraven, en van hier uit bestookte hij de Boeren met Maxim-kanonnen, zonder gevaar, door hen beschoten te worden. Immers, zij moesten het fort ontzien, uit zorg voor het hospitaal [1]). Toen het bombardement begon, telden de Boeren met stomme verbazing niet minder dan *acht* witte vlaggen, die BADEN-POWELL op verschillende, ver uiteenliggende punten in Mafeking liet wapperen, terwijl hij toen nog met een onnoozel gezicht den eisch durfde stellen, om de stad, waarin hij zich had verschanst, en van waar hij de Boeren met de grootste vinnigheid bestookte, niet te bombardeeren, omdat zij privaat eigendom was. Hij spande zijn kanonwagens achter de ambulance-wagens, en als de Boeren dan het hart hadden, er op te schieten, riep hij verontwaardigd uit: „Zie je wel — zoo zijn die goddelooze kerels! Zij schieten op de ziekenwagens!"

Des Zondags werd, tenzij de vijand een uitval mocht doen, door de Boeren geen schot gelost, wat echter de „Mafeking Mail," een tijdens het beleg in Mafeking uitgegeven krantje, niet weerhield, om de volgende waardeerende woorden te schrijven: „Gisteren, den 5den November (Zondag), hield de vijand, zooals gewoonlijk 's Zondags, op met schieten, waarschijnlijk om over den bijbel te lollen, maar de aartshuichelaar besteedde den dag met een bedekking te bouwen van onze klippen in onze steenplaatsen, van waar hij zou beginnen te vuren, zoodra van morgen de dag aanbrak. Wij hebben gezegd: „Hij besteedde den dag met aldus te bouwen," doch dit is niet geheel juist. Hij zòu het gedaan hebben, als onze kolonel hem niet een woordje had verteld — wij weten niet, *wat* het was — maar het was voldoende, om hem den bouw in den steek te doen laten, en hem te doen terugijlen naar zijn lager en zijn bijbel."

Dit was nu de manier, waarop het beschaafde krantje zijn lezers op de hoogte hield van den stand van zaken, maar het wist wel beter. Des Zondags hielden de Boeren zooveel mogelijk rust; zij verrichtten slechts het allernoodzakelijkste, lazen hun bijbel, zongen hun psalmen en smeekten God, dat Hij toch een spoedig en eervol einde mocht maken aan dezen gruwelijken oorlog [2]).

Bij Game-Tree, drie kilometer ten noorden van Mafeking en dicht bij de spoorbaan, lag een versterkte stelling der Boeren, die onzen kolonel geweldig hinderde. Hij was dan ook van plan, om deze verschansing te

---

[1]) Tegenover een Europeesch leger zouden den listigen kolonel deze handigheden bitter weinig hebben gebaat, maar tegenover die »onbeschaafde" Boeren achtte hij *alles* geoorloofd.

[2]) Of het in deze buitengewone omstandigheden aanbevelenswaardig en gerechtvaardigd was, om des Zondags rust te houden, laat ik in het midden. Den os zou men uit den put halen, al was het Zondag, en hier stond meer op het spel dan een os! De Engelschen kwamen trouwens des Zondags weer mooi op hun verhaal van hun zesdaagsch onderaardsch kerkerleven.

bestormen, en hij nam daartoe flinke en krachtige maatregelen, waartoe in de eerste plaats mocht gerekend worden de herstelling der door de Boeren beschadigde spoorlijn van Mafeking naar Game-Tree. De Boeren konden natuurlijk niet weten, *wat* BADEN POWELL eigenlijk in den zin had, maar *dat* hij iets in het schild voerde, begrepen zij wel aan de ongewone drukte en bedrijvigheid, die er heerschte in het vijandelijke kamp. Maar die buitensporige levendigheid bedaarde toch. *Zaterdagmiddag 23 December* begon het bij de Engelschen stil te worden, en *de Zondag en Maandag Eerste Kerstdag* gingen buitengewoon rustig voorbij. 't Was echter slechts een streek van den loozen vos, om de Boeren in slaap te sussen, die echter mislukte, daar generaal SNIJMAN niet van plan was, om zich te laten bedotten, zijn kruit droog hield en zijn burgers aanspoorde tot verdubbelde waakzaamheid.

SNIJMAN deed er heel verstandig aan, want in den vroegen morgen van *Dinsdag Tweeden Kerstdag, 26 December*, kwamen de vijanden plotseling aanzetten: artillerie, cavalerie, infanterie, pantsertreinen — van alles — recht op Game-Tree aan, waar de Boerenstelling was.

De vijand was reeds des nachts in alle stilte uitgerukt, bombardeerde bij het krieken van den dag met zijn 3 kanonnen de Boerenstelling, knipte het prikkeldraad door, waarmede veldcornet ELOFF [1]) de Boerenverschansing had laten versperren, en ging onmiddellijk over tot de bestorming:

De Boeren waren op hun hoede; zij hadden hun maatregelen genomen, en zij hadden zo *goed* genomen. Een deel lag in de verschansing; een ander deel, de beste scherpschutters, in het kreupelhout er naast; zoo waren zij in staat, om werkelijk een uitroeiend vuur af te geven. De hand aan den trekker van het geweer — zoo wachtten zij den vijand af; zij lieten hem tot op 100, tot op 40, tot op 10 meter afstand komen, zonder een schot te lossen. Drie officieren en een gewoon soldaat hadden reeds den wal van zandzakken bereikt, wierpen er de stormladders tegen op en klommen naar boven, toen de Boeren losbrandden. Kapitein SANDFORT viel het eerst; kapitein VERNON en luitenant PATON volgden hem onmiddellijk. Zij werden weggeschoten als zwaluwen van den muur, en een 50-tal soldaten, die hen volgden, deelden hetzelfde lot, weggevaagd door het moorddadig vuur. Tot tweemaal toe trachtten de Engelschen hun vlag op de verschansing te plaatsen, maar zij werden neergeschoten en de vlag werd genomen, die later naar Pretoria werd opgezonden. Toen bezweek der Engelschen moed; zij vluchtten naar den gepantserden trein, en verzochten om een wapenstilstand, om hun dooden en gewonden mee te nemen. De wapenstilstand werd hun bereidwillig toegestaan, en de Boeren betoonden

---

[1]) Niet te verwarren met kommandant SAREL ELOFF.

Aanval op de Boerenstelling bij Game-Tree.

den Engelschen alle mogelijke tegemoetkoming, waarover BADEN-POWELL zoo verrast scheen te zijn, dat hij den anderen dag het volgende schrijven richtte aan generaal SNIJMAN: „Ik wensch mijn dank uit te spreken aan die van uwe burgers, die gisteren hun welwillende hulp verleenden door het wegdragen van onze dooden en gewonden van het slagveld. Hun vriendelijke diensten worden zeer gewaardeerd door de vrienden der gevallenen."

Het verlies van den vijand bedroeg bij deze mislukte bestorming 108 dooden en gewonden, dat der Boeren 9 dooden en gewonden [1]).

Zoo had de Engelsche kolonel, al was generaal CRONJÉ met zijn kommando's vertrokken, aan de achtergebleven Boeren zijn handen vol, en daar er zich bij de Boeren een verbazingwekkend talent begon te ontwikkelen in het wegkapen van slachtvee, dat Bastaards en Kaffers binnen Mafeking trachtten te smokkelen, staarde BADEN-POWELL reikhalzend naar het noorden, naar kolonel PLUMER, en naar het zuiden, naar lord METHUEN, die hem uit zijn onbehaaglijke positie zouden verlossen.

[1]) Waaronder 2 dooden.

Vrijburg. Het Noorden.

DE tijding, dat de Boeren de grenzen waren overgetrokken, verwekte in Vrijburg een buitengewone spanning, en majoor SCOTT, die bevel voerde over het Kaapsche politie-corps, te Vrijburg in garnizoen, had een moeilijken stand. Hij had bevel ontvangen, de stad te houden, maar het was onmogelijk, dit klaar te spelen, indien de burgerij hem niet bijstond. Hij haastte zich om een versterkt kamp met wallen van zandzakken op te richten, sprak zijn minderen moed in, en vermaande de burgers, hem trouw te blijven. De burgers echter waren onwillig. Zij zeiden, dat het krankzinnigenwerk was, om een plaats te verdedigen, die niet geproviandeerd was, terwijl er slechts voor één maand watervoorraad zou zijn. Zij hielden volksvergaderingen, waarin besloten werd, om geen schot te lossen op de Boeren, maar anderen gingen nog een stap verder, haalden hun snelste kleppers van den stal en reden de Boeren te gemoet, hun dringend verzoekend, heel gauw te komen.

De verbittering tegen de Engelschen klom met den dag, en majoor

Wapenstilstand, na de bestorming der verschansing bij Game-Tree.

Scott begreep, dat hij met zijn kleinen troep gevaar liep, door de burgers aan den vijand overgeleverd te worden, indien hij zich niet haastte om weg te komen. Zoo liet hij dan opzadelen, en trok met zijn manschappen weg. Maar het griefde den dapperen krijgsman toch in zijn ziel, dat hij den hem toevertrouwden post in den steek had moeten laten, en hij voelde zich diep ongelukkig. Zijn manschappen, die veel met hem op hadden, zagen het wel, dat hij leed. Hij reed zwijgend voor zijn manschappen uit, staarde met strakken blik naar de verte, en zijn bleek, vermoeid gelaat droeg de sporen van doorwaakte nachten. Zoo werd het avond; de paarden werden afgezadeld en gekniehalsterd, de manschappen vormden een lager in het open veld, en legden zich neer om te slapen. Plotseling werden zij opgeschrikt door een pistoolschot. „Dat is de majoor," zeide een politieman, terwijl hij overeind sprong; „hij heeft zich voor het hoofd geschoten." De man had het goed geraden. Men vond den beklagenswaardigen officier in het veld — reeds dood — de revolver in de hand — terwijl eenige druppels bloed op zijn voorhoofd parelden. Hij had een twee-en-twintig-jarigen trouwen dienst achter den rug, en dit was het treurige einde. De officier, die hem opvolgde in het kommando, las den lijkdienst, en sprak eenige waardeerende woorden, waarin hij herinnerde aan het groot verlies, dat de Staat door den dood van dezen bekwamen aanvoerder had ondervonden, terwijl de manschappen een graf dolven, tusschen twee doornboomen, die pas begonnen te bloesemen, en hem daar begroeven.

Intusschen werd generaal De la Rey aan het hoofd van een Boerenkommando door de Vrijburgers op Zaterdag 21 October met gejuich ingehaald, en in een put werd een groote hoeveelheid wapens en ammunitie, door de politie verborgen, ontdekt. De la Rey liet de Vijfkleur [1]) hijschen en zeide: „Deze vlag waait nu over het gansche gebied ten noorden der Oranjerivier, en de Engelsche vlag zal er niet meer waaien dan boven de lijken der Boeren!"

Ook uit het Noorden, uit Rhodesia, door de Boeren het land van bedrog genoemd, dreigde gevaar, en de Boeren waren wel verplicht, een gedeelte hunner krijgsmacht af te zonderen tot bescherming der noordelijke grenzen.

Dinsdag 17 October kwam het hoofdkommando, sterk 400 man, aan te Hendriksdal (tegenover Rhodesdrift), een politie-station aan den zuidelijken oever der Limpopo- of Krokodil-rivier. De Boeren hadden veel geleden; de tocht van Pietersburg af door het onherbergzame veld had bijna 14 dagen geduurd, was een aaneenschakeling van ellende, vermoeienis,

---

[1]) Samengesteld uit de kleuren der Transvaalsche en Vrijstaatsche vlaggen, bestemd als de vlag van een vereenigd Zuid-Afrika.

honger en dorst, en de Boeren waren wat blij, toen zij den oever van de Limpopo-rivier hadden bereikt.

Het kommando was zonder kanonnen, en het hoofddoel was, om den vijand, die zich te Tuli had genesteld, en van hier uit zijn patrouilles liet zwermen, in het oog te houden. Hij stond onder het bevel van kolonel PLUMER; zijn sterkte werd geschat op 1200 man en een aantal kanonnen, terwijl de manschappen voor een deel bestonden uit het uitvaagsel der menschheid.

De pont werd gerepareerd, en veldcornet BRIEL klepperde met een kleinen troep Boeren Rhodesia in, den voorpost vormend van het Boerenkommando. Hij sloeg zijn lager op ten oosten van Rhodesdrift aan den noordelijken oever der Limpopo-rivier, en had oogen en ooren noodig, om niet overrompeld te worden door den vijand. Zijn lager was opgesteld achter een heuvel, en gescheiden van het Engelsche kamp door groote, ruige bosschen, waaruit de Engelschen de Boeren bestookten. Zij hadden het vooral op de paarden der Boeren gemunt, en er hadden aanhoudende schermutselingen plaats, waarbij de Transvalers hun meerderheid als scherpschutters intusschen met glans handhaafden.

Kleine patrouilles zwermden tot aan de Shashani-rivier, en sneden de telegraaflijnen door, terwijl generaal GROBLER recht doortrok tot Palapye, om de spoorlijn op te breken, die Mafeking met Bulawayo verbindt. Het moeilijkste bij deze tochten was het gebrek aan gras en water; er waren streken, die in een omtrek van tien uren gaans geen groen sprietje vertoonden — een ware, barre woestijn.

De burgers waren zeer verblijd met de komst der Johannesburgers, die *Maandag 30 October* het hoofdlager bij Hendriksdal bereikten. Zij brachten 3 kanonnen mede, waaronder 2 Maxims. Het eene Maxim was indertijd bij Krugersdorp op JAMESON veroverd; de Boeren stelden er veel belang in, en de sporen der kogels in de wielen waren nog duidelijk zichtbaar. Onder de officieren bevonden zich kapitein SAREL ELOFF, kapitein DALWIG, en de luitenants MATHEY en ODENDAAL. Zij hadden veel tegenspoed ondervonden onderweg; verscheiden paarden en muildieren waren bezweken; de thermometer stond gewoonlijk op 108 graden Fahrenheit.

Op *Donderdag 2 November* trokken de Boeren voorwaarts. DANIËL DU PREEZ, kommissaris der Naturellen, sprak een indrukwekkend gebed uit, en om tien uur zouden de twee Engelsche forten worden bestormd.

De veldcornets BRIEL en ALBERTSE en de politie-sergeant JAN CELLIERS [1]) moesten, gesteund door 2 kanonnen onder ELOFF en DALWIG, met 300 manschappen langs de rivier in oostelijke richting oprukken en zich vervolgens noordelijk wenden, waar zij het kleinste der twee

---

[1]) Van de Zoutpansberger politie.

forten, bestaande uit den versterkten winkel van BRYCE, zouden bestormen. Dit fortje lag 9 mijlen van het Boerenlager verwijderd, terwijl het grootste fort op een afstand van 5 mijlen lag. De waarnemende kommandant, generaal VAN RENSBURG, zou dan zoo spoedig als hij het eerste kanonschot hoorde, met kommandanten KELLY, GROBLER, DANIËL DU PREEZ en 200 manschappen het grootste fort aantasten.

Zonder ongevallen kwamen de Boeren in den omtrek van den versterkten winkel, en veldcornet ALBERTSE nam een stelling in ten zuiden van het fort, terwijl veldcornet BRIEL en sergeant CELLIERS de vijandelijke stelling tot op 150 meter naderden. Zij hadden een zeer onvoordeelige positie, waren slechts 20 man sterk en verloren 7 paarden. Den dapperen CELLIERS werd het paard onder hem doodgeschoten. Ook werden 3 manschappen gewond. Doch nu begon het groote kanon van SAREL ELOFF, dat op een prachtig kopje was opgesteld, te schieten, en de donder van het geschut vermengde zich met het gebrul der opgeschrikte leeuwen, wijd uit de verte. Het kanon hield zich ferm, en de Engelschen zochten hun heil in de vlucht. Maar 8 manschappen, waaronder een luitenant en een Engelsch predikant, wisten niet zoo gauw uit de voeten te komen, en werden krijgsgevangen gemaakt. De Engelschen hadden zich ruim twee uur lang dapper en kloekmoedig verdedigd; bij de Boerenartillerie hadden kapitein ELOFF en kapitein VON DALWIG, een veteraan uit den Fransch-Duitschen oorlog, zich bijzonder onderscheiden.

't Zag er in den winkel verwilderd en verlaten uit, en men kon aan alles zien, dat de vlucht in groote overhaasting had plaats gehad. Vele brieven en documenten vielen den Boeren in handen, waaronder een rapport uit Tuli, waarin op een nauwkeurig onderzoek werd aangedrongen naar de daders, die de telephoonlijn tusschen Tuli en de zuidelijke versterkingen hadden doorgesneden, terwijl de Kaffers aansprakelijk moesten worden gesteld voor alle schade, die de Boeren aan de telegraaflijn aanrichtten.

Bij het vallen van het eerste kanonschot rukten de 200 manschappen van generaal VAN RENSBURG op, en kommandant KELLY nam op 400 meter afstands van het groote Engelsche fort, waar kapitein SPRIGLEY met 180 man lag, een prachtig gelegen kopje in bezit, dat de Engelschen hadden verzuimd te bezetten. De vijand gaf een scherp vuur, dat de Boeren krachtig beantwoordden, totdat een klein snelvuurkanon den vijand uit zijn lager dreef. Hierop joeg DANIËL DU PREEZ met 30 burgers den weg naar Tuli op, om den vijand den terugtocht af te snijden, en deze heesch de witte vlag. DU PREEZ gaf nu aan zijn manschappen bevel om het schieten te staken en de Transvaalsche vlag te hijschen, doch nauwelijks was dit gebeurd, of de Engelschen gaven een vol salvo af. Twee burgers [1] stortten dood

---

[1] VAN DER MERWE en BONG.

De vijand in zicht.

tegen den grond; Du Preez ontsnapte ternauwernood aan hetzelfde lot, en van de verwarring maakten vele Engelschen gebruik, om in de aangrenzende bosschen te ontsnappen. Het was een lage, afschuwelijke moord, die de harten der Boeren diep verbitterde. Zij bleven in hun stellingen, doch de vijand gaf slechts een zwak vuur, en den volgenden morgen was hij gevlucht. Drie burgers naderden nu behoedzaam het vijandelijke fort; er was geen mensch meer te vinden; de paarden keken met hongerige oogen de burgers aan, en onder een grooten cremortart-boom stonden de wagens. In 't geheel werden in beide forten buitgemaakt 58 paarden, 79 muildieren, 18 slachtossen, 7 wagens, 1 Schotsche kar en 1 ambulance-wagen.

Behalve de 2 gesneuvelden, die door verraad waren gevallen, hadden de Boeren geen ernstige verliezen te betreuren. Er waren in 't geheel slechts 4 lichtgekwetsten. De Engelschen hadden 9 dooden, behalve de gewonden.

Een Noord-Brabanter [1]), die dit gevecht meemaakte, schreef daarover aan zijn familie in de volgende eigenaardige bewoordingen: „Het gevecht, dat ik meemaakte, kostte aan 2 der onzen het leven, en 4 werden gewond. Ofschoon de kogels mij om de ooren floten, was er geen een, die mij maar even schramde. De manier van vechten bracht in die streek mede, dat men van boom tot boom vooruitspringt of kruipt, totdat we vlak bij een vijand zijn. Zoo kwam het, dat bij zoo'n sprong een dumdumkogel mij tusschen de beenen doorvloog en mijn broek scheurde. Enfin, om kort te gaan, wij namen na twee uur vechten de positie Bryce-Winkel in. Kapitein Eloff, kommandant van het fort Johannesburg, was onze aanvoerder, en benoemde mij na dit gevecht tot zijn adjudant.

De manier van oorlogvoeren is hier geheel anders dan in Europa; ieder vecht op zijn eigen houtje, en geloof gerust, dat die manier goed is. Zoo zit je bijvoorbeeld goed beschermd achter een klip of boom, rookt je pijp heel gemoedelijk, schiet je geweer leeg, laadt het weer, en zoo gaat de tijd heel gezellig voorbij. De menschen denken heel wat daarvan, maar 't is eenvoudig een tijdpasseering. Loop je in de kijkers, dan wordt je luitenant of iets meer, en het menschdom is geheel en al bewondering. Het ergste van alles is dat trekken en het slapen tegen Afrika aan, zonder tusschen je boddie en dat werelddeel kippenkleeren te kunnen plaatsen. Tref je daarbij nog zoo'n tocht van 13 dagen, zooals ik heb gehad, met nagenoeg geen water, een temperatuur van 108 graden Fahrenheit in de schaduw, en land, waar niets dan dorens en cremortart-boomen zonder blaren groeien, waar sinds zes maanden geen droppel regen viel, maar leeuwen, tijgers, panters en dergelijk gespuis 's nachts je paarden en muilezels stelen; waar schorpioenen de plaats en de werkzaamheden der

---

[1]) Frans Janssens uit Heerle; zijn brief werd opgenomen in »De Limburger Koerier."

vlooien innemen en vervullen, dan ben je allesbehalve voor je plezier uit, en vindt je, dat het thuis bij moeder de vrouw toch veel beter is. Maar alles zal recht komen."

De Boeren hadden het geluk, wat hun niet dikwijls gebeurde, om een Engelschen spion, die in hun lager was geslopen, te ontdekken en op te pakken. Men vond bij hem een zakboekje met aanteekeningen, hoe sterk de Boeren waren, hoe het des nachts het raadzaamste zou zijn, om hen aan te vallen, en andere bedenkelijke adviezen meer, alles in potloodschrift, die den krijgsraad deden besluiten, dit gevaarlijk schepsel te veroordeelen tot twee jaar gevangenisstraf met harden arbeid.

Den volgenden Zondag hield de Engelsche predikant een godsdienstoefening voor zijn medegevangenen, die door verscheiden Boeren werd bijgewoond. Hij sprak over de gelijkenis van den Barmhartigen Samaritaan. „Nooit, mijne vrienden," zeide hij, „hebben wij betere gelegenheid gehad, om de practische toepassing te zien van deze les van CHRISTUS en van de uitwerking Zijner leer, wanneer men daarnaar leeft, dan in deze dagen in onze gevangenschap." De Boeren keken er nieuw van op, dat zij door dezen Engelschen predikant als barmhartige Samaritanen werden voorgesteld. Zij hadden zoo iets van Engelsche zijde nog nooit gehoord, en zij staarden den dominee aan met groote, verbaasde oogen.

Intusschen beperkten zich de krijgsverrichtingen tot verkenningstochten in den omtrek, waarbij luitenant MATHEY met een patrouille Johannesburgers Tuli naderde tot op een afstand van een paar mijlen, zonder een vijand te ontmoeten. Doch aan den wensch van kapitein ELOFF, om Tuli in te sluiten, werd geen gevolg gegeven, en de samenwerking tusschen Johannesburgers en Zoutpansbergers liet bepaald te wenschen over [1]).

Zoo gingen de snikheete dagen, afgewisseld door verfrisschende, heerlijke regenbuien met zwaar onweer, langzaam heen. De Boeren vermaakten zich in hun leegen tijd met jagen en visschen, zochten een beschaduwd plekje op, waar zij zich neervlijden om een boek te lezen en een brief naar huis te schrijven, of bespiedden het nijlpaard, dat met logge pooten rondplaste in het water der Limpopo-rivier, en den krokodil, die den grooten, afschuwelijken kop traag ophief boven den modderigen waterkant. Des nachts werd de slaap dikwijls gestoord door het luid gebrul van het wild gedierte, en de leeuw, de koning der dieren, kwam

---

[1]) Volgens correspondenties in de Transvaalsche pers had kapitein ELOFF na de overwinningen van 2 November den vijand onmiddellijk krachtig willen vervolgen, doch het stuitte af op den onwil der kommandanten uit Zoutpansberg. Volgens diezelfde correspondenties hadden de Zoutpansbergers volop biltong, terwijl zij hun broeders uit het zuiden gebrek lieten lijden. Ook beklaagden zich de Johannesburgers over de ongelijke verdeeling van den buit. Van andere zijde is daarop geantwoord, dat de Zoutpansbergers ten onrechte werden beschuldigd, en dat zij de Johannesburgers broederlijk hadden behandeld. In elk geval merkt men hieruit, dat er op zijn minst genomen misverstand en wrijving bestond.

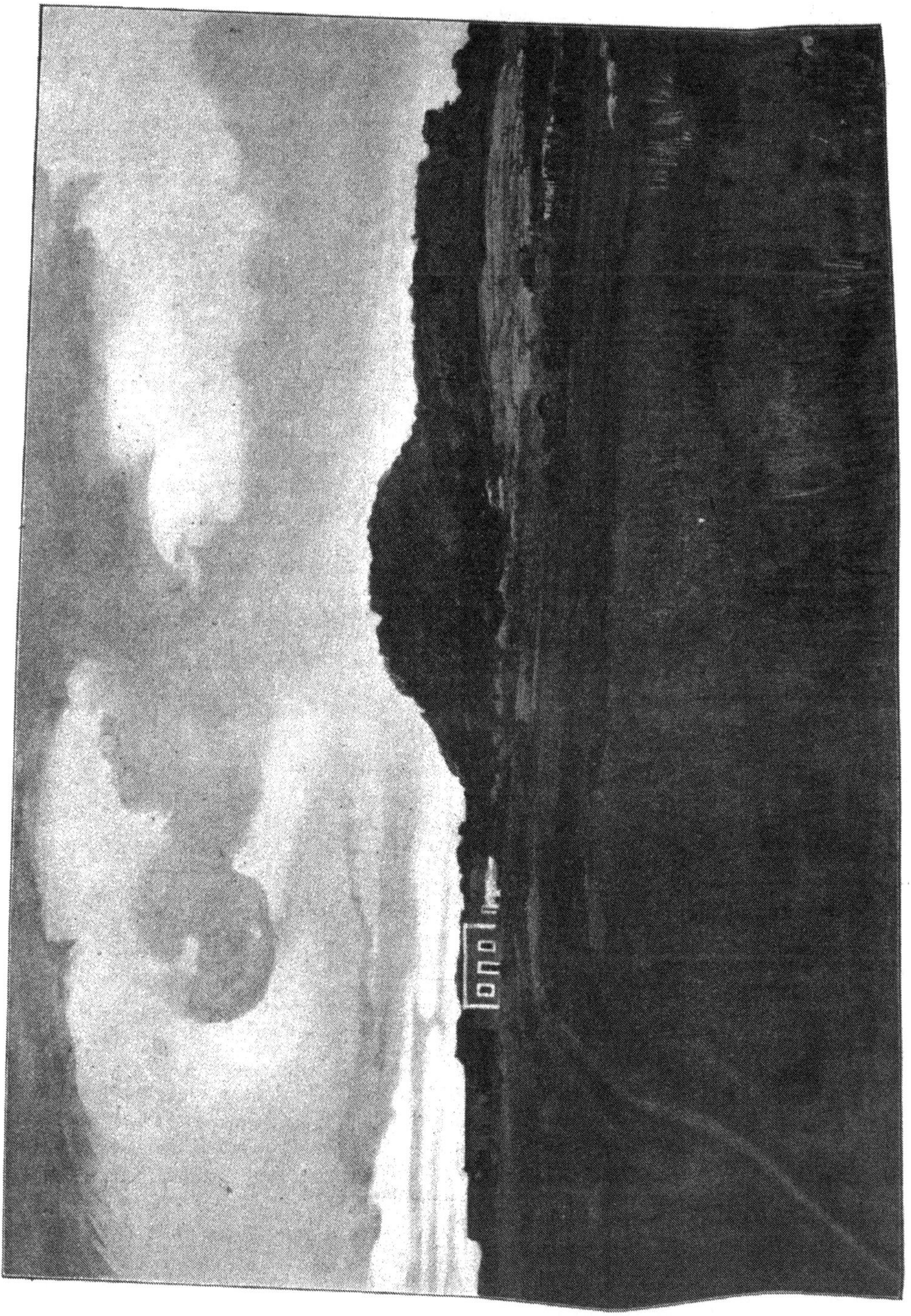

uit zijn leger te voorschijn, en naderde met voorzichtigen, bedachtzamen tred het Boerenlager.

Ten noorden der rivier ontdekten de Boeren een baken, dat zij voor het grensbaken beschouwden tusschen Rhodesia en het gebied van het Kaffer-opperhoofd KHAMA, wiens land onder Engelsch Protectoraat was geplaatst. De Kaffers, die hier woonden, waren den Boeren zeer ongenegen. De Engelschen hadden hun verteld, dat de Boeren kwamen, om de Kafferkinderen te rooven en de Kafferouders tot slaven te maken. Kolonel FERREIRA deed alle moeite, om hun deze leugens uit het hoofd te praten, maar het baatte niets. De schrik voor de Boeren zat er in. KHAMA zond aan kommandant GROBLER dan ook een boodschap, die aan duidelijkheid niets te wenschen overliet: Indien GROBLER het durfde bestaan, om KHAMA's gebied te betreden, dan was zijn graf gedolven.

In Bulawajo was men met die vijandige houding der Khama-Kaffers dan ook bijzonder in zijn schik, en men wapende hen tegen de Boeren met geweren en Maximkanonnen. En zoo iemand aanmerking mocht maken op dit ongehoorde feit, dat zwarten door blanken werden gewapend, om blanken te vermoorden, och, dan haalden die Engelschen even de schouders op: „Wat zou dat? Was dat dan zoo erg? De huid van de Boeren was een tintje blanker dan die der Kaffers — dat was het eenige verschil!"

Natuurlijk moest dit uitloopen op een moordpartij, doch dat wilden de Engelschen ook, en de afschuwelijke sluipmoord van Derde Poort ligt voor *hunne* rekening.

Derde Poort. Kaffer-Sluipmoord en Kaffer-Tuchtiging.

DERDE POORT is een kleine plaats, ligt aan de Groot-Marico-rivier, heeft een politie-station, een ontvangerskantoor, den winkel van PIETERS en een aantal huizen, doch dit alles is veranderd na dien noodlottigen Zaterdagmorgen, 25 November, toen de Khama-Kaffers, de bondgenooten der Engelschen, aangevoerd door een Engelschen officier, hun moordtocht deden. Het plan was om de mannelijke bevolking uit te roeien, en de bloeiende nederzetting werd veranderd in een rookenden puinhoop.

Bondgenooten der Britten.

De familie ZACHARIAS PRETORIUS lag nog gerust te slapen, toen de vrouw des huizes door een plotseling, knetterend geraas werd gewekt. Zij kende dat geluid niet, doch haar gehuwde zoon Koos riep: „Dat is een Maxim," en de verschrikte huisgenooten kleedden zich snel aan. Koos was het eerste buiten, doch zakte zwaargewond bij de huisdeur neer. „Help mij," klaagde hij, „ik ben gekwetst." Zijn moeder wilde hem ter hulpe snellen, doch de kogels sloegen onheilspellend tegen den huismuur aan. Het was een ontzettend oogenblik, dat nog verschrikkelijker werd, toen de rosse vuurgloed boven het huis uitkronkelde. De Kaffers hadden het huis in brand gestoken. Nu vluchtten de ongelukkigen er uit: ZACHARIAS PRETORIUS en zijn veertienjarige zoon achter de moeder, daar zij wel begrepen, dat de mannen het meeste gevaar liepen. Maar ZACHARIAS kwam niet ver; twee kogels velden hem neer. Toen gaf de wanhoop aan moeder PRETORIUS kracht, om recht op de moordenaars in te loopen. „Waarom schiet jullie zoo?" vraagde zij. „Geef pad"[1]), was het ruwe antwoord; „onze kapitein LINCHWE heeft ons bevolen, alle mannen te dooden, doch niet de vrouwen — geef pad!"

Toen snelde de moeder met haar jongen terug naar de plek, waar haar gehuwde zoon Koos lag. Hij lag in een grooten bloedplas — met gebroken oogen. Twee kogels hadden hem getroffen, doch de Kaffers hadden dit niet voldoende geacht, en hem met hun assegaaien, hun speren doorboord. De beklagenswaardige moeder wilde het lijk van haar kind met behulp van haar jongen in de schaduw van het geboomte dragen, doch de onbarmhartige moordenaars gedoogden het niet, en zij vluchtte met haar zoon naar PIETERS' winkel. De Kafferbediende stond op de stoep en vertelde haar, dat zijn meesteres dood was. Zoo stapte zij den winkel binnen. De vrouw lag uitgestrekt op den grond, met een kogel door het linkeroog, terwijl haar man er weenend en handenwringend naast stond. Hij wilde hier in zijn winkel blijven, maar verzocht aan moeder PRETORIUS, zijn klein kind onder haar bescherming te nemen. De moedige Afrikaansche vrouw aanvaardde de taak, trok haar eigen jongen, om hem onkenbaar te maken, vrouwenkleeren aan, en spoedde met het kind en haar zoon naar het huis van HENDRIK RIEKERT. Hier heerschte eveneens groote ontsteltenis; men had hier eene ernstig gekwetste: ANNA FOURI, en men kon elk oogenblik de Kaffers verwachten. De roovers lieten niet op zich wachten; zij maakten reeds aanstalten, om het huis in brand te steken, en ofschoon de vrouwen met gevouwen handen om erbarming smeekten, was er toch geen vermurwen aan. Toen wilden de vrouwen ten minste de gewonden in veiligheid brengen, maar de Kaffers verhinderden het met geweld. De gewonde moest omkomen in het vuur, zoo wilden het de Kaffers, en het

---

¹) Geef pad – loop door; maak ruimte.

zou ook gebeurd zijn, indien het der gewonde niet gelukt was, met bovenmenschelijke inspanning uit het brandende gebouw te kruipen. Doch dat zij deze ellende niet kon doorstaan, en aan de gevolgen bezweek, zal den lezer niet verwonderen.

De Kaffers dreven de vrouwen en de kinderen, die zij machtig konden worden, als schapen voor zich uit, joegen hen door de rivier, en brachten hen naar Mochudi, de hoofdstad van den Kafferkapitein LINCHWE. Het was een afstand van 10 uren gaans; twee dagen lang waren de ongelukkigen bijna geheel van voedsel en water verstoken, en wat deze arme menschen op dien langen tocht aan honger en dorst hebben geleden, is vreeselijk. Doch vreeselijker — ja, in waarheid af-

Mochudi, de hoofdstad der Linchwe-Kaffers

schuwelijk, gruwelijk en hemeltergend waren de mishandelingen, die volgens de te Johannesburg verschijnende „Süd-Afrikanische Zeitung" de vrouwen en minderjarige meisjes moesten ondergaan [1]). Het blad bevat een correspondentie dato 10 December uit Rustenburg, waarin het volgende ten opzichte van de gruwelen te Derde Poort wordt gezegd:

„Liefst zou ik nu maar zwijgen van de beestachtige handelwijze der Engelschen, maar ik moet er over schrijven ter wille van de menschelijkheid en de beschaving. Uw geëerd blad wordt ook in Duitschland veel gelezen, en het is dringend noodig, dat Europa de gruweldaden kent, door Engelsche soldaten bedreven. Het spreekt vanzelf, dat ik zoo noodig er met mijn naam borg voor sta, dat ik uit den mond der-mishandelde vrouwen zelf vernomen heb, hoe Engelsche soldaten ze geweld hebben aangedaan. De schurken gelastten den Kaffers, de ongelukkigen vast te houden, terwijl de soldaten hun schandelijk bedrijf volbrachten. Een arm kind werd door vier Kaffers vastgehouden, en door negen onmenschen mishandeld. De verklaringen dezer ongelukkigen zijn onder eede afgelegd. Verscheidene vrouwen liggen in het hospitaal."

Terwijl de Kaffers het politie-station van Derde Poort aanvielen, waren de meeste weerbare mannen, een 100-tal, onder kommandant KIRSTEN, in het kamp, en werden uit hun slaap gewekt door het geraas van het Maxim. Zij waren zonder artillerie, maar hun geweren waren goed, en zij waren onmiddellijk mobiel. Het vijandelijke Maxim stond aan de overzijde der rivier en werd gedekt door 300 Engelsche bereden infanteristen, terwijl het veld zwart zag van gewapende Kaffers. De Engelschen wilden den stijven Boerennek buigen; zij zouden de Engelsche meerderheid erkennen, en „ja, baas" leeren zeggen.

KIRSTEN bleef goed bij zijn zinnen, en dat was gelukkig. Hij liet zijn klein hoopke onmiddellijk drie voordeelige stellingen innemen, van waar het Maxim onder een hevig kruisvuur werd genomen. Dat hielden de Engelschen niet uit, en na 20 minuten vluchtten zij naar Sequanistad, een door de Kaffers bewoonde wijk. Thans echter weerklonk de stoot van een hoorn over het veld, en de Kaffers, die de reserve schenen te vormen, kwamen als een springvloed op het kleine Boerenlager aanzetten. Zij kwamen van alle kanten — dicht als een bijenzwerm — bij duizenden! Intusschen stonden de gevluchte Engelschen in lange rijen te Sequanistad naar het Kaffergevecht te kijken, en zij konden zien, hoe de zwarte Kaffergolf machteloos aansloeg tegen het Boerenlager. Om tien uur in den morgen was de strijd reeds geëindigd, en kommandant KIRSTEN en zijn veldcornet STOFFBERG wenschten elkander geluk met de zoo gelukkig afgeslagen bestorming. De Boeren hadden 5 dooden, waaronder het verdienstelijk Lid

---

[1]) Kommandant VON DALWIG heeft aan de „Kreuzzeitung" eveneens over de schandelijke behandeling van Boerenvrouwen door Engelsche soldaten geschreven.

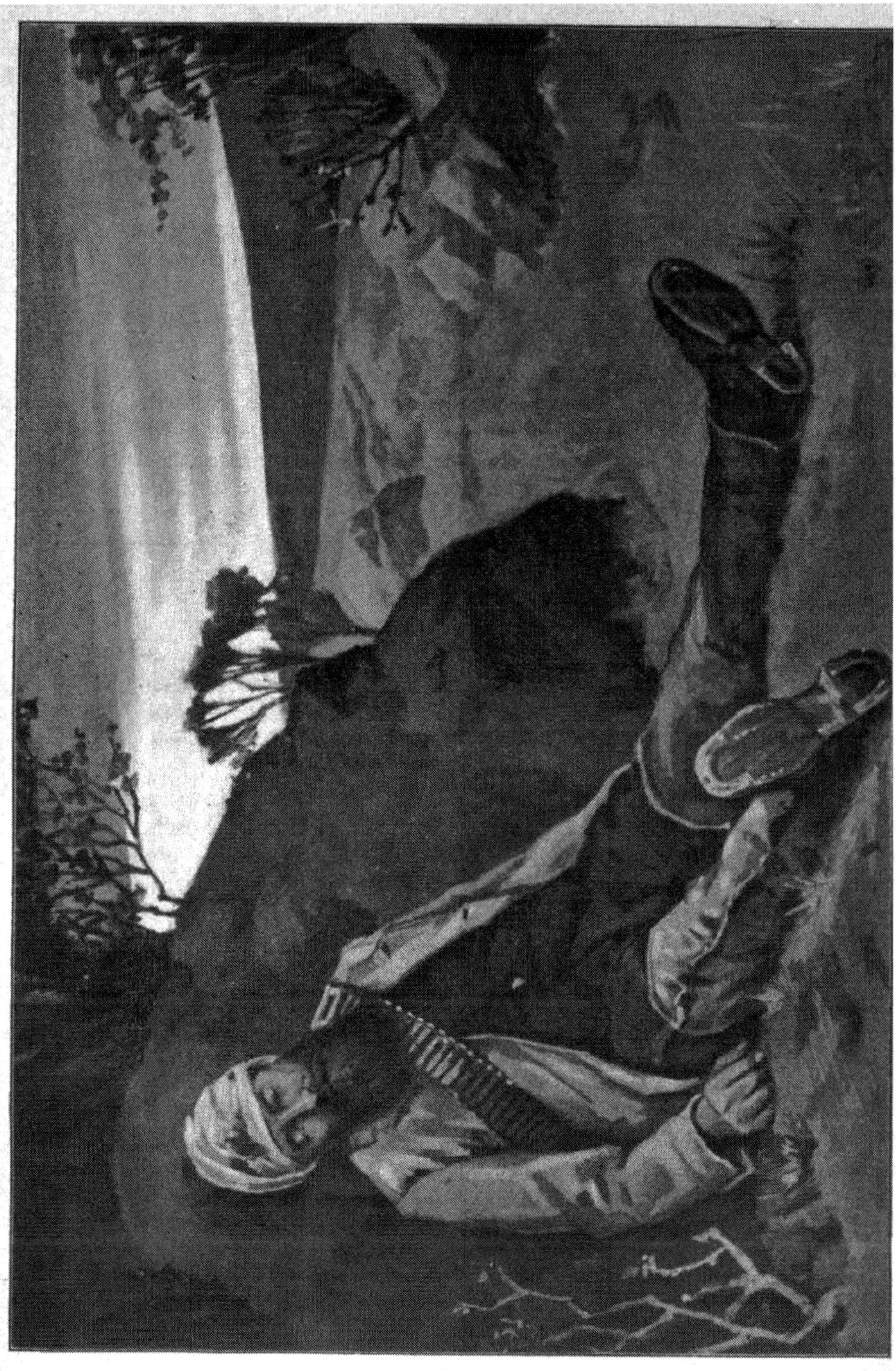

van den eersten Volksraad JAN BARNARD, die door drie kogels werd getroffen, en 14 gewonden. De volledige verliezen der Engelschen en hunner zwarte bondgenooten zijn niet bekend. Dat zij veel zwaarder waren, is te begrijpen; vermoedelijk hebben ze ruim 50 dooden gehad.

Zoo spoedig als de toestand het veroorloofde, trokken de Boeren uit, om de vermisten op te sporen, en in de bosschen vond men nog eenige reeds door de gieren geschonden Boerenlijken, slachtoffers van Kafferbloeddorst. Zij werden op een Christelijke wijze begraven. Er waren 9 personen vermoord [1], 1 zwaar gewond en ruim 200 ossen geroofd. Het was wel een vreeselijke ramp, die echter veel grooter zou zijn geweest, indien niet vele vrouwen en kinderen zich bijtijds door de vlucht hadden weten te redden. Voor de weggedreven vrouwen en kinderen brak intusschen ook een blijder oogenblik aan. NOËL LEWELLIJN, kapitein der Engelsche politie, schreef dato 29 November uit Mochudi, dat hij 17 vrouwen en kinderen onder zijn bescherming had genomen, die hij wenschte uit te leveren. Dit is dan ook geschied. De ongelukkigen werden vervoerd tot aan de gebroken brug ten noorden van Gaberones, van waar kommandant P. DE SWART hen per ossenwagen liet afhalen.

De Sluipmoord van Derde Poort verwekte in de Transvaal, vooral in het district Rustenburg, waar hij had plaats gehad, ernstige ongerustheid en buitengewone opschudding. De Boerenvrouwen, wier mannen voor een groot deel naar het front waren, vreesden een algemeenen moord, en de Regeering begreep, dat er ten spoedigste krachtige maatregelen moesten worden genomen. Gelukkig was het gevaar voor een Engelschen inval uit het noorden nu geweken, daar kolonel PLUMER het bevel had ontvangen, om Mafeking te ontzetten, en de daar vrij gekomen kommando's konden nu naar het westen worden gezonden.

Het kommando van SAREL ELOFF was reeds in de laatste dagen van November te Johannesburg aangekomen, en was nauwelijks uitgerust van den vermoeienden tocht naar Rhodesia, toen het bevel kwam, om zich gereed te maken voor Derde Poort. Nu, dat was gauw gebeurd, en een week na aankomst uit Rhodesia, Zondagavond half-negen, trad het kommando, sterk 200 man, voor het hoofdkwartier der Johannesburger politie, dicht bij het marktplein, aan. Kapitein ELOFF was de bevelhebber, kapitein VON DALWIG, de gewezen Pruisische ritmeester, kommandant van het geschut; op hen volgde in rang luitenant MATHEIJ.

De militaire groep werd fantastisch beschenen door het licht der Johannesburger lantaarnen. De zes Maxims stonden aan de spits, aan de

---

[1] Onder dezen waren twee vrouwen; de mannen waren gevallen, nadat hun laatste patroon verschoten was.

voorpunt; dan volgden ammunitie-wagens, proviandwagens en ambulance-wagens, telkens afgewisseld door groepen paarderuiters. Hier zag men een burger, reeds in de woestijn van Rhodesia „gezouten"; daar een veertien-jarigen jongen in de korte broek en een kinderkraag aan; en naast den jongen een Duitscher met grijzendenbaard, die te vertellen wist, hoe de kogels der Hooglanders hem bij Elandslaagte om de ooren floten. Naast de wagens, alle met muildieren bespannen, stonden zwarte Kafferbedienden. Zij hielden de zweep vast in hun gespierde handen, en keken met trots in het rond, alsof zij wilden zeggen: „Zie je wel, op ons kunnen de Boeren rekenen!"

Kapitein SAREL ELOFF.

En toen klonk het kommando: „Voorwaarts!"
Natuurlijk voorwaarts.

Kapitein ELOFF was bevorderd tot kommandant, en zijn manschappen noemden hem kommandant Voorwaarts — hoe zou het dan anders kunnen dan voorwaarts!

Zoo zette zich dan het kommando in beweging — de hoera's stegen op, de affuitwielen knarsten, de zweepen klapten — voorwaarts, naar Derde Poort!

Het was bij Derde Poort zeer onrustig gebleven. De Kaffers, wier talrijke kralen de Boeren aan den overkant der rivier konden zien, trachtten voortdurend de Boeren af te matten, en hun vee te rooven, terwijl de zwakke Boerenbezetting zich slechts met moeite kon staande houden. Doch met de komst der versche kommando's kwam er nieuw leven. Zij stonden onder bevel van generaal VAN RENSBURG; hij ging bedaard, zonder overhaasting, te werk, om een grooten slag te slaan, en hij sloeg hem, toen er de tijd rijp voor was, met kracht.

Donderdag 21 December zouden 200 burgers onder bevel van kommandant CASPER DU PLESSIS [1]) met 2 snelvuurkanonnen onder luitenant ODENDAAL een omtrekkende beweging maken, en den volgenden morgen het Kafferlager uit het westen aanvallen, terwijl tegelijkertijd de andere burgers den vijand in het front zouden bestormen.

DU PLESSIS moest met zijn manschappen een langen omweg maken, trok op een afstand van twee mijlen van het Boerenkamp over de rivier, en bereikte te vier uur den volgenden morgen *22 December* den voet van den door de Kaffers bezetten heuvelrug. DU PLESSIS had hoop gehad, den vijand te kunnen verrassen, doch de overrompeling mislukte. Reeds dagen te voren hadden de Kaffers zich op een aanval voorbereid, hun vrouwen en vee op veilige plaatsen gebracht, en langs de hellingen van den rand of heuvelrug loopgraven en schansen gemaakt, die door het dichte struikgewas uitnemend werden gedekt.

De Boeren naderden den onzichtbaren vijand tot op 250 pas, toen zij door een plotseling, gelukkig onschadelijk geweersalvo werden begroet, en stelling moesten zoeken op een open mielieveld [2]).

Bij dien terugtocht geraakte een onklaar geworden snelvuurkanon met een ammunitiewagen in groot gevaar, genomen te worden, maar luitenant ODENDAAL met de bedekkingsmanschappen stonden vast als de klippen onder hen, en joegen den brutalen vijand met bebloede koppen terug.

Maar die stelling in het open mielieveld dreigde gevaarlijk te worden, want de Kaffers begonnen de burgers van twee kanten te beschieten, en DU PLESSIS nam een snel en kordaat besluit. Hij plaatste zich aan het hoofd van 40 vrijwilligers, gaf zijn paard de sporen, en joeg het over de eerste verschansing der Kaffers heen. Dezen waren van dit vermetel ruiterstuk zoo verbouwereerd, dat zij vergaten, vuur te geven en terugdeinsden. Nu kwam er kans. Het nog bruikbare kanon en de andere burgers openden een geducht vuur op de stellingen van den vijand, en onder luid gejuich ging de vierkleur omhoog boven de veroverde schansen.

De heuvelrug, door de Kaffers bezet, strekte zich twee uren gaans uit en glooide langzaam af naar de drift [3]), met de rivier een rechten hoek vormend. Terwijl nu DU PLESSIS den vijand aan de westelijke zijde, landwaarts in, aantastte, zouden de Rustenburgers onder

---
[1]) Lid van den Tweeden Volksraad.
[2]) Mielie = graan, Kafferkoorn.
[3]) Drift = ondiepe overgang der rivier.

kommandant F. KIRSTEN en de Mariconers, onder kommandant DE SWART, tezamen ongeveer 300 man sterk, de vijandelijke stellingen bij de drift bestormen.

De artillerie stond onder het bevel van kapitein VON DALWIG, en zij kon moeilijk aan een bekwamer kommandant zijn toevertrouwd. Hij liet haar langzaam avanceeren en veegde de baan schoon tot aan de drift, door de kommandanten ELOFF en LOMBARD nadrukkelijk ondersteund. Doch hier bij de drift kwam het gevecht tijdelijk tot staan, daar de Kaffers zich in het ruige, boschrijke terrein uitstekend hadden verschanst, en uit onzichtbare schuilhoeken vuur gaven. Drie der dapperste burgers sneuvelden hier bijna onmiddellijk, doch de Boeren dachten aan den sluipmoord van Derde Poort, streden met grimmige vastberadenheid en joegen den vijand zegevierend voor zich uit. Zoo bereikten de Boeren *Sequanistad* [1]), en gaven haar als een rechtvaardige straf aan de vlammen prijs.

Zoo was ook op deze zijde een volkomen overwinning behaald, en de burgers konden nu met eigen oogen zien, welke groote resultaten door het eendrachtig samenwerken der verschillende kommando's konden worden bereikt. De strijd had geduurd van 's morgens drie uur tot 's namiddags twee uur, en behalve de 3 gesneuvelden, die reeds zijn opgegeven, hadden de Boeren slechts 6 gewonden. De kommando's hadden zich gedurende het gevecht snel bewogen, elkander krachtig gesteund en gevochten als leeuwen. DU PLESSIS had tegenover ruim 1200 goedgewapende en strijdbare Kaffers, het andere kommando tegenover minstens 2000 Kaffers gestaan. Generaal VAN RENSBURG schatte het verlies der Kaffers, die door deze nederlaag diep ontmoedigd waren, op 150 dooden.

Zoo was dan het gevaar voor een Kafferinval geweken, en de Boeren hier te Derde Poort konden rustig Kerstfeest vieren. Intusschen kwamen van heinde en ver de Kerstgeschenken, door liefde en vriendschap uitgedacht, binnenstroomen, en de jonge Boeren vingen de vette kippetjes, die in de verlaten Kafferkralen waren achtergelaten, braadden ze aan het spit en vonden ze wat lekker!

---

[1]) Sequanistad was even groot als Mochudi, een andere Kafferstad.

Het Marktplein te Kimberley.

Kimberley gedurende het beleg.

Bij Kimberley.

(October—November 1899).

HET spreekt vanzelf, dat de Boeren Kimberley, de stad der diamanten, niet ongemoeid zouden laten. Terwijl PIET CRONJÉ het beleg om Mafeking sloeg, trokken Transvalers en Vrijstaters naar Kimberley, waarbij CECIL RHODES, die vlak vóór de insluiting de stad bereikte, hun bijna in handen was gevallen, braken de rails op, kapten de telegraaflijn af en omsingelden de stad.

Er lagen in Kimberley 4500 gewapende Vrijwilligers en 500 man geregelde troepen met 18 kanonnen; kommandant der plaats was luitenant-kolonel R. G. KEKEWICH, die den naasten omtrek der stad zooveel mogelijk in staat van verdediging had gesteld, en den uit de diamantmijnen gegraven grond tot het opwerpen van schansen en wallen gebruikte.

Generaal DE LA REY begon met bezit te nemen van de verlaten Waterwerken ten zuiden der stad en van de Kamferdammijn, (een der De Beers-mijnen), zes mijlen ten noorden der stad. Ook was hij zoo gelukkig, twee dynamiet-bergplaatsen te ontdekken, waarvan de ééne 100 kisten dynamiet en 30 kisten glycerine, en de andere 2000 kisten dynamiet bevatte. Beide bergplaatsen waren door electrische geleiddraden met Kimberley verbonden, en dat vriend RHODES met dat gevaarlijke goed geen vriendschappelijke bedoelingen had, is licht te begrijpen. DE LA REY stak er de lont in, en liet den boel springen, terwijl drie andere dynamiet-mijnen door den bliksem werden getroffen en in de lucht vlogen, zonder dat den Boeren een haar werd gekrenkt.

Op een der heuvels in den omtrek der stad plaatste DE LA REY een wacht van 25 man, die de aandacht van den vijand trok en door dezen beschoten werd. Nu, dat was het oorlogsrecht; er was niets tegen te zeggen, en dat de Engelschen eenige oogenblikken later, door de Boeren-wacht in het nauw gebracht, de witte vlag heschen, was ook volkomen in den haak, indien zij de vijandelijkheden wilden staken. Doch dit laatste was niet het geval; terwijl zij de witte vlag lustig lieten wapperen, brachten zij hun kanonnen in positie en schoten op de Boeren. Dit echter was generaal DE LA REY dan toch te machtig; hij maakte zich inwendig boos over dit verraad, en liet vuur geven uit het zware Kruppkanon, dat den vijand met het vijfde schot verjoeg. Later beschuldigde KEKEWICH de Boeren, — en dat was wel de kroon op het werk! — dat zij op de witte vlag hadden geschoten!

De Bloemhof-burgers maakten een mooien slag, toen zij 560 beesten der Engelschen buitmaakten. Veldcornet BOSMAN van hetzelfde kommando had nog een ander avontuur. Een Engelsche voorpost, bestaande uit een officier en 5 manschappen, kwamen dwars over het veld op hem aanzetten, verklaarden, dat zij er de brui van gaven, om nog langer te vechten en honger te lijden, en gaven zich over.

Intusschen verwittigde de Vrijstaatsche hoofdkommandant WESSELS den bevelhebber van Kimberley, dat de stad zou worden gebombardeerd, en de vrouwen en kinderen dus op veilige plaatsen moesten worden gebracht. Dit bombardement had dan ook op verschillende dagen onder leiding van majoor ALBRECHT plaats, en verspreidde een heilzamen schrik. Een der bommen drong het kerkgebouw bij de achterdeur in en bij de voordeur uit.

Een Boerenwacht voor Kimberley.

De Kaffers vonden het dan ook niet erg pleizierig in de diamantenstad, en KEKEWICH zond een 600-tal onnutte eters, waaraan hij bij de verdediging der stad toch niet veel had, weg. Doch de Boeren waren zoo verstandig, hen niet door te laten, en zij keerden terug met de complimenten aan KEKEWICH.

In den vroegen morgen van den 16^{den} November werd een wacht van 30 Bloemfonteiners, behoorende bij het kommando van KOLBE, te Tarantaalrand, ten noordoosten van Kimberley, door een twintigvoudige overmacht onder den dapperen Engelschen majoor SCOTT-TURNER heftig aangevallen. Het was mistig weer, en de vijand had de blijkbare bedoeling, om het kleine hoopke gevangen te nemen. Doch de Vrijstaters vochten als leeuwen, terwijl kommandant Kolbe onmiddellijk 100 man versterking zond, en majoor Albrecht zijn zwaar geschut liet spelen. Toen deinsden de Engelschen af. De Vrijstaters hadden 9 gewonden [1], doch de verliezen van den vijand moeten, te oordeelen naar de bloedsporen, die in hun verlaten stellingen nog zichtbaar waren, zwaar zijn geweest.

Den volgenden dag had kommandant Lubbe een aanval van den vijand te doorstaan, doch deze zich ook later herhalende uitvallen uit Kimberley hadden weinig om 't lijf, daar zij zonder vruchtbare resultaten bleven. De granaatkartetsen der Engelschen waren tamelijk gevaarlijk, doch hun granaatvuur beteekende gemeenlijk al bitter weinig. De Boeren konden, staande op hun kopjes, het blauwgrijze wolkje zien, dat de komst der bom aankondigde, en hadden dan nog tijd genoeg, om zich in een veilige schuilplaats te bergen.

Een episode uit de belegering, die tevens eene levendige schilderij geeft van de belegering van Kimberley, vindt men in een schrijven van een oud-Amsterdammer [2], waaraan de volgende bijzonderheden zijn ontleend:

„Zooals ik de vorige week schreef, hadden de Rooies 's morgens tamelijk wat kanonvuur gericht op Kamferdam. Toen kregen we opeens het bevel: „Opzadelen." Dit gebeurde in allerijl. Binnen een half uur waren we op Kamferdam en namen posities in, daar en op en achter de diamantmijn. Onze paarden maakten we achter een paar kopjes los, en ieder zocht een goed plekje. Het kanon zweeg echter, en zoo gingen verscheidenen onzer eens naar beneden in de mijn. Nu, er was tamelijk wat te zien; zoo ging ik ook naar de bakken, waar de diamanthoudende aarde in gewasschen wordt; met nog drie anderen ging ik toen diamanten zoeken. Maar jawel, opeens hooren we boven ons een knal: houtplinten, steengruis en kogels als knikkers hagelden uit de lucht. We schrokken leelijk, tuimelden over elkaar en zochten weg te komen. Maar we waren als vier palingen, die om en door elkaar kruipen en niet los kunnen komen. Dit duurde eenige oogenblikken, die ons echter lang genoeg schenen. Een nieuwe knal achter den heuvel van uitgewerkte aarde bracht ons tot bezinning; we lieten elkaar los, stormden eerst naar boven en zochten toen dekking. En nu begon een soort van bombardement, dat van 3 uur tot precies zononder duurde; met drie kanonnen werd voortdurend op ons gevuurd, afwisselend één bom en dan twee granaat-kartetsen. Ik heb u reeds geschreven, dat de laatste soort vuil goed is. Ze barsten boven je hoofd, en dan vallen de kogels als hagelsteenen neer, terwijl de grootere brokken nog tot op 400 meter neerslaan of over den grond huppelen. Wij hadden

---

[1] Waarvan later 2 zijn overleden.
[2] Opgenomen in „Het Nieuws van den Dag."

maar één kanon, maar dat deed zijn werk goed, want het beantwoordde voortdurend de vijandelijke kanonnen, totdat net met zononder door een stuk bom 5 spaken van een wiel werden stukgeslagen, en de korporaal-bevelhebber niet meer durfde voortgaan, uit vrees, dat het heele kanon onvervoerbaar zou worden. Drie keer zagen we hun doodswagentje uitkomen, om getroffenen weg te halen. Met groote juistheid vielen de projectielen des vijands onder of boven ons, en het was niet bepaald plezierig, om die stof rondom te zien uitslaan. De paarden stonden zeer gevaarlijk; zij rukten zich los en holden weg. Toen Rob zich ook had losgerukt, en ik naar hem toe wilde, om hem weer vast te maken, sloeg in het kliphoopje, waar ik op mijn hurken zat, op twee armslengten een bom, zoodat de klipsplinters, mij om de ooren vlogen. Een blauw-witte streep wees mij de plek, waar zij was neergekomen. Gelukkig keerde de Heere de scherven over mijn hoofd, maar één trof een nabijstaand paard aan zijn schouderblad en verwondde het ernstig. Zoo gauw mogelijk verliet ik die gevaarlijke plek. Daar werden nog meer paarden gewond en ook één man. Bij een ander sloeg een stuk scherf op zijn patroonband, zoodat zijn borst blauw zag.

Een ieder zegt, dat de Heere ons wonderlijk bewaard heeft, en ik kan niet anders dan dit ten volle beamen. Toen het donker werd, hield het vuren op, en joegen we één voor één weg, d. w. z. wij, die dien nacht op brandwacht moesten; de anderen bleven."

Op *Zaterdag 25 November* deden de belegerden onder majoor Scott-Turner een krachtigen uitval naar het westen, in de richting van den Lazaretskop, ten westen der stad. Hier lagen de Bloemhof-burgers, sterk 300 man. Het was nog nacht, toen de Engelschen oprukten; zij plaatsten hun artillerie op punten, van waar zij mogelijke versterkingen, voor de Boeren in aantocht, zouden kunnen keeren, en rukten, met de bajonet op het geweer, bij het krieken van den morgen snel op de Boerenschansen aan. De burgers lagen in hun loopgraven te slapen, en moesten hun onbegrijpelijke zorgeloosheid duur betalen. 11 Boeren sneuvelden, 18 werden ernstig gewond, en 33 man werden krijgsgevangen gemaakt.

Generaal Du Toit bevond zich op anderhalf uur afstands, toen hem het rapport der overrompeling bereikte, en onmiddellijk opzadelend, snelde hij met 100 manschappen van Wolmaransstad den Bloemhofburgers te hulp, joeg de Engelschen terug en kampeerde in de oude Boerenstellingen. In zijn ambtelijk bericht over dit gevecht laschte hij de volgende woorden in: „Het noodlottig geval moet in hoofdzaak toe te schrijven zijn aan verregaande onwaakzaamheid en gerustheid en het niet opvolgen van orders, want de vijand was tusschen onze menschen, alvorens er gevuurd werd."

Drie dagen later, *Dinsdag 28 November*, hadden de burgers van Bloemhof bij Lazaretskop een nieuwen, heftigen uitval te doorstaan, doch

Colonel KEKEWICH.

dezen keer waren zij op hun hoede. Om drie uur in den morgen rukte een groot deel der Engelsche bezetting uit met inbegrip der vrijwillige artillerie, die onder het bevel van majoor CHAMIER stond [1]). Een heuvelrug, die de schietbaan bestreek, werd zonder tegenstand bezet, en de Boeren trokken eveneens van CARTER's hoeve, die door de Engelsche artillerie werd beschoten, terug. Intusschen openden de Boeren van den Spitskop een goed gericht en krachtig granaatvuur op de Engelsche artillerie, maar majoor SCOTT-TURNER rukte met zijn bereden troepen op tot de bestorming der vijandelijke stellingen. Drie schansen werden in een snellen aanloop genomen, doch thans ontving de zwakke Boerenkrijgsmacht versterking, en ging op haar beurt tot den aanval over, die meesterlijk werd volbracht.

De moedige majoor SCOTT-TURNER zocht tevergeefs de Boeren te keeren; hij viel met een schot door het hoofd stervend neer; een zijner dapperste officieren deelde zijn lot, en de in verwarring rakende soldaten zochten hun heil in een overhaaste vlucht. Het gevecht had vier uren geduurd. De Boeren hadden een verlies van 3 dooden en 10 gewonden; in de heroverde schansen vonden de burgers 20 Engelsche dooden, terwijl het volle getal natuurlijk veel grooter moet zijn geweest. Zoo werd de ramp van den 25sten November weer goed gemaakt door het succes van den 28sten. Vooral de dood van majoor SCOTT-TURNER was voor KEKEWICH een hard en treffend verlies, doch hij troostte zich met de gedachte, dat lord METHUEN met de onoverwinnelijke garde in snellen aantocht was.

[1]) Deze uitval had ten doel, voeling te krijgen met lord METHUEN.

De Slag bij Belmont.

(Donderdag 23 November 1899).

KEKEWICH had gelijk: Lord METHUEN, die Kimberley zou ontzetten, was in snellen aantocht, en stootte Donderdag 23 November op de kommando's van generaal PRINSLOO bij Belmont [1]).

De Boeren hadden zich hier, nadat zij den avond te voren de spoorlijn hadden opgebroken, opgesteld ten oosten van het station Belmont op een reeks heuvels en kopjes, evenwijdig loopende met de spoorbaan, en omstreeks 2 mijlen van de spoorbaan verwijderd. Het gevechtsveld besloeg een lengte van vier uur gaans. De Boeren waren geen 2000 man sterk; de Engelschen telden ruim 10000 man met een overmachtige artillerie. Achter de hoofdstelling der Boeren liepen nog twee andere, lagere heuvelruggen, die eveneens door de Boeren waren versterkt; zij hadden dus drie stellingen.

Het was nog nacht; twee uur na middernacht. De Boeren lagen gerust te slapen in hun schansen, doch hun schildwachten hadden de oogen goed open, en boven het lager der Boeren dreven vlokkige wolken, verlicht door het schijnsel der maan.

Als een lange, reusachtige slang naderden de 10000 man van lord METHUEN. Zij hielden zich zooveel mogelijk in de schaduw der heuvels, marcheerden vijftig meter voort, hielden dan halt, en marcheerden opnieuw vijftig meter voort. Bij elk halt vielen officieren en manschappen op de ééne knie. Er werd geen woord gesproken; het bevel van marcheeren, halthouden, knielen en opstaan werd door de officieren met handbewegingen te kennen gegeven, en zoo er hier en daar tusschen de manschappen gefluisterd werd, zoo was dit zoo zacht, dat het overstemd werd door het geruisch der lichte bries, die door het struikgewas ritselde van het eentonige veld.

De uniform der soldaten was nauwelijks te onderscheiden van den grijsachtigen klipgrond. De knoopen waren dof gemaakt, de riemen, koppels en ransels met klei besmeerd, de bajonetten khaki gekleurd. Maar nòg merkwaardiger was het, dat de officieren — het was voor den eersten keer in hun leven, en misschien was het de eerste keer in de Engelsche geschiedenis — hun sabels hadden weggeworpen, en de gewone uitrusting hunner minderen droegen, tot het geweer toe [2]).

---

[1]) Reeds den 10den November had kommandant VAN DER MERWE aan het hoofd van 350 Vrijstaters en 2 kanonnen in de buurt van Belmont een zwaar voorpostengevecht gehad tegen 800 Engelschen met 5 stukken geschut. Het gevecht duurde vier uren, waarna de vijand, die tevergeefs had getracht, de Boerenposities te nemen, met ernstige verliezen terugtrok. De Vrijstaters hadden slechts 2 lichtgewonden.

[2]) De marine-officieren maakten hierop een uitzondering.

Het leger moest thans een strook open terrein over; het werd snel overgetrokken, en de wielen der kanon- en ammunitiewagens kraakten en knarsten over de verspreid liggende klipsteenen. De eerste lichtstrepen van den dag werden nu zichtbaar; de vlokkige wolken, die boven de Boerenstellingen dreven, werden reeds purper gekleurd, en het leven ontwaakte op het eentonige veld. Zonderlinge kleine vogels [1]) sloegen hun vleugels uit, stegen twintig voet de lucht in, waar zij hun klagend „Hoei!" lieten hooren, en daalden weer naar den grond. „Hoei!" „Hoei!" klonk het treurig en klagend over deze verdorde woestijn, die om *water* schreide, en op dezen dag met *bloed* zou worden gedrenkt.

En dit vreeselijk oogenblik naderde nu snel. De kommandanten der Boeren reden nog eens langs hun stellingen en vermaanden hun manschappen tot dapperheid en standvastigheid, terwijl de veldcornets een loffelijk voorbeeld gaven, door de gevaarlijkste punten in te nemen.

Met het geweer in beide handen stormden de grenadiers der garde nu voorwaarts, tegen den steilen heuvelrug op. Zij naderden de Boeren tot op 300, tot op 200, tot op 100 meter — en daar kwam het — plotseling —! als een bliksemstraal —! een korte vuurgolf, schitterend in den schemerenden morgen als juweelen in een diadeem! De grenadiers hadden weinig dekking en stormden moedig voorwaarts, hun dooden niet tellend. Het vuur uit de Mausergeweren vlamde op, doofde uit en vlamde opnieuw op als gaslicht in een storm. De Boeren lagen onzichtbaar voor den vijand achter de harde klipsteenen, en begroetten de stormende gardebataljons met een regen van lood. Zij hadden ook, nu het daglicht doorbrak, een prachtige kans, want de garde kwam opzetten in dichte rijen, en de Mauserkogels sloegen er in als hagelsteenen in een akker rijpend graan. Doch thans, om zes uur, werd het vuur van twee Engelsche batterijen geconcentreerd op den heuvelrug, van waar dat moorddadige geweervuur kwam, terwijl versche bataljons een omtrekkende beweging maakten. Tegen dit overweldigend vuur was het zwakke geschut van majoor ALBRECHT niet bestand, en terwijl hij terugtrok, retireerden de Boeren, om niet omsingeld te worden, op hun tweede en later op hun laatste stelling.

De burgers streden in spijt der groote vijandelijke overmacht met grooten moed. Tijdens de bestorming der tweede stelling voerde officier FRYER een afdeeling grenadiers door de bedding van een droge sloot in den rug der Boeren, doch werd door dezen opgemerkt en met zijn manschappen weggemaaid. Bij deze bestorming vonden kapitein EAGER en luitenant BRINE eveneens den dood, terwijl de luitenant der grenadiers BLUNDELL doodelijk werd gewond.

De Boer FERDINAND PIETERSEN met eenige kameraden werden door den

---

[1]) Door de Afrikaanders „dikkops" genoemd.

De Slag bij Belmont.

vijand vastgekeerd, maar zij weigerden zich over te geven, en verkochten hun leven voor een hoogen prijs. Het laatste schot uit PIETERSEN's geweer legde drie Engelschen neer.

Toen de Engelschen waren doorgedrongen tot in de nabijheid van het Boerenkamp, verflauwde plotseling het geweervuur der Boeren, en de Engelsche bevelhebber gaf, voor een hinderlaag vreezend, bevel, om den aanval te staken. De Boeren maakten van deze kostbare oogenblikken gebruik, om de ammunitie, die niet vervoerd kon worden, in de lucht te laten vliegen, en toen de Engelschen met een luid „hoera!" het Boerenlager binnendrongen, vonden zij er niets dan eenige brandende wagens en een paar span ossen. In de verte, aan den horizon, zag men nog eenige stofwolken het spoor aanwijzen der wegjagende Boeren; zij waren reeds buiten schot en op weg naar Graspan. De Engelsche lanciers deden nog een krachtige poging om de Boeren te vervolgen, maar zij werden door den aftrekkenden vijand nog zoo warm ontvangen, dat, indien zij niet bijtijds versterking hadden gekregen, er niet velen van hen zouden zijn overgebleven. Nevenstaande plaat, door een Engelschman in schets gebracht, strekke daarvoor ten bewijze.

Het verlies der Boeren bedroeg in het geheel 15 dooden, 70 gewonden en 40 gevangenen. Onder de gevangenen bevond zich kommandant SERFONTEIN, die zich in vrijwillige krijgsgevangenschap begaf, om in de nabijheid van zijn stervenden zoon te kunnen blijven. Onder de gesneuvelden bevond zich veldcornet W. HELMHOLD (uit district Boshof, Vrijstaat), een geboren Duitscher, wiens dood een groot verlies was voor zijn aangenomen vaderland.

Het verlies der Engelschen bedroeg volgens hun eerste opgave aan dooden en gewonden 225 man; de Boeren schatten het zevenmaal zwaarder, dat wel dichter bij de waarheid zal zijn. Onder de gewonde officieren bevonden zich kolonel CRADDE, die zich reeds in den Soedaneeschen veldtocht had onderscheiden, en brigade-generaal FETHERSTONE HAUGH, die een ernstige schouderwond opdeed.

Van de merkwaardig snelle genezing van vele gewonde Boeren en van de taaiheid van het Afrikaansche ras in het algemeen kan de Vrijstater HANS HUMAN, die dezen slag medemaakte, als krachtig bewijs dienen. Hij was een forschgebouwde, sterke Boer van ruim veertig jaar, en zat te paard, toen een geweerkogel hem trof. De kogel drong zijn lichaam in tamelijk laag op de rechterzij, verliet het vrij hoog op de linkerzij, en trof vervolgens het paard, dat hij bereed, achter het oor. Hij viel met een harden slag van het paard, dat doodbloedde, doch wist een ander paard te beklimmen, toen een vijandelijke granaatscherf hem trof hoog boven de knie in het linkerbeen, en een tweede scherf onder de knie.

Lanciers door vluchtende Boeren bij Belmont in het nauw gebracht.
(De manschappen op den voorgrond denken den aftocht der lanciers; de rookwolkjes in 't verschiet zijn van de wegtrekkende Boeren).

Een geweerkogel doorboorde vervolgens zijn linkerarm even boven de hand, terwijl een derde granaatscherf dienzelfden arm openscheurde boven den elleboog, en het paard onder hem werd doodgeschoten.

Het werd nu tijd om het veld te ruimen; hij wist een poney te grijpen van een gevallen burger, en trachtte in het zaal te komen. Doch dit mislukte. Hij vorderde te veel van zijn linkerarm, die boven de hand afbrak, en nu was het gedaan met zijn kracht. Hij legde zich neder op het veld, om te sterven. Zoo vonden hem eenige Engelsche soldaten, die den zwaargewonde naar hun ambulance wilden dragen, doch hij verzocht, hem hier te laten sterven, en terwijl zij een zak over hem uitbreidden en zijn wapens en patronen medenamen, gingen zij heen. De rust deed hem echter goed, en met nieuwe hoop bezield, doorkroop hij een afstand van duizend meter, waar hij door een ambulance werd gevonden. Doch dit baatte hem weinig. De dokter vond zijn toestand hopeloos, en — liet hem aan zijn lot over. Daar lag hij dan, in het open veld, totdat laat in den avond twee Boeren hem vonden, en naar een naburige, meer veilige plaats brachten. Doch zij hadden geen tijd, om hem verder te helpen, daar zij onmiddellijk op brandwacht moesten gaan, en eerst den volgenden morgen, Vrijdagmorgen, konden zij zijn vreeselijke wonden verbinden. Twee dagen later was hij al vervoerbaar naar het Boeren-hospitaal te Jacobsdal, en den daaropvolgenden Zaterdag was Oom Hans reeds zoover aangesterkt, dat hij de lange, moeielijke reis naar Winburg, zijn woonplaats, kon ondernemen.

De Slag bij Graspan.[1]

(Zaterdag 25 November 1899).

Graspan ligt 16 kilometer [2]) ten noorden van Belmont. Reeds Vrijdag 24 November deed lord Methuen met een gepantserder trein een krachtige verkenning in die richting, doch werd door het nauwkeurig gerichte artillerievuur der Boeren, dat den Engelschen ernstige schade berokkende, teruggedreven. Lord Methuen gaf nu aan het geheele leger bevel, om op te rukken, en in

---

[1]) In de eerste dagen na den strijd werd deze slag door de Engelschen de slag bij Enslin, door de Boeren de slag bij Rooilaagte genoemd, doch later zijn die benamingen verdrongen, en wordt de slag thans genoemd naar het spoorwegstation in de nabijheid van het slagveld.

[2]) 1 Kilometer 11 minuten gaans.

den laten avond sloegen de Engelschen hun kamp geen uur gaans van het Boerenlager op. Generaal De la Rey, die hier stond met 2500 man, verwachtte den vijand dan ook elk oogenblik, en de Boeren stonden naast hun opgezadelde paarden, den teugel om den arm geslagen, het geweer over den schouder en den bandelier over de borst [1]).

Vroeg in den morgen werd het kamp gealarmeerd door het geroep: „De vijand komt!" en terwijl de paarden snel aan lange lijnen werden vastgebonden, namen de Boeren op de omringende heuvels stelling, inderhaast eenige klipschansen opwerpend.

De vijand kwam met pak en zak: te voet, te paard, per spoor, de geheele divisie, terwijl zijn artillerie zesmaal sterker was dan die der Boeren. De Engelschen lieten de voor de wagens gespannen muildieren in hun tuigen staan, hetgeen den brandwachten der Boeren de opmerking ontlokte, dat de Rooineks vandaag een kort proces wilden maken, een opmerking, die juist was, want Lord Methuen had het plan, om het geheele legertje der Boeren te omsingelen en krijgsgevangen te maken.

De brutale lanciers begonnen den slag door vooruit te zwermen en de Boeren te verontrusten, doch een goed gericht geweervuur deed hen als een troep hazen verstuiven. Dit echter was slechts kinderspel, en de ernst van den strijd begon eerst, toen de Engelsche batterijen hun vuur openden, en een regen van bommen neerdonderde in de stellingen der Boeren. Het artillerievuur van Belmont was er niets bij, doch majoor Albrecht hield met zijn 3 kanonnen en eenige Maxims manmoedig stand, totdat het gevaar, door den vijand te worden afgesneden, hem dwong tot den terugtocht. In 't bijzonder trok een zijner artilleristen, met zijn stuk op een grasrijken heuvelrug geplaatst, door de wiskundige nauwkeurigheid van zijn schot de aandacht van den vijand. Een volle marine-batterij ontving bevel, hem tot zwijgen te brengen, doch het Boerenkanon was onzichtbaar voor den vijand, want het stond verdekt achter den kliprand, en niets dan het zwakke rookwolkje uit de monding verried zijn aanwezigheid. Uit de richting van het vuur kon de vijand waarnemen, dat de artillerist in het eerst zijn aandacht wijdde aan een veldbatterij, vervolgens aan een afdeeling cavalerie-paarden. Daarna kreeg het marine-kanon met zijn bedieningsmanschappen zijn beurt, en telkens was de afstand zoo juist berekend en het schot zoo koelbloedig en nauwkeurig gericht, dat de Engelsche officieren er zich ten hoogste over verbaasden. In spijt der wanhopigste pogingen van den vijand bleef dit kanon ongedeerd, en eerst in het uiterste oogenblik verliet onze artillerist met zijn kanon zijn kopje:' kalm, alsof het parade was.

Onder dekking van het zware artillerievuur, en terwijl de stellingen

---
[1]) Generaal De la Rey zeide eens, dat een echte Boer uit vier deelen bestaat, namelijk uit den man, zijn paard, zijn geweer en zijn bandelier.

De Slag bij Graspan.

der Boeren werden bestookt door granaat-kartetsen, namen de Engelschen hun stellingen in: de infanterie op den rechter- en linkervleugel, de marinebrigade in het centrum, en omstreeks tien uur in den voormiddag zette de infanterie de bajonet op het geweer, en stormde tegen de niet hooge doch steile heuvels op. De Boeren hielden zich flink, vochten met prijzenswaardigen moed, en weken eerst, toen de flankbewegingen van den vijand hun den terugtocht dreigden af te snijden. De marinebrigade trok op in een enkele lijn, ieder man op zes pas afstands van zijn nevenman, en terwijl zij in korte aanloopen den voor hen opstijgenden, schijnbaar onbezetten heuvelrug naderden, begon deze plotseling te krioelen van Boeren, die den vijand op een moorddadig geweervuur onthaalden. Vooral de marineofficieren, die door hun sabels goed te onderscheiden waren, leverden voor de Boeren-scherpschutters een uitstekend mikpunt, en hadden het zwaar te verantwoorden. Doch terwijl hun officieren werden weggemaaid, stormden de mariniers moedig voorwaarts, en klommen, dichter aaneensluitend, tegen de helling op. Nu echter was het vuur niet meer uit te houden; de Mauserkogels deden den grond opstuiven als een zandstorm; kommandant ETHELSTON, majoor PLUMBE, kapitein SENIOR sneuvelden, en de manschappen deinsden achteruit als schichtig geworden paarden, om schuiling te zoeken.

Toen rukte de Engelsche artillerie vooruit, en overstelpte den heuvelrug met kartetsen, terwijl links en rechts de infanterie voorwaarts stormde, om de zwaar geteisterde mariniers lucht te geven. Opnieuw stormden dezen, woeste wraakkreten uitstootend, naar boven, sprongen door die lijn van vuur en dood, en bereikten den top.

Maar de Boeren waren verdwenen,

Luit. Generaal Lord METHUEN.

en terwijl de Engelschen een blik achterwaarts wierpen op dien vreeselijken gang, dien zij hadden gemaakt, zagen zij de helling van den heuvel bezaaid met hun dooden en gewonden. De helft der brigade lag daar; de meeste dooden met beide handen nog krampachtig geslagen om het geweer, met de bajonet er op.

De Boeren sprongen intusschen in 't zadel, en joegen het noorden in, naar de open vlakte, terwijl een sterke afdeeling lanciers en bereden infanterie hen trachtten voor te komen en af te snijden. Doch bij deze poging joegen zij hals over kop in de val, die generaal DE LA REY hun had gesteld.

Zij galoppeerden namelijk tusschen twee kopjes door, die door een hinderlaag van Boeren waren bezet, en geraakten plotseling in een vernielend kruisvuur, dat hun gelederen verbrak, en de verdere vervolging onmogelijk maakte.

Onder de burgers, die zich op dezen dag bijzonder onderscheidden, mogen de Vrijstaters uit Jacobsdal, 250 man sterk, niet worden vergeten. Zij hadden de zwaarste aanvallen te doorstaan, hielden tot het laatste toe stand, en vochten zich, toen zij door den vijand bijna geheel omsingeld waren, het pad vrij naar het noorden, waarbij hun kommandant DAVID LUBBE het rechteroog verloor.

Het was een vreeselijke dag. „Wij leefden midden in den dood," zeide later een der medestrijders. Terwijl een ammunitiewagen in de handen van den vijand viel, joeg de artillerie van majoor ALBRECHT in galop het noorden in en ontsnapte. De geheele tactiek van lord METHUEN gedurende dezen slag had trouwens ten doel, al de Boeren gevangen te nemen, en het gevaar van omsingeld te worden was niet gering. Groote afdeelingen Engelsche cavalerie zwermden aanhoudend in het westen om de rechterflank der Boerenkommando's heen, en generaal DE LA REY moest zijn veldheerstalent ten volle ontplooien om zich aan de doodelijke omarming te onttrekken. Toch gelukte het hem. Hij maakte zich ruim baan, waarbij zich veldcornet VENTER, een grijsaard van meer dan 70 jaren, in 't bijzonder onderscheidde, nam nog eenige al te brutale lanciers gevangen, en bereikte met zijn volk en zijn wagentrein ongehinderd de vlakte in het noorden.

Het was toen 's middags twee uur.

De verliezen der Engelschen bedroegen [1]) 155 dooden en 165 gewonden; die der Boeren 20 dooden, 40 gewonden en 25 krijgsgevangenen. [2])

---
[1]) Volgens opgaaf van den oorlogscorrespondent der „Daily Mail," die den slag mee maakte.
[2]) Daaronder van de Jacobsdallers 11 doodèn en 29 gewonden.

De Slag bij Modderrivier.
(Dinsdag 28 November 1899).

LORD METHUEN stormde met zijn leger over zijn dooden en gewonden voorwaarts, en de Boerenkommando's wachtten hem onder de generaals CRONJÉ en DE LA REY af te Modderrivier, een dorp 24 mijlen ten zuiden van Kimberley. Modderrivier is een soort badplaats, bestaat uit een aantal verspreid liggende, uit gegalvaniseerd ijzer, steen of leem opgetrokken huizen, ligt aan den noordelijken oever van de rivier van denzelfden naam, en wordt als plaats van uitspanning veel bezocht door de diamant-koningen van Kimberley. Mijlenver strekken zich langs den noordelijken oever dichte bosschen uit, terwijl deze door zijn hooge ligging het terrein aan den zuidelijken rivierkant over een aanmerkelijke breedte beheerscht.

Hier, op dezen oever, hadden de Boeren zich krachtig versterkt, schansen gebouwd, borstweringen opgeworpen en hooge wallen van zandzakken opgestapeld, die in het gebrek aan klippen moesten voorzien. Zij hadden tevens de ijzeren spoorbrug totaal vernield en de spoorlijn ten zuiden der Modderrivier over een uitgestrektheid van twee mijlen opgebroken, om de nadering van gepantserde Engelsche treinen te beletten.

Vervoer van gewonde matrozen naar het hospitaal, na den slag bij Graspan.

In de nabijheid der vernielde brug stonden twee hotels: steenen huizen met een aantal uit gegalvaniseerd ijzer opgetrokken bijgebouwen, omringd door geboomte. Deze groep gebouwen vormde het centrum der Boerenstellingen; ten westen der brug strekte zich hun rechtervleugel twee mijlen ver uit, terwijl hun slagorde ten oosten dier brug was opgesteld langs de noordelijke oevers der Modderrivier en der Rietrivier, die een halve mijl ten oosten der spoorbrug in de Modderrivier vloeide. De Rietrivier is 300 meter, de Modderrivier 400 tot 500 meter breed; langs hun zuidelijke oevers waren zwakke Boerenvoorposten opgesteld, die zich bij de nadering van den vijand langzaam zouden terugtrekken. De stellingen der Boeren vormden een hoefijzervormige bocht, waarvan de opening naar het zuiden was gekeerd, terwijl zij van het struikgewas uitnemend partij hadden getrokken, om zich verdekt op te stellen. Op den rechtervleugel stonden de Vrijstaters, sterk 1000 man, onder generaal DE LA REY, op den linkervleugel de Transvalers, sterk 800 man, onder generaal CRONJÉ.

Er was weinig proviand in de lagers der Boeren, en met hongerige magen wachtten zij den vijand af, wiens zware verliezen, te Belmont en Graspan geleden, door versterkingstroepen ruimschoots waren aangevuld.

De Engelsche soldaten hadden op hun ijlmarschen door de waterlooze wildernissen veel dorst geleden, doch de Modderrivier zou nu spoedig zijn bereikt, en daar zouden ze kunnen drinken naar hartelust.

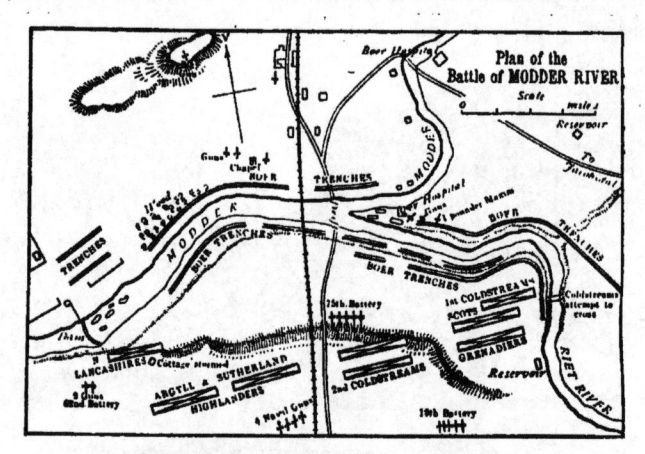

Terreinkaartje van den Slag bij Modderrivier.
Gun kanon; Trenches loopgraven; Wood bosch; Coldstreams attempt to cross Poging van het Coldstreams-regiment om de rivier over te trekken.

Om halfvijf in den morgen van 28 November rukte het leger op van Witkoplaagte naar de rivier. Den vorigen namiddag had lord METHUEN, de opperbevelhebber, met zijn staf den omtrek onderzocht, en was de rivier dicht genaderd, doch had schim noch schaduw van een Boer ontdekt.

Het was een koele, heldere morgen, en alles voorspelde een schoonen, schitterenden zomerdag. De hazen sprongen op uit hun lagers, de dikkops stegen klapwiekend op in de lucht, en een vlucht trapganzen streek laag over het veld.

De soldaten marcheerden, nu zij zich aan het eind waanden van hun ontberingen, vol moed voort; en de officieren verwachtten op het ergste een korte schermutseling met een handvol ontzenuwde Boeren, toen de opperbevelhebber de verrassende tijding ontving, dat de Republikeinen

De Modder- en de Rietrivier in het droge seizoen.

De Modderrivier.

zich bij de Modderrivier in aanmerkelijk aantal hadden verschanst. Maar het bericht verontrustte hem niet. Zijn verkenners hadden hem gerapporteerd, dat de Modderrivier en de Rietrivier overal passeerbaar waren [1]), en hij hield zich overtuigd, met zijn 10,000 man en zijn sterke artillerie de vijandelijke flanken te kunnen omtrekken en de Boeren op te jagen uit hun stellingen. Ja, zoo zeker was deze overmoedige man van zijn zaak, dat hij zelfs vergat, zijn generaals en bataljonskommandanten in kennis te stellen met het jongste rapport. Hij achtte het van grooter gewicht, bijtijds zijn orders te geven voor een stevig ontbijt, en dat hij er geen kruimel van heeft gehad, moet hij niet wijten aan zijn kok, maar aan de Boeren.

Zoo stelde zich dan het leger, dat den nacht vooraf op 9 kilometer afstands van de Modderrivier had gekampeerd, onmiddellijk in beweging: de garde op den rechtervleugel, in het oosten, de negende brigade op den linkervleugel, in het westen, de artillerie over beide flanken verdeeld.

De eerste Boeren werden gezien om halfzeven; het was een afdeeling van 500 bereden burgers, die, om de Engelschen te lokken, weggaloppeerden naar het oosten, en op een afstand van 4500 meter openden 4 zware marine-kanonnen het vuur. De artillerie van majoor ALBRECHT gaf een krachtig antwoord, doch werd door de overmachtige vijandelijke artillerie hevig beschoten, en verstomde allengs, wat de Engelschen in den waan bracht, dat zij was vernield.

De garde ontving nu bevel om te avanceeren en bereikte — op 800 meter afstands van de Boerenstellingen — een zwakke, grasrijke terreinverhooging, die langzaam afliep naar den zuidelijken rivieroever. In het westen zagen de Boeren eveneens een lange, dunne lijn khakigekleede infanterie naderen — het was de negende brigade.

CRONJÉ en DE LA REY hadden een goed plan gemaakt; de burgers zouden in hun onzichtbare stellingen den vijand tot op 400 meter afstands laten naderen alvorens vuur te geven. Zoo dit plan was uitgevoerd, zou de Engelsche krijgsmacht onder lord METHUEN zijn weggevaagd van den aardbodem, doch onder de Vrijstaters waren vreesachtige elementen, en toen de vijand op 800 meter afstand was genaderd, openden zij een snelvuur.

Langs de geheele Boerenlinie klonk nu het geknetter der Mausergeweren als het knappen van zwaar, droog hout in een oven, terwijl het eentónige pom-pom van een voortreffelijk Boeren-Maxim [2]), opgesteld op de landtong tusschen de samenvloeiing der Modderrivier en Rietrivier, er boven uit dreunde.

Al hadden de Boeren hun vuur te haastig geopend, vreeselijk was het toch; het Maxim, dat de garde vergezelde, werd door het Boeren-Maxim

---

[1]) De waarheid was, dat zij slechts op drie plekken passeerbaar waren.
[2]) Dit Maxim slingert kleine, slechts één pond zware granaten.

in zes schoten vernield en al de bedieningsmanschappen werden gedood of gewond.

Het was voor de Engelschen een slecht begin. De garde wierp zich onder het ontzettend vuur, dat gruwelijk goed was gericht, plat tegen den grond, nu en dan vooruitspringend, om eenige meters terrein te winnen, en het kanon- en geweervuur vereenigde zich tot een gedreun als het ontploffen van ontelbare voetzoekers. Het vuur staakte geen oogenblik. Onophoudelijk rolde het Engelsche artillerievuur in alle richtingen over het slagveld, en de stellingen der Boeren werden door granaat-kartetsen overstelpt. Doch de Boeren-scherpschutters lagen stil en onbeweeglijk achter hun schansen, wachtten hun tijd af en schoten de soldaten, die zich blootgaven, weg als boschduiven. Ook de artillerie van majoor

Reuzen-Mierenhoop.

ALBRECHT, die tot de grootste verbazing van den vijand haar vuur hervatte, verdiende hier den dank van het vaderland, en wat zij in aantal op den vijand te kort schoot, werd weer goedgemaakt door de groote bekwaamheid en den doodverachtenden heldenmoed der Vrijstaatsche artilleristen.

Het verging de negende brigade niet beter dan de garde. Het was duidelijk, dat het leger plotseling in een alleronaangenaamste positie was geraakt, terwijl er aan geen flankaanval, om het front te ontlasten, kon worden gedacht, daar bijna ieder man in het front werd vastgehouden. Door verregaande lichtzinnigheid was lord METHUEN in een strijd gewikkeld, dien hij niet had bedoeld, doch evenmin kon afbreken, en er schoot niets anders over dan de hoop, dat de krijgstucht en de dapperheid zijner troepen zijn fouten zouden goedmaken. Hij seinde onmiddellijk naar Belmont om de komst der daar achtergebleven veldbatterij, en galoppeerde naar het front. Ondertusschen liet hij 12 veldkanonnen oprukken en op 2000 meter van de Boerenstellingen — binnen de vuurlijn der Mausergeweren — afhaken, en het dorp Modderrivier en het centrum der Boerenstellingen onder een zwaar vuur nemen.

Op den toeschouwer maakte het slagveld een vreemden, zonderlingen indruk. Van de Boeren zag hij niets, totaal niets — de Engelsche infanterie lag plat op den grond, terwijl het khaki hunner uniformen met den bruingrijzen grond versmolt tot ééne kleur. Het scheen, alsof de schimmen van het geestenrijk hier hun veeten uitvochten, doch het geknetter van het geweervuur, het gedreun van het kanon en het gestamp van het Boeren-Maxim bewees, dat het menschen waren van vleesch en bloed.

De Engelschen konden niet meer avanceeren. Sommige officieren waagden een wanhopige poging, sprongen overeind en sloegen dood tegen den grond. De zon rees al hooger — de hitte klom tot 110 graden Fahrenheit. De granaten der Boeren sloegen de hooge mierenhoopen uiteen, en de verontruste mieren liepen den Hooglanders bij duizenden over het gelaat, over de handen, over de naakte knieën, terwijl de soldaten zich niet durfden verroeren, uit vrees, het vuur van den vijand tot zich te trekken. Soms kwam er een frissche bries, den rok van een Hooglander plooiend, en reeds die geringe beweging kon hem het leven kosten. Slechts een onbeweeglijk stilliggen gaf nog eenige kans op behoud, en velen, wier zenuwen haar ontvankelijkheid hadden verloren, vielen van vermoeidheid in slaap, om eerst in de eeuwigheid te ontwaken.

Anderen werden gekweld door een verschrikkelijken dorst, terwijl de wetenschap, dat eenige honderden meters vóór hen de rivier stroomde, de kwelling nog grooter maakte. De dorst werd bij sommigen ondraaglijk, en den dood tartend, kropen zij naar de achterhoede, waar de waterkarren stonden, en . . . . . sneuvelden.

De ambulance-dragers toonden de grootste toewijding, maar zij moesten vanwege het vreeselijk vuur hun menschlievenden arbeid staken. Zoo bleven de arme gewonden dan hulpeloos achter, en terwijl zij tot lessching van hun brandenden dorst niets anders ontvingen dan den rook van het kruit en den reuk van hun eigen bloed, dat opdampte van het slagveld, waren zij gedoemd tot een langzamen dood.

Zoolang de soldaten in onbeweeglijke houding lagen, was het vuur der Boeren betrekkelijk zwak, daar zij de khaki-uniformen moeielijk konden onderscheiden van den harden grond, doch de geringste beweging — het opsteken van een hand, het overreiken van een veldflesch, het oplichten van een hoofd — deed den grond scheuren van kogels; en waagden de soldaten een poging, om met een korten aanloop vooruit te komen, dan kwam er een hagelstorm van lood, dicht als de stralen uit een gieter. terwijl de moorddadige kleine pondsgranaten van het Boeren-Maxim door de lucht huilden en loeiden met het geluid van hard geperste, ontsnappenden stoom, en uiteénbarstten in harde, zenuwschokkende slagen, fonteinen opwerpend van rood, stuivend zand.

De officieren gaven hun manschappen een lofwaardig voorbeeld van dapperheid, maar de kogels der Boeren maaiden alles weg, wat op de vlakte verscheen, en de armen van het reusachtig hoefijzer, waartusschen de Engelsche bataljons bekneld waren, werden de vlammende armen van een Moloch, die geen erbarming kent.

Het was drie uur, toen majoor Grant met de versche 62ste veldbatterij uit Belmont kwam aangaloppeeren. Hij had in de gloeiende hitte een marsch van 25 mijlen afgelegd, waarbij hij vier paarden had doodgejaagd, en rukte onmiddellijk op in de vuurlinie. Al de batterijen openden nu te gelijk haar vuur; het was alsof de hel losbrak, en de dappere Boerenartillerie, die den ongelijken strijd zooveel uren lang met eere had volgehouden, verstomde. De 62ste batterij rukte nu voorwaarts tot op 900 meter van de Boerenstellingen en overstelpte hun rechtervleugel, waar de Vrijstaters stonden, met granaat-kartetsen. Merkbaar verflauwde op deze zijde het geweervuur der Boeren. Daarna wendde dezelfde batterij zich rechts, om de in het nauw gebrachte garde te verlossen, en brandde eerst los toen zij de Boerenstellingen tot op 800 meter was genaderd. Maar zij had hier een vreeselijken stand. Het Transvaalsche vuur sloeg de paarden dood achter, en de artilleristen dood naast de kanonnen. Slechts

De 62ste batterij genaderd tot op 800 M. van de Boerenstellingen.

met de grootste moeite en ten koste van buitensporige offers kon de batterij zich handhaven, maar de garde dacht aan haar ouden roem, en onder de oogen van den opperbevelhebber, lord METHUEN, sprong een kleine afdeeling onder kolonel CODRINGTON in de Rietrivier, om den anderen oever te bereiken. Zij bereikte ook den overkant, doch raakte in een vijandelijk kruisvuur, en moest, om niet vernietigd te worden, snel terug, waarbij nog eenige manschappen jammerlijk verdronken in den snellen stroom.

Lord METHUEN zag, dat hier niets te winnen was. Hij gaf zijn paard de sporen en galoppeerde naar zijn linkervleugel. Door zijn lichtvaardigheid had hij zijn troepen gewaagd in de kaken des doods — nu zou hij toonen, dat hij zijn leven even goed durfde wagen als dat van zijn geringsten soldaat. Zijn schitterende moed joeg hem voorwaarts tot aan den oever der Modderrivier, en zich aan de spits stellend van een bataljon Hooglanders, sprong hij in den stroom, om den anderen oever te bereiken.

Doch hij kwam niet ver; alle heldenmoed was hier tevergeefs. Een kogel trof hem in de dij, en het opperbevel ging over in handen van generaal-majoor COLVILLE [1]).

Kolonel STOPFORD zag, dat zijn manschappen terugtrokken. „Waarom retireert ge?" vraagde hij, doch op dit oogenblik trof hem een granaatsplinter, vóór in de borst. Hij stortte achterover, richtte zich echter met groote inspanning op zijn knieën op, vouwde de handen en bad. Daarna sloeg hij achterover en was een lijk. Graaf GLEICHEN [2]), een verwant van koningin VICTORIA, werd ernstig gewond; kolonel NORTHCOTT, stafofficier, die aan generaal POLE-CAREW, den aanvoerder der negende brigade, versterkingen zou brengen, werd door een granaatsplinter in den hals getroffen en overleed den volgenden dag.

POLE-CAREW gaf het echter niet op; hij bespeurde, dat het Vrijstaatsche geweervuur verflauwde, en aan 400 man infanterie [3]) gelukte het, over een dam ten westen der vernielde spoorbrug den noordelijken oever te bereiken.

Dat was het kritieke moment voor de Vrijstaters. Honderden hunner verlieten flauwhartig hun schansen [4]), en trokken terug, hun kameraden

---

[1]) Een gekwetste, die met lord METHUEN naar de achterhoede werd vervoerd, schreef later: „Lord METHUEN werd met mij in denzelfden wagen geplaatst, want hij was gewond. Hij zeide geen enkel woord, maar hij staroogde in het rond en zijn lippen bewogen zich."

[2]) De Prins van WALES was zijn peet.

[3]) Yorkshires.

[4]) Het waren voornamelijk burgers uit het district Fauresmith. Velen hunner zagen de vreeselijkheden van den strijd voor den eersten keer. Een Boer werd door een granaatscherf getroffen; zijn hersens lagen bloot; zijn oogen waren weggescheurd, en de krankzinnige taal van

„De garde dacht aan haar ouden roem."

op treurige wijze in den steek latend. Het was het gevaarlijkste oogenblik van den ganschen dag, en hadden de Engelschen er snel partij van weten te trekken, dan hadden de Boeren waarschijnlijk een zware nederlaag geleden, en zonder twijfel hun artillerie, die geheel ontbloot werd, verloren.

Doch de Engelschen lieten het juiste oogenblik ongebruikt voorbijgaan, en hun infanterie, die den noordelijken oever had bereikt, bleef niet alleen zonder ondersteuning, maar door een schromelijke vergissing zagen de Engelsche artilleristen hen voor Boeren aan en beschoten hen met granaat-kartetsen. Tegelijkertijd ontvingen zij het Mauservuur van andere Vrijstaters, die door dubbele dapperheid het gemis der gevluchte makkers trachtten goed te maken, en de Engelsche infanterie moest terug.

Zoo was majoor ALBRECHT in staat om den opdringenden vijand door kartetsvuur op een afstand te houden, totdat een afdeeling Boeren hem met zijn kanonnen in veiligheid bracht.

Het rapport van generaal CRONJÉ over dit gedeelte van den slag luidde als volgt: „Zoodra het donker werd, waren wij genoodzaakt gestadig terug te trekken, daar de zijde der Vrijstaatsche burgers zoodanig verzwakt was, dat het voor de overige Vrijstaters onmogelijk was vol te houden, ja zelfs zoo, dat majoor ALBRECHT, het hoofd van de Vrijstaatsche artillerie, die zoo dapper gestreden heeft, aan mij vraagde, zijn grof geschut te komen beschermen."

CRONJÉ bevond zich tijdens den terugtocht der Fauresmith-burgers in de uiterste oostelijke stellingen, waar hij met pijnlijke verbazing het

---

dezen ongelukkige deed de moedigsten huiveren. Verscheiden anderen waren niet eens in den strijd geweest, en vluchtten lafhartig, toen het gevecht naderbij kwam.

Zij moesten heel wat hooren over hun houding. President STEYN zond den dag na den slag het volgende telegram, met bevel het aan alle burgers en officieren te laten voorlezen:

„Geëerde officieren en burgers! Terwijl wij God niet genoeg kunnen danken voor de hulp, ons tot dusver verleend; terwijl wij met dankbaarheid den moed erkennen, door onze burgers betoond in het weerstaan van een overweldigende macht van den vijand, is het tevens mijn ernstige plicht, u allen onder het oog te brengen, dat wij enkel hulp van Boven kunnen verwachten, als er samenwerking en liefde is onder de officieren en burgers, en als ieder nauwgezet zijn plicht doet.

„Met leedwezen vernamen wij, dat slechts omstreeks 1000 mannen uit den Vrijstaat in den laatsten slag hebben meegevochten, en dat vele anderen in hun kampen bleven, terwijl hun broeders den vijand weerstand boden en zelfs versloegen.

„Ik zou mijn plicht niet vervullen als ik u allen niet onder het oog bracht, dat zulk een handelwijze slechts kan leiden tot noodlottige gevolgen voor onze vrijheid als natie, en allerongelukkigste gevolgen kan hebben voor onze broeders in den strijd.

„Ik moet daarom u allen er aan herinneren, dat het uw bijzondere plicht is, den officieren, die het bevel voeren, te gehoorzamen, en dat de officieren de burgers gedurende de gevechten moeten vergezellen.

„Indien wij op deze wijze handelen, twijfel ik niet, of de God onzer vaderen en onze God zal ons niet begeven, maar ons de overwinning schenken. Laat dan niet één elders dan op zijn plaats gevonden worden bij het volgende gevecht. Laat iedereen deelnemen aan den strijd. Wij moeten gedachtig zijn, dat wij vechten voor alles, wat ons dierbaar is."

President STEYN kwam den 2den December zelf in een kamp ongeveer acht mijlen van

bericht van den terugtocht vernam. Hij en DE LA REY waren daarna gedwongen, om den slag voort te zetten tot de duisternis inviel, ten einde hun eigen terugtocht te dekken.

Zoo eindigde deze merkwaardige, bloedige slag. 1500 Engelschen lagen dood of gewond op het vreeselijk doodenveld [1]), en de Engelschen sloegen hun kamp op den door bloed doorweekten bodem op. Zij verkeerden nog altijd in de meening, dat het zware werk den volgenden dag zou moeten worden hervat, doch midden in den nacht braken de Boeren, wier posities door den terugtocht der Fauresmith-burgers onhoudbaar waren geworden, op; de ossen werden in de grootste stilte voor de wagens gespannen, en zwijgend trokken de dappere verdedigers der Modderrivier het noorden in, een nieuwe stelling zoekend, om den vijand te staan.

Het verlies was betrekkelijk zeer gering: 40 dooden behalve de gewonden. Onder de gewonden bevond zich een zoon van generaal DE LA REIJ; reeds den volgenden morgen liet hij het jonge leven. Het was een harde zaak voor den kommandant, doch het verlies der Modderrivier-stelling trof dezen grooten vaderlander nog sterker dan het verlies van een geliefd kind.

Het dorp Modderrivier was tot een puinhoop geschoten, de gewonden der Boeren werden in twee alleenstaande huizen achtergelaten, terwijl om de ambulance werd gezonden. Deze kwam tijdig aan, doch werd door

---

Jacobsdal, en bracht een boodschap mee van president KRUGER, die hij aan zijn officieren en manschappen meedeelde. De boodschap was een gedeelte van een lang telegram aan president STEYN en luidde als volgt:

„Geëerde heer en broeder. De zaak is te gewichtig voor mij om het stilzwijgen te bewaren. UHED. moet al uw officieren en burgers onder het oog brengen, dat, als wij onze onafhankelijkheid willen behouden en ons land niet aan den vijand willen uitleveren. wij. zelfs ten koste van ons leven, moeten besluiten, hardnekkigen tegenstand te bieden en niet terug te trekken, maar ons moeten verweren, tot wij de overwinning hebben behaald.

„De Heere heeft getoond, dat Hij met ons is, daar de vijand het verlies van honderden betreurt, terwijl wij slechts het verlies van enkelen te bejammeren hebben.

„Indien wij terugtrekken, is dit uit lafheid. Ik heb opgemerkt, dat gebrek aan samenwerking oorzaak is geweest, dat wij onze stellingen ontruimden.

„Mijn leeftijd veroorlooft mij niet, mij bij mijn zoons te voegen; anders zou ik thans aan het front geweest zijn.

„UHEDs. lastgeving en raad moet hen voortdurend vergezellen, want de beslissende strijd, die zal uitmaken, of wij al of niet het land zullen overgeven, nadert snel.

„In geen geval moeten wij het land overgeven, zelfs als het ons de helft van onze menschen kost.

„UHED. moet de officieren en burgers doen begrijpen, dat zij zich ten doode toe moeten verweren. In den naam des Heeren vertrouw ik, dat wij met dit besluit, en gesterkt door het gebed vóór den aanval, de overwinning zullen behalen. Want CHRISTUS heeft gezegd: „Want zoo wie zijn leven behouden wil, die zal het verliezen; maar zoo wie zijn leven verliezen zal, om Mijnentwil, die zal het behouden."

„Zend dit met uw plannen en raad aan de officieren."

[1]) Volgens vertrouwbare mededeelingen van Engelsche ambulance-dokters aan Boeren-kommandanten.

Boodschappers uit het benarde Kimberley, in het kamp bij de Modderrivier aankomende.

den Engelschen generaal — krijgsgevangen gemaakt, en opgezonden naar Kaapstad. Zóó verstond hij het volkenrecht, en de arme gewonden der Boeren moesten maar zien hoe zij klaar kwamen [1]). Te Kaapstad aangekomen, vernamen de dokters, dat alles op een — misverstand berustte, en zij mochten weer terug. Te Graspan was trouwens drie dagen vroeger eveneens een volledige Boeren-ambulance krijgsgevangen gemaakt — ook al een pure vergissing. Doch de Republikeinen begrepen, dat het de bedoeling der Engelschen was, om hen met opzet van geneeskundige hulp te ontblooten, ten einde hen huiverig te maken voor een nieuw gevecht. Zij waren diep verbitterd en de valsche vijand zou het gewaarworden bij Magersfontein!

[1]) De ambulance bestond uit 4 geneesheeren en 28 dragers.

De Slag bij Magersfontein.

(Maandag 11 December 1899).

ORD METHUEN had bij Modderrivier wel een pijnlijke, maar geen gevaarlijke wond opgeloopen, en daar uit Kimberley dringend werd verzocht om een spoedig ontzet, aarzelde hij niet, om reeds den volgenden morgen de rivier over te trekken. Er werd een pontonbrug gelegd, en daar de oude spoorbrug te zwaar beschadigd was, gaven de ingenieurs hun orders tot het maken van een nieuwe. Het was geen gemakkelijk werk; de brug moest sterk en solide zijn, want de Modderrivier is een wispelturige stroom, die bij een zwaar onweer binnen eenige uren acht voet kan rijzen, doch de werklieden waren vlug en bekwaam, en reeds den 7^{den} December passeerden treinen met tenten, proviand en zware bagage de nieuwe brug.

Op dienzelfden dag — den 7^{den} December — werd lord METHUEN echter onaangenaam verrast door een afdeeling Boeren, die, van Jacobsdal komend, een stouten tocht maakten in zijn rug en bij het bekende Graspan de spoorlijn opbraken en een viaduct in de lucht deden springen.

Doch het was jammer, dat zij verzuimden, bijtijds de telegraaflijn door te snijden; de Engelsche generaal ontving bericht van de vernieling en zond onmiddellijk eenige regimenten infanterie, die de Boeren na een hevige schermutseling terugdreven, terwijl de aangerichte schade spoedig hersteld was.

Terzelfder tijd begon het electrische speurlicht over de Boerenkommando's heen seinen te wisselen met Kimberley, en aan den nachtelijken hemel teekenden zich ver in het noorden de lichtseinen uit de belegerde stad. Elken dag kwamen er nieuwe versterkingen aan uit het zuiden, van de Aar, de bloedige gapingen aanvullend, opgedaan in de vroegere slagen, en lord METHUEN had thans weer te beschikken over 13000 man met 30 kanonnen, ongerekend de marine-artillerie. Ook de lyddietbommen waren aangekomen; de Engelschen koesterden er groote verwachtingen van en hielden zich overtuigd, dat vleesch en bloed het bombardement dezer helsche moordtuigen niet zouden kunnen doorstaan.

Drie keeren: bij Belmont, Graspan en Modderrivier, hadden de Boeren getracht, den overmachtigen vijand tegen te houden op zijn tocht naar Kimberley, en drie keeren had hij zich over heuvels van lijken een doortocht geforceerd. Telkens waren de door de Boeren bezette kopjes in zijn handen gevallen, doch de Boeren zelven waren hem door de handen gegleden als water, en in de genomen stellingen had hij gewoonlijk niet veel meer gevonden dan een paar versleten kombaarzen [1]). Te sterker hunkerde lord METHUEN naar het oogenblik, om met de Boeren af te rekenen voorgoed, en hij rende voort als een dol geworden stier, om zich de horens af te loopen tegen de harde klippen van Magersfontein.

Vrijdagmiddag 8 December hadden de Boeren, sterk 4500 man, met 3 gewone kanonnen en eenige Maxims onder majoor ALBRECHT, stelling genomen bij Magersfontein. CRONJÉ had eigenlijk een andere plek uitgezocht: Scholtznek, dichter bij Kimberley, doch DE LA REY had hem overgehaald, Magersfontein te nemen, en de schitterende uitslag heeft de deugdelijkheid der keuze bewezen.

De Zaterdag werd besteed met het graven van slooten, die als loopgraven dienst konden doen in het vlakke veld, en vele prikkeldraadversperringen werden aangebracht, terwijl de Boeren den volgenden dag op een vredigen Sabbat hoopten. Doch het kwam anders. Lord METHUEN had aan Kimberley bericht, dat de stad elk oogenblik de ontzettroepen kon verwachten, en de treinen stonden reeds gereed, om de vluchtelingen uit de stad te halen.

Met hun verrekijkers konden de Boerenkommandanten op Zondag 10 December de artillerie van den vijand zien naderen: Maxims, houwitsers en het zware 4,7 inch marine-kanon, dat met enkel lyddietbommen schoot. Het monster werd voortgesleept door 36 ossen; de bedieningsmanschappen, korte, gezette mariniers, met khakigekleurde stroohoeden liepen er naast. Het werd gebracht op een heuvelrug aan de spoorlijn, drie mijlen ten noorden van het Engelsche kamp aan de Modderrivier, de

---

[1]) Kombaars = deken van schapevacht.

kopjes van Magersfontein volkomen beheerschend. En nu zagen de Boeren door hun veldkijkers het afhaken van het kanon, het richten — het scheen in de verte, of kinderen met hun speelgoed bezig waren — en op een afstand van 7000 meter werd het vuur geopend.

Neen, zoo'n Zondagnamiddag hadden de Boeren nog nooit beleefd! Als door de hand van een onbarmhartigen toovenaar werd het vreedzame landschap plotseling in een tooneel van verwoesting herschapen, en men voelde, dat er iets vreeselijks op til was. De godsdienstoefeningen werden beëindigd; onder het laatste psalmgezang mengde zich de donder van het Engelsche geschut, en in de nabijheid eener godsdienstige vergadering kwam een lyddietbom terecht. [1] Groote afdeelingen Boeren sprongen te paard; hun gelaat stond ernstig en vastberaden, en zij reden in snellen galop naar hun verschillende stellingen, terwijl de artillerie van majoor ALBRECHT met de ammunitiewagens voorbij ratelde.

De granaten raasden door de lucht; de lyddietbommen van het zware marinekanon gaven een geluid als een exprestrein in zijn snelste vaart, en waar zij neerkwamen, dwarrelden vuile, gele dampen op, en stoof de grond in zware wolken omhoog. De bommen der veld- en rijdende artillerie onderzochten elken hoek en elke spleet der Magersfonteinkopjes, en de ruiten der eenzame woningen rammelden op vier mijlen afstands in haar sponningen.

De Boeren lagen stil in hun onzichtbare loopgraven, en terwijl de kopjes achter hen onbarmhartig werden gebombardeerd, losten zij geen schot. Lord METHUEN raakte daardoor in de meening, dat zijn lyddietbommen den Boer hadden weggejaagd uit zijn schans als een haas uit zijn lager, doch den volgenden dag kreeg hij van zijn vijand toch een betere meening.

Vier volle uren, van drie tot zeven uur 's namiddags, rolde het Engelsche vuur over het veld, doch toen de zon onderging, staakte de artillerie haar werk, en er kwam rust — stille rust — Sabbatsrust. De Engelschen waren van meening, dat zij minstens duizend Boeren door hun bommen hadden neergelegd, maar — wonderlijk genoeg! — was er niet één man geraakt.

Het was een donkere avond, en de lucht was zwaar betrokken; slechts met moeite kwam de maan tusschen de wolken door. De Boeren staken hun wachtvuren aan, die zich in den vorm van een reusachtig hoefijzer, de punten naar de Modderrivier gekeerd, afteekenden tegen den nachtelijken hemel, en warmden zich voor de nijpende koude. Zij vlijden zich neder, de paarden getoomd en gezadeld, het geladen geweer in den arm.

CRONJÉ verwachtte den vijand, en hij vergiste zich niet.

---

[1] Deze bom richtte geen schade aan.

Het slagveld, dat de Boeren zich hier hadden uitgezocht, was geheel verschillend van dat te Belmont, Graspan en Modderrivier. De kopjes van Magersfontein vormden den achtergrond van een betrekkelijk effen terrein, doorsneden door de lange loopgraven der Boeren en bedekt met struikgewas „vaalbossen": sierlijk gevormde kleine boomen van zes à zeven voet hoogte met dicht, zilverachtig groen gebladerte. De stellingen der Boeren vormden een halven cirkel, de spoorlijn liep door de middenstelling heen; de einden van den halven cirkel bogen in de richting der Modderrivier, terwijl een drift door de Modderrivier (tusschen Magersfontein en Jacobsdal) mede door de Boeren was bezet. De zuidelijke helling der Magersfontein-heuvels was[1]) verdiepingsgewijs door loopgraven bedekt en door prikkeldraadversperringen beveiligd, terwijl de loopgraven in het vlakke veld vóór de kopjes zich verscheiden mijlen uitstrekten. Zij beschermden de kopjes, en stelden de Boeren in staat, binnen hun stellingen de wagendrift naar Jacobsdal over te trekken.

Generaal WAUCHOPE.

De stellingen waren even eenvoudig als practisch uitgevonden, en generaal DE LA REY had eer van zijn werk.

Te twee uur in den nacht bezetten de Boeren zwijgend de loopgraven.

De Engelsche troepen hadden gekampeerd, waar zij gedurende het bombardement hadden gestaan: de Hooglanders recht ten zuiden van Magersfontein, waar ook het hoofdkwartier was van lord METHUEN, de garde rechts van de Hooglanders. Een haastig maal van biscuits en ossevleesch werd verorberd. Er mocht niet worden gesproken, nauwelijks gefluisterd; geen vuur werd aangelegd; geen pijp aangestoken. In de achterhoede der infanterie gaf lord METHUEN aan generaal WAUCHOPE zijn laatste orders, en WAUCHOPE riep zijn bataljons-kommandanten, om hun de laatste inlichtingen te verschaffen. De officieren verwonderden zich, toen zij hem aankeken; er lag een bijzondere strakheid op zijn toch al streng gelaat; hij

---

[1]) Volgens den oorlogscorrespondent der *Daily Chronicle*.

scheen een voorgevoel te hebben van zijn naderenden dood. Uit elken veldtocht, dien hij had medegemaakt, had hij lidteekens overgehouden van bekomen wonden, en de soldaten, die dat ernstig gelaat beschouwden, dachten, dat hij dezen keer zijn doodwond zou halen. Ook wist men te vertellen, dat zijn laatste ontmoeting met lord METHUEN in een stormachtig, heftig dispuut was ontaard; dat hij hevig had geprotesteerd tegen een nachtelijken aanval, vooral tegen de formatie van gesloten gelederen bij het marcheeren; doch dit alles berustte op onzekere geruchten, want er waren geen getuigen, en slechts lord METHUEN, de overlevende, zou het kunnen zeggen. Wèl echter kan als waarheid worden aangenomen, dat WAUCHOPE tegenover een boezemvriend aanmerkingen maakte op de ontvangen instructies. Zij schenen hem te vaag in de aanwijzing der vijandelijke stellingen, en te gebonden in de bepaling der gelederenformatie.

Een half uur na middernacht trokken de 4 bataljons Hooglanders [1]) op in een gesloten colonne, achter elkander, schouder aan schouder; 32 rijen van 100 man elk. Zij vormden den linkervleugel van het leger. De reden voor de gesloten formatie was, de moeilijkheid om de manschappen in de duisternis bijeen te houden; de officieren liepen onophoudelijk langs de colonne op en neer, om de orde te handhaven, en er werden zelfs touwen gebruikt om de troepen niet te doen afdwalen.

De manschappen, zelfs de compagnie-officieren, wisten wel, dat zij moesten marcheeren en kopjes bestormen, doch meer wisten zij niet. Zonder twijfel waren sommige soldaten, die voor den eersten keer in het vuur gingen, angstig en opgewonden, en daaraan is het waarschijnlijk toe te schrijven, dat twee geweren afgingen, vlak voordat de brigade haar gevaarvollen tocht begon. Doch de orde was spoedig hersteld, en de colonne marcheerde als een geheimzinnig reusachtig spook door de donkerheid van den nacht. De maan ging onder en er heerschte een ondoordringbare duisternis. Het werd koud: er kwam een zware stortregen en een donderstorm teisterde de troepen. Onophoudelijk kliefden de bliksemstralen het luchtruim; zij maakten de twee kompassen onklaar, die majoor BENSON, de gids der colonne, droeg, in elke hand één, en de opmarsch werd vertraagd. Bovendien was het oogenschijnlijk vlakke veld vol hindernissen. Elk oogenblik struikelden de manschappen over mierenhoopen en klippen, of liepen zich vast in de struiken.

Doorweekt van den regen en rillend van de koude, zetten de Hooglanders hun tocht voort, en de nacht scheen voor de vermoeide soldaten nog donkerder te worden. Het was een onverantwoordelijke daad geweest van lord METHUEN, om zijn troepen over een veld te laten marcheeren,

---

[1]) 1 bataljon bestaat uit 8 compagnieën van 100 man; de 4 bataljons waren dus 3200 man sterk.

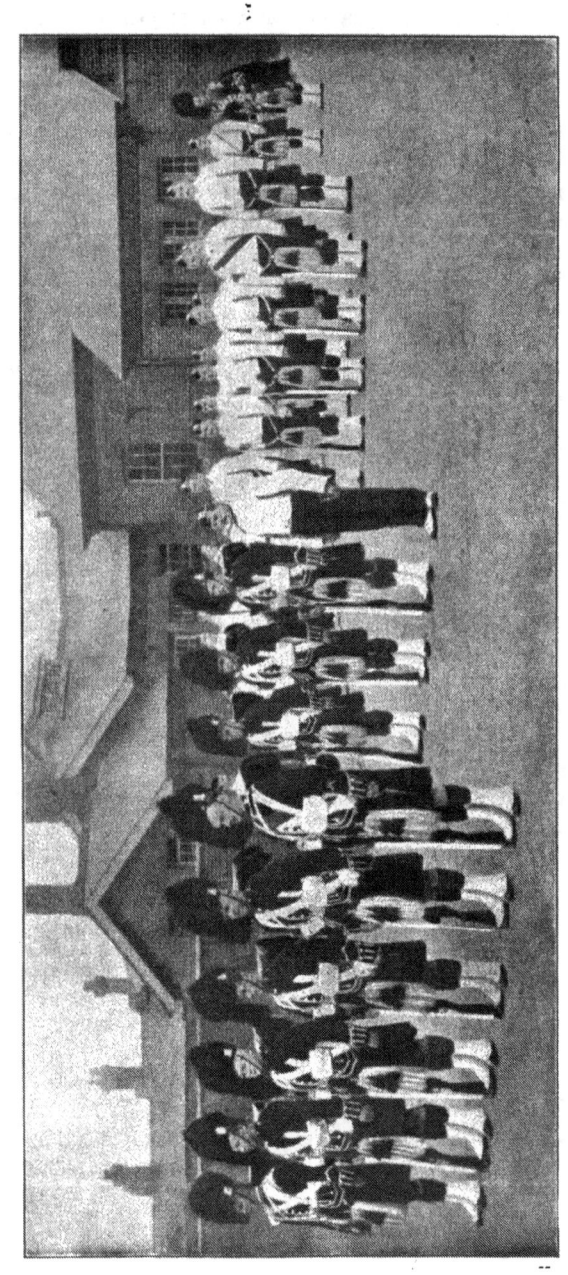

dat niet voldoende verkend was, en dat de hindernissen telkens den marsch belemmerden en verwarring veroorzaakten, is te verstaan.

Om kwart over drieën, juist voor het aanbreken van den dageraad, naderde men de Boerenstellingen. De Black Watch (Zwarte Wacht), een keurtroep, zou rechts, in het oosten opmarcheeren tegen Magersfontein; de Seaforths zouden zich links bij hen aansluiten. De Zwarte Wacht had daarbij eenige moeilijkheden te overwinnen; zij stuitte op een hooge prikkeldraadversperring, die een groot struisvogelkamp omringde, en stootte vervolgens op een strook lastig kreupelhout, dat niet kon worden doorgetrokken zonder de formatie te verbreken. De Seaforths trokken links om het

Manschappen van „De Zwarte Wacht." (Het 73ste regiment Hooglanders).

kreupel boschje heen, sloten zich vervolgens weer bij de Zwarte Wacht aan en de gelederen werden hersteld.

Het was nu bijna vier uur, en majoor BENSON, die onrustig begon te worden, stelde den generaal (WAUCHOPE) voor, de gelederen te laten verspreiden. De generaal hield het eveneens voor dringend noodig, doch hij verkeerde in de meening, dat hij de colonne tot aan den voet der Boerenkopjes in gesloten gelederen moest brengen, en wilde de instructies van zijn opperbevelhebber niet overschrijden. Het waren echter voor den dapperen man pijnigende oogenblikken. „'t Is krankzinnigenwerk!" riep hij meer dan eens — „'t is krankzinnigenwerk!"

Op de uiterste rechterzijde kon thans het opflikkeren van een licht worden gezien; niemand begreep er de beteekenis van, doch iedereen begreep, dat het geen Engelsch licht was. Aan de uiterste linkerzijde, ver weg in de Boerenstellingen, werd een ander licht opgemerkt, dat het eerste scheen te beantwoorden [1]). Het brandde helder en schitterend, en de manschappen staarden er op met gespannen nieuwsgierigheid.

Generaal WAUCHOPE kon het niet langer uithouden. Hij gaf bevel om de gesloten gelederen te verspreiden en de troepen in bataille te doen komen. Doch op dit oogenblik en voordat het bevel kon worden uitgevoerd, doofde het schitterend licht aan de linkerzijde uit, en een geweerschot verbrak de stilte.

Dat geweerschot was het sein. En daar barstte het los — het vuur der Boeren! Het kwam uit het open veld, uit de loopgraven, waar men geen vijand vermoedde. „Het speurlicht der Boeren," berichtte de oorlogscorrespondent der „Daily News", „viel breed en helder als de middagzon neer op de gelederen der ten doode gedoemde Hooglanders, terwijl dat licht den vijand verborgen hield in de schaduw der donkere heuvelenreeksen achter hem."

Op geen 300 pas afstands spuwden die onzichtbare loopgraven vuur en vlammen, terwijl een ratelende hagelstorm van kogels in de dichte rijen der Hooglanders insloeg. 't Was vreeselijk, ontzettend, gruwelijk! De sterke Schotten vielen als boomen in den orkaan. De verrassing was volkomen, en zelfs deze Engelsche keurtroepen, waaronder de dappere kerels waren, die de beroemde bestorming der hoogten van Dargai in Engelsch-Indië hadden meegemaakt, waren er niet tegen bestand.

Generaal WAUCHOPE riep: „Hooglanders, valt mij niet hard; ik ontving mijn orders en moest gehoorzamen" [2]), en zakte, door verscheidene kogels doorboord, ineen. Maar stervend trachtte zich deze held nog op handen en voeten op te heffen, en riep zijn mannen „Voorwaarts!" toe.

Doch de roep van den stervende ging verloren in de grenzenlooze

---

[1]) De Engelschen vermoedden, dat deze teekens werden gewisseld door Boerenverkenners, die met de brigade waren medegeloopen.

[2]) Volgens mededeelingen van Engelsche oorlogscorrespondenten.

verwarring. Een onophoudelijke stroom van doodelijk lood werd over deze worstelende, verwarde massa uitgegoten, die saamgepakt was als haringen in een ton. Daarbij belette de duisternis, om de officieren van de sergeants te onderscheiden; de manschappen wisten niet, wien zij moesten gehoorzamen, noch waar zij zich moesten vereenigen. Onderwijl kruisten

Prikkeldraadversperringen der Boeren op het slagveld van Magersfontein.

elkander de tegenstrijdigste kommando's: „Liggen!" „Verspreiden!" „Zet op bajonet!" „Attaqueeren!" „Neen, retireeren!"

Twee compagnieën sprongen werkelijk vooruit met een kreet, een woesten gil, die den toehoorder het bloed in de aderen zou hebben doen stollen, en hoewel er van hen werden neergeschoten door de Boeren in het front en door hun eigen kameraden in den rug, gingen zij nòg voorwaarts. Maar slechts weinig schreden verder woelde het over het veld gespannen prikkeldraad zich om hun beenen, totdat zij er in als gevangen wolven verward zaten. En al dien tijd zongen de Mausergeweren den zang des doods in hun ooren.

„Retireeren!" klonk het plotseling, helder en duidelijk uit boven het rumoer — „retireeren!" Ja, wat schoot er anders ook over? Maar het was geen retireeren — het was een wilde, razende vlucht. De soldaten sprongen over de dooden, over de gewonden, over elkander heen, om uit dit vreeselijk gebied des doods te komen. Een kapelaan raakte onder den voet, en de soldaten holden over hem heen. Het scheen, alsof de aarde zich had geopend, om een vuur uit te stooten, dat de Engelsche glorie verteren moest.

Een grenadier, die bij den rechtervleugel was en zich dus op eenige mijlen afstands van dit tooneel bevond, zag schuinweg over het veld het stof oprijzen. Hij meende, dat de Boeren uit hun loopgraven te voorschijn kwamen, doch de naast hem staande officier nam zijn verrekijker en stelde den grenadier gerust met de verzekering, dat het de Engelsche cavalerie was, die in galop voorbijtrok, om den Boeren den terugtocht af te snijden. Wat beiden zagen, was de Hooglandersbrigade in volle vlucht. Zij kwam aan als een terugrollende golf, en geen officier kon haar stoppen. Het was een gezicht zoo akelig wanhopig, dat er onder het thans levend geslacht wel geen oog iets dergelijks van een gedisciplineerd leger heeft gezien.

Aan de vele particuliere brieven, geschreven door Hooglanders, die den slag bij Magersfontein hebben medegemaakt, en door de Engelsche pers werden gepubliceerd, ontleenen wij het volgende:

„De laatste woorden van generaal Wauchope waren: „Dit is niet mijn order." Van wien was dan de order, waaraan hij en zooveel dappere mannen werden opgeofferd — de order, om te marcheeren in gesloten gelederen tot binnen 200 yards der Boerenloopgraven, welker bestaan niet was vermoed noch door zorgvuldige verkenning was ontdekt? Wat konden wij doen? Het was donker. De manschappen wisten niet, waar zij waren. Wij allen werden in de val geleid als lammeren in de slachtplaats. Iemand riep: „Retireeren," en wij deden het — 't was echter geen retireeren, maar een dolle vlucht; een kleine 4000 man, weghollend als een kudde schapen....."

Uit andere brieven: „Wij meenden juist, dat de Boeren waren teruggetrokken, en waren nog 100 yards van hun loopgraven verwijderd, toen wij met een hagelstorm van kogels werden begroet van duizenden vijanden, en de geheele brigade vluchtte voor haar leven. De harten der manschappen waren reeds gebroken bij het begin, en zij waren den ganschen dag als kinderen."

„Toen wij onze gelederen zouden uitbreiden, openden zij het vuur op ons, maar zoo'n hagelstorm van kogels hoop ik nooit weer bij te wonen. Blijkbaar was er een leelijke fout begaan. Wij waren geheel aan hun barmhartigheid overgelaten; wij waren in een verkeerde stelling en moesten terug. Wat een tooneel — duizenden kogels! manschappen vallende rechts en links! Wij verzamelden ons en deden een poging om vooruit te komen, maar het was geen vechten; het was eenvoudig zelfmoord. Manschappen kleefden aan het prikkeldraad als kraaien en werden doorregen met kogels."

„De geheele heuvelhelling," zeide een sergeant der Zwarte-Wacht-Hooglanders, „werd verlicht door het ontzettendste geweervuur, dat men zich mogelijkerwijze kan voorstellen. Zij schenen in rijen opgesteld tegen de helling op, en stortten hun vreeselijk magazijnvuur over ons uit. Dan kwamen alle soorten van orders: „Neerliggen!" „Valt aan!" „Spreidt uit!" en van de geheele brigade was slechts het front van onze compagnie in staat, om hun geweren te gebruiken, daar al de anderen recht achter hen waren. Wel vielen twee compagnieën in het front aan, doch zij werden tegengehouden door prikkeldraad en andere versperringen vijftien yards vóór de loopgraven, en de meeste manschappen neergeschoten. Anderen trokken rechts of links of retireerden. Hadden wij de zaak goed aangepakt, dan hadden wij de Boeren binnen twee uren verdreven, doch zooals het nu lag, kwamen wij in een slachthuis terecht, en werden daar gelaten."

Achter de stellingen, waarop de aanval der Hooglanders was gericht, bevond zich een hooge heuvel, door Piet Cronjé als observatiepost in beslag genomen. Hier bevonden zich de generaal met zijn zes adjudanten. Hij was goed wakker en wekte hen. Een afdeeling Hooglanders, die aan het doodelijk vuur der loopgraven was ontsnapt, stormde met bewonderenswaardige dapperheid tegen dezen heuvel op, en werd door het snelvuur der zes adjudanten ontvangen. „Schiet hen dood," zeide Cronjé bedaard, „schiet hen goed dood!" Een Engelsch officier, die zijn manschappen vooruit stormde, riep: „Hoera, jongens, wij zijn er!" toen hij ineenzeeg. Men vond zijn lijk op 20 pas afstands van den heuvel; het lichaam was door zeven kogels doorboord. Waren de Engelschen hier geslaagd, dan hadden zij den sleutel der Boerenstellingen in handen gehad, doch de wanhopige aanval werd bloedig en zegevierend afgeslagen. Op een uitgestrektheid, niet grooter dan een gewone eetzaal, lagen 80 doode Hooglanders. . . . .

De geteisterde Zwarte Wacht had zich nog het eerste van den schok hersteld, legde zich op 1000 meters afstands van de vijandelijke stellingen neer en opende een wild vuur op de Boeren. Ook de gehavende Seaforth-

Hooglanders verzamelden zich en avanceerden bij sprongen, de uiterste loopgraven der Boeren naderend. Doch zij leden bij deze pogingen ontzettende verliezen, en werden, zooals een officier, die hun aanvallen leidde, later zeide, *„omvergekegeld als konijnen."*

Corporaal Mckay, van de Argylls en Sutherlands de „bagpipe" bespelende om zijn vluchtende kamaraden tot staan te brengen.

De twee andere bataljons Hooglanders (de Argylls en de Sutherlands) hadden, daar zij meer in de achterhoede waren, minder geleden, doch waren in de plotselinge paniek meegesleept en kwamen slechts langzaam op hun verhaal. Men was onder den sterken indruk, dat de aanval hopeloos mislukt was, en het terrein vóór de teruggeslagen brigade was bedekt met dooden en gewonden, terwijl de laatsten onder het moorddadige en onverzwakte vuur der Boeren gedoemd waren om te sterven. Het was daarom voor de Hooglanders een groote opluchting, toen de eerste lyddietbom van het zware marine-kanon over hun hoofden heen tegen de kopjes van Magersfontein uiteenbarstte, en binnen weinige minuten hadden die kopjes het geweld van meer dan 30 houwitsers en andere kanonnen te doorstaan. De Boeren waren nu verplicht om zich meer schuil te houden, maar zij onderhielden toch een krachtig vuur, en de Engelsche troepen moesten blijven waar zij waren: plat op den grond, achter armoedige dekkingen, onder een brandende zon, zonder water of voedsel, terwijl het veld vóór hen als bezaaid lag met hun gewonde, hulpelooze kameraden, wier jammerkreten akelig klonken tusschen de helsche oorlogsmuziek.

Het was zeven uur in den morgen, toen een gepantserde trein, begeleid door een sterke afdeeling Engelsche cavalerie, opstoomde, doch door de Boeren, rechts en links van de spoorbaan geposteerd, en door de goed gerichte granaten van een Maxim-Nordenfeldkanon, opgesteld op een kopje ten oosten der lijn, werd teruggedreven. De Boeren zelve leden geen verliezen, doch hun achter de heuvelruggen vastgebonden paarden kwamen onder het geduchte vuur van den gepantserden trein en werden bij hoopen doodgeschoten.

Lord METHUEN gaf het nog niet op. Hij liet twee versche bataljons garde oprukken rechts van de Hooglanders; twee andere garde-bataljons werden als versterking gereed gehouden, terwijl de bereden infanterie, twee eskadrons lanciers en een batterij der rijdende artillerie een krachtige poging deden, om in het oosten den linkervleugel der Boeren om te trekken.

Onmiddellijk ontbrandde hier een hevige strijd. Het was een tamelijk open terrein met veel struikgewas, doch overigens weinig dekking.

Langzaam steeg achter de Engelsche batterijen de groote oorlogsballon omhoog, en de Boeren werden met schrik gewaar, dat het zwakke punt in hun stellingen was ontdekt. Doch CRONJÉ verloor geen oogenblik zijn tegenwoordigheid van geest; hij zond onmiddellijk een afdeeling Vrijstaters, die ten deele nog niet in den strijd waren geweest, in de vuurlijn, sprong in het zadel, en galoppeerde op zijn vluggen Basutopony langs de gelederen. Hij droeg een groene jas; om den bruinen, breedgeranden vilthoed was een oranjesjerp bevestigd. De laatste dag zijner overwinningen was zijn grootste dag, en hij vermaande zijn burgers in vurige taal, op God te vertrouwen en pal te staan.

En zij stonden!

Zij nestelden zich achter de weinige terreinverhoogingen — vijf Boeren soms achter één mierenhoop — of verschuilden zich in het struikgewas als jagers, die op het wild loeren, en schoten eerst, als zij een vast mikpunt hadden.

De Maxims knapten en ratelden; het gefluit der Engelsche salvo's klonk schel door de lucht, overstemd door het scherp gekraak der doodelijke Mausers. Keer op keer stormden de dappere garde-bataljons tegen de stellingen der Boeren, doch elken keer spatten zij als machtelooze golven terug. Onder de republikeinen was dezen keer geen lafaard te bekennen; allen waren helden — allen! Verscheiden burgers ontvingen hier hun vuurdoop. Hun harten bonsden, hun lippen beefden, hun gelaatstrekken verbleekten, maar toch weken zij geen duimbreed — eere aan deze helden, die hun vrees overwonnen! Zij lagen daar achter hun zwakke aarden schansen als voor de poorten des doods, troostten en bemoedigden elkander met woorden der Heilige Schrift en doorstonden het vijandelijk vuur.

Vele Boeren hadden hun baadjes uitgetrokken, hun hemdsmouwen opgerold, en zoo stonden zij daar met den Mauser in de hand, waarvan de loop warm was geworden door het veelvuldig schieten, het gelaat naar den vijand gekeerd — met God voor vrijheid en recht! Er was geen wankeling, zelfs geen aarzeling te bespeuren. Nu en dan sprongen kleine klompjes Boeren uit het gevecht, drenkten hun paarden aan de Modderrivier en snelden weer terug naar hun stellingen.

De Boeren hadden ook hun gewonden, hun dooden. Langzaam ging de oorlogsballon op en neer, aan de vijandelijke artillerie aanduidend, hoe de loopgraven der Boeren het best onder het vuur der granaatkartetsen konden worden genomen.

Ach, 't was een treurige stoet, die den strijdenden Boeren voorbijtrok! Eerst een man met een gebroken arm. Daarop een burger, wien het bloed uit de dij sijpelde. Vervolgens een Boer met weggeschoten been. Hij kreunde zacht van de onduldbare pijn, en zat toch — het was onbegrijpelijk! — nog te paard, en reed naar de ambulance. Dan volgde een woest, ontzettend tooneel: een zwaar gewonde, jonge Afrikaander, liggende op de draagbaar, worstelend met zijn dragers — een kogel had zijn hersens geraakt, en de ongelukkige was totaal krankzinnig geworden. Minder ontzettend, maar toch aangrijpend was het bleek, edel gelaat van dien zestienjarigen knaap, die met een verbrijzeld linkerbeen lang-uit op de draagbaar was uitgestrekt. Over dat vriendelijk gezicht ging het trekken der felle pijn, en toch doorstond hij die pijn met mannenmoed. Hij klaagde slechts: „Ik is vreeselijk dorstig." 't Was geen wonder — hij had twee volle uren in de brandende Afrikaansche zon hulpeloos in zijn schans gelegen, voordat de hulp hem had bereikt.

En daarna volgde een andere stoet, aangrijpender nog, al hadden de burgers, die thans op de zwarte baar werden voorbijgedragen, geen pijn meer en geen dorst. Twee en dertig van die burgers zijn op dien dag in 't geheel voorbijgedragen. Zij lagen stil en onbeweeglijk uitgestrekt op de zwarte baar, nadat zij hun bloed hadden geplengd voor de rechtvaardigste zaak dezer stervende eeuw; geen vriendenhand had hun brekend oog gesloten. Er was geen tijd voor geweest, want de lyddietbommen en de granaatkartetsen van Engeland brulden om voedsel. Ook was er geen traan bij hun laatsten snik vergoten — stil maar, de tranen komen later, als de doodenlijst wordt openbaar gemaakt, en de vrouwen vernemen, dat zij weduwen, en de kinderen, dat zij weezen zijn geworden......

De Engelsche veldartillerie opende haar vuur over de stormende garde-bataljons heen op een afstand van 2000 meter, doch haar vuur was in het begin te wild, en daar de garde de Boerenstellingen tot op 100 meter naderde, vielen de onnauwkeurig gerichte granaatkartetsen ten deele met vreeselijke uitwerking in de voorste rijen der garde. De kanonnen rukten intusschen vooruit, en haakten opnieuw af op een afstand van 1200 meter van de loopgraven der Boeren. Zij waren hier blootgesteld aan de Mauserkogels, doch konden zich handhaven, bombardeerden de loopgraven, en gaven door hun hevig vuur aan de geteisterde Hooglanders, bij wie er de schrik van de nachtelijke hinderlaag nog in zat, een sterken zedelijken steun.

CRONJÉ begreep zeer goed, dat de vijand zijn linkervleugel in het oosten wilde omtrekken, en uit den luchtballon konden de Engelsche officieren waarnemen, hoe hij van zijn rechtervleugel troepen nam, om zijn linkervleugel te versterken en de omtrekkende beweging der Engelschen door een eigen omtrekkende beweging schaakmat te zetten. Deze beweging gelukte; hij verzekerde zijn linkervleugel en het doel van lord METHUEN, om zich hier baan te breken, leed schipbreuk op de heldhaftige houding der Boeren.

Doch lord METHUEN gaf het nòg niet op. Zijn hoofdofficieren keken hem aan met een bezorgd gelaat, maar hij verkeerde in den noodlottigen waan, dat geen Boerenslagorde stand kon houden tegen den harden stoot van zijn bataljons, en zijn hersens vonden het een grove ongerijmdheid, dat eenige ongedrilde Boeren-kommando's in staat zouden zijn een ijzeren slagboom te laten vallen tusschen hem en Kimberley.

Zoo beproefde hij het dan nog eens, om door de Boerenlinie heen te breken, thans in het vijandelijk centrum, en tegen den middag liet hij de Gordons, die pas waren aangekomen en den proviandtrein moesten bewaken, in gedeelde halve bataljons onder een hevig vuur der Boeren voorwaarts rukken. Tegelijkertijd ontvingen de Hooglanders bevel, om uit te houden tot den avond; de loopgraven der Boeren zouden dan door de Gordons en de garde met de punt van de bajonet worden genomen.

Zoo rukten de Gordons dan op, een heldhaftige poging wagend,

De Slag bij
De Hooglanders, die in gesloten gele

...gersfontein.
...n oprukten, door de Boeren verrast.

om den mislukten aanval der Hooglanders weer goed te maken. Hun weg liep dwars over het veld, naar een heuvelrug, bedekt door een grijsblauwen kruitdamp, die de stelling der schietende Boeren aanwees. Het waren Boeren, die met ouderwetsche Westley-Richardgeweren waren gewapend; maar dat een afdeeling burgers met Mausergeweren zich verscholen hadden in een sloot vóór dien heuvelrug, en koelbloedig den kogelregen van vriend en vijand over zich lieten heenfluiten totdat *hun* tijd was gekomen — neen, *dat* wisten de Gordons niet. Maar zij werden het spoedig genoeg gewaar, en ontvingen uit de hinderlaag een verraderlijk snelvuur, dat hen dwong om nieuwe stellingen in te nemen. Hun kolonel (DOWNMAN) gaf daarbij aan zijn soldaten een schitterend voorbeeld van dapperheid. Hij stond rechtop en gaf zijn bevelen, totdat een Mauserkogel hem neerlegde. De Gordons naderden de Boerenstellingen tot op 130 meter.

Zij konden de bewegingen der Boeren goed onderscheiden. Een Uitlander, die bij de Boeren was, trok in het bijzonder de aandacht. Hij was onberispelijk gekleed, droeg een paar verlakte laarzen, rookte met innig behagen zijn sigaar en wandelde doodbedaard om de hooge mierenhoopen heen. Nu en dan gebruikte hij zijn verrekijker, om een Engelschen officier te ontdekken, nam zijn geweer en pikte er den ten doode gedoemde uit. De Engelschen gaven geheele salvo's op hem af, doch zonder hem te raken. Later verliet hij dit gedeelte van het slagveld, wierp het geweer over den schouder, stak de handen in zijn zak, en wandelde bedaard heen, alsof hij op een stillen zomeravond door een weiland liep.

Lord METHUEN beging een ernstige fout, toen hij het bevel gaf, om de bajonetten onmiddellijk op de geweren te bevestigen. Wat toch was het geval? De soldaten moesten een mikpunt hebben — een hoofd, een uitgestoken hand, een vooruitkomenden arm, doch de bajonet maakte het mikken schier onmogelijk, en zoo schoten zij dan maar in den blinde doelloos voort. De Boeren hebben van het Engelsche infanterievuur trouwens weinig te lijden gehad; den volgenden dag werden op 100 meter afstands van de Boerenstellingen Lee-Metfordgeweren gevonden, welker vizier was gericht op — 1000 meter.

Ook hier, voor het centrum der Boerenstellingen, kwam het gevecht weer tot staan. De Gordons konden niet meer vooruit; ook waren hun veldflesschen reeds lang tot den laatsten druppel geledigd, en zij werden evenals de andere Hooglanders door een bijna ondraaglijken dorst gekweld. Doch erger leden de gewonden. Sommige droomden in een delirium van waanzin, dat zij weer thuis waren, op de Schotsche Hooglanden, bij ruischende waterbeken; andere smeekten: „Maakt er een eind aan! Schiet me dood!"

De veldcornets konden van hun kopjes die zee van Engelsche khaki-uniformen in groote golven zien komen aanrollen, die onweerstaanbaar schenen voortgestuwd te worden totdat zij een geheimzinnige, onzichtbare lijn bereikten, waar zij aarzelden en uiteen spatten. Onophoudelijk trachtten de officieren hun manschappen over die onzichtbare lijn te krijgen, doch tevergeefs. En *over* die lijn lagen de gewonden en de dooden, bij honderden en duizenden — als treurige wrakstukken aangespoeld door die zee van khaki's.....

Lord METHUEN staarde met zijn stafofficieren door zijn verrekijker naar de wisselingen van den slag. Een kolonel der garde had hem zoo pas dringende, bijna heftige voorstellen gedaan, om zijn voornemen, tegen den avond de stellingen der Boeren met de bajonet te bestormen, te laten varen, doch het mocht niet baten. Plotseling zag hij wolken van stof in het noorden oprijzen, zooals ze oprijzen als groote troepen-afdeelingen zich bewegen. Hij vleide zich met de gedachte, dat het Boeren waren, die terugtrokken, en ook zijn stafofficieren waren van dezelfde meening. Doch die waan duurde niet lang.

Ten tweeden male op dezen dag sloegen de Hooglanders, bedreigd door een flank-aanval der Boeren en onder een hevig vijandelijk kruisvuur, op de vlucht. Kolonel HUGHES-HALLETT, die door den dood der oudere hoofdofficieren het kommando had overgenomen, had den nood van zijn manschappen gevoeld, en bevel gegeven tot een korten terugtocht, die echter in een wilde vlucht ontaardde. De soldaten zwermden als bijen over het veld; alle orde was verbroken; de kanonnen werden in den steek gelaten, bleven achter in het eenzame veld alsof het waardeloos brandhout was, en de Gordons, die rechts van de Hooglanders waren opgesteld, geraakten door die paniekachtige vlucht in den grootsten nood. Het geweervuur der Boeren veegde het veld schoon, en de Gordons waren eveneens verplicht om te wijken.

Het was een der treffendste momenten in dezen ontzettenden slag. De Hooglanders, de roem van het Engelsche leger, waren voor den tweeden keer op dezen vreeselijken dag in de wildste vlucht gejaagd; zij hadden de Gordons meegesleurd en drie veldbatterijen (18 kanonnen) stonden onbeheerd op het veld, tusschen dooden en gewonden.

Waarom namen de Boeren ze niet? Waren er geen dapperen, die een stouten aanslag over het open veld durfden wagen? Zeker, zij waren er. Zij omringden CRONJÉ en smeekten hem een aanval te mogen doen, maar hij schudde het hoofd. Hij wilde het leven zijner manschappen niet wagen, en zou de verovering der achttien kanonnen een ramp hebben geacht, zoo er twintig Boeren hun leven bij hadden ingeschoten [1]).

---

[1]) Het besluit van CRONJÉ bewijst, dat hij niet alleen een aanvoerder, doch ook een vader was voor zijn burgers. Of het echter toch niet beter zou zijn geweest, den aanval te wagen? Behalve de militaire winst zou er een groote zedelijke indruk zijn verkregen, en de moed der Boeren zou krachtig zijn geprikkeld. Trouwens vier dagen na den slag bij Magersfontein veroverden de Boeren onder LOUIS BOTHA bij Colenso 10 kanonnen, zonder dat het hun één druppel bloed heeft gekost.

Geen half uur later rukte de Schotsche garde reeds voorwaarts om de verlaten kanonnen te beschermen, terwijl de pijpers speelden, en de puinhoopen der Hooglanders-brigade bijeenverzamelden onder de oude klanken van glorie en roem.

Rechts van de Hooglanders, tusschen hen en de grenadiers in, stonden de Coldstreamgarde met haar majoor, den markies van Winchester, den eersten markies van Engeland. Hij wandelde bedaard, rechtop in de vuurlijn, terwijl de Mauserkogels als muggen om zijn ooren gonsden. Zij gingen door zijn rok; twee kogels floten door zijn helm. De soldaten keken hem aan met verbaasde oogen; de bijgeloovigen onder hen meenden, dat hij onkwetsbaar was. Maar hij was wel kwetsbaar. Een kogel brak zijn ruggegraat, en hij stortte neer als een gespleten vaandelschacht.

Lord Methuen dacht er nog niet aan om het op te geven. Het gevaarlijk oogenblik, toen de drie veldbatterijen onbeheerd waren achtergelaten op het open veld, was gelukkig achter den rug, en generaal Pole-Carew ontving het bevel, om met het grootste deel der negende brigade langs de spoorlijn op te rukken, en in het westen den rechtervleugel der Boeren om te trekken. Doch De la Reij had daarop gerekend; een lange lijn van loopgraven en verschansingen strekte zich over de spoorbaan uit naar het westen, en de Engelsche generaal waagde zelfs geen poging, om er voorbij te komen.

Te heftiger ontbrandde de strijd op het oostelijk slagveld, op de uiterste rechterflank der Engelschen, doch geven wij aan een ouden leuken Boer het woord, die zijn ondervindingen van den slag in de volgende bewoordingen mededeelde [1]: „Den heelen dag had ek gelegen, om den vijand onder schot te krijg, maar het duurde banjer lang. Vreeselijk vloog de bom en kartets om ons heen. Maar ons geef er nie om nie. Ek heb er amper tweehonderd geteld, en mijn maat wel meer. Net ben ek een tijdje weg gewees, om mijn paard aan die rivier te laat drink, of daar roep hulli: „Jan, daar kom hulli; gauw, jong!" Ek haast me net nou een bietje, om mijn plek weer in te neem, of daar hoor ik hulli al skiet. Ek vat m'n Mauser en mik, en net alsdat ek skiet, daar kom een paar Rooïes naar ons kopje op. Hulli zwaai met die lange sabel, en roep om hulli vrinden, maar ik zei net zoo tegen hen: „Maatjes, geef nou die ding hier — anders moet ek jou skiet." Als hulli omkijkt, daar is al hun vrinden geskiet, en daar gooi hulli al die wapens neer. Ik vang hulli en zeg: „Leg maar; anders wordt julli geskiet." Ze leg daar voor mij neer, en ek ga weer aan met mijn roer. En bij elk schot, dat ek zoo doe, daar smakt de één met zijn tong; hij zag namelijk, dat ek zoo lekker raak schoot. Na een tijdje daar was die pad weer schoon; niks

---

[1] Moeilijk verstaanbare uitdrukkingen hebben een meer Nederlandsch gewaad gekregen, om den lezer niet te vermoeien.

meer te zien nie. Maar ons blijf nog. Daar vraag me die een (hij was 'n officier): „Wat rij daar toch?" Ek zeg tot hem: „Dat benne de ambulancewagens van julli, maatje." Achtmaal kwamen ze zoo terug, en dat in een half uur tijd. Hoeveel of er in elken wagen gaan, dat weet ek nie, ik denk amper van acht.

Nou is ons klaar en ek zeg: „Kom, gaan saam," en ek laai mijn Mauser. En ek wijs op hulli en zeg: „Als julli probeer om weg te loop, dan jaag ik julli naar je grootmoêr." De Engelschman zegt: „All right," en ik breng hulli bij die veldcornet."

De aanvallen van den vijand waren het hevigst op de stellingen der Ficksburgers en der burgers van generaal DE LA REIJ, die op dezen dag schitterende bewijzen van moed en bekwaamheid aflegden, terwijl ook de burgers van Bloemhof en Potchefstroom zware oogenblikken hadden.

Het zwaarst leden echter de Scandinavische vrijwilligers, en de heldhaftige ondergang van dit kleine korps verdient een bijzondere vermelding.

Zij waren onder veldkornet FLYGADE [1]) met PIET CRONJÉ opgebroken van Mafeking. een aantal kameraden, tot hun kommando behoorend, achterlatend, die eerst na den slag van Magersfontein met het konvooi het Boerenleger bereikten.

Zondagavond 10 December trokken de Scandinaviërs [2]), 52 man sterk, uit op brandwacht, terwijl de overige 8 man op ongeveer 200 meter afstands achterbleven bij de paarden. Het doel was, om het terrein te verkennen, en gedurende den nacht hoorden zij de bewegingen van den vijand in de verte. Het was de opmarsch der brigade Hooglanders, en vroeg in den morgen werden zij opgeschrikt door een plotseling, knetterend geweervuur. Dat was het Mauservuur, gericht op de volkomen overrompelde Hooglanders. Het geschrei, gejammer en gegil der anders zoo dappere mannen was niet aan te hooren, en een groot deel vluchtte hals over kop in oostelijke richting. Doch daar stonden onze Scandinaviërs, en zij begrepen hun plicht. Zij openden een snelvuur op de voorbijstuivende bataljons, die radeloos halt hielden als het wild, dat geen uitweg meer ziet. Doch zij hadden spoedig ontdekt, dat dit een kleine, vooruitgeschoven post der Boeren was, en zij omsingelden het hoopke, als de golven een klein, eenzaam eiland. Er schoot niets anders over dan zich over te geven, doch deze dappere zonen der groote Gothen dachten aan geen overgave. Drie uren lang hielden zij stand tegen den overmachtigen vijand en richtten een waarlijk ontzettend bloedbad aan onder de dichte massa's der Hooglanders, die in de verwarring vergetend dekking te zoeken, een bijna

---
[1]) Zie bladzijde 325.
[2]) Deze bijzonderheden zijn ontleend aan de mededeelingen van W. BARENDZEN, luitenant bij het Scandinavische kommando.

onfeilbaar mikpunt boden voor de Mauserkogels. Doch toen was het ook uit met de kleine schaar, en op een zestal na, die als door een wonder ontsnapten, waren al de anderen gedood of gewond, het ruige kopje, waarop zij waren, drenkend met hun heldenbloed. Ook kon hun geen bijstand worden verleend, daar de Boeren door de omringende bosschen hun toestand niet kenden.

Zoo wachtten dan de overlevenden, uitgestrekt op den met hun bloed doorweekten grond, het laatste bedrijf van dit heldendrama af.

Zij behoefden niet lang te wachten. De eerste Hooglander, die op het kopje klauterde, behoorde tot de Zwarte Wacht. Hij naderde een gewonden weerloozen Scandinaviër en stiet den dappere de bajonet met kracht in de borst. „Het beste is, die Bastaards maar af te maken," meende de laffe moordenaar. Den volgenden morgen bezweek de Scandinaviër aan de gevolgen van deze doodelijke wond. Dezelfde soldaat legde op den gewonden BARENDZEN aan, die zijn laatste oogenblik gekomen achtte, doch een officier kwam gelukkig tusschenbeide en verbood het vermoorden der gewonden. Een andere Hooglander schoot een gewonde door den schouder. Zij roofden en moorden — zij gedroegen zich als wilde beesten, deze Hooglanders van de Zwarte Wacht! BARENDZEN moest zijn horloge, zijn geld, zelfs zijn tabakszak en pijp afstaan, ja zelfs zijn hoed werd hem geroofd, en de zwaargewonde man lag twaalf uren lang, blootshoofds en gekweld door een vreeselijken dorst, in de brandende zon, voordat de Engelsche ambulance hem opnam.

Onder de dooden was de diepbetreurde veldcornet FLYGARE, wiens broeder reeds bij Talana-heuvel den heldendood had gevonden.

De zon daalde over het van bloed rookende slagveld langzaam naar het westen, maar lord METHUEN wilde het nog niet gewonnen geven en hield met onbegrijpelijke halsstarrigheid vast aan zijn plan, om met het vallen van den avond zijn afgestreden garde een bajonetaanval te laten doen.

Zoo ver echter kwam het niet. De wakkere majoor ALBRECHT, die den ganschen dag had gezwegen, maakte den eigenzinnigen man duidelijk, dat de tijd voor het ontzet van Kimberley nog niet was aangebroken en zijn kanonnen openden een plotseling en hevig vuur op de treurige overblijfsels der brigade Hooglanders, die in gesloten gelederen achter hun artillerie waren opgesteld. Het was een overweldigend vuur — de Hooglanders stoven uiteen, voor den *derden* keer op dezen vreeselijken dag, als kaf voor den stormwind, en zij waren nu niet meer tot staan te brengen. Zij vluchtten al door, tot voorbij het veldhospitaal, een onheil dat de nederlaag voltooide.

Lord METHUEN brak den strijd af, en onder begunstiging der duisternis trokken de afgebeulde regimenten langzaam terug.

Na den slag bij Magersfontein; het keurkorps „De Zwarte Wacht."
Toen den volgenden dag appèl werd gehouden, mankeerden 250 van de 300 manschappen.

Zijn verliezen bedroegen volgens zijn zeer onbetrouwbare officieele opgaaf 968 man aan dooden, gewonden en gevangenen, waaronder 70 officieren. Cronjé schatte het verlies der Engelschen op 2000 man, doch na latere opnemingen, op het slagveld zelf gedaan, werd hun verlies op 2500 geraamd [1]). De Zwarte Wacht werd bijna geheel vernietigd; slechts 50 man waren den volgenden dag op het appèl.

Het geheele verlies der Boeren bedroeg 48 dooden en 118 gewonden [2]).

De overwinnaars [3]) waren halfdood van vermoeidheid; zij hadden vijftien volle uren met leege magen gevochten en zochten een droge korst brood en een slok water machtig te worden.

Rhodes stond te Kimberley uit te kijken naar de lichtseinen van het Engelsche leger. Hij staarde lang naar den nachtelijken hemel, die donker bleef. Hij had zoo zeker op de zegepraal gerekend, doch de tijding er van bleef uit, en hij begreep er niets meer van.

---

[1]) De kapitein der rapportgangers, die het verlies der Engelschen zou opgeven, meldde: „Wij hebben het verlies van den vijand trachten te tellen, maar wij moesten het opgeven, daar het hopeloos was. Zoo verschrikkelijk was hun verlies, dat de Engelsche ambulance, die bijzonder groot is, niet in staat was, de dooden te begraven...."

[2]) Onder deze 48 dooden zijn 16 gesneuvelde Scandinaviërs begrepen.

[3]) Van de Boeren waren niet meer dan 1.000 man in den strijd geweest; de anderen moesten de aangrenzende kopjes bezet houden, om een omtrekking van den vijand te voorkomen.

Het Doodenveld van Magersfontein.

DEN volgenden morgen was lord Methuen van plan om nògmaals een bestorming te wagen, en de dolle Colville gaf hem gelijk. Doch de andere bevelhebbers schudden het hoofd, en na een kort artillerie-duel met de Boeren zetten de Engelschen hun terugtocht in geregelde orde voort naar het oude kamp bij Modderrivier.

Toen rezen de overwinnaars langzaam op uit hun schansen. Sommigen hadden veertig uren achtereen knielend in de loopgraven gelegen en zware ontberingen doorstaan, doch dat lijden was gauw vergeten bij de glorierijke overwinning!

Zoo wandelden zij dan naar het slagveld, de groote troepen gieren opjagend, die reeds hun doodenmaal waren begonnen.

Ach, het was toch een vreeselijk gezicht! De Hooglanders lagen daar uitgestrekt als havergerven op een afgemaaid veld! Bij een kleinen mierenhoop, waarachter zij schuiling hadden gezocht, lagen de lijken van vier reusachtige Hooglanders; achter kleine terreinverhoogingen, waar de

Boeren, Britsche gewouden verplegende op het slagveld.

soldaten zich vermoedelijk veilig hadden gewaand, lagen hun lijken bij hoopen [1]). Achter een mierenhoop lag een officier; de verstijfde rechter-

---
[1]) De meeste lijken hadden schoppen naast zich liggen. De soldaten waren er van voorzien, om zich dekkingen te graven.

hand hield nog het potlood omklemd, waarmede hij op een blad papier, dat naast hem lag, had geschreven: „Geliefde vrouw!" doch verder was hij niet gekomen. Men vond bajonetten, waarop soldaten met een puntig voorwerp hun laatste wilsbeschikkingen hadden neergeschreven [1]).

Sommige Engelsche gewonden lagen te bidden; andere stierven met gebalde vuisten, terwijl zij RHODES vloekten en CHAMBERLAIN voor Gods rechterstoel daagden.

Het was een onbeschrijflijk treurig tooneel, en de harten der leeuwen van Magersfontein beefden er van. Zoo begonnen zij dan het werk van den barmhartigen Samaritaan, en boven het van bloed en jammer gedrenkte slagveld gingen de sterren op van liefde, erbarming en medelijden. Menige Hooglander heeft daar uit de hand van zijn vijand zijn laatsten dronk ontvangen, en hem gezegend met den laatsten blik uit zijn brekend oog.

En nu is het één dag later, Dinsdagavond. De Engelschen zullen hun dooden begraven, 300 meter ten noorden van het tot puin geschoten dorpje Modderrivier.

De zon gaat juist onder in een wonderen, gouden gloed, den rand verlichtend der lange, duistere kuilen. In 't zuiden kabbelt de Modderrivier — zoo vredig, alsof zij reeds vergeten is, dat slechts weinig dagen geleden haar water werd rood gekleurd door bloed. Er heerscht diepe rust op het golvende veld; de avondwind ritselt even in de toppen van het geboomte en alles is weer stil.

Daar liggen ze, in lange rijen, in hun dekens gerold, de dappere Hooglanders! En generaal WAUCHOPE is er ook bij, op dit laatste appèl. Hij heeft zijn Schotten vergezeld in den strijd — hij zal hen ook vergezellen in den duisteren kuil.

't Is een plechtige stoet. Voorop gaat de geestelijke: blootshoofds, in ambtsgewaad; dan volgen de zestien speellieden met hun doedelzakken; daarachter de Hooglanders in vol ornaat, den dooden generaal in hun midden.

En de doedelzakken spelen — weemoedig, zachtklagend als het snikken eener moeder, die om haren eerstgeborene treurt, om dan over te gaan in de oude klanken van Engelschen roem.

Doch de dooden hooren niet meer die tonen van ijdele glorie — stil! nu dalen zij in den duisteren kuil! —

Hebt gij ze nu zien begraven? Sla dan uw blik op naar het noorden, en daar, op de heuveltoppen van Magersfontein, kunt gij in den schemerenden avond den Leeuw van Afrika zien, het oog onbeweeglijk gericht

---

[1]) De Engelsche Regeering kent aan zulke wilsbeschikkingen gemeenlijk het volle recht toe van wettige testamenten.

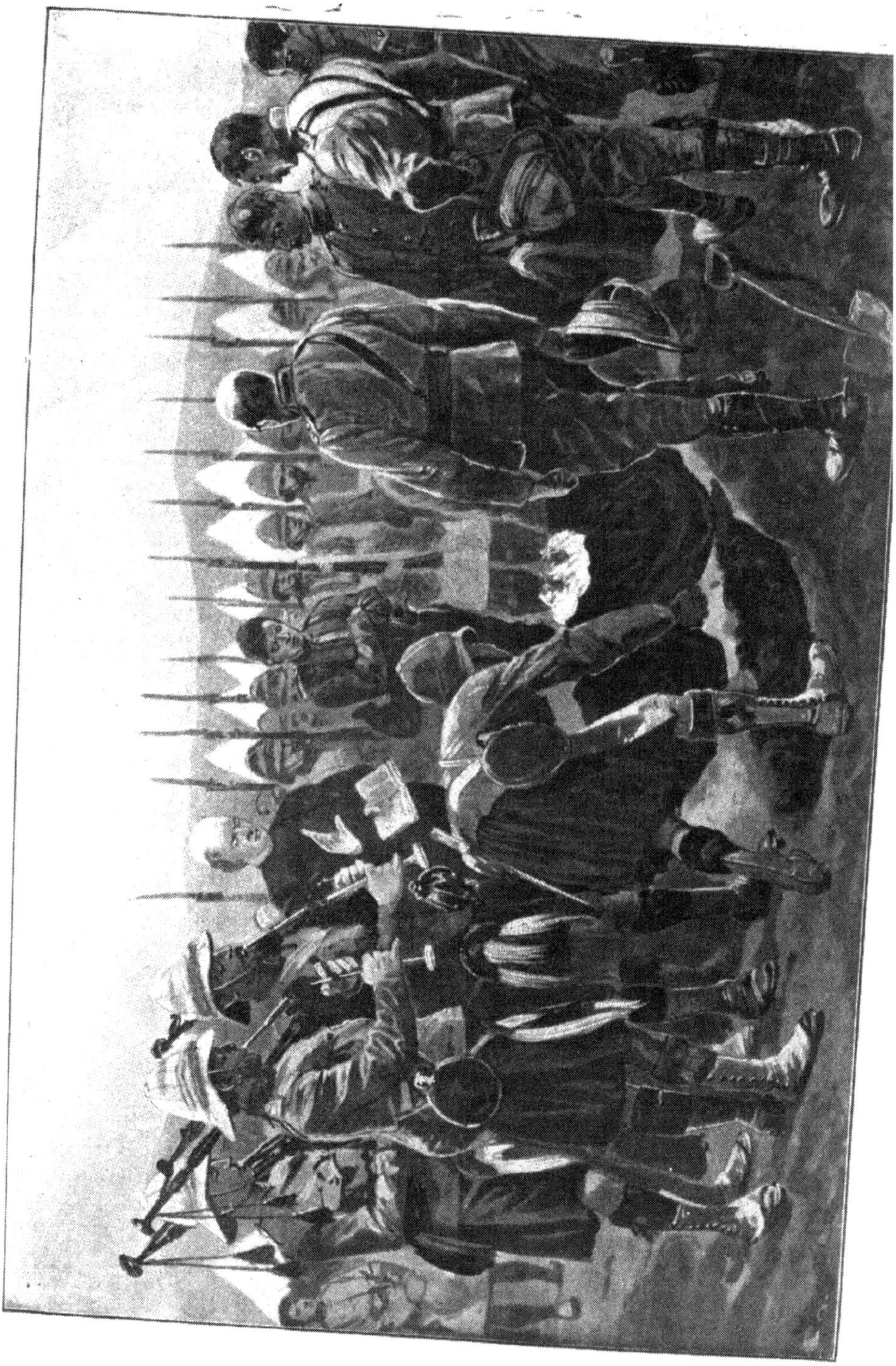